DOCUMENTS HISTORIQUES

BAS-LATINS, PROVENÇAUX ET FRANÇAIS

CONCERNANT PRINCIPALEMENT

LA MARCHE ET LE LIMOUSIN

EN PRÉPARATION

Documents historiques bas-latins, provençaux et français, concernant principalement la Marche et le Limousin, par Alfred LEROUX, Émile MOLINIER et Antoine THOMAS. — *Tome II*.

Chartes historiques sur la Marche, par Antoine THOMAS, chargé de cours à la Faculté des lettres de Toulouse.

La Basilique Saint-Martial de Limoges, par Émile MOLINIER, attaché au Musée du Louvre.

Chartes et Chroniques pour servir à l'histoire du Limousin et de la Marche, par Alfred LEROUX, archiviste du département de la Haute-Vienne.

DOCUMENTS HISTORIQUES

BAS-LATINS, PROVENÇAUX ET FRANÇAIS

CONCERNANT PRINCIPALEMENT

LA MARCHE ET LE LIMOUSIN

PUBLIÉS

Sous les auspices de la Société archéologique et historique
du Limousin

PAR

Alfred LEROUX, Émile MOLINIER et Antoine THOMAS

Anciens Élèves de l'École des Chartes

TOME Ier

LIMOGES

IMPRIMERIE-LIBRAIRIE Ve H. DUCOURTIEUX

7, RUE DES ARÈNES, 7

1883

DOCUMENTS HISTORIQUES

BAS-LATINS, PROVENÇAUX ET FRANÇAIS

CONCERNANT PRINCIPALEMENT

LA MARCHE ET LE LIMOUSIN

PUBLIÉS

Sous les auspices de la Société archéologique et historique
du Limousin

PAR

Alfred LEROUX, Émile MOLINIER et Antoine THOMAS

Anciens Élèves de l'École des Chartes

TOME Ier

LIMOGES

IMPRIMERIE-LIBRAIRIE Ve H. DUCOURTIEUX

7, RUE DES ARÈNES, 7

1883

AVERTISSEMENT

— *Les tables analytiques paraîtront avec le tome second de notre recueil, vers le milieu de l'année prochaine.*

— *Partie des documents qui suivent, de la page 1 à la page 179, a paru d'abord dans le* Bulletin de la Société archéologique du Limousin (*t. XXX*).

— *En raison de leur importance comme textes de langue, les chartes provençales, au nombre de dix-huit, ont été publiées avec un soin particulier. On a usé, pour ces chartes seulement, du système qui consiste à représenter en italiques toutes les lettres que l'original figure par sigles abréviatifs. On a aussi fait suivre d'une traduction littérale celles de ces chartes provençales qui offrent quelques difficultés d'interprétation.*

— *Dans tous les textes reproduits d'après des originaux l'*e *souscrit a été représenté par* ae.

— *La plupart des inscriptions tirées du ms. fr. 8230 de la Bibliothèque nationale se retrouvent dans un autre ms. de la même Bibliothèque :* Suppl. fr. 5024.

— *Dans la réduction des dates au style moderne, on a admis comme règle générale qu'en Limousin l'année commençait à Pâques jusqu'en 1300 inclusivement, et ensuite au 25 mars. Il est cependant prouvé qu'avant 1300 on se servait concurremment de plusieurs styles dont l'usage est encore mal déterminé.*

— *Les noms de lieux qui se représentent à plusieurs reprises n'ont guère été identifiés plus de deux fois. Il faudra donc chercher à la table des noms de lieux (tome II) les identifications que les notes ne fournissent pas.*

DOCUMENTS HISTORIQUES

BAS-LATINS, PROVENÇAUX ET FRANÇAIS

CONCERNANT PRINCIPALEMENT

LA MARCHE ET LE LIMOUSIN

INTRODUCTION

Pour des raisons qu'il est inutile d'indiquer ici, les éditeurs de textes historiques ont toujours été peu nombreux dans notre contrée. Avant la Révolution on ne peut guère citer que Baluze († 1718) dont les recherches étaient limitées d'ailleurs au Bas-Limousin; encore n'a-t-il jamais fait tirer à part les très nombreux documents qu'il avait empruntés aux archives des monastères pour servir de preuves à ses travaux d'histoire locale. Cette dernière remarque peut s'appliquer aussi aux *Instrumenta ecclesiæ Lemovicensis* que l'on trouve au tome II du *Gallia christiana* (1720) : ils sont là pour appuyer l'œuvre principale et ne visent point d'autre but.

Dom Claude Estiennot, qui visita en 1675 les diocèses de Limoges et de Tulle, y transcrivit un grand nombre de chartes anciennes que la Congrégation de Saint-Maur se proposait d'utiliser pour l'histoire de la Guyenne. Un autre bénédictin, Dom Col

(† vers 1795), reprit la tâche au siècle suivant; mais leurs collections sont restées manuscrites (1).

Manuscrites aussi les transcriptions faites dans la seconde moitié du xviii° siècle par les abbés Nadaud († 1775) et Legros († 1811) : elles dorment encore à peu près inaccessibles sur les rayons de la bibliothèque du grand séminaire de Limoges (2).

Depuis une quarantaine d'années les publications de ce genre ont un peu repris faveur parmi nous. En 1837-38, M. A. Leymarie, devenu plus tard archiviste de la Haute-Vienne, faisait paraître le *Limousin historique* dont les textes sont malheureusement très incorrects. Quelques années après, l'abbé Texier publiait son *Recueil des inscriptions du Limousin* (1852), et M. Maximin Deloche son *Cartulaire de Beaulieu* (1859). Puis vinrent successivement les *Registres consulaires* de Limoges au xvi° siècle (2 vol. parus, 1867-69), édités par M. Émile Ruben, aux frais de la Société archéologique du Limousin; — les *Annales de 1638*, dites primitivement *Annales manuscrites de Limoges* (1872), publiées par les soins de MM. Ruben, Achard et Ducourtieux; — les *Cahiers de la Marche* (1873) et les *Chartes communales du département de la Creuse* (1877) rassemblés et commentés par un ancien archiviste de la Creuse, M. L. Duval (3); — enfin la riche collection de pièces justificatives qui forme le second volume de l'histoire des *États provinciaux de la France centrale sous Charles VII* (1879) par M. Antoine Thomas.

Si l'on ajoute au contenu de ces recueils spéciaux les chartes,

---

(1) Elles sont conservées à la Bibliothèque nationale : celle de dom Estiennot, sous les n°s 12746-12748 du fonds latin ; celle de dom Col, sous les n°s 9193-9199 du même fonds.

Il faut grandement déplorer que les Bénédictins n'aient pas eu le loisir de faire pour l'histoire de la Guyenne ce qu'ils ont fait pour celle du Languedoc, de la Lorraine, de la Bourgogne et de la Bretagne. Qui donc pourrait aujourd'hui recueillir leur héritage et donner à pareille entreprise l'unité de direction et l'esprit de suite qu'il faudrait maintenir pendant plusieurs années? A l'étranger, les universités acceptent volontiers cette tâche et consacrent à l'archéologie et à l'histoire locales une bonne partie de leur activité. Ne saurait-il en être de même aujourd'hui chez nous, et la Faculté des lettres de Bordeaux, par exemple, ne daignerait-elle jouer sur ce terrain le rôle que l'ancien Parlement de Bordeaux a joué, à peu près dans les mêmes limites géographiques, sur le terrain judiciaire ? Nous soumettons cette idée à tous ceux qui ont souci d'asseoir l'histoire nationale sur le fondement de solides histoires provinciales.

(2) Sur l'œuvre historique de ces deux érudits et l'état de leurs manuscrits, voyez la notice de M. l'abbé Lecler en tête du tome I°r du *Nobiliaire de la Généralité de Limoges*, 2° édit, 1882.

(3) Un autre ancien archiviste de la Creuse, M. Aug. Bosvieux, († 1871) avait également rassemblé un très grand nombre de textes historiques relatifs à la Marche et au Limousin. On les retrouve dans ses cartons conservés aux Archives départementales de la Haute-Vienne. Nous comptons les publier bientôt.

bulles, lettres privées et autres documents du même genre, imprimés en assez grand nombre soit dans les recueils généraux, comme les *Ordonnances des rois de France,* soit dans les *Bulletins* des Sociétés archéologiques de Limoges, Guéret, Tulle et Brive, soit encore dans les histoires locales comme pièces justificatives, — si l'on tient compte enfin des anciennes chroniques limousines (1) éditées ou réédités par Labbe, Baluze, Dom Bouquet et ses continuateurs, Pertz, M. l'abbé Arbellot et M. Duplès-Agier, on connaîtra dans ses modestes proportions tout le matériel de notre histoire limousine et marchoise.

Par bonheur, le mouvement commencé ne semble pas devoir s'arrêter de sitôt. Le recueil factice AA. 1 de nos Archives communales (appelé à tort premier registre consulaire) a été transcrit par M. Beaure-d'Augères et paraîtra sans doute avant quelques mois (2). C'est un chartrier d'un prix inestimable pour la connaissance de la vie publique dans notre ville depuis le xiiie siècle. Le cartulaire d'Aureil, si précieux pour l'histoire ecclésiastique du xie et du xiie siècles, sera bientôt sous presse, grâce au zèle éclairé de M. de Senneville. Nous savons aussi que M. R. de Lasteyrie travaille à reconstituer le cartulaire de Saint-Etienne de Limoges, à l'aide des copies conservées dans la collection Moreau de la Bibliothèque nationale. Enfin M. l'abbé Lecler rassemble actuellement les principaux documents relatifs à l'abbaye de Solignac et prépare pour le public les *Mémoires historiques* de Bullat, vicaire de Saint-Martial à la fin du xviiie siècle.

Nous aimons à croire que le présent recueil ne sera point déplacé au milieu de ses aînés, et qu'il soutiendra la comparaison même avec les suivants. Qu'on nous permette d'en expliquer l'origine en quelques mots.

La première idée de donner aux érudits un nouveau choix de pièces intéressantes sur le moyen âge de nos provinces du Centre, remonte à plusieurs années. Elle s'inspirait du besoin évident de suppléer à la pénurie de nos *Bulletins* à cet égard. Mais le projet fût sans doute resté longtemps irréalisé s'il avait été abandonné aux forces d'une seule personne. C'est la vue de ce danger qui a décidé l'un de nous à invoquer le secours de deux confrères déjà riches d'une ample moisson de textes, lesquels n'attendaient

---

(1) Celles d'Adémar de Chabannes, de Bernard Gui, de Girard de Frachet, de Pierre Coral, de Geoffroy de Vigeois, d'Etienne Maleu, etc. Voy. en particulier le tome XXI des *Historiens de France*, publié par l'Académie des Inscriptions (1855).

(2) Sur le contenu de ce manuscrit, voy. l'*Inventaire des Archives communales de Limoges* par Ant. Thomas.

qu'une occasion favorable pour sortir de leurs cartons. On a pu de la sorte faire profiter tout le monde de recherches qui, sans cette coïncidence, se fussent éparpillées dans trois ou quatre recueils différents.

Il sera d'ailleurs aisé de reconnaître la part de chacun des trois collaborateurs dans l'œuvre commune, et par conséquent de déterminer les responsabilités, le cas échéant. Sauf indications contraires — qui se réfèrent principalement aux obligeantes communications de M. Louis Guibert et à quelques emprunts faits aux cartons de feu Aug. Bosvieux, — les documents relatifs à la Marche ont été transcrits et annotés par M. A Thomas; ceux qui proviennent des archives départementales et hospitalières de la Haute-Vienne l'ont été par M. A. Leroux. Les additions à l'obituaire de Saint-Martial et les inscriptions qui suivent immédiatement ont été recueillies à la Bibliothèque nationale par M. E. Molinier.

On s'étonnera peut-être de ce que les pièces tirées des Archives départementales de la Haute-Vienne appartiennent presque toutes au seul fonds de l'ancien Collége de Limoges (série D). La raison en est que l'inventaire de ce fonds, récemment publié (1), a permis de procéder à une investigation méthodique encore à peu près impossible pour les autres séries de ces archives. Beaucoup de ces pièces concernant les bénéfices ecclésiastiques dont jouissait le Collége dans plusieurs provinces de l'ancienne France, l'intérêt de notre recueil dépasse bien souvent les limites géographiques de la Marche et du Limousin.

Nous nous proposons de faire suivre ces textes de plusieurs autres d'un intérêt non moins considérable pour l'histoire de nos deux provinces : le *Registre consulaire* de Rochechouart (xv° s.), la *Chronique* inédite d'un notaire de Pierre-Buffière (xv° s.), le *Mémoire* de M. de Bernage sur la Généralité de Limoges (1698), etc. Puisse seulement l'accueil du public érudit nous encourager à continuer cette tâche et compenser en quelque mesure les sacrifices de notre courageux imprimeur.

Alfred Leroux,
Emile Molinier,
Antoine Thomas.

(1) 1882, in-4°, lxx-444 pages.

OBITUAIRE DE S. MARTIAL

COMMENCÉ VERS 1300

L'Obituaire que nous publions ci-après appartient aujourd'hui aux Archives départementales de la Haute-Vienne (1), avec la plus grande partie du fonds de l'ancienne abbaye de S. Martial. Aucun indice extérieur ne permet de le dater avec toute la précision désirable. On peut toutefois arriver à une approximation très satisfaisante par l'examen de quelques-uns des articles qu'il contient.

Ainsi, au f° 8 v°, il est fait mention du jardin des Frères mineurs de Limoges, lesquels ne s'établirent à l'endroit indiqué que vers 1243. Au f° 29 v°, on enregistre le legs d'Aymeric, évêque de Limoges, mort en 1272; au f° 26 r°, celui de Gilbert, autre évêque de Limoges, mort en 1294.

Ces trois mentions sont d'une main du xiii° siècle, la première qui ait travaillé à cet obituaire et qui lui a donné sa forme générale. D'autre part, on trouve au f° 24 r° une courte note liturgique qui se réfère à l'année 1303. Cette note est d'une main différente qui se reconnaît ailleurs encore, par exemple au f° 15 v°, dans la mention des revenus d'Hélie Geoffroy, abbé de S. Martial, en 1333. Il en faut donc conclure que notre obituaire a été rédigé dans les dernières années du xiii° siècle, peut-être même tout au commencement du xiv°, entre les années 1294 et 1303. Malheureusement il est impossible de serrer de plus près la vérité, les différentes écritures qui caractérisent les additions postérieures appartenant toutes, d'une manière certaine, au xiv°, au xv° et même au xvi° siècles.

Les plus anciennes mentions ne paraissent pas remonter au delà du xii° siècle. Elles ont été recueillies sans doute sur les actes mêmes de donation, que l'on conservait précieusement dans les archives du monastère.

(1) Série H., fonds S. Martial, n° provisoire 6617. Parchemin, reliure moderne. — H. 0m,36 ; L. 0m,28. 60 feuillets.

Quelques fragments de cet obituaire avaient été publiés déjà par M. Maurice Ardant, il y a une vingtaine d'années. Nous avons cru devoir le reproduire ici *en entier*, avec sa physionomie propre, comme type des documents de ce genre, dans l'opinion qu'il se prêtera plus aisément, sous cette forme, à la comparaison avec les obituaires des autres monastères de notre contrée. Il y aurait en effet quelques renseignements à tirer d'une étude attentive des notations liturgiques et chronologiques qui accompagnent l'enregistrement de chaque donation.

Notre publication ajoute en même temps un nombre considérable de noms propres nouveaux à ceux que M. Duplès-Agier avait tirés des chroniques de S. Martial. Cette considération ne sera peut-être pas sans valeur aux yeux de celui qui entreprendra de retracer un jour l'histoire interne d'une des plus célèbres abbayes du moyen âge.

A. L.

(F° 1 r°).

KL. A. Januarius. Circumcisio Domini. Cappe. Responsiones II.

B. IV nonas. Odilonis abbatis. VIII lectiones. Albe omnes. Octabas sancti Stephani. IIII lectiones.

C. III nonas. Octabas sancti Johannis. XII lectiones.

Eodem die obiit Gaubertus *de Lissac* monachus, et dedit nobis v solidos in Cumbis (1) : in domo *a la Chaslussa*, III sol. et II sol. *a Cornhac* (2), in vinea dicti *Perier*.

(V°).

D. II nonas. Octabas Innocentium. III lectiones.

E. Nonas. Vigilia Epiphanie.

P. *Jayos*, filius J. *Jayo*, dedit nobis x sol. in duabus domibus que sunt *a Joumar* (3) : una est P. *de Chambo* et alia Augati (4).

F. VIII idus. Epiphania Domini. Primo classu. Processio.

Hymbertus *deu Trot* monachus [dedit nobis] x sol. in Mercato, in domo *a la dompna Pinheta* (5).

---

(1) Les Combes, quartier de Limoges, comprenant les îlots de maisons situés des deux côtés de la rue de ce nom.
(2) Corgnac, banlieue de Limoges.
(3) Quartier de Limoges, actuellement place Fontaine-des-Barres.
(4) En interligne : *Vacant* XVIII d.
(5) En interligne : *Modo magistri Helie sutoris*.

(F° 2 r°).

G. vii idus. Tillonis confessoris. Commemoratio.

G. *Mauris* [dedit nobis] x sol. in manso sancti Geraldi juxta [ortos] sancte Valerie. Non valet tantum.

A. vi idus.

Helias *de Manhania* (1) [dedit nobis] x sol. in domo *Guido de Monprezet* ad Quadruvium (2).

B. v idus.

P. *Andras* monachus [dedit nobis] x sol.; helemosinarius debet solvere in duabus [s]tagiis (3) prope clocarium beati Marcialis. — B. *de Vileyvenc* [dedit nobis] xx sol. in Mercato, in domo que fuit P. *de Vileyvenc* et modo est P. *Auguti,* clerico.

(V°).

C. iiii idus. Valerici confessoris (4).

XIII. D. iii idus. Guillelmi episcopi. xii lectiones.

II. E. ii [idus].

Obiit Ademarus de Podio monachus, et dedit nobis LX et iiii sol. in granerio de Cumbis ad anniversarium suum faciendum (5).

(F° 3 r°).

F. Idus. Octabas Epiphanie. Albe omnes.

P. S. *lo Jayo* [dedit nobis] x sol. *en Manhania,* in domo quon-

---

(1) Forme ancienne de Manigne, nom actuel d'un quartier de Limoges. Ce mot est formé, par l'addition du suffixe *ia,* du mot *manhan* ou *manha* (fém. *manhana,* voy. plus loin, xii kal. mart.), qui signifie chaudronnier. (Voy. Du Cange, *Glossarium* sub Magninus.) *Manhania* signifie donc *chaudronnerie* et est tout à fait analogue à *Bocharia, Ferraria, Fauria* (Boucherie, Ferrerie, Fourie), noms de différents autres quartiers de la ville
[A. T.].

(2) Nom d'un ancien quartier de Limoges conservé dans le nom de l'église Saint-Pierre *du Queyroix,* c'est-à-dire *du carrefour.*

(3) Les Bénédictins ont inséré le mot *tagia* dans le glossaire de Du Cange et ils en donnent précisément comme unique exemple ce passage de notre obituaire d'ailleurs incorrectement reproduit. Ils pensent que *in duabus tagiis* veut dire *en deux paquets.* Dom Carpentier croit qu'il faut lire *cagia.* Ces deux interprétations sont erronées; il faut lire *in duabus* [s]*tagiis,* comme le montre la comparaison d'un autre passage de notre obituaire (iiii id. mart.). Voy. Du Cange, sub Stagia. [A. T.]

(4) En interligne : *Dominus Guido de Rabolariis, canonicüs Lemovicensis, dedit* v *sol. et octo sestarios siliginis in sancto Justo.*

(5) En interligne : *Ponuntur pro vacantibus perpetuo qui exinde non recipiuntur.*

dam (1) *Raymon de Bre.* G. *de Drulhas* [dedit nobis] xx sol. *en Fongrauleu* (2), in domo que fuit *Hugo de Dompnho* ante domum P. *Estier* (3). *Rotgiers Trotaſava* [dedit nobis] xx sol. : x sol. in domo que fuit *Hugo Jauvi* et modo est J. *Jauvi* et x sol. in domo J. *Bonaborsa.*

X. G. xix kal. Hylarii episcopi. Albe omnes.

Stephanus de Contezaco, prepositus sancti Justi, [dedit nobis] c sol.; et debet solvere ille qui percipit conquestas seu aquisita sancti Justi (4).

A. xviii kal. Mauri abbatis. viii lectiones. Remigii episcopi. iiii lectiones.

Loyer de Bridier miles [dedit nobis] v sol. in manso *de Monjorda* (5), in parrochia *de Faolas* (6).

(V°).

XVIII. B. xvii kal. Marcelli pape et martyris. xii lectiones. Genulfi episcopi. Commemoratio.

VII. C. xvi kal. Sulpicii episcopi. viii lectiones. Speusipi, Eleusipi et Meleusipi martyrum. iiii lectiones.

D. xv kal. Prisce virginis. iii lectiones.

(F° 4 r°).

XV. E. xiiii kal.

IIII. F. xiii kal. Fabiani et Sebastiani martyrum. xii lectiones. Albe ii.

B. *Auric* dedit nobis xvii sol. et vi denarios in ortis sancte Valerie : iiii sol. et iiii den. et *mealha* (7) in domo J. *de Bondic;* et iiii sol. et iiii den. et *mealha* in domo J. *de Cous;* et iiii sol. et iiii den. et *mealha* in domo P. *de Beuveyr* (8); et iiii sol. et iiii den. et *mealha* in domo quondam P. *de Corso.*

---

(1) *Quondam* est en interligne.
(2) Fongrouleau, quartier de Limoges, aujourd'hui rue du Consulat.
(3) En interligne : *Modo Bartholomei Audier.*
(4) En interligne, à partir de *Et debet.*
(5) Peut-être Montjourde, village situé dans la commune de Bessines, Haute-Vienne, arr. de Bellac.
(6) Folles, Haute-Vienne, arr. de Bellac.
(7) Le texte porte m avec a suscrit.
(8) Beauvais, près de Limoges.

G. xii kal. Agnetis virginis et martyris. Albe. xii lectiones.

Andriu deu Tro monachus [dedit nobis] x sol. in vico *de Manhania*, in domo J. *de Panazol* (1).

(V°).

XII. A. xi kal. Vincentii martyris. Cappe.

P. *Anebas* pistor noster dedit nobis x sol. in Cumbis, in domo sua; modo est J. de Bellovidere.

I. B. x kal.

Ay[mericus] *Bru* de Axia (2) [dedit nobis] xv sol. in manso *de Lensinhas* prope Axiam. — Eodem die 'P. *Brachet* dedit nobis xl et vii sol. in vinea *de Beupoy* (3); et debent solvere J. *Gregoris et Vinhos lo bastiers* xxv sol. (4), et filius Guidonis *deu Bancs* (5) xv sol. (6); et vii vacant (7).

C. ix kal.

Guillelmus *Passaga* dedit nobis x sol. in furno et vilari (8) Ay[merici] *deu Prestinh*. Guido *deu Clauseus* (9), episcopus Lemovicensis, dedit nobis l sol. : xxv sol. (10) *eu vilar maistre* P. *de Vileta* qui fuit *Hugo Malobier*; et x sol. in vinea Helie *Baboyre* qui fuit P. *de Massere*; et v sol. in vinea P. *Broilh*, et x sol (11). in vilari Helie de Axia. Et totum est in clauso *Topo* (12).

(F° 5 r°).

IX. D. viii kal. Conversio sancti Pauli apostoli. Cappe. Responsiones ii.

Hugo *de Charrieiras* helemosinarius dedit nobis xxxv sol. : xxx sol. in terra stagni Aque-perce (13) et v sol. in prato *de Bonasgotas* quod modo est Guidonis *Pinheta* clerici.

(1) Panazol, commune des environs de Limoges.
(2) Aixe, petite ville à l'ouest de Limoges.
(3) Quartier de Limoges, aujourd'hui Beaupuy.
(4) En interligne : *Vacant. Solare stat.*
(5) Les Bancs, quartier de Limoges.
(6) En interligne : *Vacant. Solare stat.*
(7) En interligne : *Ad tempus G. de Corsso tenet.*
(8) On trouve également la forme *vilario*, f° 33 v° et 49 r° du ms.
(9) *Guido de Clusellis* fut évêque de Limoges de 1226 à 1236 (n. st.). Le *Gallia christ.* nous apprend que le siége était vacant le 5 des calendes de février 1236. Le 9 des calendes de notre obituaire (24 janvier) est donc la date exacte du jour du décès de cet évêque. [A. T.]
(10) En interligne : *Vacant* xiv.
(11) En interligne : *Vacant* iiii.
(12) Plus loin (vii id. mart.) : in clauso *Tapo*.
(13) Quartier de Limoges, aujourd'hui Aigueperse.

E. vii kal. Policarpi episcopi. iii lectiones.

Magister G. *la Baylia* dedit nobis x sestarios (1) frumenti et x sestarios siliginis.

XVII. F. vi kal. Johannis Crisothomi episcopi.

B. *Barbosta* dedit nobis xx sol., scilicet viii sol. et iii den. in domo *Piteu* (2) in ortis sancte Valerie, et xxi den. in domo J. *deu Goyrandeyc*, que modo est pistanciario sancti Marcialis, et x sol. extra portam *de Monmelier* (3) in domo P. *de Peyrigorc* (4).

(V°).

VI. G. v kal. Agnetis secundo (5). iii lectiones. Johannis abbatis. Commemoratio.

P. *de Grazas* monachus dedit nobis x sol. in manso *de IX Planchas* (6).

A. iiii kal. Octabas sancti Vincencii. xii lectiones.

P. *de Pratini* (7), prior de Mansaco (8), dedit nobis xxx sol. in terra stagni Aque-perce. — Eodem die obiit P. de sancto Valerico (9), abbas, et dedit nobis c sol. Cellerarius debet solvere pro redditibus et vendis quas levat pro ipso P. abbate, qui hemit eos pro dicto anniversario (10).

XIIII. B. iii kal.

Dominus P. *Maleus*, canonicus Lemovicensis, dedit nobis xx sol. renduales super decima *de Comprinhac* (11), quos debet solvere domicellus *de Monsigo*; que decima movet a preposito de Rossaco (12), etsi ibi eramus deperdentes super omnibus que tenet ab abbate sancti Marcialis; et de hoc stant littere. — Eodem die obiit Johannes Lafon, et dedit nobis xliiii sol. et vi den. quos levat

---

(1) On trouve également les formes : *sestarii* (f° 15 v°) et *sestaria* (f° 9 v°).

(2) En interligne : *Modo Marcialis Bartholomeu*.

(3) Montmailler, nom qui s'est conservé à un faubourg de Limoges.

(4) En interligne : *Set viii solidi sunt apud* Cornhac *in quodam nemore et prato* Cornhac *quem tenent Chastanhios et P. Laborie.* — *Prior de Mosto xx sol.*

(5) Voy. plus haut xii kal., p. 5.

(6) Localité inconnue.

(7) Voir sur ce personnage la chronique de B. Itier.

(8) Mansac, Creuse, arr. de Bourganeuf.

(9) Pierre de Naillac, prévôt de Saint-Vaury, puis abbé de Saint-Martial de 1216 à 1220. Cf. les *Chroniques de Saint-Martial* (éd. Soc. Hist. Fr.).

(10) En interligne à partir de *P. abbate*.

(11) Compreignac, Haute-Vienne, arr. de Bellac.

(12) Roussac, Haute-Vienne, arr. de Bellac.

prepositus sancti Justi, exceptis duabus domibus sitis juxta domum *Chalusot* (1).

(F° 6 r°).

III. C. ii kal.

KL. Febroarius habet dies xxviii, luna xxix.

III. D. Febroarius. Sori confessoris. viii lectiones. Ignacii episcopi et martyris. iiii lectiones.

Hugo, abbas, de Brossa (2), dedit nobis xl sol. extra portam *Monmelier* : in domo *Thomas Soterra* x sol. (3); et in domo P. *de Bossac* v sol.; et in domo P. *de Semmoras* v sol.; et in domo Stephani *de Bossac* x sol. (set xii den. (4) vacant), in domo Thome *Lafont* x sol.

E. iiii nonas. Purificatio sancte Marie. Primo classu. Processio. Responsiones ii.

Ademarus *Chathartz* [dedit nobis] x sol. : in domo *deu Chatanet* vii sol. et debent solvere *li Berengier* de Podio-*molenier* (5); et iii sol. in manso *de Tornuon*, in parrochia sancti Prejecti (6) prope sanctum Justum.

(V°).

XI. F. iii nonas. Blasii episcopi et martyris. viii lectiones. Albe ii.

Guido *Bechada* dedit nobis x sol. : in manso *de las Planchas* in parrochia de Vernolio (7) v sol., et P. et Stephanus *Charroteu* de Axia debent solvere iii sol., et P. Bernardi et uxor Aymerici Bernardi, leprosi, debent solvere ii sol.

G. ii nonas.

G. archiepiscopus Burdegalensis (8), dedit nobis xvii sestarios frumenti et xvii sestarios siliginis et xvii sesterios avene ad mensuram Lomovicensem, in decima *de Serelhac* (9); et v sol. ad opus cujusdam lampadis ardende in capitulo, et ii sol. ad opus hostiariorum, quos debet solvere helemosinarius.

(1) En interligne : *Quas tenet Petrus Johannes; solvit conventui* xiiii sol.
(2) C'est-à-dire Hugues de la Brosse, abbé de St-Martial, de 1202 à 1216.
(3) En interligne : *Vacat ad tempus*.
(4) En interligne : *Perpetuo*.
(5) Le Puy-Moulinier, Haute-Vienne, arr. de Limoges.
(6) Saint-Priest-Taurion, Haute-Vienne, arr. de Limoges.
(7) Verneuil, Haute-Vienne, arr. de Limoges.
(8) Gérald de Malemort, archevêque de Bordeaux de 1227 à 1259.
(9) Séreilhac, Haute-Vienne, arr. de Limoges.

XIX. A. Nouas. Agathe virginis et martyris. xii lectiones. Albe ii.

Jacobus *Chauchagrua* (1), prepositus de Cozeyo (2), [dedit nobis] L sol. (3) in manso *de Poyfranc*. Guido *Gaanhs* dedit nobis xv sol. : x sol. (4) in furno P. *Rabinier* in ortis sancte Valerie, et v sol. in domo P. *Chalveu*, juxta domum sancti Mauri.

(F° 7 r°).

VIII. B. viii idus.

Audebertz Oliviers (5), prepositus sancti Valerici (6), dedit nobis xx sol. : v sol. in domo *Raymon la Garda*, et apud Axiam in domo *David de Beynac* vii sol., et in eodem loco in domo *Peyronela Arnauda* viii sol.

C. vii idus.

G. de Bona-Valle, capicerius, dedit nobis pro se et pro nepote suo *Guido* de Bona-Valle xxx sol. Prepositus de Clausellis debet solvere (7). Hugo *Larfolhiera*, prepositus de Roserio (8), legavit pro anniversario suo cuilibet monacho sancti Marcialis et quatuor capellanis *de Leschilla* unam pitanciam valentem iiii den. quam debet solvere prepositus de Roserio qui erit pro tempore ista die ; cujus redditus dictus Hugo emit in dicto prepositatu, inter alia que adquisivit et super omnia (9).

XVI. D. vi idus.

Memoria sit quod pitanciarius sancti Marcialis percipit xx sol. in prepositatu de Roserio, de quibus legavit x sol. Guido *de Champanhas* prepositus dicti loci, et alios x sol. Iterius de Barrio, canonicus Lemovicencis.

(V°).

V. E. v idus. Octabas sancte Marie. xii lectiones. Albe omnes.

Chatardus de Guiana monachus dedit nobis xxxv sol. : xxv sol. *a Fon Jauvinar* (10) in furno *Aymeric Brostainh*, et x sol. in Mercato, in domo que fuit P. *Estordit* et modo est *Hymbert de Vilayvenc*.

---

(1) Mentionné dans les *Chroniques de S. Martial*, p. 279 et 280.
(2) Couzeix près Limoges.
(3) En interligne : *Vacant ad tempus W. helemonisarii*.
(4) En interligne : *Vacant ii solidi perpetuo*.
(5) Mentionné dans les *Chroniques de S. Martial*, p. 282.
(6) S. Vaury, chef-lieu de canton, Creuse.
(7) En interligne : *Modo prepositus de Arnuco solvit*.
(8) Roziers-St-Georges, Haute-Vienne, arr. de Limoges.
(9) En interligne à partir de *inter alia*.
(10) En interligne : *Vacant xix sol perpetuo*.

F. IIII idus. Scolastice virginis. XII lectiones.

W. de Bonaco dedit nobis III sol. (1) in domo que fuit *a Legre* et modo est dicto *Guilho*.

XIII. G. III idus.

Obiit Jacobus abbas (2), et dedit nobis C sol. et prior de Calesio (3) debet solvere. — Eadem die P. *de Jaunhac* miles dedit nobis XXV sol. in manso de Ligora, in parrochia de Vicano (4).

(F° 8 r°).

II. A. II idus.

B. Idus.

Obiit Helias *Merchatz* monachus conversus, et dedit nobis XX sol. : X sol. in rua *de Manhania* in domo *Boneu Gaydenc* (5), et III sol. in ortis sancte Valerie in domo que fuit W. *Machalc* et modo est Gaufridi *de Rossac*; et IIII sol. in domo que fuit *Nicolau Chambarot* et modo est *a la Rossinhola* (6), et III sol. in domo que fuit Laurencio *de Legal* juxta domum P. *Rosseu*; et V sol. (7) in domo *a la Quassa-mala* in rua *de Banc-latgier* (8).

X. C. XVI kal. Valentini martyris. III lectiones.

Stephanus *Borzes* dedit nobis XL sol. in rua veteris monete (9): in duabus domibus que fuerunt P. *deu Sol*, IIII sol.; et in domo *Andriu Papier* III sol. et III den.; et in domo S. *David* II sol. et VI den.; et IIII sol. et VI den. in domo *Jacme Bec*; et II sol. in domo J. *Jaufre*; et II sol et VI den. in domo J. *Brunau*; et XXI den. in domo *Aymar Vezi*; et XXI den. in domo *Aymar deu Claus*; et in domo P. *Bergier* III sol. et VI den.; et in domibus *a la Turcada* III sol.; et in domo P. *Broilh* XVIII den.; et in domo B. *deu Trey* XVIII den.; et in domo J. *de l'Ort* XVIII den.; et in domo P. *deu Poy* II sol.; et in domibus W. *Nadalia* III sol. et VI den.; et in domibus *Jaucem Salanhac* XVIII den.

(V°).

D. XV kal.

P. *Rodolhs* dedit nobis IIII sol. *a Jaumar*, in furno que fuit

---

(1) En interligne : *Vacant perpetuo*.
(2) Abbé de 1272 à 1275.
(3) Chalais, Charente, arr. de Barbezieux.
(4) Le Vigen, commune de Solignac, arr. de Limoges.
(5) En interligne : *Modo dicti* au Chandelier.
(6) En interligne : *Relictæ P.* Chatalac.
(7) En interligne : *Helem. sunt*.
(8) Aujourd'hui rue Banc-Léger.
(9) Nom qui s'est conservé à un quartier de Limoges, Vieille-Monnaie.

quondam *Pelegri* et modo est solare, quod est Johanni *Pozi*, juxta domum *Symo de Jaumar*; et ii sol. in orto Fratrum minorum ex parte *de las Chauchieyras*.

XVIII. E. xiiii kal.

VII. F. xiii kal.

(F° 9 r°).

G. xii kal.

P. *Guitbert* monachus dedit nobis xx sol. : x sol. in rua de Manhania, in domo *a la Manhana*, et x sol. in domo W. *Nadalia*

XV. A. xi kal.

IIII. B. x [kal.].

G. *la Vilata* dedit nobis xiii sol. : x sol. in Cumbis, in domo W. *Machauc* (1), et iii sol. in ortis sancte Valerie in domo *Marti Cros*.

(V°).

C. ix kal.

W., abbas, de Marolio (2), obiit et dedit nobis c sol. et x sol. ad helemosinam faciendam. Sellerarius sancti Marcialis debet solvere hac die pro leyda quam levat in portis castri Lemovicensis et in pontibus sancti Marcialis et sancti Stephani, quam predictus abbas aquisivit a domino Hugone *de Peyrac*, milite, et ab ejus uxore, filia quondam domini Guidonis *de Brossa*. Et est sciendum quod citra anniversarium predicti abbatis de Marolio, conventus seu pitanciarius solvit luminare seu civorium pro omnibus abbatibus post eum subsequentibus sacriste magni altaris, dum tamen ipsi legaverint c sol. renduales pro anniversario suo.

D. viii [kal.]. Cathedra sancti Petri. Albe omnes.

Obiit P. *Lafon*; dedit nobis x sol. in rua de Bocharia (3) in domo P. *de l'Aja*; et modo est *Paschal Crestia*.

IX. E. vii kal.

Obiit P. *Jaucems*, domisellus, et dedit nobis xxv sol. quos habebat renduales in domo helemosinarii nostri de abbacia; et dominus Hugo de Charreriis, helemosinarius tunc temporis, predictos xxv sol. de voluntate conventus in manso *de Tramon* assignavit. — Isto die debemus facere anniversarium quondam

---

(1) En interligne : Wuillelmi (?) Iorda.

(2) C'est-à-dire Guillaume de Mareuil, abbé de St-Martial, mort en effet le 21 février 127$\frac{4}{1}$.

(3) Il y a encore aujourd'hui la place et le faubourg Boucherie.

Francisci Bayardi, burgensis Lemovicensis, qui nobis legavit pro dicto anniversario faciendo (sicut unum de cardinalibus in dicto monasterio celebratur) quatuordecim sestaria et eminam frumenti; quam legacionem et asignacionem dictorum quatuordecim sestariorum frumenti fecit nobis honesta mulier Benigna Guercina, dicti Francisci relicta et universalis heres ; et super hoc passate et recepte fuerunt lictere per magistros *Bartesar* Durandi et Audoynum de Alvernya, notarios publicos, in meliori forma (1).
(F° 10 r°).

F. vi kal. Mathie apostoli. Albe omnes.

Obiit P. *Beli,* prior de Laurieyra (2), et dedit nobis xx sol. *a la Fontauria* in vinea *a la Coguula:*

XVII. G. v kal.

Bertrandus de Chanaco, prior claustralis, dedit nobis lx sol. renduales : x sol. apud sanctum Justum et l libras pro xl sol. pro anima sua et parentum suorum, potissime patris et matris, fratrum et nepotum suorum (3). — Obiit quondam Johannes Barmo[n]deti, in legibus licenciatus, qui nobis dedit et legavit quatuor sestarios frumenti pro faciendo unum parvum anniversarium, in die ista dicti obiti sui (4).

VI. A. iiii kal.

Isto die debet fieri anniversarium unum ex duobus de Rupecavardi (5), pro quibus duobus anniversariis recepimus et habuimus realiter et de facto a potenti domino Johanne, vicecomite de Rupecavardi, et a potenti domicella, Anna vicecomitissa de Rupecavardi, dicti domini Johannis uxore (6), ducentas libras (in quibus ducentis libris dictus Johannes vicecomes et vicecomitissa tenebantur erga nos, causa et racione decem librarum rendualium super prepositatu sancto Laurencio de Guoro (7), ut apparebat per litteras auctenticas sigillatas sigillo comitatus *de Rochechoart*) pro emendo pratum quod olim fuit Geraldi de Janalhaco ; quod pratum constitit trecentas libras. Conventus

---

(1) Ce second paragraphe, à partir de *Isto die,* est d'une écriture qui semble appartenir au milieu du xiv° siècle.

(2) Laurière, chef-lieu de canton, arr. de Limoges.

(3) Ce paragraphe est d'une écriture qui semble appartenir au milieu du xiv° siècle.

(4) L'écriture de ce paragraphe et du suivant est du commencement du xvi° siècle.

(5) Rochechouart, chef-lieu d'arrondissement, Haute-Vienne.

(6) Sans doute Jean I, qui épousa Jeanne de Sully au commencement du xiv° siècle.

(7) Saint-Laurent-sur-Gorre, Haute-Vienne, arr. de Rochechouart.

solvit residuum videlicet centum libras, et promisimus facere dicta duo anniversaria quolibet anno unum, isto die et alium crastina die nativitatis beate Marie virginis, mense septembris, ut apparet per litteras super hoc passatas et receptas per magistros Clementem *de Montebocher* et Audoynum de Alvernia, notarios publicos, in meliori forma, tam sub sigillo regio auctentiquo quam officiali Lemovicensi, die vicesima sexta, mense decenbris, anno Domini millesimo quadringentesimo septuagesimo nono.

(Vº).

B. III kal.

C. II kal.

KL. D. Marcius. Albini episcopi.

Prior de Nobiliaco (1) dedit nobis xx sol. (2) : x sol. (3) in rua *de Banclatgier*, in domo Johanni *Torta* (4) et in domo *Beu G.*, et x sol. *en la Fauria* (5), in domo que fuit J. de Manhania. — Eodem die obiit Helias de Axia, et dedit nobis x sol. (6) in domo que fuit *Jaqueli* juxta *l'andeir de Beuveyr* (7).

(Fº 11 rº).

E. VI nonas.

Obiit Helias *de Cornilh*, et dedit nobis XL sol. apud sanctum Valericum in manso de Monmanhanho.

F. V nonas.

Obiit Mauricius *Pinheta*, magister operis, et dedit nobis xxv sestarios siliginis et XII sestarios eminam frumenti et xxv *ras d'avena* in decima de *Gora* (8), et debent solvere Rotbertus Constantis et uxor.

---

(1) Saint-Léonard de Noblat, chef-lieu de canton, Haute-Vienne, arr. de Limoges.

(2) En interligne : *Vacant*.

(3) En interligne : *Solare remanet*

(4) En interligne : *Conventus habuit*.

(5) Fourie, quartier de Limoges.

(6) En interligne : *Vacant octo sol. perpetuo*. J. Alamant *debet* II *sol. pro solare*.

(7) Un des cinq petits marchés de Limoges désignés sous le nom d'Andeix (ou trépieds).

(8) Gorre, Haute-Vienne, arr. de Rochechouart.

G. iiii nonas.

Obiit G. Raymundi *de Gora,* et dedit nobis xx sol. (1) Rotbertus Constantini debet solvere racione hereditatis uxoris sue.

(V°).

XIX. A. iii nonas.

P. *Doudis* dedit nobis x sol. in vinea que fuit *Gandoy* apud sanctum Lazarum (2). Sellerarius sancti Marcialis debet solvere qui accipit frumentum.

VIII. B. ii nonas.

B. Bertrandus de Longa dedit nobis xx sol. in rua *deu Temple,* in domo P. *Chavalier* (3).

C. Nonas.

W. *de Bre* dedit nobis xxx sol. in prato subtus *Cornhac;* et debent solvere P. *Mandat* et B. *Mandat* xv sol., et P. *la Boria* cum parsionariis suis x sol., et Ademarus *Charboniers* v sol.

(F° 12 r°).

VI. D. viii idus.

Bruni de la Porta dedit nobis xx sol. *a la Porta Peychonieyra*(4), in domo P. *Bolho.*

V. E. vii idus.

Obiit Aymericus *deu Clauseus,* et dedit nobis xv sol. in clauso *Tapo :* v sol. (5) in vilare *Helias de Axia;* et Aymericus *de Neycho* (6) *lo Ros* et P. *lo Ros* de Vinea [et] P. *Bonet* debent solvere iii sesterios frumenti; et pistanciarius sancti Marcialis debet accipere frumentum pro decem solidis.

F. vi idus.

G. *Rafart* dedit nobis L sol. : xxxvi sol. (7) in parrochia sancte Ferreole (8) et xiiii sol. *eu Vilar P. Upayna.* — Et est sciendum quod conventus accepit denarium pro predictis quinquaginta solidis, et dominus Geraldus de Malamorte, miles, assignavit conconventui predictos xxxvi solidos in predicta parrochia sancte Ferreole pro aliquibus in quibus tenebatur abbacie ; et dictus

---

(1) En interligne : *Vacant perpetuo quia conventus accipit decimam.*
(2) St-Lazare, banlieue de Limoges.
(3) En interligne : *Modo J. Voli.*
(4) Porte Poissonnière, ancienne porte de Limoges.
(5) En interligne : *Vacant perpetuo.*
(6) Il faut lire Aÿmeric Le Roux, de Nexon.
(7) En interligne : *Vacant* vi *sol. ad tempus.*
(8) Corrèze, arr. de Brive.

conventus assignavit ipsos ad opus anniversarii Geraldi *Rafart* predicti; residuos vero xiiii solidos ad complendum predictos quinquaginta solidos emit magister operis in vilari Petri *Upoyna*, ut superius est expressum. — Eodem die obiit P. *Jorda* presbyter, et dedit nobis x sol. in Cumbis, in domo Aymerici *au Codurier* juxta domum *au Chamarlenc*. — Eodem die obiit domina Guella, mater Bozoni *Malafaida*, et dedit nobis xl sol. apud sanctum Valericum in manso *deu Chiers*, quem tenet P. *Beraus*, et xx sol. ad helemosinam faciendam.

(V°).

XIII. G. v idus.

II. A. iiii idus. Gregorii pape. Cappe.

Gregorius *Malleuc*, prepositus de Rossaco (1), adquisivit ad pistanciam beati Gregorii pape xxx sol. Helemosinarius sancti Marcialis debet solvere xxv sol. pro stagiis prope clocarium sancti Marcialis, et v sol. in manso *de Monjanal* in parrochia de Rossaco, et sunt solvendi hac die totum.

B. iii idus.

Obiit P. *la Guiersa* (2) qui fuit electus in monasterio sancti Marcialis, et dedit nobis xx sol. in manso de *Maranhac*, et prepositus de Rossaco debet eos reddere hac die pacifice et quiete ac sine expensa.

(F° 13 r°).

XII. C. ii idus. Post istum locum non potest esse quadragesima.

Dominus Bertrandus de Chanaco, prior noster claustralis, dedit nobis pro anima sua et parentum suorum et reverendi patris domini Guillelmi de Ventodoro (3), abbatis nostri quondam, certos libros videlicet unum decretum, unum codicem et quasdam decretales antiquas. Item, dedit nobis triginta libras monete curentis Lemovicensis ad faciendum magnas campanas. Item, decem sol. renduales quos emit in manso... (4).

D. Idus.

XVIII. E. xvii kal.

Magister B. *de Julhac* dedit nobis x sol. extra portam *de Manhania*, in domo P. *Chambart*.

(1) Roussac, Haute-Vienne, arr. de Bellac.
(2) Voyez sur ce personnage les *Chroniques de Saint-Martial*, p. 17, 19, etc.
(3) Abbé de 1339 à 1340.
(4) Cet alinéa est d'une écriture postérieure à la précédente.

(V°).

VII. F. xvi kal.

W. *Richart* monachus dedit nobis xlv sol. *au pont d'Irisso* (1), ante domum Helias de Axia : in domo *Alsandre deu Bancs* xxii sol. et vi den., et juxta domum que est ante domum W. *de Solom*, que modo est pistanciario sancti Marcialis, xxii sol. et vi den. Item adquisivit W. *Richart* ii sestarios *d'oli* in Cumbis : in domo P. de sancto Hylario que modo est P. *Paschal* i sestarium, et alium in domo J. *de l'Optal* et modo est G. *Torelhau;* de supradictis denariis voluit W. quod essent ad opus olei de refectorio.

G. xv kal.

Jacobus *deu Peyrat* dedit nobis xxx sol.; et debet solvere x sol. Guido *Bos* de domo sua que est in ortis sancte Valerie, et xx sol. in vinea *de las Barras*. — W. *Quossa* [dedit nobis] viii sol. et iiii den. et W. *la Fauria* viii sol. et iiii den. et J. *Crestias*, gener *Malafayda*, iii sol. et iiii den.

XV. A. xiiii kal.

(F° 14 r°).

IIII. B. xiii kal.

Obiit Peyronela *Bocha* (2), et dedit nobis xxx sol. in Mercato, in domo *Hymbert de Vilauvenc*, juxta domum *au Vincens*.

C. xii kal.

Benedicti abbatis. Albe omnes. xii lectiones. Equinoctium.

XII. D. xi kal.

I. E. x kal.

Obiit Aymericus *Quartiers*, et dedit nobis xxx sol. apud sanctum Justum (3).

F. ix kal.

Hymbertus de sancto Augustino dedit nobis ii sestarios eminam siliginis et unum sestarium frumenti (4).

G. viii kal. Annunciacio sancte Marie. Primo classu.

Dominus Raymundus *Jaucem* abbas adquisivit ad pistanciam beate Marie xl sol. extra portam *de Monmelier* : (xxx sol.) x sol. in graugia helemosinarii ; et in domo *Breciau* v sol.; et in domo P. *Corrieyra* v sol., que fuit *Perrot Sarrazi;* et in domo P. *Cor*-

---

(1) Quartier de Limoges, appelé aujourd'hui Pont-Hérisson.
(2) En interligne : *Bona,* donc Bonnebouche.
(3) Haute-Vienne, arr. de Limoges.
(4) En interligne : *Nescit quis solvit.*

rieira v sol.; et in grangia magistri P. de Romçonio (1) v sol.; et x sol. (2) *en Banclatgier*, in domo P. *Torta* (3).

(F° 15 r°).

A. vii kal.

Helias *Fleu* dedit nobis v sol. (4) Conventus habuit.

XVII. B. vi kal.

VI. C. v kal.

Helias Marcialis dedit nobis ii sol. et ii den. extra portam *de Monmelier*, in orto Johanni *Malbot* (5).

(V°).

D. iiii kal.

Sequuntur redditus empti per dominum Heliam Gaufridi abbatem a Guillelmo de Martello et Petro fratre suo et quibusdam aliis, anno Domini MCCC tricesimo tertio, pro faciendo anniversarium suum per conventum sancti Marcialis, die obitus sui; videlicet prima die aprilis hoc modo : primo, acquisivit triginta sol. renduales in manso *de las Foretz*, sito in parrochia sancti P[etri] de Quadruvio, inter mansum de Bordis, ex parte una, et mansum *de la Baconia* ex altera, quos debet H. *de las Foretz* tenens dictum mansum; et debent solvi, videlicet x sol. in nativitate Domini, x sol. in festo Pasche, et x sol. in nativitate beati Johannis Baptiste. Item, xli sol. renduales in manso *de Chambeo*, sito in parrochia [sancti Petri] de Quadruvio, inter mansum *de Miriel*, ex parte una, et mansum Jacobi Geraldi ex altera, quos debent videlicet dictus *Symonau* xxvii sol. iiii [den.], et Nathalis *Granhol* xiii sol. viii den.; et debent solvi videlicet medietas in festo nativitatis Domini, et alia medietas in festo nativitatis beati Johannis Baptiste. Item, xiiii sestarios siliginis renduales ab eodem in eodem manso adplatos (*sic*) ad abbaciam, solvendos in assumptione beate Marie, de quibus sunt littere regis et officialis. Item, xv sol. et iii sestarios frumenti renduales in manso *deu Coderc*, sito in parrochia [sancti Petri] de Quadruvio, inter mansum de Clausellis, ex parte una, et mansum J. de Martello appellatum *deu Quoderc* ex altera, quos debet P. de Brossaco tenens dictum mansum; et debent solvi videlicet medietas in festo nativitatis Domini, et alia in nativitate

(1) Rancon, Haute-Vienne, arr. de Bellac.
(2) En interligne : *Vacant. Solare remanet.*
(3) A la suite : *Pro fratre suo et pro parentibus suis.*
(4) En interligne : *Vacant.*
(5) En interligne : *Modo sunt de Bellovidere.*

beati Johannis Baptiste, et dicti tres sestarii frumenti in assumptione beate Marie annuatim, conducti ad abbatiam. Item, x sol. renduales in et super quadam domo cum furno dicti Guillelmi de Martello, que fuit J. *la Costa*, sita in Cumbis Lemovicis, inter domum P. *deu Plesque* sutoris, ex parte una, et domum heredum J. *Pinso* ex altera; que debent solvi per dictum G. de Martello et ejus fratrem, videlicet medietas in festo nativitatis beati Johannis Baptiste, et alia medietas in festo nativitatis Domini. Item, v sol. renduales super quadam domo dicti G. et fratris sui cum furno quod fuit Symonis *de Joumar*, sita inter domum P. *Salom*, ex parte una, et domum P. *Pozi* ex altera; qui debent solvi videlicet medietas in festo nativitatis Domini, et alia in festo nativitatis beati Johannis Baptiste. Item, acquisivit dictus dominus abbas ix sestarios siliginis renduales, x sol. et ii gallinas renduales, cum proprietate, a Gaucelmo de Petrabuferia alias *de Felis*, domicello, sitos in manso *de las Brossas*, parrochie de Vernolio (1), solvendos videlicet dictos ix sestarios siliginis in assumptione beate Marie, et dictos x sol. et dictas duas gallinas in festo nativitatis Domini annuatim; et de his et omnibus supradictis sunt littere officialis et regis. Item, xiiii sol. censuales cum dominio et accaptamento, videlicet xii sol. in domo que fuit dicte *la Bertolmina*, juxta domum P. *Salom*, et residuos ii sol. sitos in domo P. *Salom* in Cumbis; et debent solvi medietas in festo nativitatis Domini, et alia in festo nativitatis beati Johannis Baptiste annuatim.

Que omnia universa et singula supradicta dictus dominus abbas, die obitus sui, voluit et disposuit conventui annuatim distribuenda in pitancia peccuniaria per pitanciarium monasterii nostri, videlicet per hunc modum quod quilibet habeat vi den. vel magis, si predictorum valor ulterius se extendit.

Item, ordinavit dictus dominus abbas quod cantor ultra generalem pitanciam suam habeat illa die tres sol.; item, illi sex cantores qui erunt revestiti cum cappa in anniversario per cantorem electi, [habeant] quilibet xii den. ultra eorum pitancias principales: sacriste sancti P[etri] duos sol.; hebdomadario vero misse anniversarii xii den.; presidenti qui precedenti die tenuit capitulum xii den.; omnibus et singulis ultra eorum pitancias principales; omnibus vero presbiteris secularibus monasterii una cum capellano principali iii sol.; item, omnibus et singulis monachis nostris presentibus in dicto anniversario solum, antiquus moyatus vini boni et legalis et regularis moyatus. Que omnia

---

(1) Verneuil, près Limoges.

universa et singula pitanciarius nostri monasterii, qui omnia premissa percipiet et levabit, facere, complere et omnino solvere teneatur nunc et in perpetuum, prout in quibusdam litteris sigillo dicti domini abbatis H. sigillatis et in multis aliis registris et scriptis plenius et evidencius continetur. Et istud voluit et decrevit dictus dominus abbas habere perpetui roboris firmitatem.

Item, acquisivit dictus dominus H. Gaufridi, abbas noster, ix sestarios frumenti ad mensuram Lemovicensem in territorio sancti Cessatoris (1), ad opus cellarii. Item, sexaginta gallinas apud *Gora*, quas levat abbas... (2).

[? E. iii] kal.

NOTA : Si festum sancti Benedicti extra quadragesimam evenerit, responsiones ii. Si festum sancte Marie extra quadragesimam evenerit, responsiones ii et primo classu.

III. F. ii kal.

(F° 16 r°).

KL. Aprilis habet dies xxx, luna xxix.

G. Aprilis. Octabas sancte Marie. Cappe

Obiit Guido, vicecomes Lemovicensis, senex (3), et dedit nobis lx sol. in manso *de las Corrieyras*, in parrochia de Insula (4).

XI. A. iiii nonas.

Bonifacius *de Dompnho* dedit nobis xx sol. : x sol. in rua *deu Cluchier*, in domo que fuit Hugoni *de Dompnho* (5); et in vinea que fuit *Jaucem Salanhac*, pro uxore sua *la Borda-sola a Balazis*, x sol (6). — W. de sancto Hylario dedit nobis x sol. (7) in furno que fuit P. Pauli *a Jaumar*, et modo est medietas *Fulco la Chieza*, monacho (8).

B. iii nonas.

Hugo *Jauvi* dedit nobis xxx sol. in domo sua *de las Taulas* (9), et debent solvere hac die...

(1) Ancienne église de Limoges.
(2) Tout ce paragraphe du f° 15 v° a été ajouté après coup; l'écriture est du milieu du xiv° siècle.
(3) Sans doute Gui V, mort en 1230, d'après la *Chronique* de Pierre Coral.
(4) Isle, près Limoges.
(5) En interligne : *Modo P. Goutier*.
(6) En interligne : *H. Julhier tenet*.
(7) En interligne : *Vacant ad tempus* viii *sol*.
(8) En interligne : *Solare remanet*.
(9) Les Taules, quartier de Limoges.

(V°).

XIX. C. ii nonas. Ambrosii episcopi et confessoris. xii lectiones.

P. *Pabiotz* dedit nobis xxx sol. : xvii sol. in domo W. *de Solum* ante domum Helias de Axia, et xiii sol. in domo P. *d'Espanha*, ante domum W. *de Peyrigorc*. — Eodem die J. *Boti* dedit nobis v sol. ad quadruvium *de Lansaquot* (1), in domo W. *Faure* de Turribus.

VIII. D. Nonas.

Valeria *Audoyna* dedit nobis xx sol. (2); conventus habuit xx libras. — Eodem die, obiit Raymundus de Podio monachus; dominus Ademarus de Podio dedit nobis pro eo x sol. (3) in vinea *a la Teulieyra*, ante trolium P. *lo Pestor*; item x sol. in manso *de las Brossas*, in parrochia de Vernolio (4). Pistanciarius accipit bladum et debet solvere x sol. quos adquisivit Hugo *de Chaumon* ad anniversarium suum faciendum in augusto.

XVI. E. viii idus.

P. *de Cucmon* monachus dedit nobis xx sol. in domo *a la filha Paschal* (5), juxta domum W. *de Solom*. — Eodem die, Stephanus de Exidolio (6) dedit nobis x sol. : vii sol. in domo P. Aymerici (7), ante fontem *Costanti*, et iii sol. *a Servieyra*, in domo P. *Chambolo* presbitero (8).

(F° 16 *bis* r°).

V. F. vii idus.

Porcherius *de Drulhas* dedit nobis lx sol. (9) in manso *de Poyfranc* cum pertinensiis suis. — Eodem die, obiit Arnaudus de Podio monachus. Dominus Ademarus de Podio dedit nobis pro eo x sol. in vinea *a la Ganharda, a la Chabana de Monjauvi*, qui redempti fuerunt; et postea emimus ii sestarios frumenti Lemovicas aportatos : a P. *Boeu* de Vernolio i sestar. et a...

G. vi idus.

Obiit Johannes *Charet*, et dedit nobis v sol. in banco quod tenet

---

(1) Le carrefour de Lansecot.
(2) En interligne : *Vacant perpetuo*.
(3) En interligne : *Vacant ad tempus*.
(4) Verneuil, Haute-Vienne, arr. de Limoges.
(5) En interligne : *Modo Cibot*.
(6) Excideuil, Dordogne, arr. de Périgueux.
(7) En interligne : *Boniau*. — *Aymerici* a été biffé.
(8) En interligne : *Modo Stephani Rocha*.
(9) En interligne : *Vacant ad tempus*.

J. *Coni* carnifex (1). — Dominus Guido de Nova-villa (2), episcopus Xantonensis, dedit nobis lx libras Turonensium pro suo anniversario faciendo; de quibus emimus domos dicti *Barieu* et domum Johannis *lo Ledier*, sitas extra portam *de Monmelier* et eciam domum dicti *Cosey* et domum dicti *Joumar* extra portam. Et pitanciarius debet de locatione predictarum domorum computare (3).

A. v idus.

Valeria uxor P. Bruni dedit nobis xx sol. in rua *deu Temple* : in domo P. *Franhol* (4) x sol., et in domibus *au Jay* (5) x sol.; et dedit nobis amplius vi sestarios eminam frumenti in terra ad fontem *Charleti*, et debet solvere Stephanus *de Solompnhac* ii sestarios *e la tersa part d'un 'emina*; *et en la terra* que fuit P. *de Vilayvenc* iiii sestarios *e las dous partz de una emina*.

(V°).

II. B. iiii idus.

Obiit J. *Boti*, et dedit nobis vii sol. extra portam *de Lansaquot* in domibus suis; et Matheus *Boti* et frater suus debent solvere hac die (6).

C. iii idus.

Obiit J. *Sarrazis*, et dedit nobis xl sol.; et Bartholomeus et Gaufridus *Sarrazis* fratres debent solvere xxx sol. de trolio et de vinea *de las Barras* et *Aygasparsa*, *eu trohl qui fo Perrot Sarraxi*; *e en las terras de josta* vii sol. et iiii den.; et modo est *maistre* P. *Picho* (7); et ii sol. et viii den. (8) in rua *a las Tozas*, in domo que fuit P. *de Beuna*.

X. D. ii idus.

Obiit Perrotus de Calesio; dedit nobis ii sol. qui fuerunt asignati in domo *a la Celarieyra* extra portam *de Monmelier*, circa finem barrii *de Monmelier* (9).

(1) En interligne : *Modo Leonardi Selier, carnificis*.
(2) Gui de Neuville, mort le 7 avril 1312, d'après Gams. Notre obituaire indique le 8.
(3) A partir de *Dominus*, l'écriture est d'une main postérieure.
(4) En interligne : *Modo Gaufridi Dd*.
(5) En interligne : *Modo B. la Costa*.
(6) En interligne : *Modo H. Jelos tenet eas*.
(7) En interligne : *P. deu Marteu*.
(8) En interligne : *Vacant. Solare remanet*.
(9) Ecriture d'une main postérieure.

(F° 17 r°).

E. Idus.

Obiit P. *Busso*, et dedit nobis xl sol. *en Fongrouleu* (1), in domo W. *Upayna*. Et postea conventus vendidit dictos quadraginta solidos precio quadraginta librarum; et ex illis quadraginta libris emit a domino Ratario et a domino Jaurando de Veyraco (2) et ab Aymerico *d'Aycha* (3) leydam quam pistanciarius levat pro conventu in portis castri Lemovicensis et in pontibus sancti Marcialis et sancti Stephani (4), et in banxis in quibus venduntur carnes, scilicet a quolibet venditore obolum qualibet die dominica, a principio junii usque ad festum beati Marcialis quod est in crastino apostolorum Petri et Pauli, et leydam salis dicto tempore; et hoc totum ascendit ad c sol.

Obiit P. Morcelli abbas Vosiensis (5), qui dedit nobis c sol.: videlicet xxx sol. apud sanctum Justum in hereditate B. *deu Vernh*, quam tenet a nobis; et residuum est in decima *de Gora*, in parte Robberti Albani (6).

XVIII. F. xviii kal. Tiburcii et Valeriani et Maximi martyrum. iii lectiones.

W. *Manhbert* pistor dedit nobis xxv sol.: xv sol. in Cumbis, in domo P. de sancto Hylario (7), et modo est P. *Paschal*, et x sol. (8) extra portam *de Monmelier*, in furno J. *Sirvent*.

VII. G. xvii kal.

Obiit Bozo Bernardi, et dedit nobis xii den. in domo sua, in platea sancti Michaelis de Leonibus; et modo est P. Bernardi domiselli, et debent solvere hac die.

(V°).

A. xvi kal.

Dompnus Hymbertus abbas dedit nobis lxv sol. (9) ad pistanciam faciendam, cum flodonibus (10) et cepiis; pistanciarius debet

---

(1) Quartier de Limoges.
(2) Veyrac, Haute-Vienne, arr. de Limoges.
(3) Aixe, près Limoges.
(4) Voy. plus haut, f° 9 v°.
(5) Vigeois, Corrèze, arr. de Brive.
(6) En interligne : *Videlicet* lxx *sol. qui vacant quia percipimus decimam.*
(7) En interligne : *Modo Moureu.*
(8) En interligne : *Vacant* v *sol. perpetuo.*
(9) En interligne : *In prato Aque-sparce.*
(10) Flaon.

solvere lx sol. *au mesier* (1). Item, dompnus Hymbertus adquisivit. Eodem die, obiit P. *Coelli*, prepositus de Cumbis, qui dedit nobis vi sestarios frumenti in clauso *au Boyous a Bushilenc;* item, eminam frumenti in clauso *de Sanguacor*, in vinea *Malanhac;* item, xxiiii sol. et vi den. *a Mongauvi* (2), videlicet in domo et trolio *Hugo Piteu* (3) xx sol. et iiii sol. in domo dicti Mauri et vi den. in domo dicti Semeteri.

XV. B. xv kal.

IIII. C. xiiii kal.

Obiit *Chathartz lo drapiers*, et dedit nobis modium frumenti et debet solvere.....

(F° 18 r°).

D. xiii kal.

W. de Malomonte, canonicus Lemovicensis, dedit nobis xxxvi sol. (4).

XII. E. xii kal.

P. *la Concha* monachus dedit nobis x sol. in domo que fuit *a la Baudoyna*, juxta *Helias* de Axia, et modo est G. Quoqui, domini abbatis sancti Marcialis. Vacant iiii sol. — Eodem die, obiit Ademarus *Cofolen*, et dedit nobis xx sol. : x sol. in vinea de *Beupoy*, que modo est Guidoni *deu bancs de la Fauria;* et vii sol. in terra que modo est B. *Marti* de Cumbis, juxta terram *Marti lo reydor;* et iii sol. vacant.

I. F. xi kal.

Mathias *lo Sagnador* dedit nobis xx sol. in domo sua, juxta domum Ay[merici] *deu Broll* (5). — Eodem die, obiit Aybelina, mater *Gautier Mauri*, et dedit nobis iii sol (6).

(V°).

G. x kal.

B. *Margarata* dedit nobis xl sol. in domo que fuit *Jaucem Rezis* cum pertinensiis suis; et modo est P. *Beynec*.

(1) Probablement le moine chargé de la *table* (*mensa*).
(2) Montjauvi, faubourg de Limoges qu'on écrit à tort Montjovis; en latin *Montem Gaudii;* la forme romane dérive d'un type populaire *Montem Gaudioum*. [A. T.]
(3) En interligne : *Debet aportare pitanciam de* iv *sol.*
(4) En interligne : *Vacant* x *sol. perpetuo.* Et plus loin : *Apud S. Jacobum in terris Palmier.*
(5) En interligne : *Modo accipimus* viii *sest. siliginis Lemovicas aportatos a J. la Chieza de Gora.*
(6) En interligne : *Nescitur ubi.*

A. ix kal. Georgii, Felicis, Fortunati et Achillei martyrum. Albe ii.

Stephanus *Ganhartz*, pistor noster, dedit nobis xl sol. in Cumbis : in domo que fuit Leobardi iiii sol., et in domo B. *d'Isla* iiii sol., et in Fossato xiiii sol. (1), in domo que fuit J. *Ganhart*, et xviii sol. in domo Ay[merici] *deu Brolh* (2). — Eodem die, pro abbate Geraldo quatuor libras et xx sol. helemosyne super molendino de Anezio et toto prioratu, ita tamen quod debemus facere anniversarium suum ultimo die mesagii de Anezio et bonam pitanciam, et mesatgarius caseos.

B. viii [kal.].

Obiit W., abbas, *de Jaunhac* (3), et dedit nobis l sol. apud Argentonium (4), in vineis que fuerunt Magneto. Item, dominus W. de Marolio abbas adquisivit ad anniversarium sui avunculi domini Guillelmi xxx sol. apud Subterraneam (5), in prato prepositi.

(*Il manque ici un feuillet.*)

(F° 19 r°).

KL. Mayus habet dies xxxi, luna xxx.

B. Mayus. Philippi et Jacobi apostolorum. Albe omnes.

Obiit P. *Audiers*, et dedit nobis x sol. super fontem *d'Aygolena*, in domo que fuit W. *Pilat* et modo est Stephani *de Vaus* (6).

XIX. C. vi nonas. Dedicatio ecclesie sancti Petri. Primo classu. Athanasii confessoris. Commemoracio.

Obiit Aimericus *Vilas*, et dedit nobis xx sol. apud Axiam, in vinea *de las Quous Godamar;* et debet solvere P. *Jaubert* de juxta ecclesiam v sol., et P. *Alauven* vii sol., et David *de Beynac* ii sol., et modo tenet *Paschals de Tarn* (7), et capellanus de Axia viii sol. et modo tenet P. *Cuygi*, in festo sancti Michaelis.

VIII. D. v nonas Inventio sancte crucis. Cappe. Responsiones ii.

---

(1) En interligne : *Vacant* x *sol. perpetuo.* — Il s'agit de l'ancien fossé de l'enceinte de Limoges au x° siècle, depuis la rue Pont-Hérisson jusqu'au Portail-Imbert, et de ce portail à l'église Saint-Michel-des-Lions en contournant le Breuil (préfecture actuelle). Le souvenir s'en est conservé jusqu'en ces derniers temps dans le nom de rue des Fossés.

(2) En interligne : *Conventus habuit den.*

(3) Il faut comprendre : W. *de Jaunhac, abbas.*

(4) Argenton, Indre, arr. de Châteauroux. — En interligne : *Vacant ad tempus.*

(5) La Souterraine, ch. de canton, Creuse.

(6) En interligne : *Modo Corriera.*

(7) Tarn, faubourg d'Aixe, près Limoges.

Ademarus de *Podio* dedit nobis xx sol. in manso *deu Pi*; et x *ras* avene sunt computati pro quinque solidis. — Obiit J. *Pinheta* junior, et dedit nobis xxx sol. (1) ante monasterium sancti Marcialis in domo J. *deu Peyrat.* — Obiit P. *Rafart*, et dedit nobis xx sol. in parrochia sancti Justi, in manso *de l'Alo.* — Obiit Helias *Chalboy*, et dedit nobis x sol. in furno *Pelegri*, et modo est solare quod tenet J. *Pozi a Jaumar.*

(V°).

E. iiii nonas. Alexandri, Eventi et Theodoli martyrum. xii lectiones.

Hymbertus *deu Peyrat*, pater Johanni Hymberto, dedit nobis xxx sol. in domo que fuit magistri P. *la Fauria* et modo est G. *de Rocamador* (2): xxvii sol. et vi den. et ii sol. et vi den. in vinea J. *Crestia de las Barras*; P. *Mil.* iii sol. in rua sancti Nicholay, in domo quam tenet *lo Bloys*, que fuit quondam W. *Soterra*, presbitero.

XVI. F. iii nonas.

Peyronela, *Beuna*, uxor Bruni *de la Porta*, dedit nobis xx sol. in domo *aus Garainhs*, *a la porta Peychonieyra* (3); et sunt solvendi hac die (4).

V. G. ii nonas. Johannis apostoli et Eugenii. Cappe. Responsiones ii.

Helias *Cofolen* adquisivit xxx sol. ad opus pistancie sancti Johannis in stagno Aqueparce et ii sestarios *de fromen.* — Chatardus *Vigiers* dedit nobis x sol.: viii sol. minus duos den. in manso *de la Vileta* in parrochia sancti Justi; et ad fontem *Servieyra*, in domo P. *Pastoreu*, ii sol. et ii den.; item (5), pro B. Iterii (6), armario, et pro B. Iterii, preposito de Quadris (7), xxx sol. in domo P. *de Moyshac en Manhania* (8). Processio fiat.

(F° 26 r°).

A. Nonas.

J. *deu Peyrat*, frater Hymberti et Jacobi, dedit nobis xl sol. in Mercato : x sol. in domo B. *Chambart* juxta domum J. *Arbert*, et

---

(1) En interligne : *Conventus habuit den., tamen debet retinere.*
(2) Lot, arr. de Gourdon.
(3) Porte Poissonnière, ancienne porte de Limoges.
(4) En interligne : *Modo Guido Garant ad portam* Peyssoniera.
(5) A partir de *Item*, l'écriture est d'une main un peu postérieure.
(6) Il s'agit du chroniqueur de ce nom.
(7) Les Cars, Haute-Vienne, arr. de Saint-Yrieix.
(8) En interligne : *Extra portam.*

in Cumbis xx sol. in domo P. *de Vilavales,* et x sol. in vinea *aus Boniaus* de Cumbis.

XIII. B. viii idus. Martini abbatis. Cappe.
Arnaudus *de Balanias*, prior de Savionio (1), dedit nobis ad opus pistancie beati Martini xxx sol. apud sanctum Justum. — Obiit P. *Turcatz,* et dedit nobis iii sol. (2) in domo que fuit Stephani de Bosco et modo est *a la Magonauda*.

II. C. vii idus. Gregorii episcopi et confessoris.
Obiit G. *Ofeu*, et dedit nobis v sol. (3) in Fossato, in furno P. Servientis.

(V°).

D. vi idus. Gordiani et Epimachi martyrum. iii lectiones.
X. E. v idus. Maioli abbatis. xii lectiones. Albe omnes.
Obiit Helias Aymerici, cantor Lemovicensis, et dedit nobis v sol. in molendinis *deu Chalar* (4) supra Vigennam ; et P. *Aymerics deu Clochier* debet eos reddere hac die de dictis molendinis.

F. iiii idus. Nerei, Achillei atque Pancracii martyrum. iii lectiones.
Maria *Chabrola* dedit nobis v sol. in Cumbis, in domo P. *Paschal* (5).

(F° 21 r°).

XVIII. G. iii idus.
Obiit P. Garda, et dedit nobis viii sol. in platea *de Pela-Vezi* (6). Consules Lemovicenses debent solvere hac die.

VII. A. ii idus. Victoris et Corone martyrum. iii lectiones.
Obiit Hugo David, et dedit nobis iii sol. extra portam *de Monmelier*, in domo B. Fabri; item, ii sestarios frumonti (7). — Eodem die, obiit B. *Malhieu*, et dedit nobis x sol. in ortis sancte

---

(1) Saujon, Charente-Inf., arr. de Saintes. Cf. les *Chroniques de Saint-Martial.*
(2) En interligne : *Vacant perpetuo.*
(3) En interligne : *Vacant. Solare restat.*
(4) Le Chalard, Haute-Vienne, comm. de Bujaleuf, arr. de Limoges.
(5) En interligne : *Modo Moureu.*
(6) Palvézy. Il y a encore aujourd'hui une rue de ce nom. Au moyen âge, cette rue se trouvait comprise entre les deux villes de la cité et du château. Elle était bordée de tanneries qui ont subsisté jusqu'à la fin du dernier siècle.
(7) En interligne : *Et hoc est pro* x *sol.*

Valerie (1) : in domo *Helias Vinheyrier* v sol. et in domo B. *deu Vinhal* v sol. — P. *Labrugieyra* monachus [dedit nobis] xii sestarios siliginis ad sanctum Justum (2).

B. Idus.

P. *Cofolen* monachus dedit nobis x sestarios siliginis; helemosinarius debet solvere vi et iiii sestarios apud sanctum Lazarum.

(V°).

XV. C. xvii kal.

IIII. D. xvi kal.

Obiit G. *Reliers*, et dedit nobis x sol. in vinea quam habet prope sanctum Cessatorem; et sunt solvendi hac die.

(F° 22 r°).

E. xv kal.

XII. F. xiiii kal. Potenciane virginis. iii lectiones.

Obiit P. *Garniers*, et dedit nobis xii sol. in ortis saucte Valerie, in domibus que quondam fuerunt W. de sancto Hylario, que modo sunt pistanciario obligate (3), que site sunt ante furnum Laurentii *Ligora*. — Eodem die, obiit magister Raymundus *la Vileta*, capellanus sancti Michaelis, et dedit nobis c sol.; pro quibus c sol. accipimus in decima *de Gora* xxx sextarios siliginis, videlicet in parte Robberti Albani (4).

I. G. xiii kal. Austregisili episcopi et confessoris. xii lectiones.

Obiit J. *Audoy*, et dedit nobis x sol. in Cumbis, in domo *Nicholau Faure*, subtus domum *a la Ganharda* (5). — Eodem die, obiit Girbertus Alboyni capicerius, et dedit nobis xxx sol. et debet solvere... (6).

A. xii kal.

Obiit W. de Longa, abbas Vosiensis, et dedit nobis xx sol. in rua Templi, in domo P. *Chavalier* (7). — Eadem die, obiit J. *Jayo*, et

(1) Sainte-Valérie, ancienne église de Limoges, fondée au xiii° siècle et occupée par les Récollets au xvi° siècle. Les jardins de Sainte-Valérie sont souvent mentionnés dans cet obituaire. Voy. déjà plus haut, f° 2 r°, f° 5 r°, etc.

(2) Ce dernier alinéa est d'une écriture un peu postérieure.

(3) En interligne : *Et debet computare de loquatione dictarum domorum.*

(4) A la suite, d'une écriture postérieure : *Et computavimus bladum non argentum.*

(5) En interligne : *Modo J. Pinso.*

(6) A la suite, d'une écriture postérieure : *In decima de Gora in parte Robberti Albani.*

(7) En interligne : *Modo Guido Voli.*

dedit nobis x sol. in domo que quondam fuit *Andriu Faure*, ante fontem de Quadruvio. — Eadem die, obiit J. *Brostanh*, et dedit nobis ix sol. et vi den. preter iii eminas frumenti quas recuperamus de vinea que quondam fuit P. *Albi*, quam modo tenet P. *lo Blanc* de barrio de Arenis (1), subtus vineam Ay[merici] de Podio ; et xi sol. ad quadruvium de *l ansaquot* in furno qui fuit P. *Negre*.

(V°).

IX. B. xi kal. Lupi episcopi et confessoris. xii lectiones. Albe omnes.

Obiit *Chatartz Martheus* (2), capellanus sancti Michaelis ; dedit nobis xx sol. in domibus *de la Chaminada* ecclesie sancti Michaelis, ex parte de Cumbis, coram domo Drulhe-Albe (3), quas ipse adquisivit ; et ipsa die debet pulsari ad primam magnum timpanum.

C. x kal.

Obiit B. *de Boycholh* (4), et dedit nobis ii sestaries frumenti ad magnam mensuram, subtus *Panazol*.

XVII. D. ix kal.

Obiit Bartholomeus *Gautiers*, et dedit nobis x sol. (5) in domo sua ad Quadruvium, juxta domum *Andriu Faure*. — Eadem die, obiit Folcaudus *de l'Aja* monachus, et dedit nobis xx sol., scilicet x sol. quos solvit helemosinarius noster, et alios decem solidos solvit prior de Manaco (6).

(F° 23 r°).

VI. E. viii kal. Urbani pape et martyris. iii lectiones.

Obiit Stephanus *d'Albusso*, et dedit nobis v sol. in rua *de Beuveyr*, in domibus W. *Manha*.

F. vii kal.

Ramnulphus, prior sancti Marcialis, dedit nobis x sol. in ortis sancte Valerie, in domo que fuit J. *deu Goyrandeyc* et modo est

---

(1) Faubourg des Arènes.
(2) Voy. sur ce personnage les *Chroniques de Saint-Martial*, p. 118, 279, etc.
(3) La Drouille-Blanche, Haute-Vienne, arr. de Limoges. Tout près de là se trouve La Drouille-Noire.
(4) Boisseuil, Haute-Vienne, arr. de Limoges.
(5) En interligne : *Vacant ad tempus*.
(6) Peut-être le prieuré-cure de Magnac et Fontloup, arr. de Bourganeuf, Creuse. (Voy. l'*Invent. des Arch. dép. de la Haute-Vienne*, série D, art. 945-948.)

pistanciario sancti Marcialis. — Eadem die, P. Vitulus dedit nobis x sol. in terra *au Sudrau* prope fontem *del Albar*, et modo tenet P. *de Dompnho* (1).

XIIII. G. vi kal.

Obiit J. *deu Peyrat*, frater Jacobi et Guillelmi, et dedit nobis xxx sol. in rua *de Beuveyr* prope domum *Bonet Mesclamal* : in domo que fuit *Laurens Manhbert* xx sol., et in domo que fuit *Chavalier Poia* supra fontem *d'Aygolena* viii sol., et in domo que fuit *Cul d'Agulha*, que modo est J. *lo Jotglar*, ii sol.

(V°).

III. A. v kal. Germani episcopi et confessoris. Guillelmi confessoris.

Obiit Guido *deu Peyrat*, pater Guidoni, miles, et dedit nobis xxx sol. in rua *de Fongrauleu* in domo sua; filius Stephani *Belet* et uxor sua debent solvere (2).

B. iiii kal.

Guido, quondam prepositus de Rossaco, dedit nobis xxxii sol. et vi den. (xx sol.) *a Bussilhenc*; et debet solvere ix sol. Bartholomeus *de Murat* (3) de vinea *de Bussilhenc*, et capellanus *de Condat* iiii sol. et vi den. (4) de eadem vinea, et v sol. *Palhadieu* (5) de eadem vinea, et xviii den. J. *deu Genest* (6) de eadem vinea, et xii sol. et vi den. debet solvere *lo mosniers deu Boy*.

XI. C. iii kal.

Obiit G. de Briva, cellerarius quoquine, et dedit nobis lx sol. Conventus habuit xxxvi libras ad edificium (7) refectorii, et fuerunt assignati apud sanctum Justum.

(F° 24 r°).

D. ii [kal.].

Obiit David *Ardalhos* (8) miles, et dedit nobis ad opus anniversarii sui et patris et matris sue et P. *Ardhalo* avunculi sui, quondam abbatis Userchensis, septem libras, scilicet iiii libras in

---

(1) En interligne : *Quondam Laurent Meschi.* — A la suite de *Dompnho* : *Negat.*

(2) En interligne : *Pitanciarius debet prossequere.*

(3) En interligne : *J. de Villeyvenc.*

(4) En interligne : *Soloit P. Aymerici.*

(5) En interligne : *Modo P. Agmerici.*

(6) En interligne : *Modo P. Chavaliers.*

(7) Le ms. porte *ad edificii refector[ium]*, ce qui paraît fautif.

(8) Voy. sur ce personnage les *Chroniques de Saint-Martial*, p. 89, 252, 260, etc.

trolio et vinea que fuit Johanni *Pinheta a Bussilhenc* et modo est Petri *Chavalier,* et LX sol. in manso *de Condadilha* in parrochia *de Condat;* et debet solvere Ay[mericus] *de Nioth, de Fongrauleu.*

Anno Domini millesimo ccc tercio fuit ordinatum, presente preposito de Rossaco, ut si ista dies sit occupata, quod non possit fieri anniversarium; idem prepositus faciat pitanciam pro fine mesagii; si autem sit vacua, fiat anniversarium pro W. *Ardulho,* et pitanciarius faciat pitanciam. Si autem fuerint data anniversaria omnia, prepositus faciet pitanciam conventui, prout solet.

KL. Junius habet dies XXXI (*sic*), luna XXIX.

XIX. E. Junius. Clari episcopi. VIII lectiones. Nichomedis et Reveriani martyrum. IIII lectiones.

Obiit Bozo *Laden* monachus, et dedit nobis XI sol. et VI den. et II sestarios frumenti, scilicet in vinea *de las Fossas* VII sol., quam tenet Gaufridus *las Cumbas;* et III sol. et VI den. in vinea que fuit *Frontau* de eodem loco, et modo est dicti Gaufridi; et XII den. in domo P. *Melhurat de Monjauvi,* que fuit quondam dicti *Piteu;* et J. Marcialis debet solvere frumentum de vinea que fuit *Michel Malmon;* et vacat una emina (1).

VIII. F. IIII nonas. Marcelli et Petri martyrum.

Obiit Helias *Marteus,* et dedit nobis XX sol. in manso *de Loyac* (2); et debet solvere prepositus de Cumbis X sol., et X sol. (3) B. *Serolhs* cum parsionariis suis.

(V°).

G. III nonas.

Obiit J. Marcialis, canonicus Lemovicensis, et dedit nobis XXV sestarios frumenti : XX sestarios *a la Boria,* et debent solvere ....., et V sestarios apud Axiam, et debent solvere.....

XVI. A. II nonas.

V. B. Nonas.

(F° 25 r°).

C. VIII idus.

Obiit Guido de Vernolio, et dedit nobis XL sol. : XX sol. in domo P. *d'Espanha* in Bellovidere, ante domum W. *de Peyrigorc;*

---

(1) En interligne : *Perpetuo.*
(2) Louyat, près Limoges.
(3) En interligne : *Vacant ad tempus.*

xx sol. prepositus de Vernolio debet reddere de vineis quas ipse adquisivit hac die. — Eodem die, obiit W. *Ayzeleiz*, et dedit nobis x sol. in rua *de Manhania* in domo sua, et debet reddere hac die.

XIII. D. vii idus.
Obiit G. *Gautiers*, et dedit nobis x sol. (1) in solario quod est ante ecclesiam de Quadruvio, in introitu rue sancti Nicholay, et sunt solvendi in festo sancti Medardi.

II. E. vi idus. Medardi episcopi. xii lectiones.
Obiit P. *Ardalho* monachus, et dedit nobis xiii sol. et ii sestarios frumenti in vinea que fuit Ay[merici] *la Chalvaria* prope fontem *de l'Albar* : in vinea *de la Ganharda, de la Chabana de Monjauvi*, viii sol., et v sol. in vinea *a la Bonaja*, et modo tenet Marcialis *de Acs*. — Eodem die, obiit W. *la Concha*, et dedit nobis L sol. : xv sol. in domo que fuit Guidoni *au Peychonier* et modo est pistanciario (2) sancti Marcialis ad pontem *d'Irisso*, et v sol. in domo W. *de Solom*, et xx sol. (3) in domo que fuit *Hugo Quossa* ad Quadruvium, et x sol. in rua Torta in domo que fuit *Balharget*.

(V°).
F. v idus. Primi et Feliciani martyrum. iii lectiones.

X. G. iiii idus.
Obiit Gaufridus *Bolhos*, et dedit nobis v sol. in vinea Aymerici *Mayne*.

A. iii idus. Barnabe apostoli. xii lectiones. Albe omnes.
Obiit Aymericus *Salacieu*, et dedit nobis x sol. apud Vernolium; J. *Paren* debet solvere pro terra quam tenet *deu Salacieus*. — Obiit Johannes Marcialis, burgensis castri Lemovicensis; dedit nobis xxx solidos (4) in domibus que fuerunt *a Corbaloba*, que sunt juxta stagna fontis *Agulena* (5).

(F° 26 r°).
XVIII. B. ii idus. Basilidis, Cirini, Naboris et Nazarii martyrum. iii lectiones.

---

(1) En interligne : *Vacant v perpetuo. Prior domus Dei debet solvere.*
(2) En interligne : *P. de Salom.*
(3) En interligne : *Vacant. Solare restat.*
(4) En interligne : *Vacant. Solare restat.*
(5) A partir de *Obiit*, l'écriture est d'une main postérieure.

Obiit Girbertus episcopus Lemovicensis (1), et dedit nobis x sextarios siliginis ; et debet solvere *lo jutges de Vilamazet.*

VII. C. Idus.

Obiit magister chori, et dedit nobis viii sol. in Cumbis, in ortis sancte Valerio, in domibus quondam Guillelmi de saucto Hylario, quos modo tenet pitanciarius, et debet reddere computum de locatione dictarum domorum annuatim.

D. xviii kal. Basilii episcopi et confessoris. iii lectiones.

Obiit prior de Multone (2), et dedit nobis xl sol. in vineis *d'Escurac* (3), ante trolium beati Marcialis (4).

(V°).

XV. E. xvii kal.

Obiit magister J. de Peyrato, et dedit nobis xi sol. in rua *de Manhania* in domo que quondam fuit P. *de Faya,* quam modo tenet W. *Bornazeu* ypotecarius. — Eadem die, obiit Valeria *deu Peyrat,* et dedit nobis in domo predicta iiii sol.

IIII. F. xvi kal. Apparicio sancti Marcialis apostoli. Primo classu. D[eo] G[ratias].

Ademarus de Podio monachus dedit nobis ii sol. in Cumbis, in domo que fuit *Maria Manhberta* et modo est Helie *Cartier.* — Eodem die, W. *de Manauc* et G. *Rotbertz* dederunt nobis xx sol. ad pontem *d'Irisso,* in domibus que fuerunt Bartholomei *de Drulhas* et modo sunt pistoris nostri.

G. xv kal. Cirici et Julite martyrum. xii lectiones.

Helias *Arman,* prior de Licia (5), dedit nobis l sol. (6); prior de Licia solvit hac die. — Eadem die, Guido *deu Peyrat* dedit nobis x sol. (7) in Cumbis, in domo que fuit *Leo Bardi* et modo est *au Ros Bardi.*

(F° 27 r°).

XII. A. xiiii kal. Marci et Marcelliani martyrum. iii lectiones.

---

(1) Gilbert de Malemort, évêque de Limoges, de 1275 à 1294. Un obituaire cité par le *Gallia christ.,* porte : *Eodem die* (v idus Junii) *obiit Girbertus.* Il y a donc désaccord sur le jour même de sa mort.

(2) Mouton, Charente, arr. de Ruffec. Cf. les *Chron. de S. Martial.*

(3) En interligne : *Quas tenent* Combaus *et* Christianus.

(4) A la suite : *Vacant* xx *sol. perpetuo pro quibus accipiuntur* ii *sextarii frumenti.*

(5) Sans doute S. Etienne de Lisse (Gironde, arr. de Libourne) mentionné dans les *Chron. de S. Martial.*

(6) En interligne : *Modo G. de Corso.*

(7) En interligne : *Vacant* iii *sol. perpetuo.*

I. B. xiii kal. Gervasii et Prothasii martyrum. xii lectiones.

C. xii kal. Florencie virginis. iii lectiones.

Obiit J. de Orto, et dedit nobis vi sol. in rua sancti Nicholay, in tribus domibus que fuerunt W. *deu Fau*. — Eadem die, obiit *Jaucem Couplay*, et dedit nobis vi den. in Fossato, in domo que fuit J. de Opere.

(V°).

IX. D. xi kal.

Obiit G. *de Chambo*, et dedit nobis xl sol. *au Geneti*, in perrochia (*sic*) de Insula viii sol., et pistanciarius debet accipere *los fuors* et debet solvere hac die xl sol. pro dicto G. (1).

E. x kal. Consorcie virginis. iii lectiones.

XVII. F. ix kal. Vigilia sancti Johannis Baptiste.

Jordanus *d'Anes* monachus dedit nobis moyatos vini cum cepiis, et prior de Multone solvit hac die.

(F° 28 r°).

VI. G. viii kal. Nativitatis sancti Johannis Baptiste. Primo classu. Responsiones ii.

Lucia de sancto Hylario dedit nobis x sol. *a Jaumar :* ii sol. (2) et vi den. in domo P. *de Chambo* monacho, et ii sol. et vi den. (3) in domo que quondam fuit *Augati*, et v sol. ad Quadruvium (4), in domo que fuit *Andriu Faure* ante fontem.

A. vii kal. Amandi confessoris. Commemoracio.

Obiit P. *Dorlhes*, et dedit nobis xx sol. in Cumbis : xv sol. in furno Laurencio *Ligora*, et in rua *de Manhania* in domo J. *Chay* v sol., ante domum *Turcat*. — Eodem die, obiit P. *Chabrols*, et dedit nobis x sol. juxta *Aqueperse*, in vilari quam tenet Stephanus *Coxs* que quondam fuit *au Jauvis*.

XIIII. B. vi kal. Johannis et Pauli martyrum. xii lectiones. Albe omnes.

Obiit P. *Mansitros*, et dedit nobis v sol. in Cumbis in domo W. *de Solom*.

---

(1) En marge, d'une écriture postérieure : *Anno Domini MCCCXIX, ante festum nativitatis beati Johannis Baptiste, fuerunt assenssati omnes proventus de Gora Aymerico Charotelli, precio videlicet decem librarum Lemovicensis monete pro quolibet anno in duobus terminis persolvendarum, videlicet centum sol. in festo nativitatis Domini et alii centum in festo nativitatis beati Johannis Baptiste.*

(2) En interligne : *Vacant xviii den. perpetuo.*

(3) En interligne : *Vacant.*

(4) En interligne : *Vacant. Solare remanet.*

(V°).
III. C. v kal.

D. IIII kal. Vigilia apostolorum Petri et Pauli.
P. *de Nalhac* abbas dedit nobis XL sol. ad faciendam pistanciam apud *Royeyra* (1), in terra *au Chautartz*.

XI. E. III [kal.]. Petri et Pauli apostolorum. Primo classu.
(F° 29 r°).
F. II kal. Marcialis apostoli. Primo classu. Processio.
Obiit Helias *Genia*, et dedit nobis v sol. in rua *de Bocharia*, in domo que fuit J. *Crestia*.

KL. Julius habet dies XXXI, luna XXX.
XIX. G. Julius. Octabas sancti Johannis. VIII lectiones.
Obiit *Guischartz* pistanciarius, et dedit nobis III sol. in rua *de Manhania*, in domo *Peyronau*.

VIII. A. VI nonas. Commemoracio sancti Pauli. XII lectiones. Albe omnes. Processi et Martiniani martyrum, Amafi confessoris.

(V°).
B. v nonas.
Obiit Aymericus episcopus Lemovicensis (2), et dedit nobis C sol. in manso *de Bonafon*, in parrochia sancti Justi.

XVI. C. IIII nonas. Translacio sancti Martini. VIII lectiones. Albe II.
Obiit *Audiers lo Vigiers*, et dedit nobis x sol. in platea sancti Michaelis de Leonibus, in domo *Arnau au Reydor* (2).

V. D. III nonas.
Obiit Stephanus *de Salvanhiec*, prior sancti Marcialis, et dedit nobis XXX sol. : xv sol. (4) in quoquina Helie de Axia et xv sol. (5) juxta murum ante portam viridarii.

---

(1) Il y a deux localités de ce nom : l'une dans la Haute-Vienne, arr. de Limoges, et l'autre dans la Creuse, arr. de Bourganeuf.
(2) Aymeric de Malemort, évêque de Limoges, de 1245 à 1272. D'après le *Gallia Christ.*, il serait mort le VI et non le V des nones de juillet.
(3) En interligne : *Vicecomes debet.*
(4) En interligne : *Vacant* VI *perpetuo.*
(5) En interligne : *Vacant. Solare remanet.*

(F° 30 r°).

E. II nonas. Octabas apostolorum Petri et Pauli. Albe omnes.

Obiit Thomas *lo Freniers*, et dedit nobis III m[ealhas] cum duobus sol. et VI den. *de achapte* in rua *Fitho* (1), in domo que fuit W. *Gari.* — Eodem die, obiit mater Helie *Vigier, de Belac*, et dedit nobis II sol.; et debet solvere Symo *Vigiers* domisellus.

XIII. F. Nonas. Octabas sancti Marcialis. Primo classu.

Obiit Bozo de sancto Martino capicerius qui dedit nobis pro officio parentum suorum xxx sol. : in domo que fuit J. *Gombau* et modo tenet *Jaucem de Murs,* x sol. (2); et in domo que quondam fuit Aymerico de Brolio, quam modo tenet *Guilhos,* x sol. (3); et x sol. (4) in domo que fuit *Alegre* et modo tenet *Guilhos.* — Eodem die, Helias *Gales* dedit nobis II sextarios frumenti apud *Cornhac.*

II. G. VIII idus.

Obiit Guido *Barbarotz* archidiaconus, et dedit nobis L sol. *en la Fauria,* in domo G. *de Rocamador;* tamen x sol. vacant. — Eadem die, B. *Gaudi,* monachus albus, dedit conventui sancti Marcialis XII sol. (5) ad fontem *Jaumar,* ante domum B. *Guio.*

(V°).

A. VII idus.

Obiit magister Hugo *de Charrieiras,* qui dedit nobis XL libras ad emendum redditus, de quibus fuerunt empti II sextarii siliginis *a Vilamazet* et xv sol. in vinea de fonte sancti Petri; item, x sol. in domo *Perrot* deintus portam de Harenis (*sic*); item, in vinea Aymerici Ademari dejuxta *Cornhac* II sestaria et c[artam] frumenti (6); item, apud Vernolium Martinus *d'Almay* II sextarios frumenti aportatos in graneriis; item, *Salutz Laurens* tres eminas frumenti (7); item, in furno Petri *Boyer* I sestarium frumenti; item, in domibus *Nadalia de Vielhamoneda* IIII sol. (8); item, in villari quondam B. *Nadal* de Vernolio III cartas frumenti; item, in vinea quondam *Vinau*, quam tenet Johannes *de Masbastenh*, eminam siliginis (9).

(1) Aujourd'hui Rafilhoux.
(2) En interligne : *Vacant* v *sol. perpetuo.*
(3) En interligne : *Vacant* v *sol. perpetuo.*
(4) En interligne : *Vacant* IV *sol. perpetuo.*
(5) En interligne : *Vacant. Solare restat.*
(6) En interligne : *Vacant ad tempus.*
(7) En interligne : *Vacant ad tempus.*
(8) En interligne : *Vacant* IX *den. perpetuo.*
(9) A partir de *Item.... in domo Perrot*, l'écriture est d'une main un peu postérieure.

X. B. vi idus. Septem fratrum. iii lectiones.

Obiit Johannes de Exidolio, qui dedit nobis x sol. in domo Gaufridi de Exidolio (1) : in platea sancti Michaelis v sol., et ii sol. et vi den. (2) in domo que fuit *au Ras de Neycho* juxta istam, et ii sol. et vi den. in Fossato : in domo *Leo Farnat* xii den., et in domo P. *Poyada* xii den., et vi den. in ortis sancte Valerie, in domo Stephani *de Beuveyr* juxta domum *Blaymon*.

C. v idus. Translacio sancti Benedicti abbatis. Cappe.

Obiit Guido Guaufridi, helemosinarius sancti Marcialis, et leguavit nobis sexaginta solidos renduales super hereditatem et omnia bona Petri *Moret* de Axia (3).

(F° 31 r°).

XVIII. D. iiii idus.

Obiit Johannes *de Manauc*, prior de Malvieira (4), et dedit nobis xxx sol.; prepositus de Coseyo solvit xv sol. prima die marcii; et homines qui manent in manso *deu Rover* xv sol. pro nemore *de la Vilota*. Item, dedit nobis xx sextarios siliginis scilicet in baylia de Cozeyo (5).

VII. E. iii idus.

Obiit Bartholomeus *Bastos*, et dedit nobis vi den. extra portam de Arenis, in domo P. *Bori* (6), ante domum Stephani *de Tivier*.

F. ii idus.

P. *Luneu*, capellanus sancti Dionisii, dedit nobis x sol. in Cumbis, in domo *Raymon la Garda* ante fontem Constantini.

(V°).

XV. G. Idus.

Obiit magister Hugo *Jauvi* qui dedit nobis xx sol. : xii sol. et vi den. (7) in manso *de Chavanhac* in parrochia *de la Genestoza*, et v sol. apud Vernolium in prato Helie *Jaubert*, et ii sol. et vi den. in domo *Colho Laurent*.

(1) En interligne : *Modo Marcialis* Audier.
(2) En interligne : *Vacant. Solare remanet.*
(3) En marge : *Obierunt Guido et Reynaldus Gaufridi fratres pro quibus fuerunt empti ad opus anniversarii eorumdem* LX *sol. Lemovicensis monete apud Axiam, in et super bonis Johannis Moreti lo fornier; et extant littere.*
(4) Peut-être Mauvières dans l'Indre, arr. du Blanc.
(5) Couzeix, près Limoges.
(6) En interligne : *Modo la Flor.*
(7) En interligne : *Redemit Gaucelmus Panabuou; conventus habuit den.*

IIII. A. xvii kal. Justiniani confessoris. viii lectiones.

Obiit Arnaudus *de Balanias*, Vosiensis (1) abbas, et dedit nobis c sol. apud sanctum Justum.

B. xvi kal.

Obiit B. *deu Ga*; dompnus abbas debet facere pistanciam pro ipso, quia edificavit domos de Bellovidere.

(F° 32 r°).

XII. C. xv kal. Octabas sancti Benedicti. xii lectiones. Albe ii.

Obiit Aymericus *Tauruc* qui dedit nobis xx sol. (2) in domo que fuit *Guio deu Peyrat* (3), ante domum *au Molina*. — Eodem die, obiit Stephanus de Azaco qui dedit nobis xvii sol. et vi den. extra portam *de Monmelier*; helemosinarius solvit. Vacant v sol. et vi den.

I. D. xiiii kal.

Helias de Brolio (4), cantor, et Gaufridus, prior de Manaco (5), fratres, dederunt nobis x sextarios frumenti et x sextarios siliginis in decima de Gora.

E. xiii kal. Margarite virginis et martyris. xii lectiones. Albe ii.

Obiit P. *d'Izac*, capellanus beate Marie *de Monlusso* (6), qui dedit nobis iiii sestarios siliginis in parrochia *de Neris* (7), in manso..... (8).

(V°).

IX. F. xii kal. Praxedis virginis. iii lectiones.

Obiit Bricia *Lafon*, uxor P. *Lafon*, et dedit nobis x sol. : vi sol. in rua *de Beuveyr*, in domo que fuit W. *Boneu* juxta domum Bartholomei *Sarrazi*, et iiii sol. *a Monjauvi*, in trolio *a la Volguda* que fuit *au Jauvis*.

G. xi kal. Marie Magdalene. Primo classu.

P. *Passerau* monachus dedit nobis in solempnitate sancte Marie Magdalene xix sol. : vi sol. (9) *a Jaumar* in domo que fuit Helie *d'Aycha*, et iii sol. in rua sancti Nicholay in domo *a la Dossa*

(1) Voy. plus haut, f° 17 r°.
(2) En interligne : *Prosequantur per pitanciarium.*
(3) En interligne : *Modo tenet P. de Cham.*
(4) C'est le chroniqueur de ce nom.
(5) Voy. plus haut, f° 22 v°, *ad finem.*
(6) Montluçon, ch. d'arr. Allier.
(7) Néris, Allier, arr. de Montluçon.
(8) On a ajouté : *Et i sestarium avene.*
(9) En interligne : *Vacant. Solare remanet.*

Fauressa, et v sol. in manso *de Vaus*, et v sol. in vineis *de Tarneu;* et debet solvere P. *l'Asniers* ii sol. et viii den., et P. *Nabo* de Axia ii sol. et iiii den. — Item, dictus *Passerau* dedit nobis vii sextarios siliginis; helemosinarius solvit.

XVII. A. x kal. Apollinaris episcopi et martyris. Commemoracio.

Obiit Johannes *de Vairas* (1) qui dedit nobis xviii sol. in Cumbis : in domo *Aymerici au Cosdurier* juxta domum *au chamarlenc* viii sol., et x sol. *au Boy;* Bonetus Martis solvit.

(F° 33 r°).

VI. B. ix kal.

Obiit W. *Prebost*, et dedit nobis xx sol. prope *Segur* (2), in manso *Gastan* in parrochia sancti Elegii. — Eodem die, obiit J. *deu Peyrat lo Mutz* qui dedit nobis x sol. *a Jaumar*, in domibus Ay[merici] *Gaanh* militi.

C. viii kal. Jacobi apostoli. Cappe. Responsiones ii.

Jacobus *Chauchagrua* monachus aquisivit ad pistanciam sancti Jacobi xl sol. : xxx sol. in terra stagni Aqueperse et x sol. (3) in manso *de Poyfranc*. — Eodem die, obiit Aymericus *Marteu*, et dedit nobis xl sol. et v sol (4) ad quandam lampadem que ardet in claustro regulari, in terris et vineis que fuerunt P. *Fadat* et modo sunt P. *Pistoris*, de Cumbis.

XIIII. D. vii kal. Christofori martyris. viii lectiones.

P. *l'Escarjador* dedit nobis iiii sextarios frumenti. — Eodem die, obiit W. *deu Peyrat*, et dedit nobis xxx sol. extra portam *de Lansacot* in trolio suo, et debet solvere filius Stephani *Belet* pro uxore sua. — Eodem die, uxor Gaufridi *Lafon* dedit nobis ix sol. extra portam *de Bocharia*, in domibus P. *Audoy*.

(V°).

III. E. vi kal. Anne, matris sancte Marie. xii lectiones. Albe omnes.

Obiit B. *Laden*, et dedit nobis vi sol. : v sol. (5) *en Bunclatgier*, in domo J. *Torta* et in domo *Beu* G.; et xii den. *a Monjauvi*, in domo P. *Melhurat* que fuit *Piteu*. — Eodem die, Mauricius *Pinheta* monachus dedit nobis xi sol. : vi sol. in vilario P. *Upayna*

---

(1) Vayres, Haute-Vienne, arr. de Rochechouart.
(2) Ségur, Corrèze, arr. de Brive.
(3) En interligne : *Vacant ad tempus.*
(4) En interligne : *Vacant perpetuo.*
(5) En interligne : *Vacant. Solare remanet.*

a S. Sudor, et v sol. in manso *de l'Alo*, in parrochia sancti Justi ; et voluit dictus Mauricius quod pistanciarius solverit x sol. ad opus generale in festo beate Anne.

F. v kal. Nazarii, Celsi et Pantaleonis martyrum. Commemoracio.

Obiit P. *de Beuna*, et dedit nobis x sol. et vi den. *en Polsa* (1), in domo J. *Bayart*.

XI. G. iiii kal. Felicis, Simplicii, Fausti et Beatricis martyrum. Octabas sancte Marie Magdalene (2). Cappe.

W. *Chauchagrua* (3) helemosinarius dedit nobis iiii sextarios frumenti et iiii sextarios eminam siliginis et iiii sextaria eminam avene, scilicet frumenti apud *Cornhac* et siliginis et avene *en las bordarias de Genelhac*.

(F° 34 r°).

XIX. A. iii kal. Abdon (*sic*) et Sennes (*sic*) martyrum. iii lectiones.

VIII. B. ii kal. Germani episcopi et confessoris Antisiodorensis. xii lectiones.

KL. Augustus habet dies xxxi, luna xxix.

VIII. C. Augustus. Vincula sancti Petri. Cappe (4).

Obiit P. *Auzeletz*, et dedit nobis x sol. : vii sol. et vi den. in Veteri-Moneta, in domo *maystre J. Jafeta*, et ii sol. et vi den. in domo *au Balazis, en la Fauria*. — Eodem die, obiit Aymericus *Malleve*, pater Gregorii *Malleve*, et dedit nobis xx sol. : xi sol. (5) in Cumbis in domo que fuit *Guio Guichet*, prope fontem Constantini, et v sol. apud Brugeriam, et debet solvere Helias *Garach*, et iiii sol. in vinea *Telhet de Brugeria* (6).

(V°).

XVI. D. iiii nonas. Stephani pape et martyris. iii lectiones.

Obiit P. *lo Legat*, et dedit nobis xv sol. : Aqueparse in vilari *au Brostanhs* vii sol., et in vilari que fuit J. *deu Peyrat* clerici viii sol. —Eodem die, obiit Ebolus de Ornhaco (7) qui dedit nobis xii sextarios siliginis apud Vernolium.

(1) Auj. rues des Grandes et des Petites-Pousses.
(2) En interligne : *Et sunt generalia de ovis nisi flat pitancia*.
(3) Voy. plus loin, f° 35 r°.
(4) En interligne : *Mesagarius facit pigmentum et pitanciam de ovis farts*.
(5) En interligne : *Vacant vii perpetuo. Remanent iv*.
(6) En interligne : *Et debet solvere G. de domo Dei*.
(7) Orgnac, Hte-Vienne ou Corrèze. Cf. *Chron. de S. Martial*, p. 182.

V. E. III nonas. Invencio sancti Stephani. Albe omnes (1).

Obiit G. *Vilas* de Axia, et dedit nobis xx sol. in manso de Rossaco *de la Chieza*, in parrochia *de Tarn* (2).

F. II nonas.

Obiit P. *Brus*, et dedit nobis LX sol. *Seguis de Lespinatz* debet (3).

(F° 35 r°).

XIII. G. Nonas.

Obiit P. *Borriana* monachus. Helias Creatura dedit pro ipso xxx sol. et x sextarios siliginis ad mensuram *de la Sostarrana* (4).

II. A. VIII idus. Transfiguracio Domini. Primo classu.

W. *Chauchagrua* helemosinarius dedit nobis in sollempnitate transfigurationis Domini que ad preces ejus celebratur in primo classu, XL sol. : in manso *de Gorsas* xx sol. ; prepositus de *Cozeyo* solvit, et xv sol. *en las bordarias de Genelhac*, et v sol. in manso *Presseget*.

B. VII idus. Affre virginis et martyris. III lectiones.

Obiit Guido Aymerici, canonicus Lemovicensis, qui dedit nobis xvi sol. apud *Panazol*; dicta *la Drulhas*, civitatis, solvit racione baylie. — Obiit Bozo, prepositus sancti Valerici, qui dedit nobis LX sol.; prior de Chalesio debet solvere; littere stant.

(V°).

X. C. VI idus. Ciriaci, Largi et Smaragdi martyrum. III lectiones.

Obiit P. *de Cros*, et dedit nobis XII sol. : VI sol. in vinea Helie Marciali, et VI sol. in vinea *Symo Crestia* (5) juxta *Clau Tapo*. — Eodem die, obiit Hugo *de Chaumon* pistanciarius, et dedit nobis xxi sol. et III eminas frumenti, scilicet x sol. *en la Claustra*

---

(1) En interligne : *Anno Domini M.D die sexta mensis octobris, frater Stephanus de Feliniis subprior monasterii Sancti Marcialis et prior de Flexu et sancti Nazarii, fundavit suum anniversarium ista die celebrandum durante sua vita, et post ejus mortem die sui obitus cum officio solempni et pulsatione campanarum, ut fit in anniversariis dominorum cardinalium; et bene dotavit ut constat per litteras per P. de Bastida juniorem receptas.*

(2) Près Aixe, Haute-Vienne.

(3) En interligne : *Et debet solvere medietatem in natale Domini et aliam medietatem in Pascha; per litteram tamen ipsi computantur pitanciarii hac die.*

(4) La Souterraine, Creuse, arr. de Guéret.

(5) En interligne : *R. Marcialis tenet.*

in domo que fuit G. *deu Peyrat* (1), et III sol. (2) in Veteri-Moneta, et v sol. in vinea *Thomas Soterra*, et IIII sol. apud Axiam in vinea *Chabanes*, cum duobus solidis de acaptamento.

D. v idus. Vigilia sancti Laurencii, Martini martyrum. III lectiones.

Obiit dompnus Albertus, abbas et prepositus de Vernolio; facit plenum convivium cum cepiis et fladonibus, et bonum vinum et multum aquisivit. — Eodem die, obiit Johannes de Manso, prepositus *de Panazol*, et dedit nobis XII sextarios siliginis *Noalhazes* (3), scilicet in decima *de Royeira*; prepositus *de Panazol* solvit. — Eodem die, obiit W. de Manso, prior Vite-eterne (4), avunculus suus. — Eodem die, obiit Gaufridus *Lafon*, et dedit nobis x sol. *en Bocharia*, in domo *Hugo* de sancto Valerico; Johannes *Crestias* clericus solvit.

E. IIII idus. Laurencii martyris. Cappe. Responsiones II.

R. de Marolio capicerius dedit nobis XL sol. ad faciendam pistanciam beati Laurencii in manso *deu Fraicher*.

(F° 36 r°).

VII. F. III idus. Tiburcii martyris. IIII lectiones. Taurini episcopi. VIII lectiones.

Obiit dompnus Guillelmus *Amalvi* (5), abbas sancti Marcialis, et dedit nobis c sol. et x sol. ad helemosinam, et totum est in molendinis de Tarno (6) convivium plenum.

G. II idus.

G. *de Vairas* monachus dedit nobis x sol. in parrochia de Buxo (7); *Bonetz Marti* de Buxo solvit. — Eodem die obiit B. *Trenchaleo*, et dedit nobis v sol. in manso de Lauria, in parrochia *de Chasteu-Chervix* (8).

XV. A. Idus. Radegundis regine. VIII lectiones. Ypoliti martyris. IIII lectiones. Juniani confessoris. Commemoracio.

Guido, prepositus de Rossaco, dedit nobis ad faciendam pistau-

---

(1) En interligne : *Modo J. Audoi.*
(2) En interligne : *Perpetuo vacant, quia nescitur.*
(3) A la mesure de Noalhac.
(4) Vitaterne, Charente-Inf., arr. de Jonzac. Cf. les *Chron. de S. Martial.*
(5) En 1261, d'après les *Chron. de S. Martial.*
(6) En interligne : *Et prioratu.*
(7) Peut-être Aubusson, ch.-l. d'arr., Creuse.
(8) Hte-Vienne, arr. de St-Yrieix. En interligne : *Vico, set homines dicti mansi non cognoscunt.*

ciam in vigilia assumpcionis beate Marie xxxii sol. et vi den. :
in manso *de la Vernha,* qui est in parrochia de Rossaco, xx sol.,
et xii sol. et vi den. in molendinis de Buxo. — Obiit Gerardus
Gaufridi, prepositus de Rosacho; dedit nobis xx sol. in domo que
modo est domini Ebbleni Fadeti, in careria per quam recte itur
de abbacia apud sanctum Micaelem, inter domum P. *de Perigort*
et domum G. *Pinheta;* et xxx sol. in domibus que adquisivit apud
Buxum, quas tenet dictus prepositus; et viii sestarios siliginis ad
dandos per elemosinarium (1) in helemosinam per obtabas (*sic*)
omnium sanctorum supra terras et riperia quas adquisivit in dicto
loco *de Buxu* a G. *Larebiera;* et ii sestarios presbiteris monasterii
qui debent facere duo anniversaria in die obitus sui et in crastino omnium sanctorum (2).

(V°).

IIII. B. xix kal. Vigilia sancte Marie. Eusebii confessoris.
iii lectiones.

Obiit P. *Audoy,* et dedit nobis xx sol. et Philippus *Audoy* x sol.(3).

C. xviii kal. Assumpcio sancte Marie. Primo classu.

Obiit B. de sancto Valerico, prior de Saujonio (4), et dedit nobis
lx sol. Prior *de Saujo* solvit de molendino quod aquisivit. —
Eodem die, obiit G. *Chambaret* et dedit nobis xvi sol. : ii sol. *a
Jaumar* in domo que fuit P. *Machauc* et modo est Marciali *Bertholmieu,* et v sol. in rua *de Beuveyr* in domo que fuit P. *Salanhac*
et modo est *Gari de S. Marti,* et iiii sol. ad quadruvium *de Lansacot,* in furno P. *Techier* qui fuit *Barrados,* et v sol. in VeteriMercato, in domo *Michel Passaga;* sed xii den. vacant (5). —
Eodem die obiit Guido, vicecomes Lemovicensis (6), et dedit
nobis lx sol. (7).

XII D. xvii kal. (8).

(1) Le ms porte : *pro elcm.,* ce qui est manifestement fautif.
(2) Depuis *Obiit Gerardus,* l'écriture est de beaucoup postérieure.
(3) En interligne : *Vacant. Solare remanet in Bocharia ad tempus.*
(4) Voy. plus haut, f° 20 r°.
(5) En interligne : *Perpetuo.*
(6) Sans doute Gui VI, mort en 1263, le jour des ides d'août, d'après la
Chronique de Pierre Coral.
(7) En interligne : *Vacant.*
(8) D'une écriture du xvii° siècle : *Obiit decima sexta mensis augusti, anno
Domini 1667, Pebrus* Chambon, *burgensis castri Lemovicensis, qui dedit
nobis x libras pro suo anniversario faciendo et fundavit dictas x libras
super domo sua scita in rua de Templo, ut apparet per litteras quæ*

(F° 37 r°).

I. E. xvi kal. Octabas sancti Laurencii. viii lectiones.

W. *la Concha* monachus dedit nobis L sol. ad duos dies post festum assumpcionis beate Marie : XL sol. (1) in Cumbis, in domibus que fuerunt W. de sancto Hylario, *chamarlenc*, juxta *l'ospital* sancti Marcialis ante et retro, et x sol. (2) in rua Torta in domo que fuit *Balharget*, juxta domum *Jaucem Borget*. — Eodem die *Ayma las Ajas* de Peyraco (3) dedit nobis xviii sol. in parrochia sancti Juliani prope *Laron* (4), in manso de *Cledat* et de Sanis ; et sunt solvendi in festo beati Marcialis.

F. xv kal. Agapiti martyris. Commemoracio.

Obiit magister J. *d'Augieyras*, et dedit nobis LX sol. in parrochia de Vernolio (5). — Eodem die obiit G. *Jayo*, et dedit nobis x sol. in rua *deu Clochier*, in domo quam tenet P. *Faure* (6).

IX. G. xiiii kal.

Obiit domina *Chavanta*, et dedit nobis x sol. (7). — Eodem die P. *de Lemotges* dedit nobis xviii den. (8).

(V°).

A. xiii kal. Philiberti abbatis. Commemoracio.

Obiit vicecomitissa, mater Guidonis (9), et dedit nobis xxx sol. in parrochia sancti Justi.

XVII. B. xii kal.

Obiit Amblardus abbas (10), et dedit nobis L sol., et debet sol-

---

sunt in libro magnæ sacristiæ, in fine signatas Rougier. — En marge d'une écriture du xiii° siècle postérieure au premier texte : *Obiit magister Johannes Saubuti et dedit nobis pro anniverario suo* XL *sol. rendudles, quos assignavit in et super tortulario et vinea contiguis suis, sitis apud saltum Galferii qui fuerunt empti a Nicholao Amalvi et Sibilla uxore sua. Extant littere.*

(1) En interligne : *Vacant* xx *sol. perpetuo.*

(2) En interligne : *Vacant* ix *sol. perpetuo nisi edificetur.*

(3) Peyrat-le-Château, Hte-Vienne, arr. de Limoges.

(4) St-Julien-le-Petit, Hte-Vienne, arr. de Limoges. Sur Laron ou Leront, cf. l'Invent. des Arch. dép. de la Hte-Vienne, série G., Introduction, p. LXIX.

(5) En interligne : *Vacant* xxii *sol.* vi *den., quia nescitur ubi. Domus Savirocha* (?) *remanet ultra.*

(6) En interligne : *Modo Leonardus Pinheta.*

(7) En interligne : *Vacant. Nescitur ubi sunt.*

(8) En interligne : *Vacant. Nescitur.*

(9) Mère de Gui vi, par conséquent femme de Gui v, mort en 1230. Ce serait alors, d'après les *Chron. de S. Martial* (p. 75), Ermengarde, fille de Robert iv d'Auvergne, morte en 1210.

(10) En 1144, d'après les *Chron. de S. Martial.*

vere prior *de Lairache*. — Eodem die P. *deu Clauzeus* dedit nobis xx sol. (1) *a Monjauvi*, in domo P. *Melhurat*.

VI. C. xi kal. Octabas sancte Marie. Cappe. Responsiones ii (2).
Obiit B. *Merciers* capellanus, et dedit nobis x sol. in rua de Cumbis (3). — Eodem die, Bartholomeus et Stephanus Amelii dederunt nobis ad pistanciam faciendam xxix sol. : xii sol. *sobre Aygolena*, in domo que fuit *Aymar deu Quars* (4), et v sbl. (5) in rua *de Bocharia*, in domo P. *de Chalutz*, et vi sol. in domo *a la Domanda*, et iiii sol. et vi den. in vinea Thomas *Lafon* que fuit J. *de Chathalac*, et ii sol. et ii den. in prato quod fuit P. *Lafon*.

(F° 38 r°).

D. x kal. Thimothei et Simphoriani martyrum. iii lectiones.
Obiit Jaucelmus *Rezis* qui dedit nobis xxx sol. in rua *de Fongrauleu*, in domo P. *Beynec* cum pertinenciis. — Eodem die, obiit Ay[mericus] *Arnaus* de Nontronio (6) qui dedit nobis ii sol. in tota terra sua (7).

XIIII. E. ix kal. Bartholomei apostoli. xii lectiones. Albe omnes.
Obiit Jordanus de Malomonte, prepositus Canbonensis (8), qui dedit nobis xl sol. in manso *deu Pi*, in parrochia *de Beynac* (9).

III. F. viii kal. Aredii abbatis. viii lectiones. Genesii atque Zephyrini (10) martyrum. iiii lectiones.
Obierunt Guido et *Alsandres* Audoyni fratres, et dederunt nobis xxx sol.

(V°).

G. vii kal.

(1) En interligne : *Vacant x sol. perpetuo.*
(2) D'une main postérieure : *Caseos quamvis non flat pitancia.* Ni le sujet ni le verbe ne sont indiqués.
(3) En interligne : *In domo quondam Eyceli. Solare restat.*
(4) En interligne : *Modo Jaudri.*
(5) En interligne : *Vacant. Solare stat.*
(6) Nontron, ch.-lieu d'arr., Dordogne.
(7) A la suite, d'une main postérieure : *Obiit dominus Johannes de Jenssanis, canonicus Lemovicensis, et legavit nobis iv sest. frumenti apud Vernolium et v sol. quos debet Johannes de Serbes in terra et vinea sita super trolium sancti Marcialis; item, unum sextarium frumenti et ii siliginis in parte decime B. deu Vernh.*
(8) Chambon-Ste-Valérie, Creuse, arr. d'Aubusson.
(9) Beynac, près Limoges.
(10) Le ms porte : *Genesii.*

Obiit Amielha, filia Helie *Amielh*, et dedit nobis x sol. (1) in prato *deu Navey*.

XI. A. vi kal. Juliani et Hermetis martyrum. xii lectiones.

Obiit capellanus de Valieyra (2), et dedit nobis xl sol.; prior de Valieyra debet solvere (3).

B. v kal. Augustini episcopi. xii lectiones. Albe ii.

W. *Chabos* dedit nobis xii sol. in furno Laurencii *Ligora*. — Eodem die P. Histerii dedit nobis iiii sol. (4).

(F° 39 r°).

XIX. C. iiii kal. Decollacio sancti Johannis Baptiste. Cappe. Responsiones ii. Sabine virginis. Commemoracio.

Obiit Guido *de Manhania*, et dedit nobis xx sol. in domo J. *Bonaborsa*. — Eodem die, P. *deu Peyrat* dedit nobis v sol. in vinea et terra *a las Raynaudas de Cozey*.

VIII. D. iii kal. Felicis et Audacti martyrum. iii lectiones.

Obiit Hymbertus *deu Peyrat*, et dedit nobis xxv sol. (5) : x sol. extra portam *Monmelier*, in domo J. *Sirvent*, et iii sol. in domo P. *de Ciou* (6), et iiii sol. in domo quondam W. *Faure*. — Eodem die, W. *Mazeliers* dedit nobis ii sol. *a las Natas* in Cumbis, in domo *Nicholau Faure* (7).

E. ii kal.

Obiit P. de Exidolio (8) capellanus, et dedit nobis xx sol. : v sol. in Cumbis, in domo *Raymon la Garda*, et vi sol. (9) in Fossato (10), et iiii sol. in rua *de Beuveyr*, in domo J. *lo Mercier*, et v sol. extra portam de Arenis, in grangia que fuit Marciali *Paparet*. — Eodem die, obiit Helias *Amielhs*, et dedit nobis xx sol. en *Vielha-Moneda*, in domo que fuit m*ystre* P. *Serralha*, et modo est vicecomitis (11).

(1) En interligne : *Vacant perpetuo*.
(2) Vallière, Creuse, arr. d'Aubusson.
(3) En interligne : *Scilicet camerarius*. On sait en effet que le prieuré de Vallière fut réuni à l'office de chambrier de S. Martial au xiii° siècle.
(4) En interligne : *Nescitur*.
(5) En interligne : *Vacant xiii sol. quia nescitur ubi*.
(6) Cieux, Hte-Vienne, arr. de Bellac.
(7) En interligne : *Modo J. Pinso*.
(8) Voy. plus haut, f° 16 v°.
(9) En interligne : *Vacant. Solare stat*.
(10) En interligne : *In domo quondam à la Musa*.
(11) En interligne : *Vicecomes debet*. A la suite, d'une autre main : *Geraldus Bajal, prior de Laurench, xl sol. in domo quam tenet nunc P. Gauterii, prepositus de Cumbis*.

(V°).

KL. September habet dies xxx, luna xxx.

XIII. F. September. Egidii abbatis. viii. — Prisci martyris. iiii lectiones.

Obiit P. *deu Peyrat*, et dedit nobis iiii libras et i sextarium frumenti : xl sol. *a la porta Peychonieira*, in domo J. *Atay*, et xx sol. *a la porta Peychonieira*, in domo *aus Amielhs*, et xx sol. (1) in rua sancti Nicholay, et i sextarium frumenti *a Monjauvi*, in vinea P. *David*, et P. B. Et pistanciarius debet ad heredes P. *deu Peyrat* xvi *flaons et doas cornudas et doas justas de vi et doas cepchas.*

V. G. iiii nonas. Justi episcopi et confessoris. iii lectiones. — Antonini martyris. Commemoracio.

Obiit uxor G. de Muris militis, et dedit nobis x sol. in Ferraria (2), in domo *a la Murada*. — Die decima tertia mensis novembris, anno Domini millesimo quingentesimo quinto, venerabilis vir frater Johannes de Casali, prior claustralis hujusmodi monasterii sancti Marcialis Lemovicensis, ex licencia et auctoritate reverendi domini abbatis ipsius monasterii, pro salute anime sue et parentum suorum, fundavit in ipso monasterio unum solenne anniversarium qualibet die prima veneris, mensis septembris, perpetuis temporibus, per religiosos dicti monasterii cum vigilia, missa et absolucione ac cum sonaria et pulsacione simbalorum ut in anniversariis per nonnullos cardinales in dicto monasterio fundatis, celebrandum ; dempta absolucione que solum pulsabitur cum simbalis *deulz miracleys*. Pro quo anniversario solvit semel quatuor viginti libras monete, realiter et de facto, pro convertendo in census et redditus ad dictum opus. Et pro premissis domini abbas, religiosi et conventus dicti monasterii in capitulo fuerunt congregati, expresse obligaverunt pratum dicti conventus quod fuit *de Poussilhon*, situm prope fontem vocatum *de las Lachieras*, itinere publico quo itur de castro Lemovicensi ad ecclesiam de Brugeria intermedio, ex una parte, et quoddam aliud pratum dicti conventus ex alia ; volentes et consencientes expresse dicti domini abbas et religiosi quod quatuor libre monete ex assensa seu locacione predicti prati, de termino festi nativitatis beate Marie virginis percepte seu percipiende, illa die prima veneris mensis septembris annuatim distribuantur inter dominos religiosos qui dicto anniversario interfuerunt solum et duntaxat. De quibus premissis stant lictere per magis-

---

(1) En interligne : *Vacant perpetuo.*
(2) En interligne : *Modo au Sandre de Banxis.*

trum Jacobum *Montoudon,* notarium castri Lemovicensis, inquisite
et recepte (1).

A. iii nonas.

(F° 40 r°).

XIII. B. ii nonas. Marcellis martyris. iii lectiones.

Obiit dompnus Raymundus (2) abbas, et dedit nobis c sol. (3)
et x sol. ad pontem sancti Marcialis. Pistanciarius debet solvere
x sol. ad helemosinam faciendam.

II. C. Nonas.

B. *Io Barraus* dedit nobis x sol *en Bocharia*, in domo que fuit
Jacme G. — Eodem die, obiit P. Histerii, et dedit nobis lxv sol.
extra portam de Arenis, in vinea *a la Julhieira* (4) et in vinea que
fuit *Michel Vernhi* (5).

D. viii idus.

Obiit Hyzimbertus (6) abbas, et dedit nobis xl sol (7) ad pistanciam faciendam cum fladonibus et cepiis. Pistanciarius debet
solvere xl sol. *au mezier.* — Eodem die, Ancelmus de Monceo,
decanus Lemovicensis, dedit nobis v sol. (8) extra portam *de
Monmelier,* in domo que fuit J. de sancto Juniano (9). — Eodem
die, P. *de Sirelhac* dedit nobis x sol., et debent solvere G. et Aymericus *de la Valada de Payrinhac.* — Eodem die, Nicholaus *deu
Quars* dedit nobis vii sol. in riperia sancti Jacobi, ante trolium
Palmier.

(V°).

X. E. vii idus. Emircii (*sic*) episcopi et confessoris. iii lectiones.

F. vi idus. Nativitas sancte Marie. Primo classu. Responsiones ii. — Adriani martyris. Commemoracio.

G. *Trobat* monachus dedit nobis xl sol. : xv sol. in Cumbis, in
domo que fuit P. *de Manauc,* et x sol. in Cumbis, in domo que
fuit P. *de Cozey* (10) et modo est *au pistancier,* et v sol. in Cumbis,
in domo *Jaucem Lalo* (11), et x sol. in Cumbis, in domo (12) J. *de*

(1) Tout cet alinéa, à partir de *Die decima,* est d'une main postérieure.
(2) En 1245, d'après les *Chron. de S. Martial.*
(3) En interligne : *Vacant* xi *sol. et* i *den. perpetuo.*
(4) En interligne : xx *sol. de quibus fuerunt deducti* viii *sol.*
(5) En interligne : xlv *sol.*
(6) En 1198, d'après les *Chron. de S. Martial.*
(7) En interligne : *Ad Aquam-sparsam.*
(8) En interligne : *Vacant* ii *sol. perpetuo.*
(9) En interligne : *Modo J. Leydier.*
(10) En interligne : *Vacant sex sol. ad tempus.*
(11) En interligne : *Modo G. Pascal.*
(12) Remplacé par *furno,* postérieurement.

Neycho. Item, dedit ad c. *paubres* ipsa die reficiendos III sextarios siliginis.

XVIII. G. v idus. Dorothei et Gorgonii martyrum. Commemoracio.

La *Bonabocha* dedit nobis III sol. extra portam *Monmelier*, in vinea *Hymbert deu Quars* (1).

(F° 41 r°).
VII. A. IIII idus.

P. de saucto Bricio dedit nobis x sol. in Cumbis, in domo P. *Paschal.* — Eodem die, vicecomitissa Lemovicensis dedit nobis LX sol., scilicet xxxv libras quas tradidit conventui magister G. Montisfortis (2)......

B. III idus. Prothi et Jacincti martyrum. Commemoracio.

Obiit dompuus P. *deu Barri* (3) abbas, et dedit nobis convivium plenum; prepositus de Vernolio debet solvere.

XV. C. II idus.

Almodis *Bonabochi* dedit nobis x sol. in Cumbis, in domo *maystre P. de Romcom* (4). — Eodem die obiit J. *deu Clauzeus* monachus, et dedit nobis XL sol. apud *Poyfranc* (5). — Dominus Ademarus *de Tiviers*, capellanus de Valieyra, dedit nobis VIII sextarios siliginis qui valent XII sextarios siliginis Lemovicenses, in manso de Villanova (6).

(V°).
IIII. D. Idus.

Ademarus de Podio monachus dedit nobis xxv sol. (7) ad faciendam pistanciam sancte Crucis.

E. XVIII kal. Exaltatio sancte Crucis. Cappe.

Obiit Nicholaus *de Drulhas*, et dedit nobis x sol. in Bellovidere, in domibus W. *Manha* et VIII sextarios siliginis ad mensuram Lemovicensem. Helemosinarius sancti Marcialis debet solvere.

(1) D'une main du xv° siècle : *Isto die debet fieri reliquum anniversarium de Rupecavardi.*

(2) En interligne : *Vacant perpetuo.* — La suite de la phrase a été oubliée.

(3) En 1219, d'après les *Chron. de S. Martial.*

(4) En interligne : *Modo P. Bartolmieu.*

(5) En interligne : *Vacant ad tempus. Helemosinarius.*

(6) La Villeneuve, commune de Vallière, Creuse, arr. d'Aubusson.

(7) En interligne : *In manso deu Pi,.scriptum est in principio maii super litteram D.*

XII. F. xvii kal. Octabas sancte Marie. Cappe.

Stephanus *Vilata* dedit nobis iii sol. *en Escudaria*, in domo *au Chapelier*. — Eodem die G. *Trobatz* monachus dedit nobis x sol. *en Vanhania*, in domo que fuit *a la Peyraia*, et xii sextarios siliginis et iiii sextarios *d'avena mespezol* in manso *de Lentilhanas*, ad faciendam pistanciam beate Marie.

(F° 42 r°).

G. xvi kal. Corneli et Cipriani martyrum. xii lectiones.

A. xv kal. Lucie et Geminiani martyrum. iii lectiones.

Obiit Helias Vigerii miles, et dedit nobis xx sol. super omnia bona sua.

IX. B. xiiii kal.

Obiit P. *de Pratini* monachus, et dedit nobis xxviii sol. : x sol. in Cumbis, in domo Helie *de Pajas*, et viii sol. in Cumbis, in furno Gaufridi de Rossaco, et x sol. (1) in Cumbis, in domo *Boneu au Tort* (2).

(V°).

C. xiii kal.

Obiit G. *de Montagut*, et dedit nobis xviii sol. et iii eminas *de fromen :* x sol. in Cumbis, in domo P. *Paschal*, et vi sol. in Cumbis, in domo Helie *de Paias*, et ii sol. (3) in Cumbis, in domo que fuit P. *de Cozey* et modo est pistanciario, et iii eminas frumenti. — Eodem die obiit Fulco *la Chieza*, et dedit nobis vi sextarios frumenti et xxiii sol., videlicet ii sextarios frumenti in clauso *au Boyous de Bushilhenc;* item, *a Cornhac* i sestarium frumenti quem debet Johannes *Chastanhous* pro terra que vocatur *au Prat au Bocs*, et super aliis bonis suis; item, tres sextarios frumenti quos debent Aymericus *Chabbaus* et Aymericus Bartholomei et filii P. *Chabbau* pro manso *de Chabbaudaria* aliter vocato *lo mas au Faure*, quod bladum vendidit Prallis (?); item, in furno *Chouvieu d'Eygolena* v sol.; in parrochia sancti Justi, in manso de Ripperia, xii sol. quos debet Mathias *Mourz;* item, *a Mongauvi*, in domo *a la Chavaliera* iiii sol.; item, in orto P. *Melhurat* ii sol. (4).

XVII. D. xii kal. Vigilia Mathei apostoli. Fauste virginis. iii lectiones.

---

(1) En interligne : *Vacant v sol. ad tempus.*
(2) En interligne : *Modo J. Lafont.*
(3) En interligne : *Vacant ad tempus.*
(4) Tout cet alinéa, à partir de *Eodem die*, est d'une main différente.

VI. E. xi kal. Mathei apostoli. xii lectiones. Albe omnes.

Obiit P. *Champanhol,* et dedit nobis xl sol (1). — Eodem die obiit Hugo *Bonaborsa,* et dedit nobis x sol. in manso *de l'Endulget.* — Eodem die, B. *d'Orador* dedit nobis x sol. (2) *a Lansacot,* in domo P. *Amielh.*

(F° 43 r°).

F. x kal. Mauricii sociorumque ejus. xii lectiones. Albe omnes.

Obiit dompnus Ademarus (3) abbas qui dimisit convivium plenum, et prepositus de Vernolio debet solvere. — Eodem die, obiit Helias de Brolio, cantor sancti Marcialis, qui dedit nobis pro se et parentibus suis x sextarios frumenti et x sextarios siliginis apud Goram (4).

XIIII. G. ix kal.

Obiit Katerina *Carticyra,* et dedit nobis xxx sol. apud sanctum Justum. — Eodem die, obiit Johannes *la Tor,* et dedit nobis x sol. *en Manhania,* in domo P. *Bori* (5).

III. A. viii kal. Androchii presbyteri. iii lectiones. — Tirsi, Felicis martyrum.

Obiit Johannes *Pinheta* (6), et dedit nobis xl sol. (7). — Eodem die, obiit P. *Alquaires,* et dedit nobis v sol. (8) extra portam *de Bocharia,* in domo que fuit P. *Chaslutz.*— Eodem die, obiit *Alays Rozeta,* et dedit nobis x sol. in Cumbis, in domo *Lauren Ligora* (9), juxta domum P. *la Vinha.* — Eodem die, obiit Stephanus Heliæ monachus qui dedit nobis viii sol. in Cumbis, in domo que fuit Stephani *deu Riu,* ante furnum P. *Rabinier.*

(V°).

B. vii kal.

XI. C. vi kal.

D. v kal. Cosme et Damiani martyrum. iii lectiones.

Obiit Philippus Overii, et dedit nobis xii den. in rua de Bello-

---

(1) En interligne : *Pro quibus accipimus* xii *sext. siliginis ad mensuram de Petrabuferia. Item,* v *sol in domo quondam* la Peyrada *en* la Fauria. *Item,* iii *sol. in prato Sapientis* d'Eygolena.

(2) En interligne : *Vacant* v *sol. perpetuo.*

(3) En 1114, d'après les *Chron. de S. Martial.*

(4) A partir de *Eodem die,* l'écriture est un peu postérieure.

(5) En interligne : *Modo J. la Crot.*

(6) En interligne : *Senior.*

(7) En interligne : *Vacant* xx *sol. perpetuo.*

(8) En interligne : *Vacant. Solare remanet.*

(9) En interligne : *Modo helemosinarii.*

videre, in domo que fuit J. *Boyer* (1). — Eodem die, dedit nobis Aymericus de Ponte-rubeo, monachus et pitanciarius, xl sol., et conventus debet facere dictum festum in cappis. — Eodem die, obiit P. *de Peyrigorc* quoquus quondam conventus, et Perrinus nepos suus dedit nobis pro ejus anniversario faciendo solempniter duas domos suas de Ponte *d'Irisso*, sitas juxta domum Helie *d'Aycha* et eciam pro suo anniversario faciendo in die obitus sui. — Eodem die, obiit frater Jacobus *Fornier* reffectorarius, pro quo fit anniversarium solemne (2).

(F° 44 r°).

XIX. E. iiii kal.

VIII. F. iii kal. Michaelis archangeli. Cappe.

Dominus Johannes de Gonsauvis dedit nobis v sol. in vinea *au Serbos* prope Brugeriam, et nunc sunt prope Vernolium; item, i sest. frumenti et i sest. siliginis apud sanctum Justum, in parte decime B. *deu Vernh.* Vacat alibi i sest. (3).

XVI. G. ii kal. Jheronimi confessoris. xii lectiones. Albe ii.

(V°).

KL. October habet dies xxxi, luna xxix.

V. A. October. Germani. xii lectiones. — Remigii et Vedasti episcoporum.

Obiit Stephanus *l'Espayers*, et dedit nobis xx sol. in Fossato, in furno P. *Poyada*.

B. vi nonas. Leodegarii episcopi et martyris. xii lectiones.

Obiit Stephanus *deu Tronchet*, et dedit nobis xx sol.: v sol. (4) in Cumbis, in furno quod fuit *Jacme Brostainh*, et xv sol. in Cumbis, in furno Stephani Mauri.

XIII. C. v nonas.

Obiit Israel, et dedit nobis vi sol.: v sol. in domibus Marciali *Bertholmieu*, in Cumbis, et xii den. *a Jaumar*, in domo que fuit J. *d'Aurelh*.

(F° 45 r°).

II. D. iiii nonas.

(1) En interligne : *Modo Guillelmi de Peyrigorc.*
(2) Ces trois derniers alinéas sont d'une écriture postérieure.
(3) Tout ce paragraphe est d'une écriture du xv° siècle.
(4) En interligne : *Vacant perpetua.*

Sibilla *deu Peyrat* dedit nobis x sol. extra portam *de Monmelier*, in domo *Americ deu Prestinh*.

E. III nonas. Octabas sancti Michaelis. XII lectiones.

Obiit Stephanus B., et dedit nobis xx sol. in Cumbis, in domo *Sicau* (1). — Eodem die, Hugo Amelii dedit nobis XI sol. : v sol. en *Banclatgier* (2), in domo Israel, et VI sol. ad portam *Mayrabuou*, in domo G. *de l'Opital*. — Eodem die, Helias *Meschi* dedit nobis x sol. (3) ad Quadruvium, in domo que fuit B. *Faure*.

X. F. II nonas. Pardulfi confessoris. Cappe.

Helias *Cofolen* dedit nobis x sol. infra portam de Arenis, in furno J. *d'Esjau* (4). — Eodem die [obiit] Maria, uxor P. de Exidolio, soror Mauricii *Pinheta*; dedit nobis Mauricius pro ipsa XL sol.; percipiuntur super blado quod idem magister aquisivit apud *Gora*, et residuum est ad suum anniversarium, et dicti XL solidi non computantur in summis. — Eodem die, Agnes *Martela* dedit nobis x sol. : v sol. in domo Gaufridi de Exidolio (5), in platea sancti Michaelis, et v sol. in solario (6) *au Ras d'Aneycho*. (V°).

G. Nonas. Marci pape. IIII lectiones. — Fidis virginis. VIII lectiones.

Obiit Hugo *de Charrieiras* helemosinarius qui dedit nobis xxx sol. Helemosinarius debet solvere.

XVIII. A. VIII idus.

VII. B. [VII idus]. Dionisii, Rustici et Eleutherii martyrum. Cappe. Responsiones II.

P. *Lavau* monachus dedit in solempnitate sancti Dyonisii ad pistanciam faciendam xxx sol. : x sol. *en Manhania*, in domo que fuit J. *de Panazol*, et xx sol. *en Manhania*, in domo que fuit J. *Drapier*. — Eodem die, P. de sancto Bricio dedit nobis xx sol. in Cumbis, in domo P. *Paschal*. — Eodem [die], obiit *Gregoris Lacela* qui dedit nobis x sol. (7) ad Pontem *d'Irisso*, in domo *Guilho*. (F° 46 r°).

C. VI idus. Translacio sancti Marcialis apostoli. Primo classu.

G. *Cofolen* dedit nobis x sextarios siliginis et I sextarium fru-

---

(1) En interligne : *Alio loco est et ideo perpetuo vacant.*
(2) En interligne : *Vacant. Solare remanet.*
(3) En interligne : *Vacant. Solare remanet.*
(4) En interligne : *Modo J. de Podio.*
(5) En interligue : *Modo Marcialis* Audier.
(6) En interligne : *Vacant. Solare remanet.*
(7) En interligne : *Vacant* v *sol. perpetuo.*

menti. — Dominus Gaufridus de Marcha, miles, et domina Rastela, ejus uxor, genitores domini Guillelmi helemosinarii, dederunt nobis XL sol. in molendino *deu Perier* et in manso *Agut* (1).

XV. D. v idus.

Obiit Ademarus de Planchis monachus, et dedit nobis XX sol. apud *Payrac* (2). Item, magister Hugo de Charreriis, avunculus suus, dedit nobis XX sol. in Cumbis, in furno Laurencii *Ligora*.

IIII. E. IIII idus.

Obiit P. *Auzeletz* qui dedit nobis X sol. (3) in prato *deu Navey* (4).

(V°).

F. III idus. Geraldi confessoris. VIII lectiones.

G. *d'Aurelh* dedit nobis X sol. (5) *a Jaumar*, in domo J. *d'Aurelh*. — Isto die obiit G. de Petrabuferia, et dedit nobis XX sol. (6).

XII. G. II idus. Calixti pape et martyris. Commemoracio.

Obiit B. *la Roca*, prior *de Paunat* (7) claustralis, et dedit nobis XXXIII sol. (8) extra portam *de Monmelier*, in rua *deu Potz* (9).

I. A. Idus. Austricliniani confessoris. Primo classu.

Sacrista facit pitanciam et eciam de primo classu et pigmentum. Et mesagarius (10) facit caseos, et solvit prebendario et debet tradere sacriste v sol.

(F° 47 r°).

B. XVII kal. Juniani confessoris. VIII lectiones. — Sylvani martyris. Commemoracio.

Obiit Jordanus *Pinheta*, et dedit nobis XXX sol. : X sol. in Cum-

(1) En interligne : *Modo in domo quondam B. de Monprezet en Fongrouleu.*
(2) En interligne : *In manso de la Roveriera. Vacant ad tempus.*
(3) En interligne : *Non accipiuntur nisi* VIII *sol. Vacant perpetuo* II *sol.*
(4) Le Naveix *(Navigium)*, faubourg de la Cité, le long de la Vienne.
(5) En interligne : *Vacant* VI *sol. ad tempus; pitanciarii.*
(6) Depuis *Isto die*, l'écriture est d'une main postérieure.
(7) Dordogne, arr. de Bergerac. — Il faut entendre *prior claustralis* de Paunat. Cf. les *Chron. de S. Martial*, où l'on trouve les formes *Palnacum, Palnatum, Paonat.*
(8) En interligne : *Vacant sex sol. et* IV *den. perpetuo.*
(9) En interligne : *Restant* XXV *sol. et* VIII *den. clare.*
(10) Ce mot qui se rencontre déjà plus haut, f° 17 v°, est enregistré par les Bénéd. contin. de Du Cange, avec cet unique exemple. Ils traduisent le mot par « *cui prædiorum rusticorum cura demandata erat* ». Cette traduction paraît erronée ; *mesagarius* est rendu dans notre obituaire par *mesier*, lequel ne peut venir que de *mensarius; mesagarius* représente le type *mensaticarius*, et ces deux mots désignent, comme nous l'avons déjà dit, le moine chargé du soin de la table *(mensa).*

bis, in domo que fuit...... (1) et xx sol. *en la Fauria*, in domo Gaufridi *d'Uscheu* (2).

IX. C. xvi kal. Octabas sancti Marcialis apostoli. Cappe.
Pro patre et matre Guillelmi de Marolio (3) LX sol.; dompnus abbas debet solvere (4).

D. xv kal. Luce evangeliste. Albe omnes. xii lectiones.
Obiit Philippus *deu Peyrat*, et dedit nobis XL sol. in domibus *aus Audoys*, *a las Taulas*. — Eodem die, obiit R. de Marolio capicerius, et dedit nobis xxx sol. in manso *deu Fraicheneu* (5).

(V°).
XVII. E. xiiii kal. Aquilini episcopi. iii lectiones. Sol in capricornio.
Obiit Stephanus *de Grammon*, prepositus *de Panazol*, et dedit nobis v sol. in scanno J. *Coni* (6).

VI. F. xiii kal. Caprasii martyris. iii lectiones.
Obiit Gregorius Malleve, prepositus de Rossaco, et dedit nobis XLX sol.: xxv sol. in manso de Monsigo, et x sol. Matheus *Vernhi*, et x sol. *Vauzelos*.

G. xii kal.
Obiit Ademarus *la Rocha*, et dedit nobis pro anniversario suo c sol. renduales, et fuerunt empti apud Axiam in et super bonis P. *Bolhet*, Johannis *Moretz* et Paschalis de Tarno, videlicet P. *Bolhet*, L sol., Johannes *Moretz* XL sol. et Paschalis de Tarno x sol. Exstant littere (7).

(F° 48 r°).
XIIII. A. xi kal.
Obiit P. *de Nalhac* abbas, et dedit nobis LX sol. in Cumbis, in domo *Sicau*: XL sol. vacant (xxx sol. et x sol. sunt asignati *a Chabboudaria*, cum Dulceto i sestarium frumenti pro iiii sol.); et x sol. in Cumbis, in domo G. *Torelhuu*, et x sol. *a Royeira*, in manso *au Chatartz*; item, cum Stephano et Jacobo et Sapienti *d'Eygolena* vi sol.; item, cum sorore dicti Auleri xii den.

---

(1) En interligne : *P. Chambolo ad vitam capellani. Vacant* IX *sol.*
(2) Ussel, ch.-l. d'arr., Corrèze.
(3) Mareuil, Charente, arr. d'Angoulême, ou Dordogne, arr. de Nontron. Cf. les *Chron. de S. Martial*, p. 123, 124 et 242.
(4) En interligne : *Vacant perpetuo.*
(5) En interligne : *In parrochia d'Esgallo* (Eyjeaux).
(6) En interligne : *Modo Leonardi Sellier. — Stannum* ou *scannum*, étal de boucher, banc charnier, comme on disait à Limoges.
(7) Tout cet alinéa est écrit en marge par une main postérieure.

III. B. x kal. Theodoriti martyris. iii lectiones. — Leothadii episcopi. Commemoracio.

C. ix kal.
Obiit Guido *la Mota* miles, et dedit nobis xxx sol. *au Poy-Molenier* (1).

(V°).
XI. D. viii kal. Frontonis episcopi. viii lectiones. — Crispini et Crispiniani martyrum. iiii lectiones.
J. *deu Peyrat* et Hymbertus *deu Peyrat* dederunt nobis xlv sol. (2) : xx sol. in ortis de subtus Arenam, et vi sol. et vi den. (3) *a Lansaquot*, in domo que fuit *Vaychieyra*, et viii sol. *sobre Aygolena*, in domo *Salacieu*, et vi sol. in Cumbis, in domo B. *de Polsa*, et iii sol. in Cumbis, in domo B. *deu Genest*.

E. vii kal. Ansildis virginis. Cappe.
Prior de Calesio debet facere pistanciam et iiii sol. *au mezier* pro generali, et ii sol. *au sagresta* pro luminario.

XIX. F. vi kal. Vigilia apostolorum Symonis et Jude.
Obiit *Audiers Estiers*, et dedit nobis xl sol. ante clocarium beati Marcialis, in domo *Jacme* Gramavi.

(F° 49 r°).
VIII. G. v kal. Symonis et Jude apostolorum. Albe omnes. xii lectiones.
Obiit Aymericus de Vernolio, et dedit nobis xx sol. (4) in vinea P. Pistoris.

A. iiii kal. Theuderii confessoris. iii lectiones.
Obiit Ay[mericus] *Ravars*, prior de Calezio, et dedit nobis xxx sol. in Manhania, in domo que fuit *a la Peyraia*. — Eodem die, obiit Bona Hupayna, et legavit nobis xx sol. in manso *deu Vinhau* et pertinenciis (5).

XVI. B. iii kal.
Obiit G. *deu Trot*, et dedit nobis xv sol. : vii sol. et vi den. [a] *Aygaspersa*, in vilario Helie *deu Clauzeus*, et vii sol. et vi den. [a] *Aygasparsa*, in vilario B. *Crestia*.

---

(1) Puy-Moulinier, hameau près Limoges.
(2) En interligne : *Vacant ad tempus.*
(3) En interligne : *Vacant. Solare remanet.*
(4) En interligne : *Vacant perpetuo.*
(5) A partir de *Eodem die,* l'écriture est postérieure.

(V°).
V. C. ii kal. Vigilia omnium Sanctorum. Quintini martyris. iii lectiones.

Mesagarius facit pistanciam.

KL. November habet dies xxx, luna xxx.
D. November. Festivitatis omnium Sanctorum. Primo classu.
W. *la Concha* monachus dedit nobis L sol. (1) ad tres dies post festum omnium Sanctorum. — Eodem die, obiit Ademarus Prepositi, et dedit nobis xxx sol., et debet solvere prepositus *deu Clauzeus* (2). — Eodem die, P. *Barreliers* dedit nobis xx sol. ad faciendam pistanciam in crastino omnium Sanctorum *en Manhania*, in domo J. *Chay* (3).

XIII. E. iiii nonas.
Obiit P. *Estiers*, et dedit nobis x sol. *a la Porta Peychonieira*, in domo *au Creutz* (4).

(F° 50 r°).
II. F. iii nonas.
Obiit Guido **Arbertz** monachus, et dedit nobis xx sol., et debet solvere prior de Vidrinis (5). — Eodem die, obiit Lucia *Johana*, et dedit nobis x sol. *en Manhania* : v sol. in domo *Pazac*, et v sol. in furno juxta domum *Pazac*.

G. ii nonas.
Obiit Ademarus *Chatartz* et dedit nobis v sol. (6). — Eodem die, obiit J. *deu Peyrat*, et dedit nobis x sol. in domo *Gui Bos*, prope granerium prepositi de Rossaco (7).

X. A. Nonas. Gonsaldi confessoris. Commemoracio. Austremonii, Eustachii martyrum.
Obiit Albertus *Foschiers*, prior *de Tarn*, et dedit nobis xxv sol.

(1) En interligne : *Vacant ad tempus in viridario de Cumbis.*
(2) Les Cluzeaux, commune de St-Pierre-de-Chignac, Dordogne, arr. de Périgueux. Cf. les *Chron. de S. Martial.*
(3) En interligne : *Modo la Bossetiera.*
(4) En interligne : *Vacant perpetuo ; conventus habuit denarios.*
(5) En interligne : *Camerarius.* Le prieuré de Vedrenas (commune de Montboucher, arr. de Bourganeuf, Creuse) fut en effet réuni à l'office de chambrier vers la fin du xiii° siècle.
(6) En interligne : *Vacant ; nescitur.*
(7) En interligne : *In marcio sunt, in tercio folio super litteram G.*

apud *Cornhac*, in vinea *a la Ciauzela* (1). — Eodem die, obiit G. *Sirvent*, et dedit nobis xx sol. : xii sol. in Cumbis, in furno Marciali *Mainhbert*, et viii sol. *a Servieira*, in domo que fuit *au Techier; lo faures Gandalonha* debet ii sol. — Eodem die, obiit Gaufridus *de Champalima*, prepositus *de Panazol.*

(V°).

B. viii idus. Leonardi confessoris. viii lectiones. Albe omnes.

Obiit P. *de Royeyra* miles, et dedit nobis x sol. in manso *deu Fraicher de Ligora*. — Eodem die, obiit Dulcia *Relhieyra*, et dedit nobis x sol. Priorissa de Monte-acuto (2) debet solvere. — Ipsa die, obiit Audemarus *Larrocha* de sancto Paulo qui dedit conventui quater viginti libras Turonencium pro emendis centum sol. rendualibus, pro facienda pitancia dicto conventui anuatim in die obitus vel aniversarii sui; qui centum solidi fuerunt acquisiti per Aymericum de Ponte-rubeo, pitanciarium dicti conventus, a Johanne Moreti et Petro Bolheti de Axia et dicto Pascali de Tarno. Extant littere super his, sigillo regio et curie cantoris et officialis Lemovicensis sigillate (3).

XVIII. C. vii idus. Quatuor coronatorum. Commemoracio. Valentini et Hylarii.

Obiit Jacobus *Borzes*, et dedit nobis v sol. in Cumbis, in domo que fuit P. *de Peuria* (4).

VII. D. vi [idus]. Octabas omnium Sanctorum. Cappe. Responsiones ii.

Dompnus abbas debet facere pistanciam pro B. *deu Ga* monacho, qui edificavit Bellumvidere (5) et manso (*sic*) *de la Deslhiada* aquisivit.

(F° 51 r°).

E. v idus. Theodori martyris. iii lectiones.

XV. F. iiii idus. Menne martyris. iii lectiones.

IIII. G. iii idus. Martini episcopi. Cappe. Responsiones ii.

(1) En interligne : *Modo Guillelmus David.*
(2) Sans doute Montaigut en Combraille (Puy-de-Dôme), mentionné dans les *Chron. de S. Martial.*
(3) Ce dernier paragraphe est d'une main postérieure, du commencement du xiv° siècle.
(4) En interligne : *Modo Nicolai Guiot.*
(5) Beauvais, près Limoges. L'abbé de S. Martial y avait une maison de plaisance.

(V°).

A. ii idus. Translacio sancti Marcialis apostoli. Primo classu.
Dompnus abbas Guillermus *de Jaunhac* dedit nobis ad pistanciam faciendam xxx sol. Prior de Malveria debet solvere xxv sol.

XII. B. Idus. Brictii episcopi et confessoris. xii lectiones.
Obiit Raynaudus *de Salvanhiec*, et dedit nobis x sol. *en Fongrauleu*, in domo que fuit *Perri au Pelhissier* (1), et in alia dejuxta, que fuit P. *Audoy*.

I. C. xviii kal.
Obiit magister Laurens *Maumet* (2), et dedit nobis liiii sol. : xxx sol. (3) in prato quod tenet *la Guia Sarrazina*, et xxiiii sol. *en Rodet*, dejuxta pratum predictum.

(F° 52 r°).

D. xvii kal. Cessatoris episcopi et confessoris. viii lectiones.
Obiit J. *Faures* et dedit nobis v sol. *en la Ferraria* (4), in domo *au Robbertz*.

IX. E. xvi kal. Eucherii episcopi et confessoris. Commemoracio.

F. xv kal. Octabas sancti Martini. xii lectiones. Albe ii. — Aniani et Gregorii episcoporum. Commemoracio.

(V°).

XVII. G. xiiii kal. Translacio sancti Stephani. Cappe.
Helias *Arnaus*, prepositus de Paunato et prior de Licia, dedit nobis l sol. ad pistanciam faciendam in translacione sancti Stephani; et prior de Licia debet solvere.

VI. A. xiii kal. Octabas sancti Marcialis. Cappe.
Et non sunt casei set ova, nisi pistanciarius faciat pistanciam; qui debet facere pro xxx sol. quos dedit nobis abbas Willelmus in vineis de Malveria (5).

B. xii kal. Odonis abbatis. Albe omnes
Obiit P. *Audoy*, et dedit nobis x sol. in domo *Salanhac*, pictoris (6).

---

(1) En interligne : *Modo* Jelozau.
(2) Voy. la note que nous consacrons plus loin à ce Laurent Maumet (*Mahometus*), à propos d'une charte de 1258 qui le concerne directement.
(3) En interligne : *Vacant* vii *sol. perpetuo*.
(4) La rue Ferrerie, qui existe encore.
(5) Tout cet alinéa est d'une écriture postérieure.
(6) Dans un acte de 1380 du fonds de la Maison-Dieu de Limoges, on trouve la mention d'un Guillaume Barthélémy, *pictor, castri Lemovicensis*.

(F° 53 r°).

XIIII. C. xi kal. Columbarii abbatis. iii lectiones.

Obiit Guido de Bonavalle junior qui dedit nobis xx sol. in prepositatu *deu Clauseus*. — Eadem die, obiit frater Johannes *Audier* reffectorarius, pro quo fit anniversarium; cuilibet religioso xxx den. (1).

III. D. x kal. Cecilie virginis et martyris.

Obiit P. de *Rialhac*, et dedit nobis x sol. in stanno J. *Coni* (2).

E. ix kal. Clementis pape et martyris. xii lectiones. Albe ii. Felicitatis martyris. Commemoracio.

Obiit J. de *Vairas* (3), et dedit nobis x sol. in Mercato, in domo que fuit J. de *Vayras*.

(V°).

XI. F. viii kal. Grisogoni martyris. iii lectiones.

Gaufridus *Duretz* dedit nobis x sol. *en Vielha-Moneda*, in domo que fuit *a la Martela*, et modo est J. *d'Aycha* (4).

G. vii kal. Katerine virginis et martyris. Cappe. Responsiones ii.

P. *Maliartin* conversus dedit nobis xx sol. : x sol. *en Bocharia*, in domo P. de *Genelhac*, et x sol. super fontem *d'Aygolena*, in domo que fuit *Gautier deu Verdier*, et in domo W. *Corrieira*. — Eodem die W. de *Terrasso*, prior de Multone, dedit nobis L sol. (5) ante trolium sancti Marcialis, ad pistanciam faciendam, [et] v sol. in vinea *a la Canaja*.

XIX. A. vi kal. Justi confessoris. viii. Petri episcopi. iiii lectiones.

Obiit P. *Espanhols*, supprior (6), et dedit nobis v sol. in vinea Marciali *Drac*, et iiii sextarios frumenti. — Eodem die, G. *la Vilata* dedit nobis v sol. ad lampadem que ardet in claustro ante helemosinariam, in Bellovidere, in domo que fuit P. *Boneu* (7).

(F° 54 r°).

VIII. B. v kal. Agricole et Vitalis martyrum. iii lectiones.

Obiit Guido *deu Sol*, et dedit nobis x sol. extra portam *de Mon-*

---

(1) Ce dernier paragraphe est d'une écriture très postérieure (fin du xv° siècle?)

(2) En interligne : *Leonardus* Selier. — Sur le sens de *stannum*, voy. plus haut, f° 47 v°, note.

(3) En interligne : *Modo Laurencii Sutoris*.

(4) En interligne : *Modo P. de Berssac*.

(5) En interligne : *Vacant* xlv *sol. ad tempus*.

(6) Dans la première moitié du xiii° siècle. Cf. les *Chron. de S. Martial*.

(7) En interligne : *Modo filii Bartholomei Sarrazi*.

melier in domo *Gui Bos*. — Hic obiit dominus Arnaudus *Gaba*, supprior istius monasterii, et debet fieri pro ipso eadem die anniversarium; et jacet in loco in quo jacet dominus Theobaldus, et legavit nobis xxv solidos renduales et v^{que} sextarios siliginis. Litteras habet armarius (1).

C. IIII kal. Saturnini martyris. XII lectiones.

Obiit B. *de l'Optal*, et dedit nobis xxIIII sol., et VI sol. ad lampadem que ardet in claustro infirmarie, et VI sol. ad lampadem que ardet in claustro ante refectorium, ad Quadruvium sancti Petri in furno *Thomas Passot;* IX sol. et II sol. in domo J. *Borzes,* et III sol. in domo *a la Upayna,* et II sol. in domo *Malmenat,* et in alia domo P. (2) II sol., et II sol. et VIII den. in domo G. *Denayro,* et III sol in domo B. *Enjalvi,* et II sol. et VIII den. in domo Bartholomei *de Negremon,* et in domibus Gui *de Monprezet* IIII sol., et II sol. in domo *Felip Roc,* et IIII sol. in domo B. *Charretier.*

XVI. D. III kal. Vigilia sancti Andree.

(V°).

V. E. II kal. Andree apostoli. Cappe. Responsiones II.

KL. December habet dies xxx (*sic*), luna xxx.

XIII. F. December. Elegii episcopi et confessoris. VIII lectiones. Crisanti et Darie martyrum. IIII lectiones.

II. G. IIII nonas.

Isto die obiit J. *de l'Optal,* et dedit nobis xv sol., scilicet in domo *Gui de Monprezet deu Quayroy.*

(F° 55 r°).

A. III nonas.

X. B. II nonas. Translacio sancti Benedicti abbatis. XII lectiones.

Obiit *Aymeric Boutet,* prior de Multone, et dedit nobis LX sol. et xx sol. ipsa die ad opus helemosine. Prior de Multone debet solvere.

C. Nonas.

Obiit G. *Bordasola,* prior *de Laurieyra,* et dedit nobis v sextarios frumenti *a la Boria,* juxta *Cornhac.* — Eodem die, obiit P. *Montanha* de Axia, et dedit nobis xL sol. apud Axiam.

(V°).

XVIII. D. VIII idus. Nicholay episcopi et confessoris. Cappe.

---

(1) Ce dernier paragraphe est d'une écriture postérieure.
(2) Le ms porte : p°.

VII. E. vii idus. Octabas sancti Andree. xii lectiones. Albe ii.

F. vi idus. Concepcio sancte Marie. Primo classu.

P. *Cofolen* dedit nobis xxxix sol. (1) ad pistanciam faciendam et iiii sextarios siliginis : scilicet in domo et subterraneo Aymerici *Catrepas*...; item, in domo P. *au Mut* iiii sol.; item, xii sol. in domibus P. Wermi ; item, in vinea et terra quas habet *Pestoria*(?) *au saut Gueyfier* x sol. ; item, v sol. in duobus pratis que sunt juxta pratum sancti Marcialis ; item, iii sol. in tota terra quam P. *Asquet de Mongauvi* possidet ; item, v sol. quos debet *Gaanharz* (2).

(F° 56 r°).

XV. G. v idus.

Obiit G. *Farniers*, et dedit nobis x sol. *en Fongrauleu*, in domo Mathei *Boti* (3).

IIII. A. iiii idus. Valerie virginis et martyris. Primo classu.

B. iii idus.

Obiit Thomas *la Fon*, capellanus sancti Michaelis, et dedit nobis. xii sextarios frumenti.

(V°).

XII. C. ii idus.

Obiit magister Guillermus *de Maymac*, et dedit nobis iiii sextarios frumenti.

I. D. Idus. Lucie virginis et martyris. xii lectiones. Albe ii.

Obiit P. *Upayna*, et dedit nobis xx sol. : x sol. [a] *Aygasparsa*, in prato *au Robbertz*, et ii sol. in Cumbis, in domo *a la Costansa*, et ii sol. in Cumbis, in domo *a la Peinh-Correy*, et vi sol. in manso *Chap de Rey*.

E. xix kal.

Obiit G. *Bru* miles, et dedit nobis x sol. (4) in domo *a la Murada*. Conventus habuit.

(F° 57 r°).

IX. F. xviii kal. Octabas sancte Marie. xii lectiones.

G. xvii kal.

Obiit Bozo *de sancto Martino* capicerius, et dedit nobis xxxiiii sol. *a las Taulas*, in domo *au Jauvis*.

XVII. A. xvi kal. Octabas sancte Valerie. xii lectiones.

(1) En interligne : xlix *sol.; vacant ad tempus.*
(2) A partir de *scilicet*, l'écriture est d'une main postérieure.
(3) En interligne : *Modo Laurencii Bayar.*
(4) En interligne : *Vacant perpetuo.*

Obiit magister B. de Voziis, et dedit nobis IIII sextarios frumenti et II sextarios siliginis. — (1) Hac die xvii^a mensis decembris, anno Domini millesimo quingentesimo quarto, honesta mulier Mariota Fauste *du Lac*, loci de Brivazaco, pro nunc castri Lemovicarum habitatrix, diem suum in Domino clausit extremum; que adhuc vivens, pro salute anime sue et parentum suorum, in hujusmodi monasterio sancti Marcialis fundavit unum anniversarium solempne per religiosos ejusdem monasterii singulis annis simili die cum vigilia, missa et absolucione ac pulsacione campanarum, ut in anniversariis per nonnullos cardinales in dicto monasterio fundati, celebrandum; pro quo anniversario semel solvit summam septem librarum monete convertendam in utilitate dictorum religiosorum et conventus; et ulterius eisdem dedit et donavit perpetuo quamdam suam domum sitam in rua sancte Valerie castri Lemovicensis, inter domum Johannis *dit Johaniceau Duserier*, textoris ex una, et domum Guillerme Janicote, relicte quondam dicti *Janicot*, partibus ex alia, cum quibus dicti domini religiosi simul in capitulo congregati promiserunt dictum anniversarium annuatim celebrare, de quibus premissis stant littere recepte per magistrum Jacobus *Montoudon*, notarium castri Lemovicensis; et deinde fuit ejus cadaver in cimiterio *desoubz lous arbres* ante tumulum *deulz Disnamatiz* inhumatum, cujus anima requiescat in pace.

(V°).

VI. B. xv kal.

Obiit W. *Bocharia*, et dedit nobis LVI sol. Processio fiat (2).

C. XIIII kal.

Obiit P. *Tizo*, et dedit nobis xxx sol. Conventus habuit (3). — Eodem die magister G. *de Javarzac*, decanus Engolismensis, dedit nobis LXX sol. Dominus Costantis *de Serethac* debet (4).

XIIII. D. xiii kal.

Obiit dominus W. *de la Mota* miles, et dedit nobis xxx sol. *au Puy Molenier*.

(¹) A partir d'ici l'écriture est d'une main postérieure.

(2) En interligne : *Accipimus* xxvii *sol. et* vi *den. tantum cum uno sextario frumenti quod debet* la Costa de Montjauvi; *de predicta summa vacant* xxx *sol. in domibus sacriste perpetuo; item* xii d. *in domo condam* a la Teuliera *vacant ad tempus*.

(3) En interligne : *Vacant perpetuo*.

(4) En interligne : *Conventus habuit denarios, scilicet* xL *libras, et debet emere redditus*.

(F° 58 r°).

II. E. xii kal. Thome apostoli. Albe omnes.

Obiit J. *de St Sador*, et dedit nobis xx sol. . x sol. in Bellovidere, in domo P. *d'Espanha*, et v sol. (1) in Bellovidere, in solario Helie *d'Aycha*, et v sol. in parrochia *de Panazol*, in manso *de Marlhas*.

F. xi kal.

Obiit Johannes *de Moychac* (2), et dedit nobis xxx sextarios siliginis. Prepositus *de Panazol* debet solvere.

XI. G. x kal.

W. *la Chieza* dedit nobis xx sol. ad faciendam pistanciam in vigilia natalis Domini : xv sol. *en Polsa*, in domo que fuit *a la Jaurela*, et v sol. *a Monjauvi*, in trolio *Audier Estier* et in domibus *Perrot au Tondedor*. — Eodem die, obiit *Aymeric Bechada*, et dedit nobis xx sol. Prior de Tarno debet solvere hac die in vigilia nathalis Domini.

(V°).

A. ix kal. Vigilia nathalis Domini.

XIX. B. viii kal. Nativitas Domini. Primo classu. Anathasie virginis. Commemoracio.

VIII. C. vii kal. Stephani prothomartyris. Cappe. Responsiones ii.

Dominus Hugo *la Brossa* dedit nobis x sol. in manso *au Boyers* (3).

(F° 59 r°).

D. vi kal. Johannis evangeliste. Cappe. Responsiones ii.

XVI. E. v kal. Sanctorum Innocentium. Cappe.

V. F. iiii kal. Thome archiepiscopi et martyris. viii lectiones.

(V°).

G. iii kal. Silvestri pape et martyris. viii lectiones. Albe ii.

XIII. A. ii [kal.]. Dedicacio sancti Salvatoris. Primo classu (4).

---

(1) En interligne : *Vacant. Solare remanet.*
(2) En interligne : *Monachus.*
(3) Ce paragraphe est d'une écriture postérieure.
(4) Suivent quelques menues indications de rentes, tronquées ou inintelligibles. — Suit également, au f° 60 r°, la copie d'un acte de 1318 portant reconnaissance de 30 ll. de rente par le prévôt de Couzeix en faveur du pitancier de S. Martial.

ADDITIONS
A L'OBITUAIRE DE S. MARTIAL

Plusieurs des manuscrits provenant de saint Martial de Limoges et conservés aujourd'hui à la Bibliothèque Nationale renferment des obituaires [1]; mais, parmi ces manuscrits, trois seulement nous offrent des obituaires complets, sorte de compilation officielle destinée à fixer les obits que devaient célébrer les religieux : ce sont les n° du fonds lat. 5243, 5245 et 5257. Nous publions ici des extraits des deux premiers que nous désignerons par les lettres A et B; quant au troisième, nous en dirons un mot plus loin. Voici la description sommaire de ces manuscrits.

A = Ms. latin 5243 (reg. 4208³: portait à S. Martial le n° 72); parchemin, XII° siècle. H. 0,290; L. 0,200; 142 feuillets.

F°s 1-41 : Martyrologe d'Usuard (incomplet).

F° 41 : Office solennel des morts institué par l'abbé Isembert.

F°s 42-45 : Ces feuillets sont occupés par une série de fondations d'obits transcrites aux XII° et XIII° siècles, mais dont quelques-unes sont plus anciennes, et par un fragment relatif aux accidents qui peuvent survenir pendant la célébration de la messe.

F° 45 verso : Miniature à pleine page, exécutée sur fond de pourpre; au centre, dans une gloire, le Christ, assis, à nimbe crucifère, bénissant de la droite; dans le haut, à droite et à gauche, deux anges portant des encensoirs; dans le bas, à gauche saint Martial, à droite saint Benoît.

F°s 46-73 verso : Règle de saint Benoît.

F°s 73 verso-88 : Leçons des évangiles de l'année.

F°s 88-89 : Fondations d'obits, pièces diverses, notes relatives à une éclipse observée à Limoges en 1178 [2].

F°s 89-90 : Catalogue de la bibliothèque de S. Martial [3].

F°s 93-136 : Obituaire.

F°s 137-142 : Fondations d'obits transcrites à diverses époques, mais surtout aux XII° et XIII° siècles.

B = Ms. latin 5245 (reg. 4208⁵ ; portait à S. Martial le n° 91); parchemin, XII° siècle. H. 0,285; L. 0,185; 164 feuillets.

---

[1] Notamment les mss. latins 1813, 2135 et 5239. Ces fragments ont été publiés par M. Duplès-Agier dans les *Chron. de S. Martial*, p. 261, 272 et 284.
[2] Publiées dans les *Chron. de S. Martial*, p. 189-190.
[3] Publié dans les *Chron. de S. Martial*, p. 323, et dans le *Cabinet des manuscrits* par M. L. Delisle, t. II, p. 493.

F⁰ˢ 1-71 : Martyrologe d'Usuard.

F⁰ˢ 71 verso-75 : Cantiques notés en l'honneur de la Vierge.

F⁰ˢ 76-113 : Règle de saint Benoît.

F⁰ˢ 113-134 : Leçons des évangiles de l'année (incomplet).

F⁰ˢ 134 verso-135 : Fondations de l'abbé Isembert; office des morts institué par le même.

F⁰ˢ 136-163 : Nécrologe (1).

F⁰ 164 recto : Catalogue de la bibliothèque de S. Martial (2).

F⁰ 164 verso : Accord entre l'abbaye et les habitants de Limoges au sujet de la fortification du château (février 1211, anc. st.).

Il est à remarquer que ces deux manuscrits, dont la composition est presqu'identique, sont formés de deux parties différentes d'aspect : dans tous les deux la partie qui précède l'obituaire est écrite d'une écriture fort grosse et très régulière, tandis que les obituaires eux-mêmes sont d'une écriture plus fine et peut-être postérieure de quelques années.

Nous savons par la chronique de B. Itier (3) que ce fut en 1175 que l'abbé Isembert institua un office solennel des morts, fondation dont le texte, incomplet, il est vrai, se trouve dans nos deux manuscrits; or, dans les deux manuscrits cette fondation a été ajoutée après coup; ils sont donc, au moins en ce qui concerne la première partie, antérieurs à 1175, mais de peu d'années, croyons-nous; cette conjecture ne serait-elle pas admise, on ne pourrait néanmoins reporter la confection de la première partie du ms. A après 1178, car alors l'adjonction, sur un feuillet demeuré blanc, de notes relatives à l'éclipse de 1178, notes que nous avons tout lieu de croire contemporaines, ne s'expliquerait plus. D'autre part, de la comparaison de la première partie du ms. A avec la partie correspondante du ms. B, nous sommes autorisés à conclure que ces deux mss. furent exécutés en même temps ou peu s'en faut.

En ce qui concerne la seconde partie de nos mss., nous manquons d'éléments aussi certains pour en dater la transcription; nous sommes toutefois autorisés à en faire remonter la transcription antérieurement à 1198, date de la mort de l'abbé Isembert : en effet, dans A comme dans B, l'obit de l'abbé Isembert (VIII des ides de septembre) au lieu d'être intercalé parmi les autres noms inscrits à cette date, a été écrit en interligne et par une autre main.

Si l'identité entre les deux premières parties de nos manuscrits est complète, l'identité entre les deux secondes parties l'est presqu'autant et nous ne serions nullement étonnés que le même scribe eût écrit les deux obi-

---

(1) Ce nécrologe, par suite de la lacération de quelques feuillets, présente des lacunes qui s'étendent du IV des calendes de novembre au II des ides de novembre et du IV des nones d'octobre au XVI des calendes de novembre.

(2) Publié dans les *Chron. de S. Martial*, p. 327; et dans le *Cabinet des manuscrits*, par M. L. Delisle. t. II, p. 495.

(3) *Chron. de S. Martial*, p. 58.

tuaires ; les différences qui existent entre A et B sont si légères qu'elles peuvent passer pour des fautes résultant de l'inattention du copiste.

Comment ces deux obituaires semblables se sont-ils trouvés réunis à deux premières parties également semblables, c'est ce que nous ne nous chargerons pas d'expliquer. M. Duplès-Ag'er a cru reconnaître dans le n° 5245 le livre qui est ainsi décrit par l'un des catalogues : *Liber domni Isemberti abbatis, ubi sunt duodecim lectiones de festis et Evangelia et collecte* (1); nous ne pensons pas que cette identification puisse être tenue pour certaine, mais l'admît-on, elle tendrait à prouver que les obituaires n'étaient pas encore, au commencement du xiiie siècle, réunis aux feuillets qui forment aujourd'hui les premières parties des mss. A et B.

Ces deux mss. ont une source commune qui nous paraît être le ms. latin 5257 (reg. 4208). Cet obituaire, écrit dans la première moitié du xiie siècle, a été, pour ainsi dire, mis au net dans A et B ; il est vrai que cette mise au net s'est augmentée de très nombreuses additions et, tandis que pendant tout le xiiie siècle et même au xive siècle on a inscrit dans A et B de nouveaux obits, le ms. 5257 a été promptement abandonné ; c'est à peine si l'on y remarque quelques mentions inscrites par B. Itier. C'est ce qui nous a décidé à publier nos extraits d'après A et B.

Au point de vue matériel, les deux obituaires sont disposés de la même manière : chaque page est divisée en deux parties ; l'une réservée, si l'on s'en rapporte aux rubriques, aux frères de l'abbaye ; la seconde aux *familiares*, aux donateurs ne faisant point partie du couvent. En réalité cette division est factice et tous les noms sont mélangés ; nous avons donc pu faire bon marché d'une règle que le scribe du xiie siècle n'avait pas respectée.

Parmi tous ces noms, aujourd'hui inconnus pour la plupart, un choix s'est imposé à nous : nous n'avons transcrit que ceux que leur qualification désignait à notre attention ou auxquels certains passages des *Chroniques de St-Martial* ont donné quelque notoriété. Peut-être aurait-il mieux valu les transcrire tous, mais nous avons jugé qu'il y aurait, rien que dans ceux que nous donnons, suffisamment matière à exercer la patience et la sagacité des érudits. S'il est relativement facile d'identifier les noms des abbés de Saint-Martial, les noms des évêques de Limoges et quelques autres, il est à peu près impossible de retrouver à quel évêché, à quelle abbaye appartiennent la plupart des évêques ou des abbés dont les obits figurent ici ; les recherches faites dans ce sens devraient s'étendre, non-seulement à la France, mais à toute l'Europe du moyen âge ; il ne sera possible d'en circonscrire le champ que quand on aura reconstitué le cartulaire de Saint-Martial ; et alors ces deux séries de documents, obituaires et chartes, éclairées l'une par l'autre, pourront fournir les renseignements les plus précieux. On jugera alors de l'étendue des relations qu'entretenait une grande abbaye, relations dont la publication des *Rouleaux des Morts* a donné une idée et que la popularité du saint n'avait sans doute pas peu contribué à accroître ; sans cela on ne s'expliquerait pas comment un roi

---

(1) *Chron. de S. Martial*, p. 343.

de Léon du x° siècle (1) a été amené à fonder un obit à Limoges, comment, à la fin du xı° ou au commencement du xıı° siècle, des pèlerins venaient de Sicile prier sur le tombeau de saint Martial (2).

Nous n'ajouterons qu'un mot au sujet de l'établissement de notre texte. Nous avons suivi le ms. 5243; tous les noms que donne seulement le ms. 5245 sont suivis de la lettre (B); quant aux additions du xııı° et du xıv° siècles, celles qui ne se trouvent que dans 5245 sont suivies de la même lettre; lorsqu'elles se trouvent à la fois dans 5243 et 5245 ou dans 5243 seulement, nous n'indiquons que la date que nous croyons pouvoir leur assigner.

E. M.

JANVIER.

Kal. Depositio domni Willelmi abbatis... Bone memorie domni Henrici, romane ecclesie cardinalis. [*En marge*]: Officium pro episcopo Albanensi qui fuit abbas Clarevallensis (3).

ıv non. Warmundus archiepiscopus.

ıı non. Odoinus abbas.

Non. Alpaidis (A) Alpais (B) (4). Fulcherius *de Cofolent* (A). Clarius (B) (5).

vııı id. Anno Domini M° CC° LX° tercio, die dominica in Epifania Domini, nos frater Guillelmus, Dei gratia abbas sancti Marcialis Lemovicensis, in communi capitulo nostro recepimus in monachos et in fratres nostros fratrem Arnaldum, offalarium *Aurel*, et B., sacristam ejusdem loci et P., priorem de Foisaco et Ugo-

---

(1) Voyez plus bas, au ıx des calendes de janvier.

(2) « Quidam nobiles viri a partibus Sicilie et Calabrie oracionis causa venientes ad beatum Marcialem karitative suscepti sunt a domno Ademaro [abbé de 1064 à 1114] abbate, concessitque eis hujus loci beneficium omne; qui etiam nomina sua in hoc libro scribi petierunt ut, cum eorum obitum fratres hujus loci audierint, aliquod officium pro animabus eorum persolvant Nomina eorum hec sunt : Aquinus Brito, Gilduinus et Elorinus, filii ejus; Adalaidis, uxor ejus; Anfridus *de Breicei* et Beatrix, uxor ejus ; Bernus, comes, Mabilia, uxor ejus; Guoscellinus *del Manei*, Ema, uxor ejus ; Estormilus. » (bibl. nat. ms. latin 5257, f° 69 v°).

(3) Il s'agit ici d'Henri, 7° abbé de Clairvaux, cardinal d'Albano en 1179, mort le 1er janvier 1189. (*Gall. Christiana*, ıv, col. 882.)

(4) Nous n'aurions point transcrit ce nom d'Alpais si les discussions, aujourd'hui terminées, relatives au fameux émail que possède le Louvre ne lui avaient donné une certaine notoriété. M. L. Guibert nous a, avec une extrême obligeance, communiqué divers actes relatifs à cette famille de Limoges, notamment un acte de 1216 dans lequel est mentionné un W. *Alpais* (Recueil d'actes consulaires, f° 89 recto).

(5) De la main de Bernard Itier.

nem, priorem de Talairaco, et Johannem, priorem sancti Illidii et Johannem, priorem de capella sancti Geraldi.

vii id. Adalgisus abbas. Hugo abbas (B).

vi id. Eradus abbas. Aenricus abbas. Helias abbas.

v id. *Fut fondu Sauveterre le quisiesme* (sic) *de julhiet par metre* (sic) *de Dye,* 1551 (B) (1).

iv id. Ademarus abbas.... (2).

Notum sit omnibus quod dominus Willelmus, abbas sancti Marcialis, toto annuente conventu, in generali capitulo, Helias Alboino et Willelmus Kasqueri, monachi (*sic*) sancte Fidis de Conchis (3) ut sint monachi nostri tam comporaliter (*sic*) quam spiritualiter et ubicumque decesserint, scribentur in regula et plenarium tricenarium habeant (xiii⁰ siècle).

ii id. Ademarus de Podio, prepositus *de Planazols.*

Notum sit omnibus quod domnus W[illelmus] (4), abbas sancti Marcialis, toto annuente conventu, in generali capitulo cessit Guidoni Marnoli ut sit monachus noster tam corporaliter quam spiritualiter et ubicumque decesserit scribatur in regula et plenarium tricennarium habeat.

Idus. Depositio domni Bernoni abbatis (5).

xviiii kal. Heldricus abbas. Ademarus abbas. Amelius prior *de Bunhier.*

xviii kal. Giraldus abbas.

xvii kal. Dalmatius archiepiscopus.

xiiii kal. Benedictus (6) abbas. Petrus armarius.

xiii kal. Boso abbas.

xi kal. Willelmus episcopus.

x kal. Officium pro fratribus de Claravalle.

viiii kal. Fulbertus abbas (7). Petrus de Brolio, miles.

viii kal Depositio domni Richardi episcopi. Officium pro fratribus sancte Marie Grasse (8).

---

(1) Dans le même ms. on trouve encore une autre mention relative à une cloche : *La cloclo quy apelle Marsau fut fatge le* xv⁰ *jour de julhet l'an mil* V⁰.... (f⁰ 74 recto).

(2) Abbé de S. Marcial, † 1114.

(3) Sᵗᵉ Foi de Conques.

(4) Sans doute Guillaume de Jaunac, 29ᵉ abbé.

(5) Bernon, abbé de Cluny, † 927.

(6) 3ᵉ abbé de S. Martial, † 876.

(7) 5ᵉ abbé de S. Martial, † 899.

(8) La Grasse, au diocèse de Carcassonne.

vii kal. Andreas abbas. Officium pro fratribus de Pontiniaco.
vi kal. Iterius, Bernardus Isterius (xiii° siècle).
v kal. Petrus abbas.
iiii kal. Richardus comes.
iii kal. Ademarus *Chatart* (B) (xiii° siècle).
ii kal. Aimericus abbas. Wigo vicecomes.

FÉVRIER.

Kal. Hugo abbas (1).
iii non. Guido *Bechada* x sol. (B) (xiii° siècle).
ii non. Letbaudus episcopus.

Non. Bartholomeus prior. Obiit Matheus *d'Usercha*, monachus sancti Marcialis, qui fecit ibi cappam et casulam deauratam *de samiz* rubeo et iiii°ʳ vestimenta et unum prosarium (B) (xiii° siècle).

viii id. *Fut funduo* (sic) *la cloclo de Sain Benoy le cintiemo jour de may v cenx* LV (B) (xvi° siècle).

vii id. Guido *Bechada*. Geraldus capicerius (B).

v id. Officium sancti Florentii (B).

iiii id. Willelmus comes. Guido de Peyrussa, miles.

iii id. Depositio domni Jacobi, abbatis sancti Marcialis (2) (xiii° siècle).

ii id. Benedictus abbas. Seguinus abbas. Rotbertus episcopus.

xv kal. Marcus abbas. Alpaidis.

xiv kal. Raimbaldus archiepiscopus.

xii kal. Geraldus abbas. Petronilla de Novavilla (xiii° siècle).

xi kal. Aimo prior.

x kal. Gaufredus episcopus.

viiii kal. Rotbertus armarius. Boso comes.

viii kal. Depositio domni Guillelmi de Marolio abbatis (3) (xiii° siècle). Letbaudus abbas.

vi kal. Wilibertus abbas. Girbertus prepositus.

v kal. Depositio domni Subonis archiepiscopi. Officium pro fratribus abbacie que sancti Leonardi dicitur.

(1) De la main de Bernard Itier.
(2) 34° abbé de S. Martial, † 1275.
(3) 33° abbé de S. Martial, † 1271.

MARS.

Kal. Fina, mater Raimundi abbatis. Gerardus episcopus. Aimo prior.

vi non. Officium pro canonicis de Castlanis. Hierico abbas. Airicus episcopus.

v non. Mauricius Phineta, magister operis (xiiie siècle).

iii non. Guido de Turribus, miles (xiiie siècle).

ii non. Bernerius abbas (B). Dompnus Ademarus, prior Grandimontensis. — Isto die facimus officium pro Geraldo *la Vilata* et patris et matris sue (*sic*), qui dedit nobis x sol. in domo B. O*ric* et iii sol. in domo Gozselo.

vi id. Geraldus *Rofart*.

iii id. Commemoratio fratrum Grandimontensium. Depositio domni Willelmi episcopi; Hugonis abbatis. Petri *de la Guirsa* (xiiie siècle).

ii id. Ermentarius abbas. Officium pro canonicis Petragoricensibus.

i id. Ursus abbas. Officium pro canonicis sancti Frontonis.

xvii kal. Ademarus vicecomes. Bernardus, abbas sancti Martini (1). Commemoratio fratrum S. Salvatoris *de Bla*...; officium integrum, panem et vinum... Altera die commemoratio fratrum canonicorum S. Romani; officium integrum, panem...

xvi kal. Alainardus abbas (B).

xv kal. Depositio domni Anselmi episcopi; Fologerni abbatis. Helias *Bordeu* archiepiscopus.

xiiii kal. Garnerius abbas. Commemoratio fratrum Sollempnacensium.

xiii kal. Amandus abbas (Amadeus B).

xii kal. Petrus *de Bre*, miles.

xi kal. Amblardus abbas. Beraldus abbas.

viiii kal. Vitalis abbas. Garsias abbas.

viii kal. Petrus *de Verdilas* decanus.

vii kal. Depositio Santii episcopi. — Eodem die, obiit domina Agnes *la Chieza*, uxor Rotgerii *la Chieza*, militis, et mater Ful-

---

(1) Peut-être Bernard I dont le *Gallia* (ii. 584) place la mort au xvi des cal. d'avril 1214.

conjs *la Chieza*, monachi sancti Marcialis Lemovicensis (xiii⁰ siècle).

vi kal. Arnulfus abbas. Marbodus armarius. Petrus episcopus.

v kal. Odilo abbas (B).

iiii kal. Bernardus Giraudus Helie, canonicus sancti Frontonis Petragoricensis. Ramnulfus Helie, prior *de Montandre* (B) (xiii⁰ siècle).

iii kal. Giraldus abbas. Willelmus, episcopus Petragoricensis (1). Julius abbas.

AVRIL.

Kal. Gircbaldus abbas. Bernardus, prior claustralis. Officium pro fratribus Pruliacensibus.

iiii non. Obiit clare memorie Joanna, regina Francie; fiat anniversarium pro ea quia promissum est (2). Gauzbertus abbas. Stephanus, abbas Case-Dei.

iii non. Ebrardus abbas. Otgerius episcopus. Rainaldus, abbas Vosie.

ii non. Willelmus comes.

viii id. Johannes cantor. Herbertus abbas.

vii id. Rainaldus, Husercensis abbas. Hugo, abbas Cluniacensis (?).

vi id. Eracleus episcopus. Hunaldus abbas.

v id. Rainaldus abbas. Stephanus abbas. Willelmus comes. Helias *de Malmort*.

iiii id. Hugo abbas.

ii id. Notum quod pro domino G. de Dinellis (3), archiepiscopo Burdegalensi, fit totaliter anniversarium sicut fieri consuevit de abbatibus nostris, et fit caritas in vigilia et habemus pistanciam, vinum bonum emptum de villa et senerale (?) de caseis et sepiis; similiter habemus in omnibus anniversariis abbatum senerale de caseis et sepiis quamvis redditus sufficiant sive non sufficiant a mesergario (4), quia ipse debet accipere residuum redditus et supplere defectum, quia sic fuit anno Domini M° CC° LXI° institutum in capitulo die dominica post purificationem beate Marie.

---

(1) Probablement Guillaume II, mort en 1129. (*Gall. Christiana*, ii, 1462-1464).

(2) Jeanne, femme de Philippe le Bel, morte le 2 avril 1305.

(3) Guillaume III (?) (1285-1288). *Gall. Christiana*, ii, 827.

(4) Sur le sens de ce mot cf. ci-dessus f° 46 v°, note 10 de l'obituaire.

xviii kal. Warnedo abbas.

xvii kal. Petrus de Absia, abbas.

xv kal. Stephanus episcopus. Willelmus archiepiscopus.

xiiii kal. Garembertus abbas. Sanctius episcopus.

xiii kal. Rapertus archiepiscopus. Chatardus (xiiie siècle) (1).

xii kal. Audebertus abbas. Arnaldus *de Champainhac.* Stephanus prior (xiiie siècle). Alexander papa.

xi kal. Wilerannus episcopus.

x kal. Depositio domni Richardi abbatis.

ix kal. Ebrardus abbas. Stephanus abbas. Constantinus episcopus. Wido episcopus.

viii kal. Depositio dompni Willelmi abbatis *de Jauniac* (xiiie siècle).

vii kal. Albertus abbas.

vi kal. Johannes abbas.

iiii kal. Wido abbas.

iii kal. Bernardus abbas.

MAI.

Kal. Depositio.... Petri archiepiscopi. Johannes abbas (B).

vi non. Petrus *de Vertuol,* armarius. Fulco vicecomes.

ii non. Lambertus prior (xiiie siècle). Bernardus Iterii (xiiie siècle).

Non. Bonizo abbas (B). Aimo abbas (B).

viii id. Sicbaudus abbas. Aimo abbas. Duraunus episcopus (B). Helias Pyhneta (B). Guillelmus, prior de Asaco (B) (xiiie siècle).

vii id. Nota quod ista die debet fieri anniversarium sollemne pro fratre Bertrando, priori de Savionio et capicerio istius monasterii (2), et pro parentibus et successoribus, qui dedit nobis c sol. renduales ; et pitanciarius debet solvere communi conventui sine aliqua diminucione ; et de hoc exstat littera abbatis et conventus (xive siècle).

vi id. Iterius abbas. Teotmarius abbas.

v id. Bladinus abbas.

ii id. Lambertus prior (B) (xiiie siècle).

---

(1) De la main de B. Itier.
(2) Il était chévecier en 1317 (*Chr. de Saint Martial,* p. 146).

xvii kal. Willelmus abbas (B). Geraldus de sancto Marciale (xiii⁰ siècle).

xvi kal. Rotbertus abbas. Radulfus prior.

xv kal. Hubertus abbas. Bernardus armarius. Girbertus capicerius (xiii⁰ siècle). Audoinus de Novavilla.

xiiii kal. Abbo abbas (1). Stephanus cantor.

xiii kal. Mainardus abbas. Petrus capicerius (B). Willelmus abbas (xiii⁰ siècle) (B).

xii kal. Willelmus Bertrandi, abbas Vosiensis (2).

Notum sit omnibus tam presentibus quam futuris dominum Guillelmum, abbatem sancti Marcialis Lemovicensis, de voluntate et assensu tocius capituli, concessisse fratri Helie de Ranconio, pro tempore helemosinario Dolensis ecclesie, quod in omnibus et per omnia sit quasi unus de professis nostris et in capitulo et in aliis et ubicumque vale fecerit ultimum, fiat in tricennario et in aliis beneficiis tamquam pro uno de professis nostris. Actum in pleno capitulo, anno Domini M° CC° L° sexto, die sabbati ante Ascensionem Domini. Sciendum est quod illa et eadem die, receptus fuit in monachum et in fratrem spiritualiter et corporaliter Humbertus, monachus sancti Martini Lemovicensis, pro tempore prepositus ecclesie supradicte.

x kal. Willelmus abbas.

viiii kal. Stephanus abbas.

vii kal. Andreas episcopus.

vi kal. Ugo abbas (3). Oddo abbas. Hugo abbas. Geraldus episcopus.

v kal. Willelmus prior.

iiii kal. Achardus episcopus. Matheldis vicecomitissa.

iii kal. Radulfus prior (4).

ii kal. Andreas prior.

JUIN.

iiii non. Gaufredus abbas (B).

ii non. Obiit magister Hugo de Carreriis, thesaurarius Suessionensis, qui legavit nobis iiii⁰ʳ libras renduales pro helemosina et anniversario suo annis singulis isto die faciendis.

(1) Second abbé de S. Martial.
(2) xvi⁰ abbé de Vigeois. (*Gallia Christiana*, ii, 595).
(3) 14⁰ abbé de S. Martial, † 1025.
(4) De la main de B. Itier.

Non. Aimo episcopus.

vııı id. Guido *de Vernoil* qui dedit xl sol.; officium. Wilermus abbas.

vii id. Willelmus prior. Alpaïs. Petrus abbas *d'Uzercha* (xiiiᵉ siècle) (B).

vi id. Willelmus *la Concha* (xiiiᵉ siècle).

iiii id. Arnaldus abbas. Hildegarius episcopus. Odolricus archiepiscopus.

iii id. Ayhena de Brolio, mater Helie de Brolio, monachi sancti Marcialis (xiiiᵉ siècle). — Gauterius abbas. [Officium] pro canonicis de Daurato.

ii id. Ramnulfus episcopus.

Id. Milo abbas (B).

xvii kal. Lando abbas. Amblardus abbas.

xvi kal. Depositio domui Petri episcopi (1).

xiiii kal. Guitbertus abbas. Martinus, prior Vosiensis (xiiiᵉ siècle).

xiii kal. Hic facimus officium pro canonicis sancti Johannis de Cola (xiiiᵉ siècle) (B).

viiii kal. Hic facimus officium pro Raimundo de Anesio, et prepositus de Multone debet emere vinum purum et dare conventui et sepias.

vii kal. Rainaldus abbas.

vi kal. Hugo abbas.

v kal. Fredericus abbas.

iiii kal. [Officium] pro monialibus Santonensibus. — Marcus Guazelli, prior de Vernogualio (xivᵉ siècle) (B).

iii kal. Johannes Donarelli, helemosinarius (xivᵉ siècle) (B).

ii kal. Rainaldus abbas.

JUILLET.

v non. Depositio dompni Aymerici, episcopi Lemovicensis (xiiiᵉ siècle).

iiii non. Bernardus pictor (xiiiᵉ siècle). — Petrus abbas (B).

Noverint universi quod ego Guillelmus, abbas sancti Marcialis Lemovicensis, de consensu et voluntate conventus nostri, recepi B. Reinaldi, monachum Vosiensem in monacum et in fratrem,

---

(1) 47ᵉ évêque de Limoges (*Gall. Christ.*, ıı, 520).

ita tamen quod quando decesserit habeat tricennarium sicut unus ex fratribus nostris. Actum anno Domini M° CC° sexagesimo.

III non. Willelmus abbas.

Non. Gauslenus episcopus.

VII id. Iterius episcopus. Ademarus de Brucia (XIII° siècle).

VI id. Albertus, prior de Chalesio (XIII° siècle).

III id. Auterius abbas. Gueilo episcopus. Helias, decanus Sanctonensis, familiaris noster.

Cum obierit dominus Drogo, prior noster, debet habere tricennarium et plene omnia sicut unus fratrum nostrorum; ita concessimus nos conventus et abbas Raimundus, anno Domini M° CC° tricesimo.

II id. Audebertus comes.

XVI kal. Deposicio dompni Arnaudi *de Balanghos*, abbatis Vosiensis (XIII° siècle): Bartholomei, prioris de Seniaco (XIII° siècle).

XIIII kal. Bovo abbas (B).

XII kal. Stephanus abbas. Bernardus abbas. Johannes *de Vairas* : officium; xxx l. adquisivit sacristanie (1).

XI kal. Adalbautus abbas (2). Stephanus abbas.

VII kal. Turpio episcopus (3).

VI kal. Stephanus prior (XIII° siècle). Aimericus capicerius (XIII° siècle). Aimericus *Marteu :* officium; XL sol.

V kal. Petrus qui attulit reliquias (XIII° siècle) (B).

IIII kal. Depositio dompni Urbani pape : officium plenum. — Adalberti abbatis; Gauterii episcopi.

II kal. Alpaidis (XIII° siècle). Bernardus pic[tor] (XIII° siècle).

AOUT.

Kal. Ademarus episcopus.

IIII non. Archimbaudus abbas.

III non. Arradus abbas. Petrus *de la Girsa* (XIII° siècle).

II non. Officium et depositio domni Petri legati (XIII° siècle).

VIII id. Depositio domni Goderanni episcopi.

VII id. Rotgerius operarius (XIII° siècle).

VI id. Depositio domni Willelmi (4) (XIII° siècle). Geraldus,

---

(1) De la main de B. Itier.
(2) 12° abbé de S. Martial, † 1007.
(3) 37° évêque de Limoges, † 944.
(4) Cette mention est placée au VII des ides dans B

decanus sancti Aredii. Willelmus, comes Engolismensis (xiii⁰ siècle).

v id. Depositio domni Alberti abbatis (1); Henrici episcopi; Viviani abbatis; Donadei abbatis.

iiii id. Arnaldus abbas.

iii id. Hugo episcopus (xiii⁰ siècle).

ii id. Magister Petrus *de Nhoalhas* (xiv⁰ siècle). — Officium plenum et depositio domni Ademari vicecomitis (xiii⁰ siècle). Bernardi Iteri.

Id. Oddo episcopus. Atto episcopus. Ademarus vicecomes. Helias *Sarrazis* (xiii⁰ siècle).

xviiii kal. Heinricus abbas. Petrus abbas.

xviii kal. Otto comes.

xvii kal. Hugo abbas.

xv kal. Rampnulfus abbas (xiii⁰ siècle). Simon episcopus (B).

xiii kal. Frotardus abbas. Fortus archipresbiter.

xii kal. Depositio domni Amblardi abbatis (2); Hilduini abbatis; Geraldi abbatis.

xi kal. Oddo abbas. Galiana de Turribus (xiii⁰ siècle).

viii kal. Gunzo abbas.

vii kal. Simeon episcopus.

vi kal. Gausbertus abbas (xiii⁰ siècle). Elias vicecomes.

v kal. Petrus abbas (xiii⁰ siècle) (B).

iiii kal. Pro Ademaro *Ravart*, fratre Aimerici *Ravart*, et patre et matre eorumdem, statutum est officium a domino R., abbate; quorum beneficium est xxx sol.

Hugo, abbas Cluniacensis (xiii⁰ siècle) (B). Ademarus archipresbiter (B). Officium Petri Iterii (xiii⁰ siècle) (B).

iii kal. Arnaldus abbas. Ansculfus abbas. Audebertus, comes *de Marchie* (*sic*) (xiii⁰ siècle).

ii kal. Guillelmus, prior *de Chailes* (xiii⁰ siècle).

SEPTEMBRE.

iiii non. Raimundus cantor.

ii non. Deposicio domni Raimundi abbatis (xiii⁰ siècle). Stephanus abbatis (*sic*) (xiii⁰ siècle).

---

(1) 23ᵉ abbé de S. Martial, † 1136.
(2) 22ᵉ abbé de S. Martial, † 1143.

Non. Petrus de Conbornio, prior (xiii° siècle). Hugo prior. Willelmus *Godel* (xiii° siècle). Rainaldus, Petragoricensis episcopus.

viii id. Depositio domni Isemberti abbatis (1) : officium ; qui dedit xl sol. (xiii° siècle). Galterius, abbas Cluniacensis (B). Audebertus archiepiscopus (B). Alpaidis (B).

vii id. Petrus, abbas Vosiensis. Raimundus abbas (xiii° siècle).

vi id. Aimo abbas. Geraldus prepositus (xiii° siècle). Bernardus prior (B).

v id. Leto abbas. Willelmus abbas. Bernardus abbas.

iiii id. Depositio domni Petri abbatis.

iii id. Raimundus episcopus. Helias *Armau* prepositus (xiii° siècle).

ii id. Froterius abbas. Petrus, subprior Hyspaniensis (xiii° siècle).

Id. Aimericus abbas. Maria, uxor Petri Iterii (xiii° siècle).

xviii kal. Helias Vigerii, miles, pater Jordani Vigerii (xiv° siècle).

xvii kal. Ramnulfus decanus (B).

xvi kal. Humbertus abbas.

xv kal. Depositio domni Mainbodi episcopi ; Siefridi abbatis.

xiiii kal. Artaldus abbas. Wido abbas.

xii kal. Depositio domni Petri abbatis. — Prepositus de Vernolio debet facere totaliter anniversarium domni Petri de Barrio (2) et vinum emere..... dictum anniversarium constiterit, totum dictus prepositus solvere tenetur (xiv° siècle). — Urraca, soror regis Yspanie. — Aibelis soror regis H(ispanie) (xiii° siècle).

xi kal. Willelmus, episcopus Engolismensis.

x kal. Eustachii comitis (B) Depositio domni Ademari, Lemovicensis abbatis ; Alpaidis.

ix kal. Geraldus episcopus.

viii kal. Wido comes.

v kal. Deposicio domni Geraldi episcopi (xiii° siècle). Deposicio domni Odolrici abbatis (3).

iiii kal. Depositio domni Ademari abbatis (xiii° siècle). — Adalbertus abbas. Gausbertus abbas.

(1) 26° abbé de S. Martial, † 1198.
(2) P. de Barri, 25° abbé de S. Martial.
(3) 15° abbé de S. Martial, † 1040.

III kal. Alterannus abbas. — Stefanus Helias, monachus sancti Marcialis dedit octo solidos annuatim pro salute anime sue et parentum suorum : officium (XIII° siècle).

II kal. Wigo abbas (1).

OCTOBRE.

Kal. Arleius prior. Archambaudus, prior de Vitaterna (XIII° siècle).

VI non. Commemoracio monialium Fontis-Ebraldi (XIII° siècle).

V non. Genesius abbas. Humbertus abbas.

III non. Aimardus abbas. Bertrannus abbas.

Non. Hugo abbas.

VIII id. Hugo helemosinarius (XIII° siècle). Bernardus *de Jaunac* (XIII° siècle). — Isto die agitur anniversarium Jordani *Pineta* qui dedit nobis xxx sol. et VI den.; et debet fieri sollempniter et cum processione scilicet post missam matutinalem (XIII° siècle).

VII id. Geraldus, episcopus Lemovicensis. — Petrus de Bosco (XIII° siècle).

V id. Gaufredus abbas (2). Milo episcopus cardinalis.

III id. Raimbaudus episcopus. Boso miles.

Id. Umbaudus abbas. Symon archidiaconus. Ademarus vicecomes (XIII° siècle).

XVII kal. Paternus abbas Odilo abbas. Geraldus canonicus (XIII° siècle).

XVI kal. Petrus, abbas sancti Martini Lemovicensis.

XV kal. Rorico episcopus.

XIIII kal. Bernardus *de Tarn* (3) (XIII° siècle).

XIII kal. Helias abbas (XIII° siècle). Ema comitissa (B).

XII kal. Gauslenus abbas. Girardus abbas. Margarita, Engolismensis comitissa, mater Ademari vicecomitis, qui dedit tapetum novum (XIII° siècle).

XI kal. Petrus, Sanctonensis episcopus (XIII° siècle).

X kal. Gaucelmus armarius.

VIIII kal. Depositio dompni Petri, abbatis *de Nuillac*; officium integrum.

---

(1) Gui, 9° abbé de Saint-Martial.
(2) Geoffroi, 11° abbé de Saint-Martial, † 998.
(3) Bibliothécaire de l'abbaye (*Chron. de Saint Martial*, p. 256).

viii kal. Milo prior (xiiie siècle). Wido vicecomes.

vii kal. Gonsindus abbas (1).

vi kal. Willelmus, episcopus Sanctonensis (xiiie siècle).

v kal. Aimericus prior Chalesii. — Obiit Audierius Iterii qui dedit nobis xl sol. renduales in domo G. Gramavi, et debemus ista die facere anniversarium cum processione pro se et parentibus suis (xiiie siècle) (B) (2).

iii kal. Ivo prior. Wido comes. Fulcardus, Lemovicensis precentor.

NOVEMBRE.

Kal. Guillelmus Fabri, prepositus *de Rossac* (3).

iii non. Girbertus abbas. Officium Petri Iterii; dedit x sol. ad anniversarium suum. Hic erat junior filius Petri Iterii senioris (xiiie siècle).

vii id. Fulcherius de Brucia (xiiie siècle). Commemoratio Ageduneusium fratrum.

vi id. Paternus abbas.

iiii id. Hugo archiepiscopus.

iii id. Radulfus, abbas Dolensis. Officium (xiiie siècle).

Id. Abbo abbas.

xvii kal. Guido de Bonavalle (xiiie siècle).

xvi kal. Isto die fuit *facha* in refectorio penitus nisi pane et vino (xiiie ou xive siècle).

xiiii kal. Beraldus abbas.

xiii kal. Oddo abbas.

x kal. Pontius abbas. Girlus episcopus (4). Bernardus hospitalarius (xiiie siècle).

viiii kal. Hugo episcopus. Ansquitinius abbas. Gauffridus Pissaudi de Albigniaco (xive siècle).

viii kal. Stephanus abbas. Odolricus abbas (B). Johannes, decanus Xanctonensis (xiiie siècle) (B).

v kal. Giraldus archiepiscopus.

iiii kal. Rotgerius, prior *de Mausac* (xiiie siècle) (B). Petrus *Espanol*, v sol. I..... *de froment* (B).

---

(1) 4e abbé de S. Martial, † 894.
(2) Audier Itier était frère du chroniqueur (*Chr. de S. Martial*, p. 71).
(3) De la main de B. Itier.
(4) Placé au xi des kal. dans B.

III kal. Wido abbas. Leto abbas. Erimannus abbas.
II kal. Notmarus abbas.

DÉCEMBRE.

IIII non. Leo abbas. Azo abbas.

Notum sit omnibus presentibus et futuris quod nos Helias, prior sancti Marcialis, de voluntate et consensu tocius capituli dedimus et concessimus karissimo fratri nostro Guillelmo de Cluniaco et consocio nostro tricenarium, sicut uni de sociis nostris, quando contigerit ipsum mori. Et hoc fuit factum in pleno capitulo in festo sancti Andree, anno Domini M° CC° LX° tercio.

III non. Ebraldus abbas. Heustorgius episcopus.

II non. Bernardus prior. Osmundus episcopus (B).

Non. Wido abbas. Gaufredus abbas (1). Jozfredus abbas. Geraldus prepositus (XIII° siècle).

VIII id. Gaufredus abbas. Wido abbas. Giraldus episcopus.

VI id. Notum sit omnibus tam presentibus quam futuris quod ego Stephanus, prior sancti Marcialis Lemovicensis, cum voluntate et assensu tocius capituli, dedi et concessi in capitulo, loco domni abbatis, beneficium spirituale et corporale Willelmo de Aquistris, Helie *de Draps*, priori *de Clairac*, Willelmo Berardi, capellano de Fronciaco, et Arnaldo *de Caiac*, clerico, et ubicunque vale fecerint ultimum fiat pro eis sicut pro uno de fratribus nostris. — Johannes, episcopus Lemovicensis (2) (B).

v id. Bernardus abbas. Raimundus, Toronensis vicecomes.

IIII id. Otgerius abbas.

Id. Johannes episcopus. Pontius abbas. Gonbertus abbas.

XVIIII kal. Ello abbas. Officium pro canonicis de Vao..... et habent prebendam (XIII° siècle).

XVIII kal. Officium [pro] monachis [F]ontis-Dulcis [et] habent prebendam (XIII° siècle).

XVI kal. Giraldus abbas (3). Boso capicerius (4) (XIII° siècle).

XIIII kal. Officium pro fratribus de Corona et habent prebendam (XIII° siècle). Radulfus prepositus (XIII° et XIV° siècles) (B).

XIII kal. Petrus prior (XIII° siècle).

XII kal. Hugo prior.

XI kal. Odo abbas. Raimundus archiepiscopus (XIII° siècle).

---

(1) 13° abbé de S. Martial, † 1018.
(2) De la main de B. Itier.
(3) Au xv des kal. dans B.
(4) Boson, mort en 1189 (*Chr. de S. Martial*, p. 63).

Notum sit omnibus dominum R. abbatem S. Marcialis, de voluntate et assenssu tocius capituli nostri, concessisse fratri Aimoni de Breino, tunc priori nostro, quod in omnibus et per omnia sit tamquam unus de professis nostris et ubicunque vale fecerit ultimum fiat pro eo in tricenario et aliis beneficiis tanquam pro uno de professis nostris. Actum anno Domini M CC XXVIIII, in festo sanctorum Victoris et Corone.

x kal. Notum sit omnibus dominum R., abbatem S. Marcialis, de voluntate et assenssu tocius capituli nostri, concessisse fratri Gaufrido *de Maschom*, tunc priori nostro, etc. *ut supra*... Actum anno Domini M° CC° XXX° VI°, die sabbati ante ramos palmarum.

viiii kal. Depositio domni Fresellani regis.

viii kal. Depositio domni Petri abbatis.

vii kal. Petrus armarius (xiii° siècle). Letardus, frater domni A. abbatis (xiii° siècle).

Notum sit omnibus quod Guillelmus, abbas sancti Marcialis, concessit in capitulo fratri Johanni *de la Cochea*, priori de Corona, fratri P. Johannis et fratri Geraldo Vitali, corporale et spirituale beneficium in omnibus bonis que fiunt et fient in monasterio sancti Marcialis, tam in capite quam in membris.

vi kal. Bernardus vicecomes (xiii° siècle).

v kal. Aimericus *Bechada*.

iiii kal Depositio dompni Pontii, Cluniacensis abbatis (xiii° siècle). Emico comes (B).

iii kal. Willelmus abbas.

Notum sit omnibus tam presentibus quam futuris quod domnus Helias, abbas monasterii sancti Marcialis, in pleno capitulo et conventu presente, pulsata campana, et unanimes receperunt dominum Fulconem de Brugeria, priorem de Bocavilla, et ejus conventum in bonis spiritualibus et corporalibus in vita pariter et in morte ac.... et in perpetuum. Et e converso eidem abbati et capitulo illud et idem promisit pro se et suo capitulo. Hec acta fuerunt die sabbati in festo beati Leonardi, anno Domini M° CCC° XL° quarto.

ii kal. Notum sit omnibus tam presentibus quam futuris quod ego Raimundus, abbas sancti Marcialis Lemovicensis, cum voluntate et assensu tocius capituli, dedi et concessi beneficium spirituale et corporale cum residentia Amardo, monacho sancti Martini Lemovicensis, tunc temporis priori, et socio suo P. *Merletz* similiter et post mortem ipsorum tricennarium cum justa..... (xiii° siècle).

BRÈVE CHRONIQUE
DU PRIEURÉ D'ALTAVAUX [1]

XIe-XIVe SIÈCLES

Anno ab incarnacione Domini M° C° LXXX° (2), venit conventus de Corona et moravit in Altis-vallibus x° kalendas septembris, regnante Domino nostro Jhesu Christo, interdum presidente sedi beati Petri apostoli papa Alexandro, Henrico rege Anglorum, et Lodovico rege Francorum (3), ducatum Aquitanie tenente Ricardo, Henrici regis filio, Sebrando Lemovicensi episcopo, qui secunda die adventus fratrum visitavit eos in predicto loco cum magna virorum religiosorum et secularium caterva, inter quos domnus Johannes abbas de Corona, et Bernardus Nantoliensis abbas (4), et populi multitudo non modica.

Deinde, post annos quinque, anno scilicet ab incarnacione Domini M° C° LXXX° VI°, viii° kalendas junii, decurrente gracia Dei, ceperunt edificare monasterium novum in honore Dei et beate Marie semper virginis et sancti Johannis Evangeliste et sancte Marie Magdalene et omnium Sanctorum, adjuvante et agente id Aymerico Bruni (5), qui .M D. solidos ad edificandum domum tam in pecunia quam in pecudibus obtulit.

Item, anno ab incarnacione Domini M° CC° XIII°, ii° nonas octobris, consecrata est ecclesia nova de Altis-vallibus, in honore

---

(1) Nous rassemblons sous ce titre, et dans un ordre chronologique, diverses notes historiques écrites pour la plupart dans les marges du cahier de parchemin d'où nous avons tiré l'inventaire des reliques et le fragment des règles d'Altavaux qui suivent. — *De Altis-vallibus*. En français : Altavaux, Autavaux, Altevaux, Haut-en-Vaux, Tavaux. Cette dernière forme prévaut aujourd'hui. (Hte-Vienne, arr. de Rochechouart). Cf. *Bull. Soc. arch. du Lim.*, XXVIII, 241.

(2) Cf. *Bull. Soc. arch. du Lim.*, XXVIII, p. 249 et 251.

(3) Mort seulement le 18 septembre 1180. La mention est donc encore exacte.

(4) Nanteuil, arr. de Nontron, Dordogne.

(5) Il faut comprendre très vraisemblablement que Aymeric Brun fut à la fois l'auteur du projet et l'architecte de l'église.

sancte et individue Trinitatis et beate Marie semper virginis et omnium Sanctorum, per manus domni Johannis Lemovicensis episcopi, presentibus domno Ademaro abbate de Corona, et Helia priore, et Helia Solemniacense abbate (1), et Ugone abbate de Petrosa, et Aymerico abbate *de Boschuu* (2), et Aymerico priore sancti Johannis de Cola (3), et baronibus Aymerico vicecomite de Rupecavardi (4), et Eschivato *de Chabanes* (5), et A. Bruni et G. Capreolo et aliis quam plurimis religiosis cum magna caterva virorum ac militum.

Anno Domini M° CC° XII°, xiiii kalendas septembris, dominica die, consecratum est altare quod est ad australem plagam, per manus domni G[uillelmi] Bruni, Engolismensis episcopi, in honore Dei et beate Marie et sancti Johannis Baptiste et sancti Johannis Evangeliste et sancti Laurencii martyris et sancti Nicholai confessoris et sancte Marie Magdalene et sancte Katerine virginis et omnium Sanctorum.

Anno Domini M° CC° XXV°, xiii° kalendas marcii, die dominica, consecratum est altare de medio corali, per manus domni Bernardi, Lemovicensis episcopi, in honore Dei et beate Marie et sancti Marcialis et sancti Bar[tolomei] apostolorum, sancti Blasii et sancti Georgii, sancti Hylarii et sancti Leonardi, sancte Valerie, sancte Margarite et omnium Sanctorum.

Anno Domini M° CC° octuagesimo septimo, obiit domnus Fulcaudus (6), abbas de Corona, vii° idus maii.

Anno Domini M° CCC° tricesimo primo, ... dedit Deo et [fratribus] de Altis-vallibus..... quos habebat in et super unam...

Anno Domini M° CCC° [LX°] IIII°, fuit magnus defectus bladi in diversis partibus [regni] et magna guerra [inter] regem Francie [et regem] Anglie.

....

Inicio ejusdem, fuit captum castrum de Ribeyraco (7), Petragoricensis diocesis, per ma[num] Anglorum et ecclesia de.........

---

(1) Solignac, près Limoges.

(2) Abbaye cistercienne fondée en 1154. Auj. Boschaud, comm. de Villars, arr. de Nontron, Dordogne.

(3) S. Jean de Côle, arr. de Nontron, Dordogne.

(4) Rochechouart, ch.-l. d'arr , Hte-Vienne.

(5) Chabanais, arr. de Confolens, Charente. — Cf. *Invent. des Arch. dép. de la Haute-Vienne,* D. 357 et 371.

(6) Les auteurs du *Gallia christiana* connaissent un Foulques I, abbé de la Couronne en 1306, mais ils ignorent qu'il a succédé immédiatement à Jean II, mort en 1287.

(7) Ribérac, ch.-l. d'arr., Dordogne.

Notum sit omnibus tam presentibus quam futuris quod nos frater Aymericus, prior beate Marie de Altis-vallibus, dedimus et adhuc damus conventui nostro, cum assensu et volumptate domni abbatis et conventus de Corona, stangnum quod est ad portam dicti loci de Altis-vallibus cum pertinenciis suis, ad sustentacionem conventus antedicti in perpetuum, presentibus et audientibus P. Guillelmi, priore claustrali, G. *de Ventedor*, sacristano, P. de Dornazaco, Johanne Chaynio, Guillelmo Ganelli (?), Guillelmo Lenterii, celerario majore. Datum et actum in Altisvallibus vii° die julii, anno Domini M° CCC°.....

(Arch. dép. de la Hte-Vienne. D. 271, cahier de six feuillets parchemin.)

INVENTAIRE
DES RELIQUES DU PRIEURÉ D'ALTAVAUX [1]

SECONDE MOITIÉ DU XII° ET XIII° SIÈCLES

Anno ab incarnatione Domini M° C° LXXX° I°, domnus Johannes, abbas de Corona, attulit reliquias de Caturcensi et Arvernensi territorio, quas misit fratribus in Altis-vallibus commorantibus per manum Guilelmi *Dinsel*, tunc prioris ejusdem ecclesiæ. Et hec nomina earum : reliquiæ sancti Petri apostoli et sancti Laurentii et sancti Vincentii martyrum, sine titulo; has habuit de Moleriis; reliquiæ sancti Genesii martyris, quas dederunt ei fratres de Alto monte (2), cum certo titulo.

Est villa in Lemovicino, vocabulo *Chasanun* (3), ubi est capella quam tradit antiquitas a Karolomanno fuisse ædificatam, et ali-

---

(1) Rapprocher cet inventaire de l' « Estat des reliques qui sont dans les églises de la ville et cité de Limoges » en 1666, *ap. Annales de 1638*, p. 253 et suiv.

(2) Sans doute Aumont, arr. de Nontron, Dordogne.

(3) Auj. Chassenon, arr. de Confolens, Charente.

quos ex magnatibus ejus ibi fuisse sepultos, sicut testantur sepulcris eorum miræ magnitudinis superpositi lapides. Senior itaque, qui multo jam tempore juxta reclusus manebat, cum esset amicus Petri, prioris de Altis-vallibus, et domui ejus multum devotus, indicavit illi in predicta capella multas sanctorum contineri reliquias. Qui gaudio repletus non modico, ad reclusi suggestionem ferro sustulit altaris signaculum, et inveniens intus capsam perantiquam et in ea multas reliquias sine titulis, sumpsit ex eis quantum voluit et attulit domui de Altis-vallibus, anno ab incarnatione Domini M° C° LXXX° II°.

Eodem anno, attulit nobis Geraldus *de Favars*, sacerdos, reliquias sancti Mauricii, quas in loco unde eas assumpsit certum habere titulum asseveravit. Attulit etiam de vestimento sancti Thomæ martyris, et de sepulcro Domini, et de lapidibus quibus lapidatus est martyr Stephanus.

Consequenti eciam tempore, *divina largiente gracia, de quodam alio loco meruimus habere* (1) reliquias sancti Martialis, Gregorii, Hilarii, Germani, Autissiodorensis episcopi, Ausonii, Genesii, Eusthachii, Ferreoli, Frontonis, Vedasti, Liberate, Riberii, de capillis sancti Simeonis. Non post multum tempus, Helias, prepositus sancti Michaelis, misit predicte domui per manum Geraldi cellararii reliquias sancti Basilii, Cesariensis episcopi, confessoris, et sancte Flavie virginis. Iterum eciam, Geraldus *de Favars*, qui supra, misit reliquias sancti Mauricii predicte ecclesie, per manum Gunbaudi prioris.

Postea vero, Aimericus Bruni misit de Jherusalem in Altasvalles de oleo quod ex uberibus imaginis sancte Dei genetricis emanat (2), de oleo tumuli sancte Katerine, virginis et martyris, per manum Guidonis *Chati*.

Eodem anno, Arnaldus de Claromonte, tunc prior, perrexit apud sanctum Aredium (3) et impetravit reliquias duos dentes de capite Amos prophete, et attulit inde quas ei dederunt Bernardus capellanus capelle juxta quam sanctus Aredius mansit inclusus et cognatus ejus Guillelmus. Qui eciam postea dederunt eidem relliquias sancti Martini et sancti Leonardi.

---

(1) Les mots que nous avons imprimés en italiques sont d'une encre plus noire et d'une écriture plus petite qui ne laissent que mieux ressortir le grattage opéré.

(2) Cf. *Chron. de S. Martial*, p. 63 : Anno gracie M° C° nonagesimo iiii°, apud *Tarn*, imago Dei genitricis visa est sanguinem profluere per brachium, dominico die, in festo S. Ferreoli.

(3) S. Yrieix, ch.-l. d'arr. Hte-Vienne.

De Petrosa (1) habuimus relliquias de legione Thebeorum et sancti Prisci, martyris et antiqui Christi discipuli, et de corpore et capillis et de veste sancti Bernardi, Clarevallensis abbatis (2), et de ilice Mambre (3). Has attulit Geraldus, cellararius, cui eciam ante[a] de sancta Agne et de ligno dominice crucis donaverat capellanus *de Abiac* (4) quod ab abbate de Petrosa se accepisse fatebatur.

De Romaneso attulit predictus G[eraldus] cellararius reliquias sancti Petri et sancti Johannis Evangeliste et sancti Saturnini, episcopi et martyris, et sancti Sebastiani martiris, et sancte Eustelle, virginis et martyris, et sanctorum patriarcharum Abraham, Ysaac et Jacob (5), et sancti F[er]reoli confessoris. Idem ipse postea impetravit apud sanctum Aredium, ab his qui preerant capelle ubi sanctus Aredius inclusus manserat, reliquias apostolorum Petri et Pauli, Syxti quoque pape et martyris, et beati Laurencii martyris, et beati Nicholai episcopi et confessoris, et sancti Aredii confessoris, et Amos prophete, et sancti Leonardi.

Ex Alto-monte attulit idem ipse G[eraldus] reliquias Benigni, presbiteri et martiris, Cesarii confessoris, Amantii confessoris, Genesii martyris, Columbe et Eustelle virginum, et sanctorum Innocentium. Aliunde habuimus reliquias de veste beate Marie, de capillis sancti Stephani, et de sancto Paulo et sancto Clemente et sancta Caterina. Habuimus eciam reliquias quas attulit nobis G., prior loci hujus, Cornelii martiris, Palladii confessoris, Genovefe virginis, quas de quodam loco sub certis titulis se abstraxisse asseruit. Idem prior asportavit (*sic*) nobis de corpore beati Aptonii, Engolismensis episcopi (6), quas habuit de Corona (7). Petrus de Riperia perrexit Jerosolimam et attulit nobis de sepulcro Domini et de presepio (8) et de caranthena (9) et de lapidibus fluminis Jordanis.

(1) Il s'agit sans doute de l'abbaye cistercienne de Peyrouse, comm. de S. Saud, arr. de Périgueux, Dordogne.

(2) S. Bernard étant mort en 1153, il s'ensuit que la rédaction de notre document est postérieure à cette date.

(3) *Mambre, mons juxta Hebron* (CALEPIN).

(4) Abjat, arr. de Nontron, Dordogne.

(5) Il faut se souvenir que la découverte de la sépulture prétendue des trois patriarches, à Hébron, est du 25 juin 1119.

(6) Apton I, † vers 510. Cf. le *Gallia christ.*

(7) L'abbaye de la Couronne, près d'Angoulême.

(8) La crèche de Bethléem.

(9) Desertum in quo Christus 40 diebus totidemque noctibus jejunavit. (DUCANGE). — Cf. *Chron. de S. Martial*, p. 319 : [Monasterium S. Marcialis] reliquias eas habet in se... de terra quam Dominus calcavit.

Alio quoque tempore, idem G[eraldus,] predictus prior, habuit reliquias beati Laurentii martyris, sancti Blasii, episcopi et martyris, sancti Syxti, pape et martyris, et sanctorum Nerei, Achillei et Pancracii, Cirici et Julite martyrum, sanctorum Innocentium, Florentii confessoris, sancte Eulalie virginis. Has de quodam loco, certis sub titulis, extraxit et nobis apportavit. Habuimus aliunde de sancto Bartolomeo, apostolo.

Attulit etiam prior qui supra reliquias sancti Johannis Babtiste, sancti Marcialis, sancti Stephani prothomartyris, sancti Christofori, sancti Georgii, martyrum ; de vestimento sancti Elegii, de sotulare sancte Dei genitricis Marie, de thure quod obtulerunt magi in Betleem ; sancti Vincentii martyris. Has habuit de quadam abbatia que dicitur Palacium sancte Marie (1).

Petrus Rotberti, miles *de Chaslutz*, misit nobis relliquias de transmarinis partibus sancti Johannis Babtiste, sancti Petri apostoli, sancti Thome apostoli ; Jacobi apostoli, Marci evangeliste, Marie Magdalene, Margarite, Katherine, Cecilie, virginum et de ligno Domini.

Prefatus prior attulit nobis reliquias de Corona sancti Johannis Babtiste, sancti Mathei apostoli, Barnabe apostoli, Mathie apostoli. Ipse G[eraldus] prior attulit nobis reliquias de corpore sancti Petri, de capillis sancti Pauli, de oleo sancti Johannis Evangeliste, sancti Augustini et sancti Hylarii, sancti Gregorii pape, sancti Georgii martyris, sancti Juliani martyris, de oleo sancti Nicholai.

Aliunde habuimus reliquias de corpore sancti Andree apostoli et de cruce ipsius ; de petra super quam stetit Dominus quando ascendit in celum ; de altare quod consecravit sanctus Marcialis ; de thure quod obtulerunt magi in Betleem.

Petrus Bruni, monachus sancti Marcialis, attulit nobis reliquias de digito sancti Johannis Babtiste (2) et sancte Agate virginis, et de oleo imaginis beate Marie *du Peru-Heli* (3), et de petra de Nazaret, de lampade in quo descendit ignis in ressurectione (*sic*), de carantena (4), de lapide in qua cenavit Dominus, de lapide de monte Synay, de loco in quo se rendidit beata Maria, *de Peiro, de Sur* (5).

(1) Il s'agit de l'abbaye du Palais N.-D., arr. de Bourganeuf, Creuse.
(2) Cf. plus loin la charte de donation d'une phalange de S. Priest au prieuré d'Aureil, xiiie siècle.
(3) Nous ne savons ce qu'est cette localité.
(4) Voy. plus haut sur le sens de ce mot.
(5) Que signifient ces derniers mots ?

Frater Geraldus de Monfrebus attulit nobis reliquias beati Georgii, de brachio sancti Laurentii, Margarite virginis et martiris, sancti Blasii ; dentem sancti Mauricii, de maxilla sancte Radegundis, virginis et regine (1), de digito sancti Lazari, de sepulcro Domini, de costa beati Andree (2), de cilicio beate Marie Magdalene, de ligno Domini, de sancto Bartholomeo apostolo. Has de quodam loco certis sub titulis extraxit et in Altis-vallibus apportavit (3).

(*Ibid.* Minuscule romane, trahissant au moins trois mains différentes).

FRAGMENT
DES RÈGLES DU PRIEURÉ D'ALTAVAUX

... .·..

necesse sit ire minus quam duo vel tres. XLVII.

Neque ille qui habet aliquo eundi necessitatem, cum quibus ipse voluerit, sed cum quibus prepositus jusserit ire debebit. XLVIII.

Egrotantium cura, sive post egritudinem reficiendorum, sive aliqua imbecillitate, sive etiam febribus laborantium uni alicui debet injungi, ut ipse de cellario petat quod cuique opus esse perspexerit. XLVIIII.

Sive autem qui cellario, sive qui vestibus, sive qui codicibus preponentur sine murmure serviant fratibus suis. L.

Codices certa hora singulis diebus petantur ; extra horam qui pecierit non accipiat. LI.

Vestimenta vero et calciamenta quando fuerunt indigentibus necessaria, dare non differant sub quorum custodia sunt que poscuntur. LII.

(1) Ces mots *virginis et regine* ont été ajoutés en interligne. — Cf. *Chron. de S. Martial*, p. 209 : Et ibi (in eccl. S. Stephani) monstrata fuit camisia sancte Valerie, prothomartyris Gallie, cum macillis ejusdem.

(2) Cf. plus loin un acte de 1411 relatif à la côte de S. Gaucher conservée au prieuré d'Aureil.

(3) Cette dernière phrase a été ajoutée après coup. L'encre en est très effacée.

Lites aut nullas habeatis aut quam cellerrime finiatis, ne ira crescat in odium et trabem faciatis de festuca et animam faciat homicidam. Sic enim legitis : Qui odit fratrem suum homicida est (1). LIII.

Quicumque convicio vel maledicto vel etiam criminis objectu alterum lesit, meminerit satisfactione quantocius curare quod fecit, et ille qui lesus est sine disceptatione dimittere, LIIII.

Si autem se invicem leserunt, invicem sibi debita relaxare debebunt propter orationes vestras, quas utique quanto crebriores habetis tanto sanctiores habere debetis. Melior est enim qui quamvis ira sepe temptetur, tamen impetrare festinat ut sibi dimittat cui se fecisse agnoscit injuriam. Quam qui tardius irascitur et ad veniam petendam difficilius inclinatur, vel offensus veniam dare cunctatur. LV.

Qui autem non vult dimittere fratri, non speret accipere orationis effectum. Qui autem nunquam vult petere veniam aut non ex animo petit, sine causa est in monasterio etiam si inde non projiciatur. LVI.

Proinde vobis a verbis durioribus parcite; que si emissa fuerunt ex ore vestro, non pigeat ex ipso ore proferre medicamina, unde facta sunt vulnera. LVII.

Quando autem necessitas discipline in moribus cohercendis dicere vos verba dura compellit, si etiam in ipsis modum vos excessisse sentitis, non a vobis exigitur ut a vobis subditis veniam postuletis, ne apud eos quos oportet esse subjectos, dum nimia servatur humilitas, regendi frangatur auctoritas. Sed tamen petenda est venia ab omnium domino, qui novit etiam eos quos plus justo forte corripitis quanta benivolentia diligatis. Non autem carnalis sed spiritualis inter vos debet esse dilectio. LVIII.

Preposito tanquam patri obediatur, honore servato ne in illo offendatur Deus; multo magis presbitero qui omnium vestrum curam gerit. LVIIII.

Ut ergo cuncta ista serventur et si quid servatum non fuerit, non negligenter pretereatur, sed ut emendando corrigendoque curetur, ad prepositum precipue pertinebit, ut ad presbiterum, cujus est apud vos major auctoritas, referat quod modum vel vires ejus excedit. LX.

Ipse vero qui vobis preest non se existimet potestate dominante, sed caritate serviente felicem. LXI.

Honore coram vobis prelatus sit vobis; timore coram Deo substratus sit predibus vestris. LXII.

---

(1) Cf. I Jean, III, 15.

Circa omnes se ipsum bonorum operum prebeat exemplum. LXIII.

Corripiat inquietos, consoletur pusillanimes, sustineat infirmos, paciens sit ad omnes. LXIIII.

Disciplinam libens habeat, metum imponat, et quamvis utrumque sit necessarium tam plus a vobis optet amari quam timeri, semper cogitans Deo se pro vobis redditurum esse rationem. LXV.

Unde vos magis obediendo, non solum vestri verum etiam ipsius miseremini, quia inter vos quanto in loco superiori tanto in periculo majori versatur. LXVI.

Donet Dominus ut observetis hec omnia cum dilectione, tanquam spiritualis pulcritudinis amatores et bono Christi odore, de bona conversatione fraglantes (*sic*), non sicut servi sub lege, sed sicut liberi sub gracia constituti. LXVII.

Ut autem vos in hoc libello tanquam in speculo possitis inspicere, ne per oblivionem aliquid negligatis, semel in septimana vobis legatur. Et ubi vos inveneritis ea que scripta sunt facientes, agite gratias Domino, bonorum omnium largitori. Ubi autem sibi quicumque vestrum videt aliquid deesse, doleat de preterito et cav[eat] de futuro, orans ut sibi et del[ictis] dimittatur, et in temptationem non inducatur. [LXVIII.]

(*Ibid*. Minuscule romane de la fin du XIIe siècle.)

SUPPLÉMENT
AU
RECUEIL DES INSCRIPTIONS DU LIMOUSIN

Bien peu de provinces ont eu en France la bonne fortune de voir imprimer le recueil de leurs inscriptions du moyen âge; l'abbé Texier, en publiant, en 1851, le *Recueil des inscriptions du Limousin*, n'avait pas la prétention d'offrir une collection complète ; des deux cent quatre-vingt-onze inscriptions qu'il a publiées, un grand nombre ne lui étaient connues que par des copies presque toujours fort défectueuses, souvent tronquées, plus souvent encore inintelligibles; il s'ensuit que les corrections que nécessiterait aujourd'hui une réimpression du *Recueil des inscriptions du Limousin*, seraient innombrables. Il faudrait sur un très grand nombre d'inscriptions se livrer à un travail de critique très approfondi, à une restitution patiente, à une refonte complète, en un mot, refonte d'autant plus difficile que le plus souvent nous ne possédons que des copies. Quelque pénible qu'elle doive être, nous espérons que cette tâche tentera quelque savant. Quant à nous, notre ambition ne va pas si haut ; nous avons voulu seulement enrichir de quelques textes nouveaux l'épigraphie limousine; ne pouvant signaler de nouvelles inscriptions, en nature du moins — c'est là un bonheur réservé aux savants qui travaillent dans le pays même, et d'ailleurs il reste peu à faire de ce côté, — nous avons voulu faire connaître celles dont nous possédons des transcriptions anciennes, et qui avaient échappé aux recherches de l'abbé Texier. Le manuscrit français 8230 de la Bibliothèque nationale nous a fourni une série intéressante de copies faites au xviie siècle par Gaignières ou sous sa direction; à cette série, inédite en grande partie, nous avons joint un certain nombre d'inscriptions qui se trouvaient disséminées dans différentes publications où personne n'aurait songé à aller les chercher, et que leur importance désignait tout naturellement pour faire partie de notre recueil. De ce que la plupart du temps nous avons eu affaire à des copies tout à fait informes, on peut conclure que l'orthographe de nos inscriptions, ainsi que la disposition matérielle des mots, laisse beaucoup à désirer; dans l'espèce, nous ne pouvions que chercher à donner un texte intelligible.

Nous aurions pu fort grossir ce recueil en donnant de nouveaux textes corrigeant les leçons de l'abbé Texier, car le manuscrit que nous venons d'indiquer contient un assez grand nombre d'inscriptions dont il n'a connu la teneur que par les copies de Nadaud ou de Legros; à l'exception de deux ou trois cas, nous avons cru devoir nous abstenir de publier ces inscriptions ainsi corrigées; en général, ces corrections ne sont pas de nature à donner à l'inscription une nouvelle valeur ; elles devront être nécessairement introduites dans une refonte générale du *Recueil des inscriptions du Limousin*, mais ici elles auraient pu paraître un hors-d'œuvre.

E. M.

N° 1. 1221 (n. s.), 25 février.

V. KaLendas. MARCII. OBIIT. ROTBERTVS. DE.
SERRAN. ABBAS. SanCtI. PONSII. THOME
RIENSIS. ET. FVIT. SEPVLTVS. IN. CA
PITE. CLAVSTRI. GRANDIMONTEN
SIS. ANTE. HOSTIVM. CAPELLE SanCtI S
TEPHANI. ANNO. GRatiE. M. CC. XX. VIR
TVTVm DONIS TITVLO. QuoQue RELIgiONIS. FLO
RVIT. IN. POPVLO. nunc IACET. HOC. TVMVLO.
(Bibl. Nat., ms. fr. 8230, p 172.)

Cette inscription se voyait à Grandmont sur une « petite lame de cuivre dans le cloistre, contre la muraille de l'église, proche la sacristie qui estoit la chapelle Saint-Estienne. Au-dessus de cette lame est gravée la cérémonie d'un enterrement. » Sur ce Robert de Serran, abbé de Saint-Pons de Thomières, voyez *Gallia christiana*, VI, 233. Le second vers du distique est ainsi transcrit :

Floruit in populo, jacet hoc tumulo.

Nous proposons de suppléer le mot *nunc* avant *jacet;* il est indispensable pour faire le vers.

N° 2. 1223, 20 mai.

HIC REQVIESCIT PETRVS CAPICERIVS BeaTI MARCIALIS
QVI DECESSIT XIII Kalendas IVNII. ANIMA EIVS
REQVIESCAT IN PACE. AMEN.
PETRVM PETRA PREMIT. SVB PETRA PETRE PVTRESCIS.
PETRE TAMEN SVRSVM. CVM MARCIALI QVIESCIS.
(Bibl. Nat., ms. fr. 8230, p. 146.)

Cette inscription était encastrée, à Limoges, dans le mur du passage qui conduisait de l'église de Saint-Martial dans le cloître. Il s'agit de Pierre Lachesa, chévecier de Saint-Martial, qui mourut en 1223. (Voyez Duplès-Agier, *Chroniques de St-Martial*, p. 115).

N° 3. Avant 1226, 20 août.

HIC IACET JORDANVS
PREPOSITVS CAMBONENSIS
CVIVS ANIMA REQVIESCAT IN
PACE. AMen. XIII° KaLendas SEPTEMBRIS

OBIIT HVGO DE CARRERIIS HELEMO-
SINARIVS SanCti MARCIALIS LEMOVICENSIS.
HIC CVM PREPOSITO CAmBONENSI
TVMVLATVR........ FACIT......
EIS REQVIES TRIBVATVR.
AMORE DEI DICATIS PateR NosteR
(Bibl. Nat., Ms. fr. 8230, p. 146.)

Cette inscription se lisait sur une pierre encastrée dans le mur du cloître de Saint-Martial de Limoges. Nous n'avons aucun renseignement sur le prieur de Chambon ; quant à Hugues, il vivait encore en 1223 et était mort en 1226. (DUPLÈS-AGIER, *Chroniques de Saint-Martial*, p. 273 et 291.)

N° 4. Après 1226, 27 août.

VI Kalendas SEPTEMBRIS OBIIT AIMERICVS DE
BRVCIA MONACVS SancTI MARCIALIS
SVBPRIOR QVI MVLTA BONA CONTVLIT
HVIC ECCLESIE........ MO. QVID ME ASPICIS
QVOD SVM ERIS ET QVOD ES FUERAM.
DIC PATER NOSTER.
(Bibl. Nat., Ms. fr. 8230, p. 146.)

Cette épitaphe était gravée à Saint-Martial de Limoges sur une « petite pierre contre la muraille au sortir de l'église en entrant dans le cloître, à main gauche contre la porte ». Cet Aimeri Brus ou *de Brucia* vivait encore en 1226. (Voyez DUPLÈS-AGIER, *Chroniques de Saint-Martial*, p. 290.) Le passage suivant transcrit au folio 3 B du ms. latin 5239, et que M. Duplès-Agier a omis, justifie pleinement l'expression « multa bona contulit » : « Hec sunt ornamenta que A. de Brucia, subprior dedit Deo et Beato Marciali : Casulam de purpura ante et retro per fimbrias deauratam et stolam et manipulum et vestimenta duo ; que omnia sunt deaurata ; et alia vestimenta et alias duas casulas de cisclatone et alias duas stolas et tres manipulos et duas cappas deauratas et III sine auro et unum pallium rubeum magnum, in quo sunt x rote et unum pallium culcitratum et IIII^{or} tunicas et missale novum argentatum cum grossa littera et textum novum argentalum et fenestram que illuminat corum ; et vestiarium ipse fecit facere et quartem (*sic*) partem claustri ab elemosina usque ad refectorium fecit pingere et parlatorium fecit pingere et induere quod est subtus dormitorium ; et mundicias que erant in parlatorio fecit mutare infra angulum camere sacriste ; aque vero ductum a fonte claustri subtus refectorium, per quod dirivatur aqua usque ad necessaria, fecit facere; et responsorias in quibus sunt *Kiri eleison* et *Gloria in excelsis Deo* et prose festales et *sanctus* et *agnus* et cetera talia; et unam de campanis que sunt in domo et claustrum infirmarie fecit tronare et tam tronaturam quam parietes pingere et sedilia tam lignea quam lapidea ibidem fecit fieri. »

N° 5.   1265, 12 avril.

HOC IACET IN TVMVLO DOMINVS PETRVS SAVARINVS
SVB CINERIS CVMVLO QVEM NON HABEAT INIMICVS (*sic*)
SANCTA MARIA DEI GENITRIX PIA VIRGO BEATA
AVXILII ETHEREI DES ILLI GAVDIA GRATA.
ISTE FVIT GRATVS CVNCTIS PIVS ATQVE BENIGNVS
MORIBVS ORNATVS ET LAVDE PER OMNIA DIGNVS
POSTQVAM LEVATVS RECTOR CHRISTO MEDIANTE
NON EST ELATVS HVMILIS PERMANSIT ET ANTE.
SEMPER ERAT SIMILIS INTER SOCIOS SINE LITE
CONSTANS HAC HVMILIS FVIT OMNI TEMPORE VITE.
ANNO MILLENO CENTVM BIS ET OCTVAGENO
SED NON QVINDENO SVB APRILIS MENSE SERENO
OCTAVIS FESTI PASCE TRANSIVIT AB ISTO
MVNDO CELESTI SIT LAVS ET GLORIA CHRISTO.

RECTOR BRIVENSIS PRIVS FVIT BRANTOLOMENSIS
ECCLESIE PROPRIVM SEMPER REXIT SAPIENTER
MVLTIS SVBSIDIVM PRESTARAT SVFFICIENTER.

(Bibl. Nat., Ms. fr. 8230, p. 170.)

Cette inscription se trouvait dans le cloître de la collégiale de Saint-Martin de Brive, près de la porte par laquelle on montait à la tribune des chanoines. En dehors de quelques anomalies de versification, elle ne présente rien de particulièrement intéressant.

N° 6.   1267, 3 mai.

HOC ALTARE : CÕSECRATV̄ : AB AYMERICO : LEM° :
EPŌ : IN : HONORE : STĒ : ✠ : ET BEATE : MARIE : VIRGINIS
ET : B̄I : ANDREE : APLI : B̄I : LAVRIANI : M̄R : ATQ : POTIFIC (*sic*)
IS : ET : B̄I : NICHOLAI : ĒPI : ET : 9F9 : ET BEATE KATHERINE
VIRGINIS : ET : M̄R : ET OM̄IVM : SC̄OR : Q'NTO : NONAS : MAII :
ANNO : AB : INCARNACIONE DN̄I : M° : CC° L°X : VII : TP̄R W̄I : POR.

(Ancienne collection Germeau ; aujourd'hui collection de Mme la comtesse Dzyalinska, à Paris.)

Cette inscription de la dédicace d'un autel de l'église de Genouillac (et l'on ne sait même plus aujourd'hui de quel Genouillac il s'agit), n'est pas inédite; elle a été publiée dès 1852 par le marquis de Laborde dans sa *Notice des émaux du Louvre* (p. 65). Cette inscription est gravée sur une longue plaque de cuivre doré (long. 0,40, larg. 0,10) en capitales gothiques; la gravure des lettres a été remplie d'émail bleu. A l'extrémité droite de la plaque est représentée la Vierge debout, portant l'enfant Jésus, accompagnée de saint André; à gauche, on voit sainte Catherine à genoux entre deux petits personnages qui la torturent avec des roues dentées; au-dessus de la sainte, une main bénissante et nimbée sort des nuages. Les personnages sont reservés et gravés et se détachent sur un fond d'émail bleu.

Cette inscription, déjà intéressante au point de vue historique, l'est bien autrement au point de vue archéologique. On sait combien sont rares les émaux de Limoges portant la date de leur exécution; on n'en peut citer que quelques-uns à peine. Les tombes émaillées des enfants de saint Louis (1247) constituent, à notre connaissance, à l'heure qu'il est le premier monument daté d'émaillerie *limousine;* nous disons *limousine* parce qu'il existe d'autres pièces d'émaillerie *française* portant des dates bien antérieures au xiiie siècle. L'inscription de Genouillac occupe le second rang dans cette série chronologique; il y a quelques temps, le chef conservé à Nexon (1346), et dont nous reproduisons plus loin l'inscription, qui fut découverte par M. de Verneilh, occupait le troisième rang; aujourd'hui elle doit faire place à un monument nouveau, daté de 1307 (n. style). Si nous ne publions point cette inscription à sa date, c'est que nous ne savons point si c'est l'épitaphe d'un Limousin; quant à la plaque de cuivre elle-même, elle est de fabrication incontestablement limousine. Ce curieux monument appartient à M. Gaillard de la Dionnerie, membre de la Société des Antiquaires de l'Ouest, qui l'avait apporté au Congrès des Sociétés savantes à Paris en 1883. Cette plaque, de 0,35 de haut sur 0,20 de large environ, offre à sa partie supérieure deux figurines d'applique placées sur un fond émaillé; à droite un roi debout, vêtu du manteau fleurdelisé émaillé de bleu; à gauche, un personnage en costume de moine ou de clerc à genoux, les mains jointes. Entre les deux personnages est fixé un écu d'or à trois lions de gueules. Une rosace placée derrière la tête du roi peut faire croire qu'il est nimbé, et alors on aurait voulu représenter saint Louis; mais ce point est encore douteux. Quant à l'inscription elle-même, elle est gravée en belles capitales gothiques, émaillées de bleu, les mots étant séparés par des points rouges; elle forme sept lignes d'égale longueur.

† *Obiit* : *nobilis* : *clericus dom* — *inus* : *Guido* : *de* : *Mevios* : *die* : *sabb* — *ati* : *post* : *occuli* : *mei* : *anno* : *Dom* — *ini* : *millesimo* : *tricentesimo* : *s* — *exto* : *qui* : *fecit* : *construi* : *ista* — *m* : *capellam* : *et* : *sepultus* : *iacet* : — *hic* : *requiescat* : *in* : *pace* : *amen* :

N° 7.   1280.

TE PRECOR EXAVDI SVPLICEM TIBI ME B. RIGAVDI
VT PER TE VENIA MIHI DETVR VIRGO MARIA
CONDAM CANONICO FAMVLANS SUB CANONE CHRISTO
NVNC IACEO MODICO TVMVLO CONCLVSVS IN ISTO
ANNI MILLENI CENTVM BIS ET OCTVAGENI.

(Bibl. Nat., ms. fr. 8230, p. 171.)

Cette épitaphe se lisait à Saint-Martin de Brive « à gauche, en entrant dans le cloître par la grande porte de l'église ». La représentation d'un chanoine à genoux devant une image de la Vierge accompagnait cette inscription.

N° 8.   1286, 22 juillet; 1296, 10 août.

HIC IACET Dominus RATERIVS DE MONTE ROCHERII QVI OBIIT IN FESTO BEATE MARIE MAGDALENE ANno DomiNI M CC IIII^{xx} VI.
    ITEM DOMINA PETRONILLA MATER EIVS QVE OBIIT IN FESTO Beati LAVRENTII ANno DomiNI M CC XCVI.

(Bibl. nat., ms. fr. 8230, p. 162.)

Cette inscription était gravée sur une tombe de pierre plate, placée dans la sacristie des Jacobins de Limoges. Le manuscrit qui nous l'a conservée nous donne aussi un croquis des figures gravées sur la pierre : à gauche se voyait un chevalier, à droite, une femme; chaque figure était placée sous un dais d'architecture. A la ceinture du chevalier était suspendu un écu semé d'alérions au lion rampant brochant sur le tout.

N° 9. 1289, 6 mai.

HIC IACET Bernardus YTERII ARMA
RIVS ISTIVS MONASTERII
VNA CVm BerNARDO YTerII
NEPOTI SVO PrePOSITO DE
QVADRIS QVI OBIIT MENSE
MAII IN FESTO BeatI IOHannIS
EVANGELISTE ANno DomiNI
M° CC° LXXX° IX°.

(Bibl. Nat., ms. fr. 8230, p. 147.)

L'épitaphe de Bernard Itier, bibliothécaire et chroniqueur de Saint-Martial, était gravée sur une pierre encastrée dans un des contreforts de la chapelle de saint Benoît « dans le petit cimetière, du côté du petit cloître » de l'abbaye de Saint-Martial. On sait que Bernard Itier mourut en 1225; son épitaphe dut donc probablement être refaite quand on inhuma son neveu.

N° 10. XIII° siècle.

NOSTER SACRISTA PETRVS BRONCS DORMIT IN ISTA
  FOSSA. PARCAT EI GRATIA SANCTA DEI.
HILARII FESTO VITAM FINIVIT HONESTO
FINE PIVS LETVS GRATVS FVIT*ATQVE FACETVS.

(Bibl. Nat., ms. fr. 8230, p. 171.)

Cette inscription, dont nous reproduisons la disposition matérielle, se trouvait à Saint-Martin de Brive, « à droite en entrant dans le cloître par la grande porte de l'église ». Le style permet de la faire remonter au XIII° siècle.

N° 11. XIII° siècle.

CVR MALE VIVIS HOMO SI SCIRES EXPERIMENTO
QVE MERCES IVSTO QVE PENA PARATVR INIQVO
CORRIGERES VITAM IN LACRYMIS DELENDO REATVS
DET DEVS HELIE CELESTIS PASCVA VITE.

(Bibl. Nat., ms. fr. 8230, p. 171.)

Cette inscription, que son style nous permet d'attribuer au XIII° siècle, se trouvait à l'église Saint-Martin, à Brive, « à droite en entrant dans le cloître par la grande porte de l'église ». Nous ne connaissons point le personnage nommé Hélie dont il est question dans cette inscription.

N° 12.   XIIIe siècle. — 4 août ; 7 avril.

II NON*as* AVGVSTI OB*iit* IACOB*us* NIGRI
SENIOR. VII ID*us* APRIL*is* OB*iit* IACOB*us* NIGRI
IVNIOR. OM*neS Qui* VIDERINT HAS LITTERAS
DICANT P*ro* IPSIS PATER NOSTER VEL DE
P*ro*FVNDIS P*ro* FIDELIB*us*.

(Bibl. Nat., Ms. fr. 8230, p. 147.)

Cette inscription se lisait à l'abbaye de Saint-Martial de Limoges, « sur une pierre contre la muraille hors l'église, en sortant par une petite porte qui va au cimetière, à main droite, au-dessus de laquelle est une image en bosse ». Les *Chroniques de Saint-Martial* ne nous apprennent rien sur ces deux personnages ; toutefois une partie de l'inscription étant figurée dans la copie manuscrite en capitale gothique, on peut assigner comme date probable à cette inscription le XIIIe siècle ; d'autant qu'un certain Jacme Negre figure vers 1224 parmi les moines de Saint-Martial (Duplès-Agier, *Chroniques de Saint-Martial*, p. 269, 278, 280).

N° 13.   XIIIe siècle.

HELIAS. FVLCHERII
MILES.

(Bibl. Nat., ms. fr. 8230, p. 173.)

Voici une inscription que nous plaçons au XIIIe siècle en nous appuyant sur la forme des lettres, forme que Gaignières a eu soin de nous conserver : ce sont de belles capitales gothiques. Où se trouvait cette inscription ? il a négligé de nous le faire savoir exactement ; en sorte que nous ne pouvons connaître cette origine que par la place que l'inscription occupe dans le recueil : nous ne saurions nous prononcer catégoriquement entre Saint-Junien ou Grandmont. La chose est d'autant plus regrettable que le dessin, quelqu'imparfait qu'il soit, nous permet de juger que cette sépulture était un monument assez intéressant. L'inscription était disposée sur l'un des rampants d'un couvercle de sarcophage en forme de toit. A l'extrémité de gauche était gravé un quadrilobe qui renfermait sans doute la représentation de quelques sujets de piété ; à la suite du quadrilobe était un écu, et enfin l'épitaphe, gravée sur deux lignes d'inégale longueur, séparées par une épée placée parallèlement aux lignes. Ce tombeau se trouvait « dans le jardin, contre l'église, derrière le grand autel, où il y a un tombeau de pierre aussi relevé ». Nous aurions préféré une simple indication de provenance à des renseignements si abondants.

N° 14.   Fin du xiii° ou commencement du xiv° siècle.

HIC IACET DOMINVS ARCHAMBALDVS
VICECOMES DE COMBORNIO ET DOMINVS
BERNARDVS FILIVS EIVS ET DOMINVS
ARCHAMBALDVS FILIVS DOMINI BERNARDI
ET DOMINA MARGARITA MATER DICTI
DOMINI ARCHAMBALDI ET DOMINVS GVIDO
FILIVS DOMINI ARCHAMBALDI. IOANNES
REGIS ME FECIT.

(Bibl. Nat., ms. fr. 8230, p. 168.)

Cette tombe de pierre plate, qui était placée dans la salle du chapitre d'Obazine, n'offrait que la représentation d'un seul personnage, un chevalier armé de toutes pièces et priant; sur l'écu, pendant à sa ceinture se voyaient les armes de Comborn (deux léopards), qui étaient également répétées sur un écu placé sous ses pieds et sur un autre placé à l'angle supérieur de droite du tombeau.

Les personnages dont il s'agit dans cette inscription sont : 1° Archambaud VI, vicomte de Comborn († après 1229); 2° son fils Bernard II, vicomte de Comborn; 3° Marguerite de Turenne, femme de ce dernier; 4° Archambaud VII, vicomte de Comborn († 1277), fils de Bernard II et de Marguerite de Turenne; 5° Gui, vicomte de Comborn († après 1298), fils d'Archambaud VII. Il est fort probable que le tombeau fut refait à l'époque de la mort de ce dernier et que l'on réunit alors dans le même lieu les corps des quatre bienfaiteurs d'Obazine. Remarquons que, chose assez rare, le sculpteur Jean Roi ou Leroi a signé son œuvre.

N° 15.   xiii°-xiv° siècles.

HIC JACET BONE MEMORIE
DomiNuS GALHARDus DE MALAMORTE
CANonicus LEMOVicensis ET ARCHILEVita.

(Bibl. Nat., ms. fr. 8230, p. 142.)

Cette inscription était gravée en capitales gothiques sur une tombe de pierre plate, « au milieu de la première chapelle, à main droite, à costé du cœur », à Saint-Etienne de Limoges. Au-dessous de l'épitaphe se voyait un écu bandé de ... au chef de ...

N° 16.   1303 (n. s.), 18 mars.

HIC IACET FR*ater* MARTINVS BONELLI
DE S*anc*TO LAZARO CONVERSVS. ANIMA
EIVS REQ*uiescat* IN PACE. AM*en*. OBIIT
XV K*a*L*endas* APRIL*is*. ANNO D*omi*NI
M. CCC. II.

(Bibl. Nat., ms. fr. 8230, p. 165.)

Cette inscription se voyait dans le cloître des Jacobins de Limoges, sur « une petite pierre dans la muraille, en allant à la porte de la congrégation ».

N° 17.   1327 (n. s.), 13 janvier.

CI. GIST. IEHAN. CHEFDEROI. DE. LIMOIES. QVI TRESPASSA. L AN. DE GRACE M CCC XXVI. OV MOIS. DE. IANVIER. LE IOVR. S^T. ILERE. PRIEZ POVR. L AME. DE LI.

Cette inscription, en lettres capitales gothiques, se lisait tout autour d'une tombe de pierre gravée, « entré deux piliers, à gauche de la chapelle de la Vierge, dans l'église des Grands-Augustins de Paris ». C'est Gaignières qui nous a conservé l'inscription de la tombe (GAIGNIÈRES D'OXFORD, *Paris*, t. III, f° 4). La tombe elle-même n'a rien de particulièrement remarquable; le défunt est représenté les mains jointes, la tête couverte d'une coiffe, vêtu de long, un chien sous les pieds. La figure est placée sous un dais d'architecture dont le pignon est accosté de deux écus semblables : de... au chevron de... accompagné de trois chefs couronnés, posés 2 et 1 ; ce sont des armes parlantes. Aux quatre angles de la pierre sont quatre écus partis, au 1 chargé d'un aigle à deux têtes, au 2 chargé d'une étoile à huit rais. Nous ne savons à qui appartiennent ces armoiries. Nous ne savons quelles fonctions ce Jean Chef-de-Roi remplissait à Paris; nous n'avons du reste que peu de renseignements sur cette famille limousine : toutefois nous voyons, en 1357, un Pierre Chef-de-Roi, fils de Martial, faire une donation au prieuré d'Aureil. (Voyez A. LEROUX, *Inventaire des Archives de la Haute-Vienne*, D. 780.)

N° 18.   1337, 19 juin.

MORIBVS ORNATVS GENEROSO SANGVINE NATVS
MONS PACIFICVS SAPIENS PIVS ATQVE PVDICVS
QVEM MERITIS LAVDO MARCHES VENERABILIS AVDO-
YNVS AHENTENCis DAVRATI BITVRICENSIS
CANonicus PRIDEM FVERAT DVM VIVERET IDEM
HAC IN SEDE QVAQVE VIR IVRE PERITVS VTRAQVE
NONTRONII VITA POLLENS FVIT ARCHILEVITA
HVNC DEVS INVITA CELESTI MVNERE DITA
ANNO MILLENO TER CENTVM TER DVODENO
TRADITVS AD FVNVS FVIT ANNVS IVNGATVR VNVS
SERVASII FESTO IVNII PIVS HVIC DEVS ESTO
QVESO IHesV BONE CVM SVPERIS SIT IN ETERE TECVM.
                                                    AMEN.

(Bibl. Nat., ms. fr. 8230, f° 140.)

L'épitaphe d'Audouin Marches se trouvait à Saint-Etienne de Limoges, « dans la première chapelle à main gauche, en entrant par la porte à gauche de l'église, à costé de l'autel à droite sur une pierre dans la muraille ». A l'avant-dernier vers nous proposons de corriger SERVASII en GERVASII. La fête de saint Gervais tombe au mois de juin, ce qui concorde avec l'inscription, tandis que celle de saint Servais est du 13 mai. Au sixième vers nous proposons aussi de lire « QUOQUE » au lieu de « QUAQUE » et « VTROQUE » au lieu de « VTRAQVE ». La famille des Marches est bien connue ; cet Audouin était peut-être le fils d'un autre Audouin, qui est mentionné comme mort en 1315 dans un acte par lequel Guillaume, chevalier, fils de feu Audouin Marches, chevalier, assigne 30 sous de rente au prieuré d'Aureil. (Voyez A. LEROUX, *Inventaire des Archives de la Haute-Vienne*, D. 931.)

N° 19.   1346.

DN̄S : GVIDO : DE : BRVGERIA : PRO
CHIA : SC̄I : MARTINI : VETᵒIS : CA
PLL'S : ISTIS : ECCL'IE : DE ANEX
OIO : FECIT : FIERI : LEM̄ : HOC
CAPVT : IN HONORE : BĪ : FERR
EOLI : PONTIFICI † EGO : AY
MIRICVS : XR̄IANI : AVRIFA
BER : DE : CASTRO : LEM̄ : FECI

HOC : OPVS : LEM : ANNO : DNI
MLL'O : CCC XL : SEXTO DE
P'CEPTO : DCI : DNI : GVIDOIS
DE BRVGERIA

Plaque de cuivre gravée, placée sur la partie postérieure du chef de saint Ferréol, conservée dans l'église de Nexon. Cette inscription a été publiée en 1863 par M. de Verneilh, dans son mémoire sur *Les émaux français et les émaux étrangers*. (*Bulletin monumental*, t. XXIX, p. 245.) Nous en avons déjà fait ressortir plus haut l'importance; elle nous donne le nom du donateur, Gui de Brugières, le nom d'une paroisse située près de Nexon, Saint-Martin-le-Vieux, et enfin le nom d'un orfèvre, Aimeri Chrétien.

N° 20.   1348, 10 septembre.

HIC IACET BONE MEMORIE DO*mnus* BERNAR-
DVS QVONDAM PRIOR SanC*ti Geraldi...*
QVI OBIIT IIII ID*us* SEPTEMBRIS ANNO DO-
MINI MILLE*simo* CCC. QVADRAGESIMO. VIII.
ORATE PRO EO…..

(Bibl. Nat., ms. fr. 8230, p. 165.)

Cette épitaphe se lisait à Saint-Gérald de Limoges sur « une tombe de pierre plate, au milieu de l'église »; sur cette tombe était gravée la figure « d'un prêtre en chasuble, tenant un baston ».

N° 21.   Fin du xiv° siècle.

HIC : IACET : P : DE VALLIB' : ABB*as* ///////////

(Bibl. Nat., ms. fr. 8230, p. 156.)

Cette inscription était placée sur les bords d'une « tombe relevée en bosse devant le grand autel » à l'abbaye de Saint-Martin, à Limoges. Elle est fort incomplète, puisque les mots que nous donnons n'occupaient qu'un des bouts et le commencement de l'un des côtés de la pierre; les caractères étaient gothiques. Pierre de Vaux était encore abbé de Saint-Martin de Limoges en 1396. (Voyez *Gallia christiana*, II, 585.)

N° 22.   1400, 6 juin.

ACI ⁊ REPOSE ⁊ LA ⁊ NOBLE ⁊ MARGARITE ⁊
CHAVVERONE ⁊ DAME ⁊ DE ⁊ POMPEDON ⁊
QVE ⁊ ALA ⁊ A ⁊ DIEV ⁊ LE ⁊ VIᴿ ⁊ DE ⁊ IVIN
4ᵉ (?) ⁊ BON ⁊ REPOVS ⁊ LVI ⁊ SOIT ⁊ DONE ⁊

(Bibl. Nat., ms. fr. 8230, p. 168.)

Cette tombe de pierre plate se trouvait devant le grand autel, dans l'église des Chartreux de Glandier. La date n'est pas certaine; cependant, d'après le croquis de Gaignières, on peut conjecturer que c'est bien 1400 qu'il faut lire, car l'inscription était en capitales gothiques.

N° 23.   1408.

AnnO DomiNI Mᵒ CCCCᵒ VIIIᵒ VENERABILIS
DomiNA K. D ALBVÇON ABBATISSA ISTIVS
MONASTERII FECIT FIERI PreseNTES.

(Bibl. Nat., ms. fr. 8230, p. 145.)

Un écu chargé d'une croix ancrée et d'un lambel de trois pendants était gravé en tête de cette inscription, placée contre l'un des piliers de gauche de l'église de l'abbaye de la Règle, à Limoges. Nous ne saurions dire au juste à quelles constructions ou décorations se rapportent les mots : *fecit fieri presentes*. Peut-être s'agit-il ici de verrières.

N° 24.   1476.

HIC IACET EGREGIVS ET POTENS VIR
DOMINVS IOHANNES MILES ET BARO VICECO-
MES DE COMBORNIO ET DOminus DE TREIGNA-
CO QVI OBIIT ANNO DOminI MILLesimO CCCC
LXX VI.

(Bibl. Nat , ms. fr. 8230, p. 168.)

Cette tombe de pierre plate se trouvait dans l'église des Chartreux de Glandier, devant le grand autel. Jean de Comborn y était représenté priant, tête nue, armé de toutes pièces, sous un dais d'architecture. A sa droite étaient son haume et son épée; à sa gauche, un lévrier et son écu chargé de deux léopards.

N° 25.   1513, 1516, 1519.

TRES VNO EX VTERO.

HIC IACET DO*minus* IOH*ann*ES BOYOL CAN*onicus* QVI OBIIT XXV IVNII AN*no* Do*mi*NI M° QVINGENTESIMO XVI°.

HIC IACET DO*minus* LEONARDVS BOYOL CAN*onicus* QVI OBIIT DIE XIX IVNII AN*no* Do*mi*NI M° QVINGENTESIMO DECIMO TERCIO.

HIC IACET DO*minus* MARTIALIS BOIOL CAN*onicus* QVI OBIIT . . . . AN*no* Do*mi*NI M° QVINGENTESIMO XIX°.

(Bibl. Nat., ms. fr. 8230, p. 144.)

On voyait à Saint-Etienne de Limoges, « le long du chœur, à droite, vers la sacristie », une tombe de pierre plate sur laquelle étaient représentés trois chanoines; au bas de la tombe était gravée sur trois lignes l'inscription ci-dessus, accompagnée des armes des Boyol : de... à la fasce d'or, chargé en chef d'un léopard passant de ... et en pointe de six tourteaux ou besans posés 3, 2 et 1. L'abbé Texier (*Inscriptions du Limousin*, n°s 210 et 211) a déjà publié deux inscriptions de 1497 relatives à un membre de la famille Boyol qui fut official de Limoges. Voici encore une inscription concernant deux membres de la même famille, mais à laquelle nous ne saurions assigner une date précise; elle était gravée sur une tombe de pierre plate, placée au milieu de l'église des Cordeliers de Limoges; au centre de la pierre étaient gravées les armes de la famille.

(Bibl. Nat., ms. fr. 8230, p. 157.)

MARCIALIS BOYOL IN DECRETIS BACHALARIVS. ECCLE. LEMOV. CAN.

HIC IACET DNS

FRANCISCVS BOYOL

N° 26.   1514, 8 mai.

CY GIST REVEREND PERE EN DIEU Mʳᵉ GEOFFROY DE POMPADOUR, EVESQUE
[DU PUY EN AUVERGNE,
COMTE DE VELLAY, LICENCIÉ EN CHASCUN DROIT, GRAND AUMOSNIER DE
[FRANCE, PREMIER PRESIDENT DES COMPTÉS,
CONSEILLER DES ROIS LOUIS XI, CHARLES VIII ET LOUIS XII, PLEIN DE
[PRUDENCE, SCIENCE
ET AUTRES VERTUS, LEQUEL APRÈS AVOIR VESCU LXXXIV ANS MOINS VIII JOURS,
TRESPASSA LE VIIIᵉ JOUR DE MAY L'AN M D. XIV. PRIEZ DIEU POUR SON
[AME.

(Bibl. Nat., ms. fr. 8230, p. 175.)

La sépulture de Geoffroi de Pompadour, évêque du Puy, se trouvait à Saint-Pardoux d'Arnac, près de Pompadour; elle consistait en un tombeau de cuivre, sur lequel était représenté un évêque; quatre écussons écartelés accompagnaient l'inscription gravée sur le bord du tombeau; ces armoiries étaient aux 1 et 4 d'azur chargé de trois tours d'argent et aux 2 et 3 de ... au dextrochère de ... à l'épée droite de ... (Sur Geoffroy de Pompadour, on peut consulter le *Gallia christiana*, II, 735.)

N° 27.   1516, 11 juin.

HIC IACET NOBILIS VIR DOMINVS JOHANNES
GAYOT DE BASTIDA IVRIS VTRIVSQVE
DOCTOR . . . .
QVI OBIIT DIE 11ᵃ IVNII ANNO DOMINI
1516.

(Bibl. Nat., ms. fr. 8230, p. 143.)

Limoges, Saint-Etienne; première chapelle à gauche en entrant par la grande porte; tombe de pierre plate devant l'autel.
L'abbé Texier (*Recueil des inscriptions du Limousin*, n° 229) a publié une pièce de vers latins concernant Gayot des Bastides, et qui était gravée sur une lame de cuivre fixée au mur de la chapelle; mais il a négligé de donner l'épitaphe.

N° 28.   1549, 25 avril.

Le jour St-Marc, 25e d'avril, l'an
1549. deceda feu Me Anthoine
Gamand, grefier criminel de la
senescé de Limosin a Limoges. leql
sur ses biens donna 20 stz de rente
au bastiment & fabrique de la presente
eglise St-Pierre amortissables en
payant dix livres. Et pour la fondation
une messe qu'il ordona estre dite tous
les lundis a basse voix par l'ung
des prestres de la communauté et
leur donna cent sols tz de rente
amortissables en poiant cent livres
Et afin de perpetuelle mémoire
voulut le present épitaphe estre
mise en ce pilier devant
lequel il est enterré. Priez
Dieu pour luy et pour
tous fideles tres
passez

(Bibl. Nat., ms. fr. 8230, p. 154.)

Cette épitaphe se trouvait à Limoges, dans l'église Saint-Pierre. Elle était gravée sur une petite lame de cuivre placée contre la muraille, « à main droite en entrant, au-dessus d'un confessionnal ». Nous n'avons aucun autre renseignement sur cet Antoine Gamand.

N° 29.   1558, 14 décembre.

HIC IACET CORPVS DOmini PETRI BOT
HVIVS ECCLesiE CANonicus QVI OBIIT DIE
XIV MENSIS DECEMBRIS ANno DomiNI 1558.

(Bibl. Nat., ms. fr. 8230, p. 142.)

La tombe de pierre sur laquelle était gravée cette épitaphe se trouvait dans la nef de Saint-Etienne, vis-à-vis de la porte du chœur; une figure de chanoine y était gravée.

N° 30.   1569, 26 juin.

ÉPITAPHE

DE FEU Mre MERIGEN DE MASSES, SG{r} DUD.
LIEU CHLR DE L'ORDRE DU ROY, CAPITAINE DE 50 GENS D'ARMES
ET GOUVERNEUR POUR S. M. A LIMOGES EN ABSENCE
DE Mr LE COMTE D'ESCARS.

APRES QUE L'ON EUT FAIT GOUVERNEUR DE LIMOGES
MERIGON (sic) DE MASSE MARS EN FUT IRRITÉ
ET VA DIRE TOUT HAUT S'IL FAUT QUE TU DESLOGES
DU CAMP ET MOY AUSSY. C'EST UN POINT ARRESTÉ.
MINERVE QUI FUT LA DISOIT D'AUTRE COUSTÉ
QUE SI FEROIT. ET LUY DESSUS CETTE QUERELLE
A LIMOGES S'EN VINT. MAIS LAS! LA MORT CRUELLE
POUR ROMPRE CE DEBAT L'ENVOYA TOST EZ CIEUX
NOUS LAYSSANT SEULEMENT SA LOUANGE ETERNELLE
UN REGRET DANS LES CŒURS ET DES LARMES AUS YEUX.

AUTRE DE LUY MESME.

L'AN MIL CINQ CENS SOIXANTE NEUF LE JOUR
VINGT SIXIESME EN JUING, Ó QUEL DOMMAGE,
FEU MERIGON DE MASSES, PREUX ET SAGE
VOLA D'ICI AU CELESTE SEJOUR
REQVIESCAT IN PACE.

(Bibl. Nat., ms. fr. 8230, p. 153.)

Limoges, Saint-Pierre. Lame de cuivre gravée contre un pilier. Les armes du défunt de ... à deux vaches passant accompagnées d'une étoile en chef étaient représentées au-dessous de cette épitaphe burlesque.

N° 31.   1589, 13 mars.

HIC IACET DOMINVS IOHANNES
LAMY HVIVS ECCLesiAE CANONICVS
QVI VLTIMVM VITAE SPIRITVM
EMISIT DIE DECIMA TERTIA
MARTII ANNO DomiNI MILLESIMO
QVINGENTESIMO OCTVAGESIMO
NONO. ORATE PRO EO.

(Bibl. Nat., ms. fr. 8230, p. 000.)

Saint-Junien. Lame de cuivre contre le pilier à droite de la porte du chœur, au-dessus du bénitier. Au-dessus de l'inscription se voyait un écu de ... à un pigeon de...

N° 32.   1596, 22 septembre.

CHRISTO GENTIS HVMANÆ
  SOSPITORI SACRVM.
QVOD VENERANDA CANITIE PROMINENTIBVS AC VLTRA
SEXAGESIMVM DECEMBRIEM PRODVCTO LITTERARVM
STVDIO ERVDITIS VIX ALIQVANDO CONCESSVM FVIT
ID FLORENTI ÆTATE SINGVLARI QVODAM DIVINI
NVMINIS FAVORE PETRVS ILLE BENEDICTVS
OBTINVIT CVJVS HIC OSSA RECONDVNTVR NAM CVM
LVSTRA QVATVOR DVNTAXAT PEREGISSET
PHILOSOPHIAM PVBLICE IDQVE LVTETIÆ
PARISIORVM TANTA CELEBRITATE DOCVIT, VT
EJVSDEM DISCIPLINÆ PROFESSORVM NEMINI CEDERE
VIDERETVR CVMQVE ANNOS HVIC ÆTATI DVOS
ADDIDISSET SACRA INSIGNIA DOCTORIS SORBONICI
UNDIQVAQVE PLAVDENTE CHRISTIANO LYCEO
ADEPTVS EST VT VERÒ OMNIGENÆ DOCTRINÆ
SIC EGREGIA ROTVNDI ELOQVII LAVDE INTER
PRIMARIOS DIVINI VERBI CONCIONATORES CLARVIT
HINC FACTVM VT EX QVATVOR VNVS DESIGNATVS
FVERIT CVI HENRICVM HVJVS NOMINIS QVARTVM
GALLORVM REGEM AB ERRORIBVS CALVINI
RECENS LIBERATVM IN IPSA ORTHODOXÆ FIDEI
AGNITIONE CONSILIO AC DOCTRINA SALVTARI
CONFIRMARET, INSIGNEM CERTE VACCAVIT
OPERAM CVM PVBLICIS TVM PRIVATIS EXHORTATIONIBVS
QVO EODEM ERRORVM LABYRINTO DECEPTO IN VIAM
VERITATIS ADDVCERET, NICHIL ÆQVE GRATVM HABENS
AC HVJVSMODI OFFICIA QVIBVS PROESTANDIS FOELICI...
VERSABATVR TOTVS RE IPSA, VT NEMINE BENEDICT...
PRÆCLARO DENIQVE ILLO HONORE ARCHIDIACONI ECCLISIÆ
LEMOVICENSIS QVO FRVEBATVR DIGNISSIMVS, QVOD EA
CASTISSIMIS MORIBVS CONFIRMARET, QVÆ
EXHVBERANTI FACVNDIA IN MEDIVM PROFEREBAT HOC
ETIAM ADDITVR SI TAM CLARIS AC PERFVLGENTIBVS
MERITIS GENERIS CLARITATE LVMEN ALIQVOD ADDI
POSSIT. EX ILLA FAMILIA DVXISSE ORIGINEM BENEDICTI

QVA NON ALIA LEMOVICIS VEL ANTIQVIOR VEL
ILLVSTRIOR PRÆDICATVR. SED PROH DOLOR! CVM IN
DIES MAGIS AC MAGIS ECCLESIÆ ILLVSTRANDÆ
VIGILANTER INSVDARET VIGESIMVM OCTAVVM
AGENS ÆTATIS ANNVM IRREVOCABILI MORTIS
    STATVTO TVRONI CONCIDIT : QVIN IMO
AD IMMORTALITATIS SEDES ASCENDIT MORTEQVE
MORTALIS ESSE DESIIT CVIVS TANTA
TAMQVE CELEBRANDÆ VIRTVTIS ERGO
MÆSTISSIMVS EJVS FRATER MARTIALIS
BENEDICTVS QVŒSTOR GENERALIS FRANCIÆ
    HOC ELOGIVM
      P. C.

IN EJVSDEM BENEDICTI TVMVLVM.

NOMEN ET OMEN HABENS PVLCRI BENEDICTVS HONORIS
    PVLCRA PROBANT FVERIT QVAM BENE DIGNVS EO
DOCTRINA ELOQVIVM PIETAS QVIBVS ILLE REFVLSIT
    VT TRIBVS HIS TALEM VIX FERAT VLLA DIES
LEMOVICEM HUNC VERO NON SOLVM LEMOVICENSIS
    QVO PATRIÆ FLOREM CVIQVE FVISSE PROBET
TVRONI FACTVM CVI NOMEN GALLICVS HORTVS
    GALLICVM VTI FLOREM VVLT CECIDISSE DEVS
PLVRA QVID EXPECTAS TIBI SIT SATIS ILLA TENERE
    HOC TANTVM DICAS, POSTQVE VIATOR ABI
TAM BENE QVI VIXIT VIVAT BENEDICTVS OLYMPO
    TAM BENE QVI DIXIT AVDIAT RESQVE BENE.
                Io. BELBRÆVS COMP.

Obiit anno Domini CIƆ. IƆ. XCVI. die vero xxii septembris.
(Bibl. Nat., ms. fr. 8230, p. 151.)

Cette épitaphe de Pierre Benoît se trouvait à Saint-Pierre, à Limoges, sur une plaque de cuivre, dans la chapelle du Sépulcre. Ainsi que nous l'apprend la signature, elle était l'œuvre de Jean de Beaubreuil, avocat et poète de Limoges, sur lequel on trouvera quelques renseignements dans l'*Inventaire des Archives communales de Limoges*, rédigé par notre confrère et collaborateur A. Thomas.

N° 33.   1598, 9 avril.
HIC IACET
DOMINVS
MATHEVS THEVLIER
CANONICVS HVIVS
ECCLESIAE.
QVI SPECVLVM CERNIS
CVR NON MORTALIA SPERNIS
TALI NAMQVE DOMO
CLAVDITVR OMNIS HOMO.
VNDE SVPERBIMVS
AD TERRAM TERRA REDIMUS.
FAC BENE DVM VIVIS
SI MORTEM TIMERE NON VIS.
FIDELIVM ANIMAE PER MISERICORDIAM
DEI REQVIESCANT IN PACE.
AMEN.
OBIIT 9 APRILIS ANno
DomiNI 1598, AETatis SVAE 75.

(Bibl. Nat., ms. fr. 8230, p. 146.)

Cette inscription était à Saint-Martial de Limoges, gravée « sur une lame de cuivre dans le cloistre contre un pilier, proche la figure de la Vierge ». Les armoiries du défunt accompagnaient son épitaphe : de ... chargé d'un arbre arraché accosté de deux croissants, au chef de ... chargé de trois étoiles.

N° 34.   1598.
SANCTE SVLPICI ORA PRO NOBIS.
J. GARREAV PARRIN. ET M. DE L. MARINE
L. M. Vc IIIIxx XVIII.

Petite cloche de la paroisse de Dournazac, haute et large de 17 pouces.

Bien que notre confrère A. Leroux ait déjà publié cette inscription dans l'*Inventaire des archives de la Haute-Vienne* (D. 335), où l'on en trouve une copie du xviiie siècle, nous avons jugé utile de la donner de nouveau ici afin de rendre notre recueil plus complet. La même liasse fournit deux autres inscriptions de cloches, d'une époque encore plus récente, que nous donnons à leur date.

N° 35. XVI° siècle.

ANNO MILLENO QVINGENTESIMO.....
TVNC ERAT AVGVSTI..... SEXTA DIES
PREDICTI SANCTI CVRATVS ET..... JOHANNES
VIGIER HOC SEQVITVR STATVIT, ETC.

(Bibl. Nat., ms. fr. 8230, p. 157.)

Limoges, Cordeliers. C'est tout ce que Gaignières nous a conservé de cette inscription, gravée au-dessus de la première chapelle, du côté gauche de l'église des Cordeliers. Dans la même chapelle se trouvait une tombe de pierre plate; des armoiries accompagnaient l'inscription : de .... à un lion de ... tenant une croix, au chef de ..... chargé de trois quintefeuilles de .....

N° 36. 1603.

ÆTERNÆ POSTERORVM MEMORIÆ ET FŒLICI D. D
DE GVAY IN REGIO LEMOVICVM SENATV PRÆTORIS
ÆQVISSIMI PRÆFECTIQVE GENERALIS
QVIETI.

DG

HIC OPVS EST LACRYMIS COMVNI HIC PATRIÆ LVCTV
LEMOVICVM CECIDIT GLORIA PRIMA FORI
HEV PATRIÆ PATREM IVRIS LEGVMQVE PARENTEM
SVSTVLIT INCEPTIS INVIDA PARCA SVIS
FATA QVID AEDERIS? VICTIS VICTRICIA FATIS
FLOREBVNT VITÆ TOT MONVMENTA SVÆ.
DIVES OPVM, DIVES NATORVM, DIVES HONORVM
AT MERITIS MVLTO DITIOR OCCVBVIT
VIVERE DEBEBAT MAGIS HIC TIBI PATRIÆ PRÆTOR
PARCÆ SED NOLVNT PARCERE. PARCE DEVS
HÆC MŒRRENS CVM TOTA FAMILIA P. BESSE,
DOCTOR PARISIENSIS, DEDICABAT ANNO DOMINI 1603.
REQVIESCAT IN PACE.

(Bibl. Nat., ms. fr. 8230, p. 153.)

Limoges, Saint-Pierre. Lame de cuivre « placée contre le troisième pilier de la seconde rangée, à droite ».

N° 37.   1606, 18 avril.

✝

Moriatvr anima mea morte jvstorvm.
D. D. Leonardo de la Charlonie vtrivsqve ivris
doctori meritissimo in senatv Lemovicensi
patrono dignissimo eivsdemqve vrbis prætori
æqvissimo in civilibvs negociis cvm lavde
versatissimo Ant^{us} de la Charlonie et
Lvdovica dv Bois, ille frater
charissimo fratri, hæc fidelis conjvx optimo
conivgi, hæc sacrvm mœrentes erigi
cvravere. Qvi decimo qvarto kalendas maii
anno Domini milesimo sexcentesimo sexto animvm
Deo reddidit.

Epitaphivm.

Qvisqvis ad hæc properas sacri penetralia templi
  Siste gradvm et matris flebile cerne melos
Ivris et æqvarvm jacet hoc svb marmore legvm
  Insignis cvltor jvstitiæqve tenax
Elysivm colit vmbra nemvs sedesqve beatas
  Ast hic vrna tenet membra sepvlta brevis.

Jvdicis officio fvngens svb lege regebat
  Hos patriæ fines sacraqve jvra dabat.

Si nvnc jvsta Deus dat mortis jvra petenti
  Fvnere non potvit prosperiore mori.

Epitaphe.

L'honnevr et la valevr, les arts et la science
Se logent de tovt temps av temple de vertv
Et bien rare l'esprit de ces dons revestv
Qvi l'eslevent av bien de l'immortelle essence.
Celvy qvi git icy des sa premiere enfance
De ces perfections monstra le champ batv
Mais svr ses derniers jovrs de dovlevr abatv
Conqvit vn plvs beav lot par sa sevle constance
Trivmphant dv peché, de l'enfer, de la mort
Mesprisant les assavlts d'vn incroyable effort

Cavsé par les langvevrs d'vn mal plvs qv'incvrable
Rendant l'esprit a Diev delivré de péchés,
Armé des sacrements les yevx av ciel fixés.
Povroit on sovhaiter tombeav plvs honorable.

Expecto donec veniat.

Has lacrymabiles mvsarvm voces
Sacro chari avvncvli tvmvlo
Dedicabat F. Martialis
Gobert a sancto Bernardo monacvs
Fvlliensis sacri verbi concionator.

(Bibl. Nat., ms. fr. 8230, p. 152.)

Limoges, Saint-Pierre ; lame de cuivre contre le deuxième pilier, à droite en entrant. Deux écussons accompagnaient cette épitaphe ; l'un de ..... chargé de deux chevrons et semé d'étoiles, l'autre parti, au 1 de même, au 2 chargé d'un arbre arraché, à la bordure de ..... semée de pointes de diamant.

N° 38.   1607, 17 octobre.

HIC JACET VENERABILIS D. JACOBVS
DE TOLVNDAC CANONICVS HVIVS
ECCLESIÆ QVI MIGRAVIT E VIVIS DIE 17
OCTOBRIS ANNO DOMINI 1607

(Bibl. Nat., ms. fr. 8230, p. 142.)

Limoges, Saint-Étienne. Cette inscription était gravée tout autour d'une tombe en pierre, au milieu de laquelle était fixée une plaque de cuivre de forme ovale portant les armoiries du défunt : un écu d'azur chargé de trois oiseaux d'or, posés 2 et 1, et d'une rivière en pointe. Le même écusson, accompagné d'un chef d'or à trois étoiles de ....., se voyait sur le rétable en pierre de l'autel de la chapelle où se trouvait ce tombeau. Gaignières a négligé de nous indiquer de quelle chapelle il s'agit.

N° 39.   1621, 1ᵉʳ octobre.

I I✝I S

Epitacþion

Nobilissimi atque Clarissimi D. Dni
Leonardi Castimvndi sive Chastenet

BARONIS A MVRAT, DE MEYRIGNAC, SVBREPOST (?)
BEAVVAIS ET CONSILIARII REGIS IN SEDE
  LEMOVICA ET GENERALIS
   LEMOVICENSIVM
    PRÆTORIS

FALLERIS HIC CASTVM MVNDVM QUICUMQUE JACERE
 CREDIS LEMOVICI LVMINA SACRA FORI
QVI NIGRVM VITIO NOVIT PRÆFIGERE THŒTA (?)
 QVI GRAVITATE PIVS QVI PIETATE GRAVIS
QUEM TOTIES GEMEBVNDA NOVIS ASTRÆA QVERELIS
 LVXIT INORNATAS DILACERATA COMAS
NON JACET HIC SED DOCTA VIRVM IAM VINCIT MORA
 NEC BREVIS VRNA CAPIT QVEM BREVIS VRNA TENET
ET MALE TV QVICVMQVE IGNARA MENTE REVOLVIS
 NVNC ESSE IN TVMVLO QVI FVIT IN THALAMO
IMO QVI CORPVS LIQVIT CŒLVMQUE MEAVIT
 NVNC EST IN THALAMO QVI FVIT IN TVMVLO.

   AVTRE EPITAPHE.

CELVY N'EST PAS MORT QUI RENAIST
 OSTEZ DONC DE LA CETTE PIERRE
ET REGARDEZ DEDANS LA BIERRE
 VOUS Y VERREZ QUE CHASTE NAIST.

QVI DECEDA LE PREMIER JOUR DU
MOIS D'OCTOBRE M DC XXI

 REQVIESCAT IN PACE.

(Bibl. Nat., ms. fr. 8230, p. 155.)

  Limoges, Récollets. Ces vers étaient gravés sur une tombe plate de cuivre, à l'entrée de l'église, près du bénitier. Deux écussons accompagnaient l'épitaphe : l'un de... à un arbre arraché de... surmonté d'un soleil; l'autre de ..... chargé de trois épis accompagnés de deux croissants. Ce Léonard de Chastenet ou Chastanet, lieutenant général, est mentionné dans l'*Inventaire des archives communales de Limoges* (GG. 107); le 18 février 1616, il faisait baptiser sa fille Marie à Saint-Michel-des-Lions.

N° 40.   1625, 6 octobre.

MARTIALIS BENEDICTVS DIEM OBIT SVVM TANDEM TIBI TVVM OPTA (?)
    QVI LEGIS HAEC QVAESTOR FVIT. A DEO AD
MORTEM QUAESITVS QVAESTVM PVTAVIT ET LVCRVM
MORI. PECUNIAM PVBLICAM REGI SIC ANIMAM DEO REDDIDIT VTRAMQVE
CASTE ATQVE INTEGRE. HAC IN VRBE CONSVL SEMEL ATQVE ITERVM
FVIT SAPIENTER PVBLICIS CHRISTIANE PRIVATIS REBVS CONSVLVIT,
IVVENTAM MATVRAM EGIT VT QVI SENEX HONORABILEM MANV
SENECTAM VT QVI IVVENIS VTRAMQVE VT QVI OPTIMVS
REMPUBLICAM IVVENIS MANV SENEX CORPVS VIVIT VTROBIQVE
SIMILIS SVI. OMNIVM VOTIS PRECIBVSQVE CVMVLATVS
DIGNVS QVI BENEDICTVS DICERETVR PLACIDE INTER SVORVM
AMPLEXVS EXTINCTVS EST VT COELO ARDERET CLARIVS DIE
SEXTA MENSIS OCTOBRIS [ANNO] MILLESIMO SEXCENTESIMO VIGESIMO
QVINTO ÆTATIS ANNO DUODECIMO SUPRA SEXAGESIMUM.
        MARTIALI BENEDICTO
    MARITO SIBI BENE AMATO MOERENS VXOR.
        PARENTI OPTIMO FILIVS VNICVS
            ET HÆRES
            P. P. C. C.

    HIC IACET, ERRAVI : NUNQUAM IACET ENTHEA VIRTVS
    SE PRODAT QVOCVMQVE MODO, SED IN ARDVA SVRGIT :
    HIC SITVS EST ; NEC DIGNA VIRO VOX ISTA VIDETVR,
    NAM VIRTVS GENEROSA SITV SQVALESCERE NESCIT.
    CLAVDITVR HOC TVMVLO, SED VIRTVS NESCIA CLAVDI
    EXIRITAT SESE ET TANDEM ELVCTATVR AD AVRAS.
    HOC CIPPO TEGITVR, SED VIRTVS NVDA VIDERI
    GESTIT ET IMPATIENS OMNEM RESECTAT AMICTUM.
    HAC SEPELITVR HVMO SED HVMVS CALCABILIS ILLI
    NEC TERRAM CUPIT ILLE LEVEM QUI CONDITVS ASTRIS
    GAUDET ET EXVTO LEVIOR IAM CORPORE REGNAT.
    HIC DORMIT, SED VIX VIGILANTI HOC CONSVLE DIGNVM EST.
    QVID TANDEM EXPECTAS OPTATA VT PACE QVIESCAT ?
    HOC CERTE MERVIT PEPERIT QVI SANGVINE PACE
    SOPIVITQVE SVOS INTER QVI PROELIA CIVES.
    SED VEREOR PARTA NE PACE QVIESCERE NOLIT
    INDIGNVM RATVS INGENIO MENTISQUE VIGORE
    QVO POTVIT DVROS ETIAM LASSARE LABORES.
    HOC DEMVM INVENIO DIGNVM CEDRO ET ÆRE PERENNIS,
    HIC AEVVM BENEDICTVS AGIT : NE PLVRA REQVIRAS.

Hoc satis. Hac vna contentvs voce viator
Vade viam similem possis vt prehendere metam.
Fac vt idem cvrras stadivm qvod et ille cvcvrrit.
Hic etenim defvnctvs agit qvod vivvs agebat.
Hic votis hominvm benedicitvr vt Benedicti
Servet vt in terris sic inter sidera nomen.
  Reqviescat in pace. 6 ocr. 1625.
    (Bibl. Nat., ms. fr. 8230, p. 150.)

Limoges, Saint-Pierre. Inscription gravée sur une lame de cuivre, dans la chapelle du Sépulcre. Au-dessus de l'inscription, on voyait les armes de la famille Benoît, d'azur au chevron d'or, accompagné de trois mains d'argent, deux en chef et une en pointe. Les mêmes armoiries étaient peintes sur les vitraux de la chapelle. Sur la famille des Benoît qui, au XVIe et au XVIIe siècles, compta plusieurs membres illustres, consultez l'intéressant travail de M. L. Guibert, *Le livre de raison d'Etienne Benoist* (*Soc. arch. du Limousin*, t. XXIX.)

N° 41.   1629, 23 octobre.

  Clarissimo avvncvlo Petro Benedicto
  posvit mœrens ex sorore nepos
    et hæres vnicvs.
Hic inter patrios cineres et stemmata gentis
Petrvm petra tegit sed origine clarvs avita
Religione tenax et cvltv nvminis ardens
Servat in extinctv gelido svb marmore nomen,
Et vivit cinere invito patris aemvla virtvs.
Sev regit ille vrbem consvl sev ivra senator
Dividit, avt fisci tractat discrimina qvaestor
Charvm vrbi ivstvmqve foro fiscoqve fidelem
Assensere omnes atqve involvere feretro.
Plangit moesta parens, gemit vxor, parvvlvs hæres
Signat adhvc tenero carmen miserabile lvctv.
Non moritvrvs amor crescet ivngentibvs annis,
Svrget amore dolor manesqve avgebit et vrnam.

  Obiit anno Domini M DC XXIX, die xxiii octobris.
    (Bibl. Nat., ms. fr. 8230, p. 150.)

Limoges, Saint-Pierre. Inscription gravée sur une plaque de cuivre placée contre l'un des piliers de la chapelle du Sépulcre; l'inscription était surmontée des armes de la famille Benoît.

N° 42.   1631, 1ᵉʳ novembre.

 QVAE HIC ASSERVANTVR OSSA AD BEATOS HVIVS ABBATIAE
SANCTO MARTINO SACRAE FVNDATORES PVTA AD VTRVMQVE
SANCTI ELIGII, EPISCOPI NOVIOMENSIS PARENTEM NEC NON
AD BEATVM ALICIVM A MVLTIS IAM FERME
ANNIS PRIMVM EIVSDEM ABBATIAE ANTISTITEM
PERTINERE CREDVNTVR. ET HVC ENIM FVERE
ASPORTATA E SEPVLCHRO QVODAM ANTIQVO
RVINIS PREFATAE ABBATIAE SVPERSTITE
COMMVNITER DICTORVM BEATORVM SEPVLTVRAE
ASCRIPTO, AD QVOD PIA CHRISTIANORVM
ETIAM LONGE DISTANTIVM TVRBA DEVOTIONIS
VISITATIONISQVE CAVSA CONFLVERE CONSVEVERAT
VTPOTE QVOD VT VETERVM MONVMENTA
TESTANTVR MVLTIS CORVSCABAT MIRACVLIS. DENIQVE
HAEC EADEM OSSA PRO HONORE TANTIS VIRIS DEBITO
NOS ABBAS ET DICTAE ABBATIAE RELIGIOSI FVLIENSES
HIC APPONI IVSSIMVS ORANTES VT HANC SVAM DOMVM CVM
OMNIBVS IN IPSA COMMORANTIBVS SVIS PRECIBVS FACTAM (?)
RECTAM (?) VELINT. MANDAVIMVS AVTEM HAEC ÆREAE TABVLAE
CALENDIS NOVEMBRIS ANNI MILLESIMI SEXCENTESIMI TRICESIMI PRIMI.

(Bibl. Nat., ms. fr. 8230, p. 156.)

Cette inscription commémorative se trouvait à l'abbaye de Saint-Martin de Limoges, sur une lame de cuivre, à droite du grand autel. La copie de Gaignières est tellement défectueuse que nous avons dû faire suivre plusieurs mots d'un point d'interrogation ; le sens général de l'inscription n'en subsiste pas moins.

N° 43.   1633, 5 juin.

 ÉPITAPHE D'HONORABLE Mʳᵉ FRANÇOIS
DE VILOVTREYS, DOCTEVR EN MEDECINE,
NATIF D'AIX, MEDECIN DV PRESENT COVVENT, DES RE-
LIGIEVX BENEDICTINS, CARMES, JESVITES, DES
DAMES DE LA REGLE ET Sᵗᵉ CLAIRE, HONORÉ
DES MEILLEVRS ESPRITS ET CHÉRY DE TOVT
LE PEVPLE DE LIMOGES.

 CE GRAND VILLOVTREYS EST PASSÉ
QVI, D'VN COVP DE PLVME A LA FACE

DES PLVS DOCTES, DONNOIT LA CHACE.
AV TRESPAS QVI L'A TRESPASSÉ
LE CIEL, CE JOVR COMME OFFENCÉ,
NOIA DE PLEVRS SA DISGRACE;
ET LE DESTIN MÊME DE GLACE
PLEVRA POVR L'AVOIR EFFACÉ.
MORTEL AMOVREVX DE TA PERTE,
SVR VNE ESPERANCE PEV VERTE,
QVI COVRTISE L'AME DES ROIS,
LIS DANS CE TOMBEAV QVI L'ENSERRE
POVR ESTRE AV CŒVR DE SAINT FRANÇOIS
QV'IL A QVITTÉ TOVTE LA TERRE.

IL LAISSA LE PAIS DES HOMMES
POVR PRENDRE LA PATRIE DES BIENHEVREVX
LE 5ᵉ JUIN 1633, AGÉ DE 40 ANS.
SON PLVS ASSERVI :
P. D'AVRIL, MEDECIN
A LIMOGES.

(Bibl. Nat., ms. fr. 8230, p. 157.)

Cette épitaphe, de style un peu burlesque, se trouvait aux Cordeliers de Limoges, sur une petite lame de cuivre placée près du grand autel ; elle était surmontée des armes du défunt : de ..... au chevron de ..... accompagné de trois étoiles en chef et d'un château en pointe. (Sur la famille de Villoutreys, on peut consulter A. THOMAS, *Inventaire des archives communales de Limoges*, GG 29, et A. LEROUX, *Inventaire des archives de la Haute-Vienne*, D. 507). Quant à Pierre d'Avril ou d'Apvril, parent par sa mère des Courteys, famille d'émailleurs bien connue, il était né le 3 août 1603 ; il mourut le 13 juin 1675 ; c'était, s'il faut en croire Etienne Borye, curé de Saint-Maurice, qui rédigea son acte de décès, « un homme très sçavant et très expérimenté ». Il était encore jeune quand il écrivit la présente épitaphe : sa jeunesse seule peut la lui faire pardonner. (Voyez *Archives communales de Limoges*, GG. 69 et 84).

Nº 44.   1644, 9 juin.

HEV VARIAE ET INCERTAE RERVM VICES
HIC JACET QVI PRO SVIS CIVIBVS PRO EXTERIS
PRO TOTA REPVBLICA ET PRO REGE IPSO
TAMDIV ET TAM BENE STETERAT,

Simon des Covstvres apvd Lemovicas per novem
Lvstra integra advocatvs regis post expleta in
Onere pvblico difficillima qvæqve post prestitvm pro tota
Provincia regi christianissimo fidelitatis obseqvivm
Post adeptvm ter Lemovicensem consvlatvm post
Traditvm cvnctis efficaciter qvidqvid habvit indvstriæ,
 Et post recepta a Ioanne patre qvæstore generali
Regio a Simone avo in svpremo Bvrdegalensi parlamento
Consiliario et in cvria Lemovicensi præside integerrimo
Ab abavo Simone patrono disertissimo et in vrbe
Lemovicensi sigilli regii cvstode diligentissimo per tria
Fere secvla genealogiæ insignia obiit meritis plenvs
Die nona mensis junii anno Domini 1644, ætatis svæ LXX.
 Anima eivs reqviescat in pace. Amen.

 Hæc piis manibvs
Et in monvmentvm æternæ memoriæ præcepto[ris]
Svi colendissimi discipvlvs obseqventissimvs
Ervditissimi magistri tyro addictissimvs et pro
Dolor patris meritissimi filivs merentissimvs svvs
Iosephvs in cvria Lemovicensi regis consiliarivs appendit.

(Bibl. Nat., ms. fr. 8230, p. 157.)

Limoges, Cordeliers. Cette épitaphe était peinte en lettres d'or sur une table de bois fixée à la muraille, « à main gauche, près du grand autel ». Au-dessus se voyaient les armes du défunt : d'azur au sautoir d'or cantonné de quatre épis de blé. Ce fut ce Simon des Coutures qui composa en 1605 un « *Discours de l'antique fondation de la ville de Limoges et entrée de Sa Majesté en icelle* ». (Voyez *Registres consulaires de Limoges*, t. III, p. 85, et la note.)

N° 45.   1644, 29 août.

JESUS † MARIA
François.

Epitaphe dv venerable
pere Jean La Borie
religievx recolé.

Sovbs cette lame repose le corps dv venerable
Pere Jean Laborie, confessevr, de son vivant
Prestre relig^x recolé, natif de la ville de
Tovlovse, homme de vie très vertvevse et très
Exemplaire, patient, hvmble, zéle, charitable
Et dévot, pendant sa vie aymé et estimé de
Tovs cevx qvi avoient ev le bonhevr de sa
Conoissance, en sa mort regretté de tovt le monde
Et particvlierem^t des habitans de la ville de
Limoges. Et après sa mort avssi bien qve dvrant
Sa vie invoqvé comme vn bon amy et
Fidel servitevr de Diev. Il movrvt en nostre
Seig^r le 22e mars de l'année 1643, agé de
66 ans, de religion 46 et de prestrise 41. Environ
Dix sept mois après son decez, le 29e d'aovst
1644, plvsievrs personnes de merite et de condition
Particvlierem^t affectionez a sa memoire
Obtinrent par levrs devotes importvnitez de
Relever son corps povr le mettre dans vne
Biere de plomb ov il repose et son ame comme
On croit pievsement dans le sein de la divinité.
Reqviescat in pace. Amen.

(Bibl. Nat., ms. fr. 8230, p. 155.)

Limoges, Récollets. Tombe de cuivre plate.

N° 46.   1648.

JEAN DE MAVLMONT ECVYER SEIGN-
EVR DE MAVMOND. 1648.

Cloche du château de Montbrun (Voyez A. LEROUX, *Inventaire des Archives de la Haute Vienne*, D. 335; copie du xviiie siècle.)

N° 47.   1721.

AD LAVDEM OMNIPOTENTIS DEI, BEATISSIMÆ
VIRGINIS MARIÆ ET SANCTI SVLPITII.
PATRINVS FVIT JOHANNES DE CAMPNIAL

DOMINVS DE MAVLMONT. MATRINA DO-
MINA MAGDALENA DE BELMONDE COMES
DE BVSSET. F. M. C. FECIT BARAV. 1721.

Grosse cloche de la paroisse de Dournazac, large et haute de 2 pieds 10 pouces. (Voyez A. Leroux, *Inventaire des Archives de la Haute-Vienne*, D. 335 ; copie du xviiie siècle.)

N° 48.   Sans date.

HIC IACET R. DE PEYROVS CANONICVS
ATQVE CAPELLANVS SancTI SATVRNINI BRIVE
ANIMA CVIVS REQVIESCAT IN PACE. AMEN.

(Bibl. Nat., ms. fr. 8230, p. 170.)

Brive, collégiale de Saint-Martin ; « à gauche, en entrant dans le cloître par la grande porte de l'église ».

CHARTES

I. — *Donation faite aux chanoines de Saint-Etienne de Limoges et à l'évêque Anselme par Fulbert, abbé de la communauté de Saint-Pierre de Limoges, de ses vignes situées au village de Vignols, dans le pays d'Yssandon. — Dernier tiers du IX° siècle. Copie.*

Dum fragilitate humani generis ultimum vitæ subitanea transpositio evenerit, oportet ut non inveniat unumquemque inparatum, nec sine aliquo boni operis respectu migretur a seculo; sed dum suo jure et mente consistit, preparet sibi viam salutis æternæ, per quam ad æternam patriam feliciter pervenire possit. Igitur ego in Dei nomine Fulbertus, levita nec non et abbas beati Petri Limovicensis, tactus divina inspiratione, una pro amore Dei et veneratione prothomartyris Christi Stephani, ob remissionem fascinorum meorum, cedo fratribus prefati martyris Limovicensis, scilicet senioris canonice (*sic*) ubi domnus ac venerabilis Anselmus pontifex (1) preesse videtur, sponte tam illis qui nunc in jam dicto divinas atque debitas laudes videntur referre quam etiam ipsis quique futuri in eodem loco successores erunt illorum, vineas meas, scilicet terciarias quæ sunt in fundo Exandonico (2) in villa Vinogilo, in loco quod vocatur Clavarias: et sunt arpendi VIII, tres de consanguine meo Fulcherio, et alios V de heredibus quorum hæc sunt nomina: Audinus et Ramnaldus, Teodericus quoque ac Siginus, Ebrardus et Georgius, Ermenricus namque et Arnaldus, nec non et Gairaldus. Ipsa vinea cedo fratribus jam prenominatis, ut illis augmentum prestet auriendi proprio potu in commune. Est enim ipsa vinea omnimodis partibus prenominati martyris fratribus terræ circumsepta; et volo ut per cuncta secula insuper stipendio, ut dictum est, prenominatorum canonicorum indultam ac condonatam quantum mea potestas esse et dominatio videtur, ita ut annis singulis ad annualem meum cum debitis laudibus memoriam non desinatis habere. Si quis vero, ego, emutata voluntate mea, aut ullus ex heredibus ac pro heredibus meis, seu quilibet ulla opposita per-

(1) Évêque de Limoges depuis 869, mort vers 898.
(2) Yssandon, arr. de Brive, Corrèze.

sona qui contra hanc condonationis cartulam insurgere, aut etiam refragare conaverit, primo trinæ majestatis iram incurrat, et postea Judæ proditoris similis existat, ac secundum sæculi pœnam auri libras II cogatur inferre, et quod petit nullatenus valeat vindicare, sed presens scedula meis vel bonorum hominum manibus roborata maneat, cum stibulatione adnexa. Fulcbertus quamquam inutilis abba, quia hanc condonationem fecit, scripsit et recognovit.

(Bibl. Nat., coll. Moreau, t. II, f° 94. *Ex cartul. eccles. Lemov.*, f° 16 r°. Copie d'Aug. Bosvieux, d'après une copie de Dom Col.)

II. — *Donation de la moitié de l'église Saint-Sauveur, près Bellac, et de ses dépendances, faite au monastère de Saint-Martial de Limoges par Geoffroy du Breuil et ses fils.* — Entre 1063 et 1086. Orig. Sc. perdu.

In nomine Domini, anno ab incarnatione ejusdem Domini nostri Jhesu Christi, notum sit cunctis presentibus et futuris quod Gausfredus *del Brol* et filii ejus Aimericus videlicet et Helias necnon et Helias frater ejus dederunt et w[u]rpiverunt (1) Deo et sancto Marciali medietatem aecclesiae sancti Salvatoris que prope castrum de Bellaco (2) sita est, quicquid ad medietatem feui presbiterorum pertinet et duos ortos ad eandem aecclesiam et quinque sextairadas de terra juxta aecclesiam ad Brociam. Hoc fecit cum consensu et voluntate Aimerici *de Reses* et matris sue, de quo habebant ipsam aecclesiam in feuo. Hoc donum et wurpicionem fecerunt Gausfredus et filii ejus Aimericus scilicet et Helias necnon et Helias frater ejus et Aimericus *de Reses* beato Marciali et monachis ejus pro redemptione et remissione peccatorum suorum et parentum suorum, ut habeant et possideant in perpetuum absque ulla calumpnia. Predicta vero aecclesia alodus fuit antiquitus beato Marciali; sed propter incuriam abbatum secularium a dominio beati Marcialis aliena jamdudum facta fuerat. Testes vero hujus donacionis quam fecit Aimericus *de Reses* sunt isti : Bernardus de Quadruvio, archi-

(1) Quelques lignes plus bas, le texte porte très lisiblement *wurpicionem*.
(2) Bellac, ch.-l. d'arr., Haute-Vienne; l'église de Saint-Sauveur, autrefois église paroissiale, a été détruite au siècle dernier. (Voy. Roy-Pierrefitte, *Hist. de Bellac*, p. 115.) Mais comme cette église, d'après Nadaud, était à la nomination du chapitre du Dorat, ce n'est pas d'elle qu'il doit s'agir ici, mais de La Croix. (Voyez plus loin, la charte n° IV.)

presbiter, et Aimericus Catardus et Ramnulfus mo[nachi]. Donum vero quod fecit Gausfredus et filii ejus audierunt Helias, Arnaldus et Petrus, judex et Ramnulfus, mo[nachus]. Hoc donum fecit Gausfredus *del Brol* in presencia domni Ademari, abbatis, qui eo tempore abbaciam sancti Marcialis strenue gubernabat, Philippo rege Francorum vivente et Wilelmo duce Aquitanorum extante, ac Domino nostro Jhesu Christo in perpetuum regnante, qui cum Patre et Spiritu sancto vivit et regnat unus tres per cuncta secula seculorum. Amen.

(Au dos) : Carta Gausfredi *del Brol* de æcclesia sancti Salvatoris.

(Arch. dép. de la Haute-Vienne; fds de S. Martial, n° provisoire H. 9184.)

III. — *Sauvegarde accordée par Eudes de Déols aux habitants de Saint-Marien et d'Aureil, en considération des églises des dits lieux. — Vers 1091. Orig. Sc. perdu.*

Notum sit omnibus hominibus tam futuris quam presentibus quod ego O. de Dol[is] pro salute anime mee et parentum meorum dono et concedo ecclesie sancti Mariani (1) et sancti Johannis Aureliensis (2) talem libertatem quod infra cruces nemo nec sua in villa sancti Mariani non capiantur. Si forte mei milites, aut mei prepositi, vel mei famuli, vel alii aliquo forifacto vademonia in villa cepissent, vii dies in villa jurata permaneant, tali pacto quod prior sancti Mariani recte faciat vel vadimonia reddat. Hujus rei testes sunt Herbertus *Floaud*, Giraudus de Solario, Stephanus *Viger*, Gauterius prior sancti Mariani, in cujus manu hoc factum fuit.

(Arch. dép. de la Haute-Vienne, série D. 966.)

IV. — *Reddition de l'église de La Croix, près Bellac, au monastère de Saint-Martial, par les chevaliers qui l'avaient usurpée. — 1098. Orig. Sc. perdu.*

Cunctis presentibus et futuris notum fieri cupimus quia est quaedam aecclesia in honore sancti Salvatoris, que vulgo vocatur de Cruce (3), de Bellaco castello fere quatuor milibus distans, que fuit antiquitus sancto Martiali Christi discipulo dominius (*sic*)

(1) Saint-Marien, arr. de Boussac, Creuse.
(2) Aureil, près Limoges. Le prieuré de ce lieu avait dans sa dépendance celui de Saint-Marien. Voy. *Invent. des Arch. de la Hte-Vienne*, série D.
(3) La Croix, comm. du canton du Dorat, à 8 kilom. de Bellac.

alodus. Postea autem, per incuriam rectoris sancti MARTIALIS et
per insolenciam pravorum hominum qui illam per violenciam
diripuerunt, ablata est olim a potestate monachorum sancti MAR-
TIALIS. Post multorum denique curricula annorum, favente
Christi gracia, recognitum est rectum saucti Martialis a militibus
quibusdam qui illam tenebant. Qui Dei pietate commoti culpam
suam recognoscentes reddiderunt predictam aecclesiam sancto
MARTIALI et ex toto dimiserunt. Milites vero, qui istam aecclesiam sancto MARTIALI reddiderunt, fuerunt isti : Primus quoque
Stephanus, princeps *de Magnac*. W[u]rpivit ipsam aecclesiam Deo
et sancto Marciali et monachis ejus et quicquid in prefata aecclesia predicti monachi de feualibus suis poterant adquirere. Hoc
concessit, audientibus subscriptis testibus, Aldeberto Boterio et
Ratbo Garnerio et Giraldo Ausberto ; eodem modo Abbo Raterius
quicquid habebat in prefata aecclesia simili modo sancto MAR-
TIALI w[u]rpivit; et si monachi sancti MARTIALIS in ipsa aecclesia
de feualibus suis aliquid possent adquirere, similiter concessit,
audientibus Rotgerio presbitero *de Arnac* et Bertone *de la Brugeira* et Umberto *Brunet de Valris*. Post istos vero Raimundus
de Fauras et Gaufredus *del Brol* et uxor ejus, qui tenebant ipsam
aecclesiam, w[u]rpiverunt illam saucto MARTIALI et monachis
ejus, et ex toto dimiserunt illam in perpetuum possidendam. Si
aliquis homo in ipsa aecclesia aliquid habebat de istis militibus,
hoc totum sancto MARTIALI nichilominus concesserunt, audientibus
subscriptis testibus Elia *de Brol* et Giraldo *de Blau* et Gausberto
Rubio et Bertone *de la Brugeira* et Gauterio *Bastenc* et Ramulfo
monacho. Si quis hanc w[u]rpicionem sancto MARTIALI et monachis ejus calumpniare presumserit, extraneus sit ab hereditate
celesti. Acta sunt autem hec anno ab incarnacione Domini millesimo XCVIII, indictione VI, regnante Philippo rege Francorum
et Willelmo episcopo in sede Lemovicensi presidenti, domno
Ademaro abbate abbaciam sancti MARCIALIS strenue gubernante.

(Au dos) : Carta de ecclesia sancti Salvatoris, que vocatur de Cruce.

(Arch. dép. de la Haute-Vienne ; fds de S. Martial, n° provisoire
H. 9184.)

V. — *Donation faite à l'abbaye de Saint-Martial par Aimeric, vicomte
de Narbonne, partant pour la Terre-Sainte, de l'étang de Contesse,
sis* in villa Judaica. — *1100 (n. st. 1101). Orig. Sc. perdu.*

In Dei nomine notum sit omnibus hominibus quod ego Aimericus, gracia Dei vicecomes Narbone, volo ire ad sanctum sepul-
crhum (*sic*) Domini ; et propter remedium animae meae et patris

mei atque parentum meorum dono ego et uxor mea **Mealtis** et infantes nostri Deo et sancto MARTIALE (*sic*) illum stagnum ubi dicitur *de Contesa*, que est in territorio de villa Judaica, totum quantum nos ibi habemus et habere debemus. Sic donamus nos suprascripti donatores sancto MARTIALI et omni sue congregacione (*sic*), ut habeant et teneant ad proprium alodem (*sic*) omni tempore, tali namque tenore ut nemo ex illis nec abbas neque monachus non habeat licentiam vendere nec alienare, sed omni tempore teneant monachi sancti MARTIALIS. Petrus Bernardus et filius ejus *Sterballe* de hoc stagno et habent et tenent retrodecimum de sancto MARTIALE et de congregacione ejus. Est autem manifestum quod Radulfus, prior de Podio-Moloni (1), adquisivit hoc de

(1) Ce prieuré, dépendant de l'abbaye de Saint-Martial de Limoges, paraît avoir été fondé au xie siècle. Il est nommé, pour la première fois, dans une bulle du pape Urbain II, donnée en 1097 et publiée par Baluze (*Miscellanea*, édit. de LECQUES, t. II, p. 178) : *In Biterrensi* (diocesi) *ecclesias de Laurenc et de Paimolo; in Narbonensi ecclesiam sancti Cassiani.* Rien, toutefois, dans ce passage ne dénote que le monastère limousin eût établi une communauté, à cette date de 1097, dans ses possessions de l'extrême midi. En 1156, une bulle d Adrien IV mentionne expressément *Paimolo* comme étant une église conventuelle : *In Biterrensi pago, ecclesiam de Laurent cum appendiciis suis;* MONASTERIUM *de Poimole cum appendiciis suis; in Narbonensi, ecclesiam sancti Cassiani.* (*Mélanges mss.* de l'abbé LEGROS, au Séminaire de Limoges, t. III. p. 96.) Enfin, dans le pouillé sommaire qui figure au nombre des pièces jointes à l'édition des *Chroniques de Saint-Martial*, donnée par M Duplès-Agier (p. 321), on relève un passage attestant que l'abbaye entretenait encore à cette date deux religieux à *Poimolo* et qu'un moine résidait à Laurens : *in pago Biterrensi, Poimolo, ij* (monachi), *Laurens, j.*

Les pouillés d'une époque postérieure se bornent à mentionner « le » prieuré de Laurent, au diocèse de Béziers ». L'abbé Roy de Pierrefitte signale ce prieuré dans ses *Monastères du Limousin;* mais il écrit *Saint-Laurent* au lieu de *Laurent*. A partir du xve siècle, on ne peut retrouver aucune trace des possessions de Saint-Martial dans les diocèses de Narbonne et de Béziers, et on ignore à quelle époque et dans quelles circonstances elles furent perdues par l'abbaye.

Un acte daté du 8 des calendes de juin 1303 et existant aux Archives de la Haute-Vienne (fonds de Saint-Martial, pièces non classées), fournit quelques renseignements sur ces diverses églises et consacre un premier changement apporté à l'état de choses signalé par les bulles d'Urbain II et d'Adrien IV. Il s'agit de conventions entre l'évêque de Béziers, d'une part, l'abbé de Saint-Martial et le monastère de l'autre, au sujet des membres dépendant de l'abbaye. Il résulte de cette pièce que plusieurs traités sont déjà intervenus entre les deux parties. Pour mettre fin à des difficultés sans cesse renaissantes, le procureur de l'abbé et du couvent déclare remettre à l'évêque de Béziers le prieuré de Saint-Martial *de Podio Molono,* l'église

Aimerico et de uxore sua et filiorum (*sic*) ejus. Facta carta istius donacionis III° nonas martis, anno ab incarnacione Domini mille-

de Belinhano au diocèse de Béziers, et celle de Saint-Cassien au diocèse de Narbonne qui dépendaient dudit prieuré. Le prélat cède en retour au monastère, du consentement du chapitre, les droits que les chanoines et lui-même possèdent depuis longtemps, *ab antiquo*, sur « l'église ou prieuré » de Saint-Jean *de Laurenchis*. Il cède également l'église de Saint-Geniès *de Gradano*, consent à son union au prieuré de Saint-Jean, abandonne les dîmes et revenus qu'il perçoit ou peut réclamer sur les deux églises et leurs dépendances, reconnaît enfin à Saint-Jean les mêmes droits, les mêmes libertés, la même indépendance dont jouissait naguère Saint-Martial *de Podio Molono*.

Il n'est pas difficile de reconnaître, dans Saint-Jean *de Laurenchis*, Saint-Jean de Laurens, commune de Laurens, canton de Murviel, arrondissement de Béziers, et, dans Saint-Geniès *de Gradano*, Saint-Geniès de Grezan, ancien chef-lieu d'une commanderie de Saint-Jean de Jérusalem, aujourd'hui simple ferme de la commune de Laurens. *Belignan*, mal lu par nous ou mal orthographié par les copistes de l'acte, serait, selon toute probabilité, Saint-André de Bétignan, non loin de Murviel. C'est du moins l'avis de M. Noguier, secrétaire de la Société archéologique de Béziers, à l'obligeance duquel nous avons eu recours. Mais ni M. Noguier, ni M. de La Pijardière, archiviste de l'Hérault, à qui nous nous sommes adressé, n'ont pu nous fournir aucun renseignement précis, ni sur Saint-Martial *de Podio Moloni*, ni sur Saint-Cassien, ni sur l'étang de *Contesa*, ni sur la *villa Judaïca*.

Il ne serait pas impossible toutefois, d'après M. de La Pijardière, d'identifier *Poimolo* avec Puymisson, localité du canton de Murviel; mais il y aurait à cela une difficulté : le patron de l'église Puymisson était, quelques années du moins avant la Révolution, Saint-Martin et non Saint-Martial. — Après de minutieuses recherches dans le *Dictionnaire des postes*, nous avions relevé deux noms de localités qui nous semblaient pouvoir se rapporter à l'ancien prieuré possédé par le monastère de Saint-Martial, du XI° siècle au mois de mai 1303 : Saint-Martial de Pardailhan, commune de Pardailhan, arrondissement de Saint-Pons (Hérault), et Saint-Martial del Puech – *de Podio* — commune de Burlats, arrondissement de Castres (Tarn). Nos correspondants n'ont pas adopté notre manière de voir. Cependant le nom du dernier de ces lieux dits rappelle singulièrement celui de notre prieuré. Il ne nous semble pas probable que la *villa Judaïca* mentionnée dans notre titre de 1100 soit le village ou hameau des Jouys, commune de Pradelles, arrondissement de Carcassonne. Cette localité, néanmoins, est la seule de la région, à notre connaissance, dont le nom offre quelque analogie avec celui que nous cherchons à identifier.

Quant à l'étang de *Contesa*, il ne nous est même pas possible de formuler une hypothèse sur sa situation ; les changements très considérables qu'a subis depuis huit siècles le littoral de la Méditerranée dans ces parages laissaient du reste à nos recherches sur ce point bien peu de chances de succès. [L. G.]

simo C°, regnante rege Philippo. S[ignum] Aimerici et uxori (*sic*) ejus et filiorum ejus, qui hoc fieri jussi sunt et firmare rogantur. S[ignum] Raimundi Stephani. S[ignum] Raimundi Biterrensis. S[ignum] Ugoni de Villa-nova. Signum Petri Ermengaudi.

(Au dos): Carta Aimerici de Narbona de stagnum (*sic*) qui vocatur de Contessa, in villa Judaica.

(Arch. dép. de la Haute-Vienne; fds de S. Martial, n° provisoire H. 7781.)

VI. — *Donation faite par S. Gaucher au prieur de Saint-Léonard, de l'église et de la terre du Cheyssou.* — *Vers 1100. Chirographe. Sc. perdu.*

Notum sit omnibus fidelibus tam presentibus quam futuris canonicos sancti Leonardi et canonicos sancti Johannis Aurelii de aecclesia et de terra *de Chaisso* (1) hanc constitutionem inter se perpetuo mansuram fecisse : prior namque Aureliensis Gaucherius cum sibi subjectis fratribus donavit et concessit quicquid sibi jure competebat in aecclesia et terra *de Chaisso* sancto Leonardo, Atoni priori et fratribus ibidem Deo servientibus, tali pacto ut clericus sancti Leonardi qui ipsam aecclesiam tenuerit canonicis sancti Johannis unoquoque anno, die nativitatis sanctae Mariae xx solidos reddat. Et si reddere distulerit, canonici sancti Johannis priori sancti Leonardi, qui eo tempore fuerit, demonstrent. Quod si et ipse reddere noluerit transactis quadraginta diebus, quod ibi prius habebant quasi suum totum integre canonici sancti Johannis possideant. Si vero..... [sancti Leo]nardi calumpniam intulerit, canonici sancti Johannis sine ullo sumptu in curiam veniant et..... quod eis inde competit coram omnibus dicant et sancto Leonardo quantum potuerint garire contendant. Hujus [concession]is et donationis facte per manus domni Gaucherii, prioris Aureliensis, et domni Atonis, prioris sancti [Leonardi, tr]aditores fuerunt Aimericus et Petrus *de Bojalou* et Rotgerius Balerius et alii quamplurimi cano[nici sancti Leonar]li et Gaufredus *de Fundom*, canonicus sancti Bartolomei (2), Audebertus et Petrus Gaucelmus et Petrus Brunus et alii quamplurimi canonici sancti Johannis Aureliensis, Ursetus, Geraldus, Gaucelmus, Bernardus, de Monasterio; Gaucelmus, Alamandus, isti sunt laici.

(Arch. dép. de la Haute-Vienne, série D. 775.)

(1) Cheissou, comm. de Bujaleuf, arr. de Limoges.
(2) Chanoine de Bénévent-l'Abbaye, Creuse, dont l'église collégiale était dédiée à Saint-Barthélemy.

VII. — *Arrentement sur le mas Chabot en faveur de l'église d'Aureil.* — Vers 1100. Orig. Sc. perdu.

Venerabili avunculo suo priori Exaudunensi (1) et omnibus capellanis per terram G. *de Duno* constitutis et militibus .... Duno, salutem. Presencium vobis significatione notum fieri volo quod ego in presentia G. de Garacto, Bituri[censi..... pro anima] mea et animabus patris et matris et aliorum amicorum meorum, dedi et concessi ecclesie beati Johannis apostoli et evangeliste de [Aurelio..... frumen]tarii de manso *Chabot*. Gauterius et Petrus *deu Cheir* bladum in campo dividant et postea canonici pa....... Et nolo quod dominus *de Duno* habeat in domo istorum prae[ter ...... solidos in unaquaque tallia, II solidos et duos sextarios avene et unum siliginis et gallinam; et Petrus *Cornils* XII denarios et unum sextarium avene et unam gallinam; et Gir[aldus] *Cornils* unum sextarium avene et gallinam et XII denarios; similiter omnes alii homines mei ex parte mea, non ex parte uxoris que in terra illa v[ive]t. Si me mori contigerit in hac via, hoc tantum reddant. Et ut firmum sit et inconcussum sigillo meo consignavi.

(Arch. dép. de la Haute-Vienne, série D. 952.)

VIII. — *Don du Puy-Manteau à l'église de Chambon Sainte-Croix.* — Vers 1100. Orig. Sc. perdu.

Notum sit omnibus presentibus et futuris quod Willelmus Aubertus, dominus *de Malaval*, post mortem Alberti fratris sui dedit Deo et sancte Cruci et ecclesie *de Chambon* (2) Guidonique, priori Aurelii, et Aimerico de Brolio, tunc temporis priori *de Chambon*, tam pro anima fratris sui Alberti quam pro sua omniumque parentum suorum, villam de Podio-*Mantel* (3); dedit, inquam, villam et ville terram et prata et nemora et aquas et quicquid ville pertinebat et heredes qui in terra sunt, vel extra terram, vel postea in terra futuri sunt; dedit etiam filios Armenjardis de Podio-*Mantel*, scilicet B. et P. et P. *lo Comte*. Sciendum tamen quod ville hujus medietas pertinebat Willelmo qui Malachara appellatur (4). Pro qua Willelmus Albertus fecit ei commutationem; et alios redditus ei dedit pro quibus ipse W[illelmus] Malachara

(1) Issoudun, arr. d'Aubusson, Creuse.
(2) Chambon Sainte-Croix, arr. de Guéret, Creuse.
(3) Auj. Puy-Manteau, comm. de La Celle-Dunoise, arr. de Guéret, Creuse.
(4) De ce surnom de *Malachara* dérive le nom actuel de la commune voisine de Moutier-*Malcard*, canton de Bonnat, Creuse.

sibi satisfactum esse dixit; et predictam elemosinam gratanter dedit et concessit per omnia, sicut W[illelmus] Albertus cognatus ejus fecerat; et sic ambo hanc elemosinam dederunt et concesserunt Deo et prefate ecclesie, ac canonicis ibidem Deo servientibus, omnia ex integro, quicquid in predicta villa habebant; scilicet quicquid de foedis suis poterunt acquirere, libenter dederunt et concesserunt hec omnia sine ulla retentione in perpetuum. Insuper et Johannes *del Cros* famulus Willelmi, volente domino suo, quictavit et dedit in elemosinam Deo et sepedicte ecclesie quicquid in prefata villa *de Poi Mantel* habebat de domino suo aut per se vel per uxorem suam, et quicquid ibi querebat causa prefecture vel famulatus. Praeterea Willelmus Aubertus dedit Deo et ecclesie *de Chambo* in elemosinam II sestarios de siliginis (*sic*) in villa *de Godoneschas* annuatim reddendos in perpetuum. Qui hec omnia promisit et concessit defendere et quictare ab omnibus qui super his aliquam calumniam fecerint in propriis impensis et sine impensis canonicorum. Et ne quid in hac villa esset quod omnino liberum non esset, R. *Palasteus* comandam II denariorum quam in B. *de la Rocha* habebat quictavit et dedit Deo et sancte Cruci. Post hoc autem donum ipse Willelmus Albertus juravit super sanctam et reverendam crucem quod ipse villam *de Chambo* manuteneret pro posse suo et nec per se, nec per alium infra terminos sancte Crucis quicquid mali faceret nec in pace nec in guerra fieri consentiret. Et quisquis infra terminos sancte Crucis aut in pace aut in guerra diverteret nec per se, nec per alium de quo illum defendere posset, quicquam mali pateretur. Hoc itaque totum factum est in manu Guidonis, prioris Aurelii. Horum omnium testes sunt Archembaudus, Albertus Prati-benedicti, Gaufridus de Cella, Johannes *Linois* Montis-Albe, Aimericus de Brolio, P. *Acharz*, canonici Aurelii, R. *Palasteus,* R. *de Leront,* Ademarus de Petra-Cuberta et alii quamplures.

(Arch. dép. de la Haute-Vienne, série D. 876.)

IX. — *Donation faite par Gui de Périgord, fils de Hugues de Lastours, au monastère de Saint-Martial de divers biens sis dans la paroisse de Rilhac, sous certaines réserves.* — *1102. Orig. Sc. perdu.*

Notum volumus fieri posteris quod Guido de Petragorico, filius Hugoni de Turribus, quacunque morte preventus fuisset, donavit Deo et sancto Marciali boscum *d'Aurenz* et villam que dicitur mansus *Guinamar,* cum stagno et molendinis, vineas quoque

que sunt juxta castrum de Turribus et iiii^{or} bordarias ar*Rialac* (1) tali convenientia ut si sine legitimo filio vel filia mortuus fuerit, hoc totum liberum remaneat beatissimo Marciali. Si vero legitimum filium vel filiam habuerit, harum omnium rerum medietas nichilhominus in dominium ejusdem beati Marcialis [de]veniat et ejus monachi jure perpetuo possideant. Ut autem hec concessio minime oblivioni traderetur, in vita sua concessit in molendinis ii^{os} sextarios de sigula et in boscum iiii^{or} de avena. Hanc donationem obtulit predictus Guido beato presuli Marciali et monachis [ejusdem] super ipsius altare, anno ab incarnatione Domini millesimo C° II°, temporibus domni Ademari [abbatis], adstantibus cum eo fratribus Luone, viro clarissimo tunc temporis priore, et Aimondo [..... et] Aimirico, capellano et Gaufredo *de Cambon* et Arberto, vicario et Giraldo Rotgerio, cujus consilio hoc patravit. Si quis hoc donum infringere vel calumpniari presumpserit, iram Dei omnipotentis incurrat.

(Arch. hospitalières de Limoges, série B., paroisse de Rilhac-Lastours.)

X. — *Donation de l'église d'Eyjeaux à l'église d'Aureil par Bernard de Mairans.* — *Entre 1106-1137* (2). Orig. Sc. perdu.

Bernardus *de Mairans* timens periculum animae suae et animae patris sui donavit Deo et sancto Johanni aecclesiam *de Ejau* (3) et feudum presbiterale, quantum potest laicus homo dare pro liberatione animae suae et animae patris sui. Quod donum ego Fulcherius, filius Bernardi *de Mairens*, sciens, ego et fratres mei Gaucelmus et Bernardus et Gaucelmus *Pigmaurs* et Aimericus Gaucelmus qui habent sorores meas, cum aliis amicis nostris venimus in Aurelium et intravimus in capitulum sancti Johannis et donavimus et concessimus donum quod fecerat pater noster Deo et sancto Johanni, [scilicet] predictam aecclesiam et feudum presbiterale ejus pro libertate animae nostrae et patris nostri et aliorum parentum nostrorum, ita ut deinceps canonici tranquille et pacifice possideant. Quod si aliquis aliquam injuriam et calumniam eis vellet inferre, ego et fratres mei, secundum posse nostrum, adjutores et defensores erimus; et ne aliquid inde auferre

(1) C.-à-d. à Rilhac. — Il s'agit de Rilhac-Lastours, arr. de Saint-Yrieix, Haute-Vienne.

(2) Voy. plus loin, sous le n° XIV, une confirmation de cet acte, de laquelle résulte que la donation fut faite sous l'évêque Eustorge.

(3) Eyjeaux, près Limoges.

possint, tota fortitudine contradicemus. Si autem eveniret quod canonici racionabiliter in placito hoc donum quod fecimus eis portare non possent, nos in nostram possibilitatem nobis retinemus, nulli alii dantes quod illi quibus dedimus recte possidere non possent. Testes sunt Geraldus de Joviniaco, Bernardus presbiter de sancto Genesio et Gaucelmus frater ejus, Petrus de Aurelio, Rotgerius clericus, Petrus Rainaldus.

(Arch. dép. de la Haute-Vienne, série D. 664.)

XI. — *Confirmation du don de l'église de Corrèze fait au prieuré d'Aureil* (1). — *Vers 1130. Orig. Sc. perdu.*

Ego Eustorgius, gratia Dei Lemovicensis episcopus, dono et concedo et confirmo donum quod antecessor noster domnus Petrus, Lemovicensis episcopus (2), fecerat Deo et sancto Johanni de Aurelio perpetuo possidendum, hoc est aecclesiam de Corresia et feudum presbiterale et decimam, salva dominatione Lemovicae sedis. Hoc donum factum est in capitulo, presente omni conventu fratrum et presentibus Helia, archidiacono et Aimerico de Monte et aliis pluribus qui erant in capitulo cum episcopo.

(Arch. dép. de la Haute-Vienne, série D. 910.)

XII. — *Concordat passé entre le prieur d'Aureil et l'abbé de Tourtoirac, touchant le prieuré de Saint-Agnan' et son annexe d'Hautefort, par la médiation des évêques de Bordeaux, Saintes, Angoulême et Périgueux réunis au synode provincial de Bordeaux.* — *1138. Orig.* (3) *Sc. perdu.*

Ego G[aufredus], Dei gratia Burdigalensis dictus episcopus, tam futuris quam presentibus, notum curavi fieri quod querela inter Tusturiacensem (4) aecclesiam et Aurelianensem diutis-

(1) Cette donation fut confirmée une seconde fois par Gérald, évêque de Limoges, en 1170. Cf. ci-dessous, n° XX.
(2) Il s'agit de Pierre II, qui fut évêque de Limoges de 1100 à 1104.
(3) Une copie du xviiie siècle, antérieure à la détérioration de l'original, nous a permis de combler les lacunes, malgré les erreurs de transcription dont cette copie est elle-même émaillée. — Voy. aussi au Cartulaire d'Aureil, f° 25 r° (D. 656 des Arch. dép. de la Haute-Vienne) une transcription de cet acte.
(4) Tourtoirac, arr. de Périgueux, Dordogne.

sime ventilata et habita pro aecclesia beati Aniani (1) et capella Alteforensi (2), Dei disponente providentia ad hunc finem devenit: convocato siquidem et coadunato apud Burdigalensem metropolim coepiscoporum et abbatum et religiosorum provincie civitatis ejusdem synodali conventu, abbas Tusturiacensis in communi omnium audientia clamorem suum adversus priorem exposuit et litterarum munimenta quae habebat in medium protulit et multis ac multimodis narrationibus predictas aecclesias esse sui juris et aecclesie Tusturiacensis asseruit. Prior antem Aurelianensis econtra aeque firmis objectis assertionibus tum per diutinam possessionem quam inde habuerat, tum per cartularum approbationem partem suam tuebatur et eas prenominatas aecclesias sui juris esse et fuisse proprias affirmabat. Tandem ante datam judicii sententiam, divina quae pacificis semper adest miserante misericordia, hanc concordiam et pacem abbas et prior habuerunt, scilicet ut Aureliensis aecclesia deinceps singulis annis barbarinensis monetae, vel si illa caderet, mediate monetae x solidos abbati et fratribus Tusturiacensibus in capitulum eorum deferendos censualiter redderet in unaquaque quinta feria cenae Domini pro eisdem aecclesiis, et has aecclesias libere ac quiete et absque alio servicio Tusturiacensi aecclesiae amplius faciendo aecclesia Aurelianensis haberet et possideret. De sepultura autem sicuti preteritis temporibus tenebatur ita deinceps teneatur. Facta est autem haec cartula anno ab incarnacione Domini M. C. XXX. VIII., nostrae vero promocionis anno secundo, regnante Ludovico rege Francorum et duce Aquitanorum.

Ut igitur rata et firma et inviolabilis hec concordia perseveraret, ego G[aufredus], Burdigalensis aecclesiae dictus episcopus, sigillo meo hanc cartulam muniri feci et huic concordiae et paci ita factae interfui et vidi et audivi et subscripsi. Ego G[uillelmus], Xantonensis episcopus, interfui et vidi et audivi et subscripsi. Ego L[ambertus]. Engolismensis episcopus, interfui et vidi et audivi et subscripsi. Ego G[uillelmus], Petragoricensis episcopus, interfui et vidi et audivi et subscripsi (3).

Signum XXX archiepiscopi. Signum † Xantonensis. Signum † Engolismensis. Signum † Petragoricensis.

(Arch. dép. de la Haute-Vienne, série D. 943.)

(1 et 2) Saint-Agnan, comm. d'Hautefort, arr. de Périgueux, Dordogne.
(3) Interfuit (dictus eps. Petrag.) synodo Burdegalensi cum Vasconiæ archiepiscopis et præsulibus, in causa monasterii Genevensis. (*Gallia christ.*)

XIII. — *Promulgation faite par l'évêque de Limoges de l'accord intervenu entre le prieuré d'Aureil et l'abbaye des Allois, au sujet de la propriété du lieu dit des Allois. — Entre 1140 et 1158* (1). Orig. Sc.

Ego G[eraldus], Dei gracia Lemovicensis episcopus (2), tam futuris quam presentibus notum fieri curavi quod querela inter priorem Aureliensem et sanctimoniales de Alodio pro ipso loco de Alodio diu ventilata et habita ad hunc finem devenit : Willelmus siquidem prior Aureliensis ipsum locum de Alodio suum et de jure Aureliensis aecclesiae esse dicebat, quodque sanctimoniales illae sub obedientia illius esse deberent multis assercionibus assedrebat. Illae vero econtra modis quibus poterant partem suam defendere conabantur, dicentes se in proprietate sua manere et absque obedientia prioris Aureliensis esse debere. Tandem, divina quae pacificis semper adest miserante misericordia, convenerunt adinvicem prior scilicet et sanctimoniales illae ut in manu dilecti filii nostri J., abbatis Stirpensis, pro hac controversia omnino se ponerent, et quod illae inter ipsos disponeret, susciperent et irrefragabiliter observarent. Abbas itaque his auditis racionibus, cum consilio aecclesiae suae, convocatis aeciam religiosis personis, in partem cedens habuit consilium ut Stephana, priorissa de Alodio, xII^{cim} denarios priori Aureliensi pro ipso loco singulis annis in festivitate sancti Johannis deferendos censualiter reddat et ei obedientiam promittat, hoc modo ut, si in aliquo modum sui ordinis excesserit, secundum racionabile arbitrium prioris emendet; qua defuncta, sanctimoniales de Alodio secundum Deum eligendi sibi et substituendi priorissam liberam habeant facultatem; priorissa vero juxta modum superius prescriptum obedienciam priori Aureliensi promittat.

Huic vero composicioni adfuerunt I., abbas Stirpensis (3), abbas Bone-Vallis (4), abbas Prati Benedicti (5), domnus abbas sancti Marcialis, abbas Sollempniacensis (6), Elias *de Gimel* archidiaconus, Ugo archipresbiter, Simon archipresbiter; de canonicis

(1) M. Roy-Pierrefitte (*Monastères du Lim.*, art. *Allois*) fixe la date de cet acte entre 1138 et 1179; mais Guillaume, prieur d'Aureil, étant mort vers 1158, il est possible de réduire de vingt années l'intervalle des deux dates.
(2) Il s'agit de Gérald II qui occupa le siége de Limoges de 1138 à 1177.
(3) Lesterps, arr. de Confolens, Charente.
(4) Bonnevaux, près Lusignan, arr. de Poitiers, Vienne.
(5) Prébenoit, comm. de Bétête, arr. de Boussac, Creuse. L'abbaye fut fondée en 1140.
(6) Solignac, près Limoges.

Aureliensibus cum priore : Petrus Matheus, Stephanus *Quinsac*, G. Audemari. Hanc acciam concordiam prior et priorissa in manu nostra ratam habuerunt et se inviolabiliter tenere promiserunt. Ut igitur firma et inviolabilis inter eos et subsequaces eorum haec concordia perseveret, ego G., Dei gracia Lemovicensis episcopus, hanc cartulam composicionis auctoritate sigilli nostri munivi.

(Arch. dép. de la Haute-Vienne, série D. 658.)

XIV. — *Confirmation faite par l'évêque de Limoges du don de l'église d'Eyjeaux à l'église d'Aureil* (1). — *1141. Orig. Sc. perdu.*

IN NOMINE summae et individuae Trinitatis, ego Geraldus, Lemovicensis aecclesiae humilis minister, tam presentibus quam venturis in perpetuum. Quoniam a predecessore nostro recolendae venerationis Eustorgio episcopo comperimus aecclesiam *de Esjau*, in cujus parrochia aecclesia Aureliensis in honore sancti Johannis evangelistae fundata est et religione decorata, concessam ipsi Aureliensi aecclesiae, ea propter nos consilio quorundam clericorum nostrorum videlicet Ademari *de Chareiras*, ipsius aecclesiae archidiaconi, Ramnulfi *de Garag* archidiaconi, Guaucelmi Aranaudi archipresbiteri jam dictae aecclesiae et nostrae sedis canonici, Petri Baratoni cancellarii nostri, nichilominus concessimus et donum quod de prefata aecclesia predecessor noster aecclesiae Aureliensi fecerat, firmum et illibatum permanere in perpetuum statuimus, salvis tamen per omnia justiciis nostris et redditibus episcopalibus. DATUM Lemovicis, anno incarnationis dominicae M° C° quadragesimo primo, indictione III. Ego Geraldus, Lemovicensis episcopus, subscripsi †. Ego, Ademarus archidiaconus, subscripsi †. Ego, Ramnulfus archidiaconus, subscripsi †. Ego, Guaucelmus archipresbiter, subscripsi. Ego, Petrus Baratonus, subscripsi †. Ego, Petrus Laurerii archidiaconus †.

(Arch. dép. de la Haute-Vienne, série D. 664.)

XV. — *Promulgation faite par l'évêque de Limoges de l'hommage rendu par Aimeric d'Aixe à l'abbé de Solignac, à cause du château d'Aixe, avec reconnaissance d'un certain cens.* — *1149. Orig. Sc. perdu.*

Sicut injusta petentibus nullus est tribuendus assensus, ita quidem justis peticionibus citi[us est tribuendus] affectus. Id-

(1) Voy. plus haut, sous le n° X.

circo ego Geraldus, Dei gracia Lemovicensis aecclesiae episcopus, notum esse volo cunctis fidelibus tam futuris [quam presen]tibus quod Aimiricus de Axia (1) ante Geraldum Sollempniacensem abbatem, qui cognominatur de Terrazo, in capitulum Sollempniacensis aecclesiae venit predictoque abbati coram universo capitulo et quampluribus aliis clericis et laicis pro castro Axie hominium fecit, quod aeciam castrum ab abbatibus Sollempniacensibus predecessores sui habuerant, quod aeciam in alodio beati Petri, ut antiqua scripta ejusdem aecclesiae testantur, fundatum fuit, truxit. Insuper aeciam predictus Aimiricus annuum censum, quod (sic) Sollempniacensis aecclesia in predicto castro habebat, recognovit recognitumque in presentia capituli et plurimorum aliorum reddidit. Ut haec vero illibata servarentur, sigilli nostri impressione munivimus anno ab incarnatione Domini millesimo CXLVIIII, Eugenio papa III romane aecclesiae presidente, Lodovico rege Francorum regnante.

(Arch. dép. de la Haute-Vienne; fds de Solignac, n° provisoire H. 9180 bis.)

XVI. — *Autorisation donnée par l'évêque de Limoges d'édifier une chapelle au Breuil.* — *Vers 1149* (2). *Orig. Sc. perdu.*

G[eraldus], Dei gratia Lemovicensis episcopus, tam presentibus quam futuris jure parrochiali aecclesiae *d'Esjau* adjacentibus, salutem in Christo. Noverit dilectio vestra quod postulatione et prece prioris Aureliensis Geraldi videlicet et canonicorum suorum precepimus fieri capellam in manso de Brolio; et ut ibidem in perpetuum maneat sanccivimus et missam celebrari jussimus, salvo jure aecclesiae *d'Esjau* et nostro per omnia.

(Arch. dép. de la Haute-Vienne, série D. 457.)

XVII. — *Donation faite par l'évêque de Limoges de l'église de la Geneytouse à l'église d'Aureil, à la prière d'Aimeric, patriarche d'Antioche.* — *Vers 1150* (3). *Orig. Sc. perdu.*

G[eraldus], Dei gratia Lemovicensis episcopus, presentibus et futuris in perpetuum. Nosse volumus tam presentes quam futuros

(1) Aixe, ch.-l. de canton, près Limoges.

(2) On connaît un Gérald des Murs, prieur d'Aureil vers 1149. L'évêque mentionné dans la charte serait donc Gérald II, qui occupa le siège de Limoges de 1138 à 1177.

(3) L'épiscopat de Gérald II se place entre 1138 et 1177. Mais Guillaume, dont il est parlé dans cette charte, n'était déjà plus prieur en 1159. D'autre part, Aimeric Malafaida, mentionné plus loin, fut élu patriarche d'Antioche en 1142 et mourut en 1187. C'est donc entre 1142 et 1159 que se place la rédaction de cet acte.

quoniam intuitu pietatis et religionis ac ob caritatem et reverentiam A[imerici], patriarche Antiocheni (1), et precibus Thome fratris sui et Simonis archidiaconi, assensu quoque P. archidiaconi et P. archipresbiteri, concessimus et donavimus Willelmo priori et ecclesie Aurelienci (*sic*) ecclesiam *de la Genestosa* (2) cum omnibus pertinentiis suis in perpetuum possidendam; eo videlicet tenore ut singulis annis, post obitum predicti patriarche, anniversarium in ecclesia Aurelii sibi celebretur et a dicta ecclesia procuracio canonicis in die anniversarii sollempniter ministretur; nobis quoque et episcopis Lemovicensibus canonicus presentetur in capellanum, qui sine consilio nostro non amoveatur; salvis per omnia dominiis nostris et redditibus episcopalibus. Testes sunt Ge., archipresbiter sancti Juniani, et Ge. Sulpicii, et Johannes *de Benat*, et Pe. de Monte, et Guido de Jaonaco, et Ro. et Rotgerius, canonici Aurelienses.

(Arch. dép. de la Haute-Vienne, série D. 931.)

XVIII. — *Donation faite par l'évêque de Limoges de l'église de Bersac au prieuré d'Aureil* (3). — 1156. *Orig. Sc. perdu.*

G[eraldus], Dei gratia Lemovicensis episcopus, presentibus et futuris in perpetuum. Nosse volumus tam presentes quam futuros quoniam, cum canonici Aurelienses medietatem ecclesiae de Berciaco (4) in pace possiderent, pro altera medietate Willelmus, prior Aureliensis, ante presentiam nostram adversus Audebertum presbiterum querelam deposuit. Tandem vero compositio hujusmodi inter eos facta est : presbiter siquidem quicquid in aecclesia de Berciaco possidebat totum priori libere dimisit; postea vero prior misericordia motus, communicato consilio canonicorum suorum, medietatem illam cum suis pertinentiis prenominato Audeberto presbitero concessit sub annuo censu VII solidorum, quorum medietas in octavis Pentecostes, pars vero altera in octa-

(1) « Aimeri, gentilhomme limousin, homme sans lettres et d'une vie peu régulière....., eut le bonheur de réunir à l'Eglise catholique le patriarche des Maronites, avec une partie de ses ouailles. » *Art de vérif. les dates.*

(2) La Geneytouse, arr. de Limoges, Haute-Vienne.

(3) Cette donation fut confirmée en 1185 par Saibrand, évêque de Limoges. Cf. ci-dessous la charte n° XXII.

(4) Bersac, arr. de Limoges, Haute-Vienne.

vis omnium Sanctorum priori ab eo reddatur. Si quid vero speciale in rebus ecclesiae presbiter prius habuerat, totum canonicis communicavit. Statuerunt quoque ut presbiter et canonicus qui alteram partem ecclesiae tenuerit, semel in anno priori, procurationem facerent. Nos igitur, cognito jure Aureliensis ecclesiae, pacem illorum ratam habentes sigillo nostro firmavimus et ecclesiam de Berciaco cum omnibus suis pertinentiis ecclesiae Aureliensi in perpetuum habendam concessimus. Presentibus et audientibus Helia Gauterii ejusdem ecclesiae archidiacono, Simone Auseleti archipresbitero, P. de Monasterio canonico Lemovicensi, Philippo cancellario; de canonicis Aureliensibus: P. Mathei, Stephano *de Quinsac*, Rotberto, G. de Brolio, Willelmo *Sauter* et multis aliis. Hec carta facta est anno ab incarnatione Domini M° C° L° VI°, regnante Domino nostro Jhesu Christo. Amen.

(Arch. dép. de la Haute-Vienne, série D. 850.)

XIX. — *Donation faite par l'évêque de Limoges de l'église de Balledent à l'église d'Aureil.* — *1169. Orig. Sc. perdu.*

Notum fieri volumus tam presentibus quam futuris quod ego G[eraldus], Dei gratia Lemovicensis episcopus, dono et concedo Deo et ecclesie sancti Johannis de Aurelio, consilio et concessione Johannis archidiaconi, in manu Willelmi prioris, ecclesiam *de Balladen* (1) cum pertinenciis suis in perpetuum possidendam, salvis tamen dominiis et redditibus nostris et jure episcopali, in audiencia prefati archidiaconi et Bartholomei, prioris *de Chaslas* (*sic*), et Elie *de Frachet* presbiteri et canonici Lemovicensis, et Elie archipresbiteri Brivensis (2), et magistri Johannis cancellarii nostri. Hoc donum factum fuit anno ab incarnacione Domini millesimo centesimo sexagesimo nono, in capella sancti Leonardi de Aurelio, multis videntibus et attestantibus.

(Arch. dép. de la Haute-Vienne, série D. 848.)

XX. — *Confirmation faite par l'évêque de Limoges du don de l'église de Corrèze et établissement de 20 sols de rente en faveur d'Aureil.* — *Vers 1170. Orig. Sc. perdu.*

G[eraldus], Dei gratia Lemovicensis episcopus, presentibus et futuris in perpetuum. Nosse volumus tam presentes quam futuros

(1) Balledent, arr. de Bellac, Haute-Vienne.
(2) Brive, ch.-l. d'arr., Corrèze.

quoniam inter Willlelmum, Aureliensem priorem, et Aimiricum, capellanum de Corresia (1), et nepotem ejus controversia emersit pro ipsa ecclesia de Corresia. Tandem vero composicione inter eos facta, prefatus Aimericus et nepos ejus ecclesiam illam de jure Aureliensi ecclesie esse cognoscentes, eam priori libere dimiserunt. Prior vero, communicato cum suis canonicis consilio, concessit Clario, nepoti Aimirici, ecclesiam illam sub annuo censu xx^{ti} solidorum, quorum medietas in octavis Pentecostes et alia in octavis omnium Sanctorum priori ab eo persolvatur; ipsumque Clarium sicut capellanum suum nobis prior presentavit. Nos vero nichilominus cognito jure Aureliensis ecclesie, prefatam ecclesiam de Corresia cum omnibus pertinenciis suis Aureliensi monasterio in perpetuum possidendam concessimus, in audiencia Simonis Auzeleti, P. de sancto Juniano archipresbiterorum, Simeonis canonici de Nobiliaco, magistri Philippi cancellarii, P. Mathei, Stephani *de Quinsac*, G. de Brolio, Willelmi de Burburida et aliorum plurimorum.

(Arch. dép. de la Haute-Vienne, série D. 910.)

XXI. — *Transaction entre le prieur d'Aureil et l'abbé d'Aubepierre touchant la terre de Forges. 1184.* | *Rémission pour le meurtre de frères convers. 1194.* | *Cession de droits sur les bois possédés par Aureil.* — Chirographe. Sc. perdu.

Presentibus et futuris presenti pagina facimus notum quod querela que vertebatur inter abbatem et fratres Albe-petre (2) et priorem Willelmum et canonicos Aurelii super terris de Forgis et bordaria *de Fongaudo* et ponte *de Poilando* et quibusdam nemoribus et quodam plasio, et super interfectione conversorum et invasione monachorum, hoc modo per manum Bernardi *d'Analac*, archipresbiteri, cum consilio religiosorum et prudencium virorum de man[dato] domini Henrici, archiepiscopi Bituricensis auctoritate apostolica, sopita est :

Terra de Forgis cum omnibus pertinentiis suis dividetur inter fratres Albe-petre et canonicos Aurelii, excepto quod capella et domus canonici cum curte, et olcha et agia et octo domuncule, unaquaque cum una eminata terre communis ad ortos faciendos, erunt proprie canonicorum. Preterea prior et canonici conquirebantur quod porciuncula quedam predicte terre de Forgis infra

(1) Corrèze, arr. de Tulle, Corrèze.
(2) Aubepierre, comm. de Méasnes, arr. de Guéret, Creuse.

fossatum continentur, quo terra de Forgis et terra grangie Vallis-veteris dividuntur, quod a fratribus Albe-petre non agnoscebatur. Proinde utrimque decretum est ut quatuor ex vicinis terre, duo ex una et duo ex alia parte producerentur, et quicquid illi jurati confirmarent teneretur; et si jam dictam terram infra fossatum esse assererent, fratres Albe-petre in pace possiderent, prior vero et canonici tantumdem terre communis equivalentis extra fossatum perciperent. Si vero predicti quatuor homines dissentiendo inter se discordarent, id ratum haberetur quod a fatidicis super hoc discerneretur. Prior etiam et canonici Aurelii concesserunt fratribus Albe-petre in perpetuum plasium pro quo conversi interfecti sunt. Concesserunt etiam predictus prior et canonici fratribus Albe-petre plenarium usuarium in nemoribus suis que prope abbatiam sunt. Concesserunt etiam in perpetuum querelam quam faciebant in ponte *de Poilando*. Prior etiam atque canonici bordariam de Fontegaudo, quam ab Eguone canonico, priore de Forgis, olim sub censu unius emine frumenti fratres Albe-petre acessaverant, sub eodem censu eis concesserunt. Concesserunt etiam eis si quid aliud requirere poterant in omnibus que fratres Albe-petre illo die possidebant, preterea que in presenti pagina determinantur. Factum est hoc anno ab incarnatione Domini M C L XXX° IIII° in terra de Forgis, videntibus et audientibus Helia abbate de Albiniaco (1), Geraldo Gauberti sacrista sancti Leonardi, Guidone Fulcaudi preposito Beneventi, Constantino *de Vilaclar*, qui quatuor hujus pacis compositores fuerunt; videntibus etiam et audientibus Ademaro priore Beneventi, [Bernar]do *de Borgul*, Petro *Ranse*, Gaufrido de Villa (?), monachis, Willelmo *de Rancon* canonico, Geraldo *Porret* milite, *Masceli* de Vernis, *Raspit* et [aliis] pluribus qui adfuerunt. Totam istam pacem atque concordiam postea concessit Guido prior Aurelii, successor predicti Willelmi, in capitulo Albe-petre.

In eodem capitulo..... abbas Albe-petre et omnium fratrum conventus interfectionem conversorum et invasionem monachorum salvo jure apostolico misericorditer indulserunt in presentia Guidonis, abbatis Clare-vallis (2), et aliorum abbatum : Willelmi de Domo-Dei, Symonis de Pratea (3) et Helie de Albiniaco. Factum est hoc anno ab incarnatione Domini M° C° LXXXX°IIII°, hiis subscriptis testibus : Bernardo *d'Analac* archipresbitero, Aimerico *deu Brol*, priore *de Chambo*, Auderio *de Dompno*, Odone

---

(1) Aubignac, comm. de Saint-Sébastien, arr. de Guéret, Creuse.
(2) Il s'agit de Clairvaux, la célèbre abbaye fondée par saint Bernard.
(3) Simon, abbé de La Prée, Cher (?).

de Marchia, canonicis hanc pacem concedentibus, Gaufredo *del Mazel* et *Raspit* et aliis quamplurimis.

Iterum facimus notum quod post modicum temporis ego Guido, prior Aurelii, propter pacis caritatisque custodiam, assensu tocius capituli Aurelii, in omnibus nemoribus que possidemus vel que possessuri sumus ultra Crozetam (1) in Marchia, omnibus fratribus Albe-petre concessi in perpetuum, plenum et integrum usuarium ad omnes proprios usus necessarium. Similiter ego Geraldus, abbas Albe-petre, et omnium fratrum conventus, in omnibus nemoribus que possidemus vel possessuri sumus ultra Crozetam in Marchia, concedo omnibus canonicis Aurelii in perpetuum, plenum et integrum usuarium ad omnes proprios usus necessarium. Si quid aliud etiam in omnibus que canonici illo die possidebant requirere poteramus, ego et capitulum Albepetre fratribus et canonicis in perpetuum concessimus. Hoc totum concessit totum capitulum Albe-petre, videntibus et audientibus Helia, abbate de Albiniaco, Bernardo *d'Analac* archipresbitero, Aimerico, priore *de Chambo*, Auderio *de Dompno*, ... *de Quinsac*, Huguone *lo Bol. Raspit*, Guidone *de Tauron*, selerario (*sic*) Beneventi, Petro *de Dompno* serviente, Aimerico Bocardo presbitero, Ger[aldo ..... Hoc idem totum etiam concessit totum capitulum Aurelii, videntibus et audientibus Bernardo *de Borgul*, Johanne *de Burnac*, monachis Albe-Petre........ prescripti Petri, Siliastro, Petro, Jutsio, Umberto de Meanis (2).

(Arch. dép. de la Haute-Vienne, série D. 804.)

XXII. — *Confirmation faite par l'évêque de Limoges du don de l'église de Bersac au prieuré d'Aureil.* — 1185. *Orig. Sc. perdu.*

S[EBRANDUS], DEI GRACIA LEMOVICENSIS EPISCOPUS, OMNIBUS IN PERPETUUM. Ea quae digna geruntur memoria patrum pericia scripto commendare consuevit, ne vel in oblivionem facta recidere vel veritatis valeant tenore privari. Inde est quod omnibus tam presentibus quam futuris notum fieri volumus quod cum, mortuo Audeberto sacerdote, cui Willelmus quondam prior Aureliensis medietatem aecclesiae de Ber-

---

(1) La petite Creuse, affluent de la Creuse, dans laquelle elle se jette non loin d'Aubepierre.

(2) Méasnes, arr. de Guéret, Creuse.

ciaco (1) sub certa et annua pensione ad serviendum commiserat, et inter nos et Willelmum *Laveu*, priorem et successorem prefati prioris, et canonicos Aurelienses inde questio verteretur, quoniam idem prior et canonici asseverabant a domino Eustorgio, episcopo Lemovicensi et felicis memorie viro, aecclesiae Aureliensi canonice datam et in perpetuum fuisse concessam, et postmodo a domino pie recordationis G[eraldo], predecessore nostro, eandem donationem coroboratam, nos rei veritatem diligentius inquirentes, inspectis Aureliensis aecclesiae munimentis, et predecessorum nostrorum vestigiis inherentes, concessionem et donationem illorum ad interventum capituli Lemovicensis et consilio clericorum nostrorum magistri G[eraldi] *Bachel[er]* (2) et G. de Garacto et Willelmi de Fuern[is], archipresbiterorum et canonicorum Lemovicensium, et A. de sancto Remigio canonici Lemovicensis et plurium aliorum, eandem donationem et concessionem, sicut canonice facta est, ratam et firmam habentes sigilli nostri auctoritate coroborari fecimus et per manum A. de sancto Remigio, clerici nostri et canonici Lemovicensis, consignari (3), istis supradictis et aliis subscriptis testibus, scilicet Stephano *de Quincac* et *Audier* et Goscelmo et G. de Brolio, canonicis Aureliensibus, anno ab incarnatione Domini M° C° LXXX° V°, Lucio papa III° sancte romane aecclesiae summo pontifice (4), Philippo rege regnante, Richardo comite Pict[avie] principante.

(Arch. dép. de la Haute-Vienne, série D. 850.)

XXIII. — *Donation de l'église de Rilhac et de ses appartenances, faite par Saibrand, évêque de Limoges, à l'église d'Aureil.* — 1190. Orig. Sc. perdu.

S[EBRANDUS], DEI GRATIA LEMOVICENSIS EPISCOPUS, OMNIBUS TAM PRESENTIBUS quam futuris in

(1) Bersac, arr. de Limoges, Hte-Vienne. Cf. ci-dessus la charte n° XVIII.
(2) La forme complète de ces deux noms nous est fournie par l'acte de donation de l'église de Rilhac en 1190. (Voy. ci-dessous n° XXIII.)
(3) Il n'y a point trace de signature autographe sur le texte.
(4) Lucius III mourut le 25 novembre de cette année 1185. En résulte-t-il nécessairement que l'acte est antérieur à cette date? Nullement, car la nouvelle de la mort du pontife ne put guère parvenir à Limoges avant le 10 ou 15 décembre. L'acte se place donc entre cette dernière date et la fête de Pâques qui précéda (21 avril).

perpetuum. Ea quae rite et recte geruntur patrum pericia scripto commendare consuevit ne vel in oblivionem [c]adere vel veritatis valeant tenore privari. Inde est quod omnibus tam presentibus quam futuris notum fieri volumus quod nos cum consilio Hugonis *Saildebroil*, archidiaconi Lemovicensis, et Ademari de Merla archipresbiteri, pro amore Dei et intuitu salutis predecessorum et successorum nostrorum et nostre, aecclesiae sancti Johannis Aureliensis ecclesiam sancti Martini *de Rialac* (1) cum omnibus pertinentiis suis perpetuo habendam concessimus et canonice dedimus in omni pace possidendam, salvo nobis et successoribus nostris jure pontificali in procurationibus, in synodis, in para·is, in questis, in justiciis nostris observandis et in omnibus aliis in quibus cetere aecclesiae parrochiales et capellani ..... per episcopatum Lemovicensem constituti nobis deservire tenentur, et ministrorum nostrorum archidiaconi et archipresbiteri suo jure servato; verum quoniam prefata aecclesia *de Rialac* remotior est aliis aecclesiis episcopatus nostri, prior et canonici Aurelienses de eadem aecclesia *de Rialac* procurationem per annum in ecclesia Aureliensi inpendere tenentur. Hujus autem donationis aecclesiae sunt isti testes subscripti magister Geraldus *Bachelers*, archipresbiter de Ronconio et canonicus Lemovicensis, magister Guido de Clausellis, archipresbiter et canonicus ..... P. capellanus noster, magister Johannes *de Faimoreu* clericus noster, Aimericus de Drolio, *Audiers de Domgno*, canonici Aurelienses et alii. Que jam dicte aecclesiae a nobis, sicut dictum est, prenominate aecclesiae sancti Johannis Aureliensis pie et canonice facta donatio ut firma et perpetua conservetur et inconcussa perseveret, nostri eam auctoritate sigilli communiri fecimus et consignari. Hoc autem factum est anno ab incarnatione Domini millesimo centesimo nonagesimo, Clemente summo pontifice, Philippo rege in Francia regnante, Henrico Bituricensi metropolitano, R[ichardo] duce Aquitanie principante et rege in Anglia existente.

(Arch. dép. de la Haute-Vienne, série D. 957.)

XXIV. — *Promulgation faite par l'évêque de Limoges de la donation du mas de la Clautre au prieuré de l'Artige.* — 1193. *Orig. Sc. perdu.*

S[ebrandus], Dei gratia Lemovicensis episcopus, presentibus et futuris in perpetuum. Omnibus notum fieri volumus quod R.

(1) Il doit s'agir de Rilhac-Xaintrie, arr. de Tulle, Corrèze, puisqu'il est parlé un peu plus bas de l'éloignement extrême de cette église.

de Nobiliaco veniens ante nos dedit Helie, priori et fratribus Artigie (1), pro salute anime sue mansum de Claustro (2) cum pertinentiis, scilicet terram sancti Leonardi sub censu debito, et terram P. *Sauner* sub censu debito; et super hoc dono nos fidejussores constituit. Hoc factum est Lemovicis in camera nostra, audientibus Gau. penitenciario, magistro Guidone, Audoino Bruscardi, B. Sardeni et Thoma, canonicis S^{ti} Stephani (3), Guidone priore Aurelii, et ipso Helia priore Artigie, Stephano *de Sadras*, P. Aimerici, fratribus Artigie, magistro P. capellano nostro, et magistro R. clerico nostro, Stephano de S^{to} Superio (4) archipresbitero, Guidone de Nobiliaco et *Gui deu Bosc*, militibus. Hoc donum factum est anno ab incarnatione Domini, M° C° X°C III°, regnante Philippo rege Francorum et Richardo rege Anglorum.

(Arch. dép. de la Haute-Vienne, série D. 1069.)

XXV. — *Promulgation faite par l'évêque de Limoges d'un accord portant diverses donations en faveur de l'église de Chambon-Sainte-Croix. — 1194. Chirographe. Sc. perda.*

S[ebrandus], Dei gratia Lemovicensis episcopus, omnibus in perpetuum. Notum fieri volumus presentibus et futuris priores Aurelii et *de Chambo* (5) olim habuisse controversiam cum illo Ebone *Aiazo*, qui sororem Geraldi de Duno duxerat uxorem, super quibusdam mutuis querelis terrarum et hominum. Proinde ipse Ebo positus in infirmitate qua mortuus est, precipiens adjuravit et adjurans precepit uxori sue filiisque suis et Geraldo, abbati Albe-petre, et omnibus aliis per quorum manus suum disposuit testamentum quatinus ipsam controversiam pro Dei amore et pro sue anime salute penitus pacificarent. Quod cum omni fecere diligentia, uti presenti declaratur in carta. Abbas namque Geraldus et uxor Ebonis filiique ejus et coteri depositores testamenti ejus dederunt et concesserunt perhenniter in elemosinam Deo et ecclesie sancte Crucis *de Chambo* in eadem

---

(1) L'Artige, canton de Saint-Léonard, arr. de Limoges. Haute-Vienne. Sur cet important prieuré, voy. l'*Invent. des Arch. dép. de la Hte-Vienne*, série D., n° 973 et ss.

(2) La Clautre, hameau de la commune de Saint-Denis-des-Murs, arr. de Limoges.

(3) Saint-Etienne, cathédrale de Limoges.

(4) Saint-Exupéry, arr. d'Ussel, Corrèze.

(5) Chambon-Sainte-Croix, arr. de Guéret, Creuse.

villa *Laraolfeta* et filios et filias ejus, Johannam de Podio uxorem *Proet*, Emperiam *Labolessa*, *Lapetita* filiam Geraldi *Porcher* et filios et filias ejus, *Bernart* filium *a la Vilana*, Johannam uxorem *Gislabert*; hec et cetera omnia quecumque Ebo *Aiazos* tunc temporis habebat in villa *de Chambo* et a Crosa sursum (1) versus *Chambo*, ex integro dederunt in perpetuum sine ulla retentione. Anno videlicet ab incarnatione Domini M° C° LXXXX™° IIII.

Concesserunt similiter ac prebuerunt Petrum *Rapit* et uxorem ejus et filios et filias ipsorum; Petrum *de la Garda* et uxorem ejus et filios et filias ipsorum et fratres et sorores ejus qui in terra sancte Crucis *de Chambo* (2) manserint; Radulfum filium *a Migo* et uxorem ejus et filios et filias ipsorum; feminam quoque illam que vocatur *Lamunia* et filios et filias ejus; Bernardum et Aimericum et Geraldum, filios Johanne *a la Galone* et heredes qui ex eis processerint, et fratres et sorores ipsorum preter uxorem Silvani de Forgiis; hos omnes et totum quicquid Ebo *Aiazos* tunc temporis habebat *de taladas e de comandas* in villa *de Linois* dederunt in perpetuum, excepto Geraldo Bochardo. Anno videlicet ab incarnatione Domini M° C° LXXXX° IIII°.

Dederunt in terra etiam et in hominibus ville *Buffet* XVI denarios in perpetuum annuatim redendos; in Petro *Ballebra* et hereditate ejus et in heredibus qui ex eo processerint, similiter XVI den.; in terra Rotgerii de Podio et in hominibus, similiter XVI den.; in terra ville *Chiros* agraria et in prato *au Brol* XII den., et in aliis pratis ejusdem ville censum (3), in unaquaque quadringinta III den., et in unaquaque domo II den. et I gallinam de redditu, et in unoquoque homine qui ibi domum habuit II den. *de comanda* et censum ortorum in quartalada, II den. et in eminata IIII den.; similiter in terra *de Muntingnezel* agraria et censsum pratorum, in unaquaque quadringinta III den. et in unaquaque domo II den. et I gallinam de redditu et in unoquoque ..... *de comanda* et censsum ortorum in quartalada II den. et in eminata IIII den. nemora tamen *de Linois* in contentione sicut erant remansa .... [omn]ia supra scripta Ebo, filius Ebonis *Aiazo* et omnes sui predicti dispositores testamenti ejus in manu nostra confirmaverunt..... priore quoque Aurelii *e de Chambo* videlicet et Guido *Fucaus*, Aimericus *du Brul* et alii canonici qui tunc aderant pro .... Ebonam *Aiazo* et filios ejus habebant, omnino quictaverunt et in pace per omnia perenniter omiserunt, excepta que-

---

(1) Il faut comprendre : en amont de la Creuse.

(2) Le texte porte *sce* † *de Chambo*.

(3) Le texte porte *cesou*, avec les signes abréviatifs ordinaires sur l'e et l'u. Mais l'o est très clairement exponctué.

rela nemorum facta .... domini supradicto, audientibus magistro Ge. Rotberto archidiacono, B. de Valaco archi[diacono], Johanne scriptore, G. *Dosinot* capellano *de Channiec* (1). Stephano de Casali capellano de Fraixelinis (2), Gau[celmo] *Gatet* clerico, Odone *de Marchi*, Ge. *Ransio*, Ge. *Malfa*.....
..... concessiones et pactiones in manu nostra facte irrefragabiles permaneant atque perpetue, presentem cartam sigillorum nostri et abbatis Albe-petre communivimus impressione.

(Arch. dép. de la Haute-Vienne, série D. 876.)

XXVI. — *Nomination de Pierre La Valade à la cure de Corrèze par le prieur d'Aureil, lequel se réserve 20 sols de cens sur ladite cure. — Vers 1195. Chirographe. Sc. perdu.*

Notum sit tam presentibus quam futuris quod ecclesiam de Corresia (3) Clarius de Corresia a priore et ecclesia Aureliensi tantum habuerat ; cujus ecclesie donationem et munimentum, quodcunque habebat, in manu domni Guidonis prioris gurpivit et reddidit et in capitulo...... Tandem prior assensu tocius capituli ecclesiam de Correza cuidam canonico suo, scilicet Petro *la Valada*, nepoti ejusdem Clarii, in vita sua concessit habendam precibus ejusdem Clarii. Quem Clarium nolens prior defraudari bona spe sua, ipsi sicut canonico suo et nepoti (4) ecclesiam in vita sua tradidit regendam. Si autem in claustro vellet retineri nepotem suum, vel ipse nepos obiret, alium pro eo canonicum teneret. In hac vero ecclesia retinuit sibi prior .... capitulum procurationes suas et servicia sua et censum xx sol. barbarinensis monete ; quorum medietas est reddenda in synodo Penthecostes, altera in altera synodo. Testes W[illelmus], abbas sancti Martini Lemovicensis, Stephanus *la Valada*, Petrus *Dandalais*, Audarius *de Domno* (5), Gaucelmus prepositus et totum capitulum.

(Arch. dép. de la Haute-Vienne, série D. 910.)

XXVII. — *Autorisation accordée par l'évêque de Limoges d'édifier une chapelle au lieu de Beauvoir. — 1195. Orig. Sc. perdu.*

Sebrandus, Dei gratia Lemovicensis episcopus, omnibus in perpetuum. Noverint universi quod cum populus *de Belveher* (6)

(1) Chéniers, arr. de Guéret, Creuse.
(2) Fresselines, arr. de Guéret, Creuse.
(3) Arr. de Tulle, Corrèze.
(4) Le texte porte *nepotem et ecclesiam*, ce qui est incompréhensible.
(5) Plus souvent *de Dompnho*, le Dognon.
(6) Comm. de Saint-Amand-Jartoudeix, arr. de Bourganeuf, Creuse.

propter guerrarum instantiam non modicum posset in spiritualibus animarum dispendium sustinere, nos ad preces Mathei *las Moleirs*, ejusdem ville domini, suorumque parcionariorum, volumus in eadem villa ecclesiam construi, in qua populus spiritualia audiat et percipiat divina ; de qua statutum fuit quod ad nos et successores nostros specialiter nullo pertineat mediante et ut capellanus qui ibidem deserviet a nobis et successoribus nostris ex donatione nostra sit institutus. Ceterum dictus Matheus et parcionarii sui pro se et pro heredibus suis in perpetuum dotaverunt ecclesiam in hunc modum : quod capellanus ejus habebit et percipiet plenarie totam decimam ejusdem ville de omnibus que solent decimari. Concessit etiam pro se et pro successoribus suis in perpetuum quod capellanus de mensa sua quandiu vixerit et de mensa domini ejusdem ville, quicunque fuerit ille, victualia percipiet et habebit. Hoc autem factum est, salvo nobis et successoribus nostris jure et dominio nostro, quarta die junii anno incarnati Verbi M° C° nonagesimo quinto.

(Arch. dép. de la Haute-Vienne, série D. 960.)

XXVIII. — *Donation faite par l'évêque de Limoges au prieuré d'Aureil, de l'église de Saint-Amand et de la chapelle de Beauvoir* (1). — *1196. Orig. Sc. de cire blanche sur simple queue de parchemin.*

SEBRANDUS, Dei gratia Lemovicensis episcopus, universis in perpetuum. Ea que ad honorem Dei et ecclesie a nobis previa sunt, ratione statuta inviolabiliter et illibate, volentes in posterum robur firmitatis habere, harum inspectione significamus universis tam presentibus quam futuris quod inquisita diligentius veritate utrum ecclesia sancti Amandi ad ecclesiam Aureliensem pertinere deberet, cum ex certa proborum virorum relatione et instrumentis canonicorum Aureliensium perlectis constaret nobis ecclesiam ipsam ab eisdem canonicis abolim esse de jure possessam, nos jus ipsorum salvum volentes esse modis omnibus et illesum, ad preces capituli nostri cum assensu magistri G. *Robert* archidiaconi et Petri Laurerii archipresbiteri, eandem ecclesiam cum omnibus pertinentiis suis et capellam *de BELVEHER* que filia est ejusdem ecclesie dedimus et concessimus canonicis memoratis in perpetuum quiete et pacifice possidendam ; salvo nobis et successoribus nostris jure episcopali in procurationibus,

(1) Cette donation fut confirmée au xiiie siècle. (Voy. *Invent. des Arch. dép. de la Haute-Vienne*, série D. 960.)

in questis, in synodis, in paratis, in sententiis observandis et debitis obedientiis plenarie ibidem in integrum adimplendis; salvo etiam jure ministrorum nostrorum videlicet archidiaconi et archipresbiteri illius loci. Statuentes ut, sicut moris est in ceteris ecclesiis ad canonicos Aurelienses pertinentibus, ad presentationem prioris et canonicorum Aureliensium ex ipsis canonicis persona ydonea instituatur ibidem capellanus ab episcopo Lemovicensi, qui non possit inde sine ipsius episcopi licentia et absque causa rationabili quamdiu vixerit amoveri, qui etiam eidem ecclesie in persona propria deserviat prelatisque possit in jure debito respondere. Cujus rei testes sunt Johannes decanus, Petrus *de Veerac*, magister Guido de Clausellis, Guido de Ruperforti, archidiacones (*sic*), Bernardus Sarden..... Thomas, Helyas Aimerici succentor, magister Goscelmus penitentiarius, Bertrandus *de Gimel* (1), Helyas *de Gimel*, Aimericus de sancto Remigio, Giraldus *de Freschet*, Petrus Plaissati, Aimericus *de Malamort*, Stephanus *Affichet* et Johannes *Affichet*, canonici, Mauricius archidiaconus Lemovicensis, Bernardus *del Boc*, tunc prior Beneventi, Ademarus *de Charesac* et Gaufridus *de Fundan*, Guido *Brachet*, camerarius Beneventi, Helyas *Desmer* supprior, Bernardus *de Quinsac* sacrista, Goscelmus *Gacha* et Bernardus de Ponte-Rubeo, Willelmus *de Brillac*, canonici Aurelienses et alii plures. Ipsi vero canonici Aurelienses pro mea meorumque salute in perpetuam nostri memoriam concesserunt quod anniversarium nostrum in ecclesia Aureliensi in perpetuum annis singulis die obitus nostri sollempniter celebrabunt. Hoc autem ut in posterum firmum et stabile perseveret, scripto commendandum et ad majus testimonium sigilli nostri duximus munimine roborandum. Actum Lemovicis in domo nostra, ad instantiam Guidonis Fulcaudi, tunc prioris Aureliensis; scriptum quoque per manum magistri Johannis de Volvento scriptoris nostri, xv° kalendas decembris anno incarnationis dominice millesimo centesimo nonagesimo sexto (2), regnante Philippo Francorum rege et Ricardo rege Anglorum, Othone comite Pictaviensi, domino Celestino in sede apostolica residente (3).

(Arch. dép. de la Haute-Vienne, série D. 960.)

(1) En 1275, un certain Guillaume de Gimel, chevalier, fit don de ses terres au prieur d'Alesme. (Voy. *Arch. dép.*, série D. 840.)
(2) Le dimanche 17 novembre 1196.
(3) Philippe-Auguste, † 1223. — Richard I Cœur-de-Lion, † 1199. — Otton de Brunswick, neveu de Richard Cœur-de-Lion, reçut le comté de Poitou avec le duché d'Aquitaine en 1196. — Célestin III, pape, † 1198.

XXIX. — *Vente faite par Guy de Visio, chevalier, à Gaucelme Gacha, chanoine d'Aureil, du droit de dîme qu'avait le premier sur Eyjeaux : acte passé devant l'abbesse des Allois.* — *Vers 1198. Orig. Sc. perdu.*

Aicelina, humilis abbatissa sancte Marie de Alodio (1), omnibus in perpetuum. Quod animabus profuturum est nullatenus debet silere eloquium humanum : inde est quod testimonium peribemus Gaucelmum *Gacha*, canonicum Aureliensem, et Guidonem *de Visio*, militem, venisse coram nobis in Alodio et postulasse a nobis sigilli nostri munimine quod in presencia nostri (sic) factum est corroborare. Factum fuit hujusmodi : Guido *de Visio* dedit et vendidit Gaucelmo *Gacha* CCC^{tis} solidis barbarinorum totum hoc quod habebat in decima *d'Esjau* (2) et de parrochia, scilicet ordeum, fabas, pisa, frumentum, siliginem, avenam, lanam et gallinas, ad dandum cum vellet, vel vendendum vel invadiandum. Ut autem hoc ab ipso et ab omni genere suo firmiter teneretur et ut filii sui et nepotes, cum ad etatem venirent, hoc sic tenendum concederent, fidejusserunt R. de sancto Paulo, Hugo *de Ponroi*, P. *de Ponroi*. Idem eciam Guido redidit bajulos suos St[ephanum] *Beladen* et J. *Beladen* qui semper responderent ei de decima et quibus vellet dare. Testes et auditores fuerunt B[ernardus] *de Quincac* sacrista Aureliensis, P. *Faber*, R. *Punet* presbiter, P. *Rex* et multi alii.

(Arch. dép. de la Haute-Vienne, série D. 777.)

XXX. — *Diverses donations faites par les coseigneurs de Peyrat-le-Château à l'église d'Aureil, entre autres d'un chevreau de rente sur le mas de Fonloup.* — *Vers 1200. Orig. Sc. perdu.*

Helias et Amelius et Guido et Bernardus, domini de Pairaco, dederunt Deo et sancto Johanni et ecclesie *d'Aureil*, unum caprum quem habebant in manso *de Funlup* (4) et dimidiam bordariam quam habebant *a las Noalas* et hoc quod habebant in manso *de Jo* (5) *e lo rerdisme* (6) quam habent in parrochia *de*

---

(1) Aiceline de Sarran était abbesse de Sainte-Marie des Allois, de Limoges, vers 1198. *Gall. christ.*
(2) Eyjeaux, près Limoges.
(4) Fontloup, comm. de Montboucher, arr. de Bourganeuf, Creuse.
(5) Le texte porte : *Jo;*. S'agirait-il de *Joue*, hameau de la commune de Blond, arr. de Bellac ?
(6, C.-à-d. la dîme de la dîme.

Bosochle, de tant de terra quant naperte a la vestizo quam faciunt chanonici ecclesie predicte. Eodem pacto dederunt Deo et sancto Johanni quantum ad eos attinet feuos ejusdem terrae. Eodem modo dederunt *la bailia* istius terre quantum querunt ibi(1) *li baile de sancto Ylario*. Et fecerunt pactum quod illi eam eis concederent *e an la lor a garir*. Et hoc donum fuit factum audiente Ademario (sic) *de Charreiras*, preposito de Agento, et Daniele *de las Plaschas* et Bosone *de la Chesa* et Petro de Sancto Aniano et Willelmo, clerico, et Petro Giraldi, canonico *d'Aureil* et tempore illo (priore *de Manach*) (2).

(Arch. dép. de la Haute-Vienne, série D. 946.)

XXXI. — *Donations de diverses parties du mas de Fontloup au prieuré d'Aureil.* — *Vers 1200. Orig. Sc. perdu.*

Notum sit omnibus tam presentibus quam futuris quod Petrus Geraldus Raspaut 'achaptet a l'ups Deu e sein Joan d'Aurel la terra deu mas qui ste ab la terra de Fonlop qui es en la parrofia de Bosogle (3), de Rotger de Larunt, e d'En Vivia, *frater ejus*; a l' auvent don Girau de sein Marz, En Arbert son frair e Esteve Ferrachat, En Willelme la Molleiras, lo frair don Duran.

Notum sit omnibus tam presentibus quam futuris quod Petrus Geraldus Raspaus achaptet lo mas qui ste ab la terra de Fonlop, qui es en la parrofia de Bosogle a l'us Deu e sein Johan d'Aureil, de Girau Laront e d'En Gaucelme de Peira-bufeira (4); e autreeren o en la ma don Girau de Murs a l'auvent Nato lo prior de Noalac (5), En Gaufre lo prior de Beuaven (6), En Audoi de Noalac, En Girau de seinta Maria. *Hoc fuit factum* en la sala a l'ebesque, a Noalac.

Notum sit omnibus tam presentibus (7).

. . . .
. . . .

(Au revers de la charte) :

Aisi franchament cum il o doneren, o feiren autrear aus bai-

(1) On avait écrit d'abord : *quam habent ibi,* puis on a biffé.
(2) Les mots entre parenthèses ont été raturés avec soin, mais sans être remplacés.
(3) Fontloup et Bousogle, près Bourganeuf, Creuse.
(4) Pierrebuflière, arr. de Limoges, Haute-Vienne.
(5) Saint-Léonard de Noblat, arr. de Limoges, Haute-Vienne.
(6) Bénévent-l'Abbaye, arr. de Bourganeuf, Creuse.
(7) La suite a été coupée.

les G[irau] de Recolena e Esteve son genre, a l'auvent *aquestas meeissas testimonias que desobre sun dichas*.

En Esteves, lo prestre de Mairinac, donet i autreet esgleija far a aisest loc de Fonlop. E so que apertenia a la gleija de Mairinac i a aquela de Bosogle de mort e de vius, so que aperte a parrofianatge d'esgleija, auvent *aquestas meeissas testimonias o autret* (sic) en la ma a l'arcidiague don Ramnolf de Garait (1), En Bru de Borguet-nou (2). En Johans lo Gibols, lo mergues (sic) sein Marcial qui tenia la esgleija de Mairinac, fez aquest meeis autreamen.

(Arch. dép. de la Haute-Vienne, série D. 946.)

Traduction littérale. — Sachent tous présents et à venir que Pierre Giraud Raspaut acheta pour le profit de Dieu et de Saint Jean d'Aureil la terre du mas qui joint la terre de Fontloup dans la paroisse de Bousogle, de Roger de Laron et de Vivien son frère, en présence de Giraud de Saint Marc, d'Albert son frère, d'Etienne Ferrachat et de Guillaume las Molcinas, frère de Durand.

Sachent tous présents et à venir que Pierre Giraud Raspaut acheta pour le profit de Dieu et de Saint Jean d'Aureil le mas qui joint à la terre de Fontloup dans la paroisse de Bousogle, de Giraud Laront et de Gaucelme de Pierre-Buffière; et ceux-ci l'octroyèrent dans la main de Giraud de Murs, en présence d'Aton prieur de Noalhac (Saint-Léonard), de Geoffroy prieur de Bénévent, de Audoin de Noalhac et de Giraud de Sainte Marie. Cela fut fait dans la salle épiscopale à Noalhac.

Sachent tous présents. . . . .
. . . .
. . . .

Aussi franchement qu'ils l'avaient donné ils le firent octroyer aux bailes G. de Rigoulène et Etienne son gendre, en présence des mêmes témoins que dessus.

Etienne, prêtre de Mérignac, concéda de bâtir une église dans ce lieu de Fontloup, et [il donna en outre] ce qui appartenait à l'église de Mérignac et à celle de Bousogle sur les morts et sur les vivants, et tous les droits que possède une église paroissiale. Il octroya ces choses en présence de ces mêmes témoins, dans la main de l'archidiacre Ramnulphe de Guéret et de Brun de Bourganeuf. Jean le Gibols, moine de Saint-Martial, qui tenait l'église de Mérignat, fit cette même concession. [A. T.]

---

(1) Guéret, Creuse.
(2) Bourganeuf, ch.-l. d'arr., Creuse.

XXXII. — *Donations de diverses parties du mas de Fontloup au prieuré d'Aureil.* — *Vers 1200. Orig. Sc. perdu.*

Notum sit omnibus hominibus tam presentibus quam futuris que P. Gaucelme donet Deu e sauc Joan d'Aurel so qu'el avia en la terra de Fonlop ; e seguentre sa mort, volc i metre nos P. G. Raspaus vestizo, e Naisilina, sa sor, ni G. Berau, ni si frair, qui eren eriter d'aquesta terra, no laiseren ; nos P. G. achaptet o de Naisilina, a l'auven P. Bru lo chanorgue de Corpso, e P. Raspau lo frair non P. G , Bozo deu Soleir (1), lo marit Naisilina. Aquest dos fo fait en la maijo a Vileta.

Nos G. Beraus Ericos e Unber Ferrers doneren Deu e san Joan d'Aurel la terra de Fonlop, a l'auven Piulet de Peirussa (2) e non (*sic*) Petronilla la Marbou e P. G. meesmes. Aisso doneren a vestizo far a la vila sanc Marti.

E pois Guiromes demandet per una moler que era nepsa Naisilina de Vileta e P. G. achaptet o en, a l'up Deu e a sanc Joan, a vestizo far, a l'auven W*ille*lme las Moleiras de Pairac (3) e Rotger Libre, e Steve de Vileta, lo chanorgue de Aurel. Aisso fo fait a Mairinac en la gleiga (*sic*).

(Arch. dép. de la Haute-Vienne, série D. 946.)

Traduction littérale. — Sachent tous présents et à venir que P. Gaucelme donna à Dieu et à Saint Jean d'Aureil ce qu'il avait dans la terre de Fontloup ; et après sa mort P. G. Raspaut voulut y mettre *vestizo* (?) Aiceline sa sœur et G. Beraud et ses frères qui étaient héritiers de cette terre ne firent pas de don. P. G. l'acheta d'Aiceline en présence de P. Bru de Corpso, chanoine de P. Raspau, frère de P. G. et de Boson du Soulier, mari d'Aiceline. Ce don fut fait dans la maison à Vilette.

G. Beraud Erisson et Humbert Ferrier donnèrent à Dieu et à Saint Jean d'Aureil la terre de Fontloup, en présence de Piulet de Peyrusse, de Pétronille Marbou et de P. G. lui-même. Ils firent ce don pour faire *vestiso* (?) dans la villa de Saint Martin.

Puis Jérôme réclama au nom d'une femme qui était la nièce d'Aiceline de Villette, et P. G. lui acheta ses droits pour le profit de Dieu et de Saint Jean, pour faire *vestiso* (?) en présence de Guillaume las Moleiras de Peyrat, de Roger Libre et d'Etienne de Villette, chanoine d'Aureil. Ceci fut fait à Merignat dans l'église. [A. T.]

---

(1) Très probablement Le Soulier, comm. de Janaillat, arr. de Bourganeuf, Creuse.
(2) Peyrusse, comm. de Châtelus-le-Marcheix, arr. de Bourganeuf, Creuse.
(3) Peyrat-le-Château, arr. de Limoges, Haute-Vienne.

XXXIII. — *Donation de la terre de Bousogle au prieuré d'Aureil.* — *Vers 1200. Orig. Sc. perdu.*

Notum sit omnibus hominibus quam presentibus tam futuris quod P. G. Raspaus achaptet a l'ups Deu e sain Jhoan d'Aureil la terra e la disma d'aitant quan napertenia a la parrofia de Bosocle, a l'oups a la vestizo de Fonlop far, si *cum* lo cairois de las Noailas o devi, e lo rivals de la Lemna s'en avala en Visio, e Visios o devi eu riu qui avala deves Gorsas e la charals qui mou deu chairoi efer eu fossat; eu fossat ajosta ab la chaussada, si cum la chaussada s'en avala e devi la parrofia de Bosocle e la parrofia de saint Aman (1) o devien el rival qui mou de tras l'Angladura (2). Sso que avien dedius aisso que denopnat avem, la terra e la disma, doneren e autreeren Durans las Moleiras e Winels e Naemars e Naimerix las Moleiras e Winel sos frairs Deu [e] sain Joan d'Aurell. *Hoc donum fuit factum* en la ma Nesteve au prebos de Benavent, e Guio de Montoliu e S. lo prever de Mairinac (3), e Girau de Recolena so frair et S. son genre; e ill meeps autreeren qui neren baile aquest do. Aisso qu'il las Moleiras avien en la desma de Mairinac d'aitant de terra quant achapten li chanorgue a la vestizo de Fonlop far de la Faia tressia en la chaussada doneren. Aquest autreament fo fait, auvent aques que desobre avem diit.

(Arch. dép. de la Haute-Vienne, série D. 946.)

Traduction littérale. — Sachent tous présents et à venir que P. G. Raspaut acheta pour le profit de Dieu et de Saint Jean d'Aureil la terre et la dîme qui appartenait à la paroisse de Bousogle sur cette terre pour en doter Fontloup, selon que le carrefour des Nouailles la divise et que le ruisseau de la Lemna s'en va au Visio; et le Visio la divise jusqu'au ruisseau qui descend vers Gorsas et le chemin qui mène du carrefour d'en bas jusqu'au fossé, et le fossé joint à la chaussée comme celle-ci descend et divise la paroisse de Bousogle et celle de Saint-Amand et le ruisseau qui vient de l'Angladure. Ce qu'ils avaient dans ce que nous avons dénommé, la terre et la dîme, Durand las Moleiras, Winel, Aymard et Aymeric las Moleiras et Winel son frère le donnèrent et concédèrent à Dieu et à Saint Jean d'Aureil. Cette donation fut faite en la main d'Etienne, prévôt de Bénévent, [en présence] de Guy de Montoulieu, et d'Etienne, curé de Mérignat, et de Giraud de Rigoulène son frère et d'Etienne son genre. Et ces derniers qui en

---

(1) Saint-Amand-Jartoudeix, arr. de Bourganeuf, Creuse.
(2) Langladure, comm. de Bourganeuf, Creuse.
(3) Mérignat, arr. de Bourganeuf, Creuse.

étaient bailes confirmèrent la donation. Ce que les las Moleiras avaient en la dîme de Mérignat sur la terre que les chanoines pourront acheter pour en doter Fontloup, depuis la Faye jusqu'à la chaussée, ils le donnèrent. Cette donation fut faite en présence de ceux que nous avons dit. [A. T.]

XXXIV. — *Donation d'une partie du mas de Fontloup au prieuré d'Aureil. — Vers 1200. Orig. Sc. perdu.*

So qu'Esteves *de sancto Juniano* e Rotgers avien en la vestizo de Fonlop, doneren Esteves *de sancto Juniano* e la moler Rotger *sancto Joanni* en la tenezo Peiru Giraut au fil Raspaut, *audiente Guilelmo* de las Moleras *et Aimerico fratre suo*. E Daniel de las Planchas parlet u. Aiso a a autrear lo fils Rotger *de sancto Juniano* quant er chavalers; e s'en non a fazia, a la domna cugitat lo meschap en la soa part de la desma *de sancto Juniano*. E donet fiaussa Aimeric e Guilelme de las Moleras.

(Arch. dép. de la Haute-Vienne, série D. 946.)

Traduction littérale. — Ce qu'Etienne de Saint Junien et Roger avaient dans l'investiture de Fontloup, Etienne de Saint Junien et la femme de Roger le donnèrent à Saint Jean [d'Aureil] dans la main de Pierre Giraut, fils de Raspaut. Témoins Guillaume de las Moleras et Aimeric son frère; et Daniel de las Planchas pourparla cette affaire. Ceci doit être octroyé par le fils de Roger lorsqu'il sera chevalier; et s'il ne le faisait pas, la dame [sa mère] a assigné le dédommagement sur sa part de la dîme de Saint Junien, et elle a donné pour caution Aimeric et Guillaume de las Moleras.
[A. T.]

XXXV. — *Donation d'une relique de Saint-Priest au couvent d'Aureil.— XIIIe siècle. Orig. Sc. perdu.*

Dominis in Christo venerabilibus R., priori Aureliensi, totique conventui ejusdem ecclesie Helias, humilis precentor Lemovicensis, cum salute potissimum in Domino gaudere. Dilectionem vestram quam sincera in Domino karitate amplectimur sacro munere dignum duximus honorandam, vobis et ecclesie vestre sancti Prejecti de Esgallo (1) per nuncios nostros gloriosissimum munus offerentes, scilicet unciam digiti (2) preciosissimi

(1) Saint-Priest d'Eyjeaux, près Limoges.
(2) = phalange.

Prejecti martiris. Ad hoc enim, effectu subsequente, noveritis nos inductos esse devotissimis precibus Johannis de Esgallo, dilecti servientis nostri, qui dicte ecclesie baptismalis filius (1) noscitur esse. Verum nos facilius pie peticioni sue fuimus magis inventi favorabiles obtentu mutue dilectionis quam sine dissimulatione ad se invicem habent ecclesia nostra Lemovicensis et vestra Aureliensis, que nostre indubitatur devotissima et ejus specialis filia noscitur esse. Igitur in nomine Domini, cum summa devocione et reverencia, ex parte nostra in donum accipiendo assumite gloriosi martiris reliquias quas procul dubio in veraci et [vestrum] et amborum karitate, id est in Patre et Filio et Spiritu Sancto profitemur veras esse, sicut ex eo veraciter accepimus quod dictas reliquias habere meruimus. Cum igitur ecclesia vestra de Esgallo tanto munere per nos ditetur, per vos similiter et precibus populi illius ecclesie divini retribucione premii dilatetur in bonum memoria nostra et semper in die festo martiris rememoretur donatio nostra in ecclesia vestra.

(Arch. dép. de la Haute-Vienne, série D. 664).

XXXVI. — *Confirmation par G. Robert, archidiacre de Limoges, du don de l'église Saint Amand et chapelle de Beauvoir, fait par l'évêque de Limoges au prieuré d'Aureil* (2). — xiiie siècle. Orig. Sc. perdu.

Magister G. Rotberti, archidiaconus Lemovicensis, universis in perpetuum. Ea que ad honorem Dei et ecclesie a nobis sunt previa ratione statuta inviolabiliter et illibate volentes in posterum robur firmitatis habere, harum inspectione significamus universis tam presentibus quam futuris quod inquisita diligentius veritate utrum ecclesia sancti Amandi ad ecclesiam Aureliensem pertinere deberet, cum ex certa proborum virorum relatione et instrumentis canonicorum Aureliensium perlectis constaret domino Seebrando, Lemovicensi episcopo, ecclesiam ipsam ab eisdem canonicis abolim esse de jure possessam, ipse jus eorum salvum volens esse modis omnibus et illesum, ad preces capituli Lemovicensis cum assensu nostro, qui archidiaconus eram jam dicte ecclesie sancti Amandi, eandem ecclesiam cum omnibus

---

(1) = filleul.
(2) Voy. plus haut, n[os] XXVII et XXVIII.

pertinentiis suis et capellam *de Beuveher* que filia est ejusdem ecclesie, dedit et concessit canonicis memoratis in perpetuum quiete et pacifice possidendam. Quam et nos quantum ad nos pertinet damus et concedimus cum capella *de Beuveher* ecclesie Aureliensi in perpetuum quiete et pacifice possidendam. Cujus rei testes sunt : J., decanus Lemovicensis, et B. Sarden[is] archipresbiter, et A. *Papiers* archipresbiter, et Helyas, supprior Aureliensis et W. de*Belluc*, canonicus Beneventi ; et nos pro testimonio et munimine sigillum nostrum apponimus.

(Arch. dép. de la Haute-Vienne, série D. 960)

XXXVII.— *Transaction par laquelle Adémar, Mathieu et G. de las Moleiras, renonçant à toute prétention sur l'église de Saint-Amand et chapelle de Beauvoir en faveur du prieur d'Aureil, reçoivent de ce dernier, en compensation, le mas de Fontloup et la moitié des revenus de La Villette et du Bois de Peyrusse* (1).— XIIIe (?) siècle. *Chirographe. Sc. perdu.*

B. prior et conventus Aureliensis omnibus in perpetuum has litteras inspecturis. Noverint omnes tam presentes quam futuri quod cum diu litigatum fuisset inter nos et Ademarum et Matheum et G. de Molleriis pro ecclesia sancti Amandi et capella *de Beuveer,* tandem resipiscentes et Deo volente ad pacem et concordiam redeuntes, eandem ecclesiam et capellam cum pertinentiis suis Deo et sancto Johanni quiete et pacifice in perpetuum possidendas dederunt et concesserunt, nichil ibi retento preter laicale servicium. Nos autem de communi consilio nostri capituli prefato Ademaro villam *de Fontlop* cum pertinentiis suis et mediatatem de Vileta et *deu Bosc-Peirusses* tanquam fratri nostro et canonico, quam diu vixerit, dedimus et concessimus in pace possidendas. Ipse vero unum ex canonicis nostris tenebit et dimidium modium siliginis annuatim nobis in pace persolvet sine debito et cum meliorationibus reddet. Hoc factum est *a Monbocher* (2), in manu abbatis de Palatio et Willelmi magistri *de Borguet-nou* et B., prioris sancti Leonardi. Testibus Gaucelmo *Gacha,* Gaucelmo *Lachesa,* Umberto de Domnonio, Aimerico de Peirussa, Laurerio *Viger.* Hoc etiam postea iteratum est in capitulo Aureliensi, presentibus Rotgerio de Correza,

---

(1) Voy. la charte précédente.
(2) Montboucher, arr. de Bourganeuf, Creuse.

B. *de Quinsac* (1), sacrista, Willelmo *de Roncon*, Aimerico Bolone et multis aliis. Domnus B., prior sancti Leonardi, ibi etiam presenti facto interfuit. Ut autem apud posteros hoc firmum sit et stabile, presentem paginam sigilli nostri auctoritate munivimus. Ad majus etiam testimonium abbas de Palatio et B., prior sancti Leonardi et W., magister *de Borguet-nou*, apposuerunt ibi sigilla sua.

(Arch. dép. de la Haute-Vienne, série D. 961.)

XXXVIII. — *Transaction entre les chanoines d'Aureil et les Templiers de Mortesaigne touchant l'étang d'Alesme, pardevant le prieur de Noblat.* — *1201. Chirographe. Sc. de cire blanche sur simple queue de parchemin.*

Notum sit omnibus has litteras inspecturis quod cum canonici Aurelienses et Templarii *de Morta Saigna* diu propter (2) stagnum *d'Alesma* (3) quod terra eorum, ut ipsi Templarii asserebant, occupabat, litigassent, tandem B., prior Aureliensis et Guido *deu Barri*, magister domorum Templi in Lemovicinio, de hujusmodi lite invicem concordantes, coram domino B., priore Nobiliacensi, talem compositionem fecerunt : ut canonicus *d'Alesma* II sextarios frumenti Templariis *de Morta-Saigna* annuatim [red]deret ad mensuram Nobiliacensem. Maceria vero vel agger ejusdem stagni non debet augmentari, sed in eodem statu debet semper esse quem predicti arbitres *(sic)* constituerunt. Si vero aliquis ex hominibus Templariorum huic compositioni obviaverit et propter hoc canonicum *d'Alesma* molestaverit, Templarii *de Morta Saigna* tenentur predicto canonico de hujusmodi [lite] pacem dare. Hujus rei testes fuerunt P. de sancto Martino, P. Boso, Helias *de Chastelluz*, canonici Aurelienses, ac etiam P. *Vigers*, G. *Faiaus*, fratres Templi. Hoc factum est anno ab incarnatione Domini M° CCI°, Johanne rege Anglorum (4) tenente ducatum Aquitanie, Johanne Lemovicensi episcopo (5) presulante.

(Arch. dép. de la Haute-Vienne, série D. 840.)

(1) On connaît un Bernard de Quinsac, prieur d'Aureil en 1205. (Voy. *Invent. des Arch. dép. de la Hte-Vienne, série D.,* p. XLVIII.)

(2) Ce mot se rencontre deux fois dans le texte, mais très irrégulièrement abrégé par un double *pp*, barré horizontalement.

(3) Alesme, comm. d'Auriat, arr. de Bourganeuf, Creuse.

(4) Jean sans Terre, roi d'Angleterre de 1199 à 1216.

(5) Jean I de Veyrac, évêque de 1198 à 1218.

XXXIX. — *Donation faite aux malades de la Maison-Dieu par noble Foucher de Meiras, chevalier, de la dîme assise sur certaine maison du Breuil-Maur et de la borderie appelée Combelandon.* — 1207.
Orig. Sc. perdu.

Conoguda chausa sia a seus qui son e qui son a venir qu' En Foschiers de Meiras lo chavaliers donet la diesma que el avia en la maijo de Bruoil-Maur e en tot lo guaanatge que hom faria de la maijo ab I *sester* de seglo que [i] retenc redent en aquesta diesma. E donet aichament la bordaria de Combalando tot cant que el i avia ab I *sester* de segle que i retenc redent. Aquesta diesma e aquesta bordaria donet so que el i avia aus malaptes de la maijo Dieu en almosna *per* se e *per* l'arma de si molers qui era e retiera d'aquesta diesma e d'aquesta terra. Aichi en visit los malaptes e lor o autreet que lor o defendes de toz homes e a sa fila e au marit que ela penria o fezes aurear; e d'aiso donet en fiansa don Falco Amlart lo chavaler. Aquesta dona fo facha en la ma Non J., lo chapela de la maijo Dieu, e Helia, lo *prever*, en la tor Naudier Amlart, auvent Guio Arnau e W. Rainart e S. Arnau e B Guibbert et G. Amenric e P. Borzes e En Vernuoil e Pascal Crestia e J. de Vilaivenc. E que mair fermetaz fos, preget Nos Foschiers los cossols de las doas vilas (1) que i mezesau lors saeus en la chartra que facha en seria, *anno ab incarnacione Domini* M° CC° VII°.

(Arch. hospit. de Limoges, série H, fds de la Maison-Dieu.)

Traduction littérale. — Connu soit à ceux qui sont et qui sont à venir que Foucher de Meiras, chevalier, donna la dîme qu'il avait sur la maison de Breuil-Maur et sur tous les profits qu'on y ferait, sauf un setier de seigle de rente qu'il retint sur cette dîme. Et il donna également la borderie de Combelandon et tout ce qu'il y avait, sauf un setier de seigle de rente qu'il y retint. Cette dîme et cette métairie et tout ce qu'il y avait il le donna aux malades de la Maison-Dieu en aumône pour lui et pour l'âme de sa femme qui était héritière de cette dîme et de cette terre. Il en investit les malades et le leur octroya en s'engageant à le leur garantir contre tous hommes et à le faire octroyer par sa fille et par le mari qu'elle prendrait; et de ce il donna pour caution Faucon Amblard, chevalier. Cette donation fut faite dans la main de J., curé de la Maison-Dieu, et d'Hélie, prêtre, dans la tour d'Audier Amblard en présence de Guy Arnaud, etc. Et pour plus grande fermeté, Foucher pria les consuls des deux villes de mettre leurs sceaux à la charte qui en serait faite, l'an de l'incarnation du Seigneur 1207.

[A. T.]

---

(1) C.-à-d. Limoges-cité et Limoges-château, séparés l'un de l'autre par quelques cents mètres.

XL. — *Acte par lequel Jean, évêque de Limoges, fixe à 50 sols la rente due au prieuré d'Aureil par l'abbaye d'Aubepierre pour les tènements à elle accensés.* — *1210. Orig. Sc. perdu.*

Johannes (1), Dei gracia Lemovicensis episcopus, omnibus in perpetuum. Universis presentibus et futuris volumus innotescat quod Rotgerius prior et conventus Aurelii ascensaverunt Geraldo abbati et fratribus de Albis-petris totum quicquid habebant proprium in villa *de Lafforges* et in pertinenciis ejus, scilicet cappellam et domum canonici cum curte et oschia et agia, octo quoque domunculas cum totidem eminatis terre et terram que vocatur *Laslines* cum prato juxta eandem terram posito et eminam frumenti quam habebant in bordaria de Fontgaudo et decimam quam habebant infra terminos istos, videlicet....... Hec namque omnia ascensaverunt predictis abbati et fratribus in perpetuum et in jus eorum transtulerunt sub censu L solidorum Geomensis vel Dolensis monete, qui reddendi sunt ab abbate vel fratribus de Albis-petris in festo assumpcionis beate Marie apud *Lafforges* priori de Aurelio vel ipsius mandato..... Actum est hoc apud Lemovicas in manu nostra anno Verbi incarnati M° CC° X°. Testes magister Guido archidiaconus, Arnaldus archidiaconus Lemovicensis, magister Eustorgius, P. Nigri archipresbiter Lemovicensis, Bonetus et Guido *Barbarod*, clerici. Ad hec innotescat omnibus quod predicta garencia et defensio debet fieri a priore et canonicis Aurelii in expensis abbatis et monachorum de Albis-petris Hec autem omnia ut rata in perpetuum et inconcussa habeantur, nos concessimus et utraque parte postulante signi nostri munimine fecimus roborari et utrique parti litteras dedimus consimiles.

(Arch. dép. de la Haute-Vienne, série D. 804.)

XLI. — *Accord passé entre le chapitre de Solignac et les habitants de la ville pardevant le vicomte de Limoges, l'abbé de Tulle et un chanoine de Saint-Etienne de Limoges, touchant le droit de dîme.* — *1218. Orig. Sc. perdu.*

Sapchen cil qui son e cil qui son a venir que B. de Ventedorn, abes de Toila (2), e Gui (3) lo vescoms de Lem[otges], e Willems

---

(1) Il s'agit de Jean I, évêque de 1198 à 1218.
(2) Bernard VI de Ventadour, fils d'Eble de Ventadour, fut abbé de Tulle de 1210 à 1234 environ.
(3) Il s'agit de Gui V, fils d'Adémar V, vicomte de 1199 à 1230.

de Malmon, chanorgues de la cea de Lemotges, parleren paz e accort entre Hugo de Malmon, abat de Solominac (*sic*) (1), de la una part, e lo chapitre eus borzes de Solomnac de l'autra part, en aital manieira que li proome de Solomnac deven redre dimas de blat, e de vi, e de li, e de roi, be e lealm*en* ses pluis, de las terras dont hom deu redre dimas au mostier. E acorderen de las terras e de las maijos las vendas e las compras dos sous de la livra Et can la venda er acordada, ambedoi ceu qui vendra e ceu qui comprara venien denan lo prebost e dige*n* li la vertat; e cui cel avem lo prebots agues aqueu dreiht que devria. E de l'estanc que en la sazo que el lo volria far per.'.... quant eu lo trobara lo jorn vendent e la vila, lealmen que per aitan lo venda; lo vis que hom avant l'estanc auria vendut que portaz non seria, que ceu qui comprat l'auria l'en pogues far portar per lo sag[ramen] de celui qui vendut l'auri[a] e qui comprat l'auria; e que eu vendemnas prenia l'abes aital sauma, la dima e los terz, cum lo guaanadres penra la fu.....; e quant venra en vendemnas, chascus h[o]m venda son vi a qui on volra, ses forsa que l'abes i an (?) fasen ni lo prebost; e la chapelania deu estre facha a sein Michel, e las sobosturas IIII d.; e que la leina deu bosc deu mostier no preina hom ses volomtat deu seinor. E quant las gens de la [vila] de Solomnac venran deu bosc, de las lenias que auran compradras o lor seran donadas, que hom no los destorbe en via si no f[as]sa mostrar per que non agues fa..... au senor; e l'abes ni [lo p]rebost no deven ses creiser e la terras que hom a accessadas deu mostier; en la vila no deven far quista per forsa a negun home. E si lo cuminal de la vila avia fait sagramen contrau mostier, aquel es souls. Aquest acorts fo faith l' endema *Simonis et Jude. Actum hoc fuit anno ab incarnatione Domini* Mº CCº XVIIIº.

(Arch. dép. de la Haute-Vienne; fds de Solignac, nº provisoire H. 9161.)

XLII. — *Donation de terres faite au prieuré d'Aureil comme possesseur du prieuré de Saint-Jean l'Hermite, par Guillaume de Gouzon, Archambaud, clerc, et Hugues, chevalier, ses frères, et Gui, chevalier, son fils. — 1218. Orig. Sc. perdu.*

Ego Willelmus de Gosomio (2) notum facio tam presentibus quam futuris quod concessi domui Heremite omnem terram quam

---

(1) Solignac, près Limoges.
(2) Gouzon, arr. de Boussac, Creuse.

Aqua-mortua claudit, ex una parte, et Blauma ex alia, usque viam *Frestal*, sine omni occasione, et pratum quod est de terra *deu Foresters* ultra aquam, et quidquid ad edificium domus opus erit in nemore meo, porcis et vaccis ad pascendum, ligna sicca ad calefaciendum, cultorem si de meis pariis venerit, vel de alio loco, excepto quod non sit de mea terra, immunem cum uno sectario avene et una gallina et duobus nummis pro nemore. Ego et Archimbaudus clericus, et Ugo miles, fratres mei, et Guido miles, filius meus, concessimus hoc beato Johanni evangeliste et B. canonico Aureliensi domum possidenti et successoribus suis pacifice in perpetuum possidendum. Testes autem fuerunt predicti fratres et filius Ugo *de Monlucon* miles, A. prior *de Lucac*, B. *Baudens* preses (?), Co[n]stantinus clericus et plures alii. Actum apud *Lucac* (1), anno Domini M° CC° XVIIII° idus novembris. Et ne in posterum oriatur questio, tradidi cartulam meo sigillo roboratam.

(Arch. dép. de la Haute-Vienne, série D. 964.)

XLIII. — *Fondation d'anniversaire faite au prieuré d'Aureil en faveur du prieur de Magny en Vexin.* — *1218. Orig. Sc. perdu.*

R. (2) prior Aureliensis et capitulum Aureliense universis Christi fidelibus presentes litteras inspecturis eternam in Domino salutem. Scire volumus caritatem Christi fidelium quod nos dedimus et concessimus Domino et fratri et amico nostro Guer[ino], decano et priori de Magneio (3), ut semper omnibus annis, cum viam universe carnis ingressus fuerit, in die obitus sui fiat anniversarium sollempne in conventu, et fratres in die eodem habent refectionem de redditu mansi *Mendic;* quem mansum nos emimus ad opus illud de duodecim libris Parisiensis monete, quas ipse dedit nobis propter emptionem illam integerrime faciendam, presentibus B. *de Quinsac*, sacrista, Willelmo *de Morou*, priore *de Chambo*. Et quamvis ex toto de facultatibus ipsius mansus prenominatus emptus fuerit, ordinatum tum fuerit ut de redditibus mansi ejusdem sacrista Aureliensis,

---

(1) Lussat, arr. de Boussac, Creuse.
(2) Raynald ou Raymond. Cf. *Invent. des Arch. dép. de la Hte-Vienne*, série D., p. XLVIII.
(3) Magny en Vexin, arr. de Mantes, Seine-et-Oise.

quicunque fuerit pro tempore, primitus accipiat quod xx sol. valeat unde fiat prescripta refectio ; reliqua in cellarium veniant. Ad hujus rei tenorem et firmitatem presentem paginam sigillis nostris, prioris videlicet et capituli, duximus consignandam. Factum est hoc anno gracie M° CC° XVIII°

(Arch. dép. de la Haute-Vienne, série D. 950.)

XLIV. — *Accord passé entre le prieur de Saint-Jean de Cole et celui de Saint-Gérald, fixant les limites des paroisses de Saint-Cessateur et Saint-Gérald. — Vers 1226. Orig. Sc. perdu.*

G. (1), Dei gracia Lemovicensis episcopus, presentibus et futuris notum fieri volumus quod B., prior sancti Johannis de Cola et Helias, prior domus pauperum (2) .... federis et dilectionis inter ecclesias sancti Geraldi et sancti Cessatoris tale pactum fecerunt ut si hominum mansiones fie..... sancti G., quod est in parrochia sancti Cessatoris aut in terra beati G. que conjuncta est cimiterio que tribus viis cum eodem........ aut in terra que conjuncta est ex alia parte eidem cimiterio, que terra usque ad illam extenditur, quam P. Bernardi............ possidet, omnes homines terras istas vel cimiterium inhabitantes erunt parrochiani ecclesie sancti C. et sancti.................. ad ecclesiam sancti C. ad accipienda sacramenta ibunt et a capellano ipsius ecclesie accipient. Per sequentem vero integrum annum.......... a capellano ejusdem ecclesie sacramenta suscipient preter babtismum (*sic*) ; babtizandi enim ad ecclesiam sancti C. semper deferentur........ fonte regenerabuntur et preter penitenciam egrotantium et eucaristiam accipiendam egrotantibus tamen que a capellano............ nisi imminente mortis periculo. Tunc enim ad ecclesiam sancti G. que proxima est ad predicta sacramenta concurrent ...., quod omnes oblaciones vel proventus quocunque modo fiant ad quelibet predictarum ecclesiarum deferantur totum........... divident.

(Arch. hospit. de Limoges, série H., fds de l'hôpital Saint-Gérald.)

---

(1) Peut-être Guy II, qui fut évêque de 1226 à 1235.
(2) Il faut compléter très vraisemblablement *sancti Geraldi*. — Toute la partie droite de la charte est rongée.

XLV. — *Dispense accordée par le prieur d'Aureil au prieur d'Andely de se rendre à Jérusalem, à charge de fondation d'un service divin en la chapelle de Saint-Léonard d'Aureil.* — *1226 (n. st. 1227). Orig. Sc. perdu.*

P[etrus] (1), prior Aureliensis et ejusdem loci capitulum omnibus Christi fidelibus presens scriptum inspecturis, salutem eternum in Domino. Accedens ad presenciam nostram dilectus frater et canonicus noster Ugo, venerabilis prior de Andeleio (2), sua nobis insinuacione ostendit se sepius voluntatem et animum habuisse sepulcrum dominicum visitandi et sanctorum aliorum patronicia peregrinando inplorandi. Nos vero pium ejus propositum in Domino commendantes, ut tamen saluti sue salubrius consulatur, voluntatem suam et devocionem predictam commutandam censuimus in opus aliud caritatis. Communi itaque assensu et unanimi voluntate ad ipsius instanciam et peticionem honestam, quod in capella beati Leonardi que est apud Aurelium, divina cotidie celebrarentur obsequia in perpetuum volumus et concessimus eidem, pro ipsius videlicet anima, parentum et benefactorum suorum et pro reverencia beati Leonardi, cujus intuitu multa a fidelibus perceperat oblaciones et bona. Et cum ipsa capella diu divinis obsequiis pro majori parte fuerat defraudata, statuimus quod per ipsius industriam et devocionem divinum in ea servicium restauretur, ita tamen quod quin aliqui canonicorum nostrorum ab officio matutinali defuerint, ipsum matutinale servicium in ipsa capella persolvant plenarie et decantent et ceteris horis canonicis. Missa vero in eadem capella principaliter et primo ante omnes alias missas debet decantari, exeptis (*sic*) duabus missis que regulariter et ex antiqua consuetudine in conventu sunt celebrande et exeptis illis duabus missis tercia semper celebrabitur in memorata capelle. Si vero predictus Ugo ductus voluntate propria in partibus nostris aliquandiu manere voluerit, per se ipsum eidem capelle deserviet et in victu percipiet, sicuti ceteri residentes canonici. Et si administracionem suam resignare voluerit, proviso sibi in victu et vestitu sicut ceteris canonicis suis, ipse in supradicta capella sue servitutis officium Domino persolvet; nec chorum cum ceteris, nisi voluerit, intrare (?) cogetur, adtendens itaque memoratus Ugo hujusmodi beneficium et amorem a nobis sibi liberaliter et propensius impensum, ne tamen gracie nostre videatur ingratus ad sustentacionem unius canonici et ipsius anniversarium suum post mortem suam

(1) Pierre de Saint-Martin, prieur de 1220 à 1236.
(2) Les Andelys, ch.-l. d'arr., Eure.

annuatim faciendum debit nobis et aeclesie nostre caritative centum libras monete Lemovicensis ad redditus emendos ad prelibata fideliter exequenda. Promisimus eciam ipsi Ugoni in osculo pacis et bona fide quod dicte centum libre non transferantur in alios usus, sed expendantur in redditibus comparandis ad sustentacionem canonici, ut promisimus, et anniversarium suum faciendum singulis annis et quod in die anniversaria exinde fratres reficiantur. Pro quibus omnibus observandis, ego capitulum constituo me fidejussorem erga memoratum Ugonem. Memoratus item Ugo ipsam capellam bene et competenter ornavit libris et calice argenteo, vestimentis et lintheaminibus et nos ipsam capellam concessimus eidem. Actum in capitulo nostro, anno Domini M° CC° XX° VI°, in festo sancte Prisce virginis (1), in presencia venerabilis P., prioris Nobiliacensis. Quod ut ratum et firmum in posteris habeatur, presens scriptum sigillo dicti prioris Nobiliacensis et sigillorum nostrorum munimine duximus roborandum, hiis testibus G. de sancto Andrea, canonico Beneventi, Helia de Nobiliaco, canonico Nobiliacensi, P. Hugonis, canonico Beneventi, Johanne de sancto Andrea, clerico.

(Arch. dép. de la Haute-Vienne, série D. 844.)

XLVI. — *Echange entre l'abbesse de la Règle et le prieur d'Aureil des rentes qu'ils perçoivent, l'une sur la maison de Jeanne Ensalvine, à Limoges, l'autre sur celles qu'il possède à las Reinas.* — 1228. *Orig. Sc. perdu.*

A. (2), humilis mox abbatissa beate Marie de R[egula] Lemovicis, omnibus has litteras inspecturis in Domino salutem. Noveritis quod cum P., pro tempore venerabilis prior Aureliensis, a Johanna *Ensalvina* domum ipsius Johanne que erat contigua domui dicti prioris in civitate Lemovicensi, et nos et monasterium nostrum haberemus in domo prefate Johanne vi solidos et duos denarios censuales et duos solidos de acaptamento, prelibatus prior instanter a nobis expeciit et supplicavit ut de pretaxatis vi solidis et duobus denariis censualibus tres solidos et de duobus solidis de acaptamento xii denarios a predicta domo *a la Ensalvina* descenderemus, et ipse prior assignaret et donaret nobis et monasterio de R[egula] alios tres solidos censuales quos ipse habebat et percipiebat in domibus *a las*

(1) C.-à-d. le 12 janvier.
(2) S'agit-il d'Agnès I, qui était encore abbesse en 1226? Le *Call. christ.* ne permet pas de l'affirmer.

Reinas, et acaptamentum et dominium et quicquid juris haberet in dictis domibus *a las Reinas* in recompensatione dictorum trium solidorum et xii denariorum. Nos vero pensata utilitate monasterii nostri, precibus dicti prioris annuentes, prefatos iii solidos et duodecim denarios, prout expecierat, a domo *a l' Ansalvina* descendimus, et ipse prior dedit et concessit nobis et monasterio de R[egula] predictos tres solidos percipiendos et habendos annuatim censuales in dictis domibus *a las Reinas*, que site sunt ante domum Guidonis *Barbarot*, archipresbiteri Brivencis, in civitate Lemovicensi, et accaptamentum et dominium et quicquid juris dictus haberet prior in domibus *a las Reinas*; et sic investivit nos de predictis dictus prior et nos investivimus eundem priorem de antedicta domo *a l' Ansalvina*, ipsa Ensalvina prius devestita de dicta domo in manu nostra; ut tam ipse prior quam monasterium sancti Johannis Aureliensis habeant et possideant eandem domum in perpetuum pacifice et quiete, cum tribus solidis et duobus denariis censualibus nobis et monasterio de R[egula] in perpetuum annuatim persolvendis et reddendis et duodecim denariis de acaptamento, salvo jure nostro et monasterii nostri in omnibus antedictis. Et hec omnia predicta concessimus dicto priori sub tali condicione apposita quod nec ipse nec successores ipsius non debent habere nec edifficare hostium (*sic*) nec fenestras in dicta domo in parte illa que respicit reffectorium nostrum; si vero edifficaverint frenestras (*sic*), debent tales facere quod hominum aliquis vix possit emittere capud (1) per eas; in inferiori vero parte domus bene poterunt fieri hostia et fenestre. Actum Lemovicis in aula nostra, audientibus et assistentibus R. *Escuder*, J. de Capella, Guidone de Roeira, W. de sancto Aredio, S. Bruni, presbiteris; Gaufrido Jordano et Guidone Arnaudi, burgensibus; et W. *Greu*, Germana priorissa et Mari[na] celleraria, monialibus (2); et multis aliis, anno gratie M° CC° XX° VIII°, mense Julii.

(Arch. dép. de la Haute-Vienne, série D. 753.)

XLVII. — *Vente faite par W. Retgla à la confrérie des Pauvres à vêtir de 14 sols de rente sur une maison des barres de Banxotgier à Limoges.* — 1229. *Orig. Sc. des consuls.*

Noverint universi quod li coffrair de la coffrairia deu draps au paubres vestiir (3) coupreren d'En W. Retgla XIIII^{cim} sols

(1) Le texte porte *capd*, avec un signe d'abréviation après le d.
(2) Le *Gall. christ.* mentionne une abbesse du nom de Germaine en 1233 et une autre du nom de Martine en 1259.
(3) Sur cette confrérie, voy. l'*Invent. des Arch. hospit. de Limoges*, série H.

de ces redens chasqe an en las maijos e en la terra que eu teh de Johan Vincens eu barri de Banxotgier, en la via deu pont S. Marsal, davan la vinha S. G. E per durabla fermetat de vertat, li cossol deu chasteu de Lemotges pauseren hi lor saeu cuminal per comandamen d'ambas las partidas. *Actum anno M° CC° XX° nono.*

(Arch. hospit. de Limoges, série B, rentes au barri de Banxotgier.)

XLVIII. — *Cession faite par l'évêque de Limoges au prieur de l'hôpital Saint-Gérald du gouvernement et de la propriété d'une aumônerie construite au faubourg du Pont-Saint-Martial, près le couvent des frères Prêcheurs, par Aymeric Lagorse qui en avait prétendu la direction de ce chef et avait été pour ce excommunié.—1229 (?). Chirographe dont les deux parties subsistent. Sc. perdu.*

Guido, Dei gratia Lemovicensis episcopus, universis has litteras inspecturis in Domino salutem. Notum sit omnibus presentibus et futuris quod cum Aimericus *Lagorsa* quandam domum elemosinariam prope pontem S^{ti} Marcialis Lemovicensem juxta domum fratrum Predicatorum Lemovicensium edifficasset, et quia in multis nobis super hoc injuriabatur, esset a nobis inde, exigente justitia, excommunicationis sententia innodatus ; tandem cum sententiam ipsam sustinuisset per multum temporis intervallum, in presentia nostra rediens ad cor, domum ipsam cum pertinenciis suis in manu nostra perpetuo resignavit, et eam nostre subposuit voluntati. Quod cum fecisset, nos ad preces et instantiam ipsius domum ipsam, cum pertinenciis suis, ejus utilitate pensata (1), dedimus et concessimus priori et fratribus pauperibusque domus S^{ti} Geraldi Lemovicensis perpetuo tenendam, ordinandam et regendam et pacifice possidendam, nulla interposita paxione (*sic*), et dilectum in Christo Thomam, tunc domus dicte Santi Geraldi priorem, investivimus de eadem. Quam donationem factam a nobis ipse Aimericus *Lagorsa* gratam habens acceptavit et prestito juramento promisit quod per se vel quoslibet alios contra premissa ullo unquam tempore non veniret. Hujus rei testes sunt dilecti in Christo magister Ar[naldus] decanus, Guido canonicus Lemovicencis, magister A. *de Bre* et P. *Vido* scriptor noster, J. *de Chalmels* presbiter, G. *de Pleveis*, B. *Progol*, fratres et presbiteri domus dicte sancti Geraldi. Et ne super hoc possit de cetero questio suboriri, litteras presentes me-

(1) Le texte porte *spensata*.

morato priori et domui sancti Geraldi Lemovicensis dedimus sigilli nostri munimine consignatas. Datum Lemovicis anno Domini M° CC° XX° nono, mense marcio.

(Arch. hospit. de Limoges, série H, fds de l'hôpital Saint-Gérald. Communication de M. Louis Guibert.)

XLIX. — *Vente faite à l'abbaye du Moutier-d'Ahun par R. de Bruideu du mas de Confolent, paroisse de Banise.* — *1229. Orig. Sc. perdu.*

R. *de Bruideu*, (1) prepositus de Ponte *a Riom* (2), omnibus has litteras inspecturis salutem. Noverint universi quod ego dedi et concessi et quittavi in perpetuum pro mea parentumque meorum salute Deo et beate Marie et monasterio Agedunensi et Laurentio, tunc temporis prioris (sic) *de Balbiac* (3), quicquid juris habebam vel habere poteram usque ad hodiernum diem in manso *de Cofolent*, sito in parrochia de Banisa (4), et in hominibus ejusdem mansi et in terris, redditibus seu aliis rebus ad eundem mansum pertinentibus, et in reconpensacionem hujus quittationis prefatus prior dedit michi XL sol. marchionum. Hoc factum fuit apud sanctum Hilarium (5), dominica ante festum decollacionis B. Johanis (6), anno Domini M° CC° XX° nono, testibus R. capellano de Ageduno (7), P. Fabri *de Chambareu* (8) Hugone *Vauria*, clericis; Ribaudo *de Fornous*, Amelio *Arfoleira*, Rainaldo *Balb*, Audeberto *de Vilar*, militibus; S. *de Marchat*, P. *de Salent*, B. et J. *de Cofolent*, P. *Lapina* de Ponte *Riom* et pluribus aliis; et ne super hoc aliqua possit de cetero questio suboriri, dicto priori presentes litteras concessi sigilli mei munimine consignatas, et quando hoc factum fuit ego R. *de Bruideu* eram prepositus de Ponte *a Riom*.

(Arch. dép. de la Creuse, fds du Moutier d'Ahun.)

(1) Appartenait probablement à la famille de Brudieu, qui tirait son nom du château du Brudieu, auj. détruit, dans la commune de Saint-Yrieix-la-Montagne, canton de Felletin, Creuse.
(2) Pontarion, ch.-l. de canton, arr. de Bourganeuf, Creuse.
(3) Baubiat, comm. de Banise.
(4) Banise, arr. d'Aubusson, Creuse.
(5) Saint-Hilaire-le-Château, canton de Pontarion.
(6) C.-à-d. le 26 août
(7) Ahun, arr. de Guéret, Creuse.
(8) Chambereau, écrit à tort Chamberaud, arr. d'Aubusson, Creuse.

L. — *Donation faite par Gérald II, évêque de Limoges, aux pauvres de Saint-Gérald d'un muid seigle de rente sur le lieu de la Jonchère (XII*e *siècle). Confirmation de cette donation par Saibrand, évêque de Limoges. 1196.* — *Vidimus de 1230 (n. st.) vidimé lui-même en 1241. Sc. perdu.*

Durandus, miseratione divina Lemovicensis episcopus, omnibus has litteras visuris salutem in Domino. Litteras bone memorie Guidonis (1) predecessoris nostri, sigilli sui munimine consignatas, presentatas nobis ex parte dilecti in Christo G., prioris domus helemosinarie sancti Geraldi Lemovicensis, vidimus apud Iusulam (2) et eas presentibus de verbo ad verbum inseri fecimus in hunc modum :

Guido, Dei gratia Lemovicensis episcopus, universis has litteras inspecturis in Domino salutem. Litteras sancte recordationis domini Geraldi, quondam Lemovicensis episcopi (3) et litteras etiam felicis recordationis domini Seebrandi, quondam Lemovicensis episcopi (4), predecessorum nostrorum deffunctorum, sigillorum ipsorum munimine consignatas, ex parte dilecti in Christo G., prioris domus sancti Geraldi Lemovicensis, nobis exhibitas vidimus et eas [de] verbo ad verbum presentibus inseri fecimus in hunc modum :

G[eraldus], Dei gratia Lemovicensis episcopus, presentibus et futuris in perpetuum. Notum fieri volumus quod in villa de Juncheria, que de adquisito nostro est, dedimus et concessimus in perpetuum unum modium siliginis pauperibus domus sancti Geraldi que est Lemovicis. Hujus rei sunt testes P. de Monasterio, Lemovicensis archidiaconus et prior Artigie, et magister Johannes et Bernardus *Sardena*, clerici et archipresbiteri nostri et Raimundus *de Ledinac* et P. de Monte, camerarius noster.

Seebrandus Dei gratia Lemovicensis episcopus, universis in perpetuum. Sancte recordationis domini G[eraldi] predecessoris nostri perlecto autentico, audito quoque multorum proborum virorum fide dignorum testimonio, didicimus quod in villa de Juncheria, que de adquisito suo erat, dederat et concesserat in perpetuum unum modium siliginis pauperibus domus sancti Geraldi que est Lemovicis ; quam donationem, sicut juste facta fuerat, nos ratam habentes confirmamus eamque perpetue robur firmitatis precepimus obtinere, statuentes ut nulli omnino homi-

(1) Gui de Cluzel, évêque de Limoges, † 1235.
(2) Isle, où les évêques de Limoges avaient un château, près Limoges.
(3) Gérald II † 1177.
(4) Mort en 1197.

num liceat hanc nostre confirmationis paginam infringere aut ei quolibet in tempore ausu temerario contraire. Testibus convocatis J. decano, Helia priore et Matheo subpriore Artigie, magistro *Gos* penitentiario, magistro Guidone archidiacono, Bernardo *Sardena*, Helia *Lamaeza* archipresbitero Lobertensi (1), magistro P. Militis, Johanne de Novento, per cujus manum scripta est hec carta. Hoc autem, ne dubietas inde possit aut contentio suboriri, scribi volumus et sigilli nostri munimine robborari. Actum Lemovicis v^{to} kalendas decembris anno, incarnati Verbi M° C° XC° sexto.

Felicis igitur et pie recordationis dictorum predecessorum nostrorum vestigiis inherentes, donationem dicti bladi a dicto domino Geraldo episcopo factam et confirmationem etiam ejusdem donationis factam a domino Seebrando episcopo ratas habentes et firmas, eas dicte domui sancti Geraldi et pauperibus perpetuo confirmamus et presentis scripti testimonio communimus et nostras inde litteras prefatis pauperibus duximus conferendas, statuentes ut nulli hominum liceat hanc nostre confirmationis paginam infringere aut ei ausu temerario contraire. Actum apud Insulam, testibus magistro Icterio, canonico beati Aredii, capellano nostro, P. *Vido*, scriptore nostro, G. de Insula capellano et G. capellano et B. Procul presbitero, fratribus domus dicte. Actum anno Domini M° CC° XXIX°, viii kalendas marcii.

Has autem litteras vidimus de verbo ad verbum, sicut prenotate sunt, apud Insulam, v^{to} idus octobris, anno Domini millesimo ducentesimo XL primo.

(Arch. hospit. de Limoges, série B; paroisse de la Jonchère.)

LI. — *Hommage-lige et reconnaissance de rente faits au prieur de la Maison-Dieu des lépreux de Limoges par Aymeric et Etienne Bocaus.* — *1241 (n. st. 1242). Orig. Sc. perdu.*

Universis presentes litteras inspecturis officialis curie Lemovicensis salutem. Noverint universi quod Aymericus *Bocaus* et Stephanus *Bocaus* in nostra presencia personaliter constituti recognoverunt in jure coram nobis se esse homines lhitges prioris et domus Dei leprosorum Lemovicensis et eciam ocasione hujusmodi omatgii se debere dicto priori et domui quinque solidos et duos sextarios frumenti solvendos in medio mense augusti annuatim. Recognoverunt eciam se debere premissa dicto priori

(1) Loubert, arr. de Confolens, Charente.

et domui tam pro questa quam pro tallia, quam pro censu; et se esse homines levantes et jacentes super ipsos, et quod ipsi Aymericus et Stephanus predicti et predecessores sui fuerant homines lhitge[s] ipsorum similiter; et promiserunt eciam prestito corporaliter juramento se tenere dictum omatgium et servare similiter bona fide et solvere premissa annuatim ad terminum pretaxatum. Recognoverunt eciam se nullius alius dominio subjacere, et dictus prior debet ipsos deffendere tanquam homines suos. In cujus rei testimonium nos eidem concessimus presentes litteras sigilli nostri munimine consignatas. Datum quarto idus januarii, anno Domini millesimo ducentesimo quadragesimo primo.

(Arch. hospit. de Limoges, série H, fds de la Maison-Dieu.)

LII. — *Requête de l'official de Limoges au roi Louis IX pour lui demander de prendre sous sa protection l'abbé et les religieux de Solignac, conformément aux priviléges que leurs prédécesseurs ont obtenus de Pépin, de Charlemagne, de Louis le Débonnaire et d'Eudes, et en conséquence d'un mandement de Louis VII y rapporté.* — 1242. *Orig. Sc. perdu.*

Excellentissimo domino Ludovico Dei gracia regi Francorum illustri magister Helias, officialis curie Lemovicensis salutem in eo per quem reges regnant, prosperosque ad vota successus. Litteras inclite recordacionis domini Ludovici, regis quondam Francorum illustris, attavi vestri, nos vidisse easque verbo ad verbum inseri presentibus fecisse noveritis in hunc modum :

L[udovicus], Dei gracia rex Francorum et dux Aquitanie (1), dominis de Pairato, Guidoni Joscelmo, Gosberto de Nobiliaco, Hugoni quoque de Jaunaico et Petro Bernardi et Hugoni de Turribus, salutem. Certum est abantiquo Sollempnacensem ecclesiam cum universis que possidet ad dignitatem et tuitionem corone nostre specialius pertinere. Unde nimirum et universas oppressiones ipsius moleste portamus et illatas sibi injurias reputamus in nostras. Ea propter per regia scripta mandamus atque precipimus vobis de Pairato ut curtem de Aneto prefate ecclesie in pace dimittatis, sicut eam constat a predecessoribus nostris ipsi ecclesie fuisse collatam; vobis de Nobiliaco, ut Joscelmum clericum nostrum, quem presumptuose nimis captum tenetis, sine omni dilacione liberetis; et vobis de Jaunaico, ut universa

(1) Il s'agit bien évidemment de Louis VII, qualifié plus haut d'arrière-grand-père de Louis IX. Le titre de *dux Aquitanie* qu'il prend ici autorise à croire que le mandement est antérieur à l'année 1152.

dampna que Sollempniacensi ecclesie intulistis competenti emendacione reparetis. Sciatis enim quoniam qui mandati nostri contemptores extiterint et graciam nostram amittent et offensam incurrent.

Cumque per litteras istas et per privilegia eciam inclite recordacionis dominorum Pepini et Karoli magni et Ludovici filii ejus et Odonis, que privilegia anulis regiis consignata de verbo ad verbum vidimus, nobis constet abbaciam prefatam ad tuitionem corone vestre immediate spectare, presertim cum a predecessoribus vestris (*sic*) fundata existat. Supplicamus regie majestati quatinus religiosum vivum Petrum, ejusdem abbacie abbatem, qui pro ejusdem negociis abbacie ad serenitatem vestram accedit, necnon et ipsam abbaciam recommendatam habere velitis et obviantes maliciis perversorum quibus multum opprimitur abbacia, sub speciali protectionis vestre ammuniculo recipiatis eandem, et predecessorum vestrorum vestigiis inherentes privilegia eis concessa clementia vestre dignetur celsitudinis innovare. Datum septimo kalendas aprilis anno Domini millesimo ducentesimo quadragesimo secundo.

(Arch. dép. de la Haute-Vienne, fds de Solignac, n° provisoire H. 4598. Communication de M. Louis Guibert.)

LIII. — *Accord passé entre W. de Villaivenc et J. Arnaud, touchant la redevance levée sur un banc charnier.* — 1245 (n. st. 1246). *Orig. Sc.*

Conoguda chausa sia que per II tortas de ceu (1) redens ad la S. Marsal, e per VI denairadas de charn redens ad la veilla de Pasqes, que J. Arnaus lo mazelliers, lo frair Mathieu Arnau, devia ad W. de Villaivenc, au fil P. de Villaivenc, de son banx qui es jostau banx Guio Boti, fuz chauza adcordada per ambas las partidas que J. Arnaus, o sil qui seran tenedor d'aqest banx, l'en deu redre chasqe an VI ^{ex} sol. e VI ^{ex} d. redens ad W. de Villaivenc o au sos, la meitat ad la S. Johan e la meitat ad Nadal, per las II tortas e per las VI denairadas de la charn redens dessus numpnadas, que remaneu quittas ad J. Arnau e au sos per los VI sol. e VI den. redens, que W. de Villaivenc pres en aqest banx J. Arnau, si cum es numpnaz desuz.

Datum ad petitionem partium, dicto W. investito, mense januarii anno gratie M° CC° XL° *quinto.*

(Arch. dép. de la Haute-Vienne, fds de Saint-Martial, n° provisoire H. 8146.)

---

(1) C.-à-dire deux tourtes de graisse ou de suif.

LIV. — *Confirmation par Hugues XI de Lusignan, comte d'Angoulême, de certaine donation faite par ses prédécesseurs à l'abbaye d'Aubignac; et concession par le même au même du libre passage sur ses terres. — Entre 1246-1249. Orig. Sc. perdu.*

....., comes Engolismensis, per sigilli mei impressione confirmavi donum illud quod predecessores mei comites Marchie fecerunt domui Albiniacensi (1) et fratribus ibi Deo servientibus, et specialiter donum illud quod Raimundus Bueli et heredes ipsius predicte domui fecerunt, et eis concedimus perpetuo possidendum quod a casatis et clientibus meis [acquir]ere poterunt, et predictam domum cum omnibus pertinenciis suis in proteccionem meam recipio. Preterea conce[die]is liberum transsitum per omnem meam terram, ut videlicet inmunes transseant ab omni exaccione consuetudinum que solent exigi a transseuntibus, vendentibus aut ementibus. Hujus doni et confirmacionis testes sunt W., abbas de Prato-Benedicto, A. Bruni, senescallus Marchie, R. de Turribus (2).

(Arch. Nat. P. 1369, cote 1750, pièce légèrement endommagée aux côtés droit et gauche.)

LV. — *Cession faite par Guy, vicomte de Limoges, aux prieurs de l'Artige et de Clairefaye de ses droits sur la châtellenie d'Aixe. — 1247 (n. st. 1248). Orig. Sc. perdu.*

Guido (3), vicecomes Lemovicensis, universis presentes litteras inspecturis salutem in Domino. Noveritis quod nos pro salute anime nostre et parentum nostrorum dedimus, concessimus et quittavimus religiosis, priori et fratribus domus de Artigia et domui de Clara-fagia (4) omnes actiones seu querelas et quicquid juris vel questionis habebamus vel habere poteramus racione dominii, feodi seu quacunque alia racione in omnibus illis que habebant et acquisiverant usque in hodiernam diem apud Axiam et in tota castellania de Axia et in toto vicecomitatu nostro, scilicet in torcularibus, vineis, terris, domibus et quibuscunque

---

(1) Aubignac, comm. de Saint-Sébastien, arr. de Guéret.
(2) Cette pièce est enregistrée dans l'inventaire des *Titres de la maison de Bourbon* (I, n° 55), sous la date de 1209 environ; mais elle ne peut émaner que de Hugues XI de Lusignan, qui porta le titre de comte d'Angoulême de la mort de sa mère (1246) à celle de son père (1249).
(3) Guy VI dit le Preux, vicomte de Limoges de 1230 à 1263.
(4) Clairefaye, près Aixe, arr. de Limoges.

aliis bonis, excepto tamen alto dominio quod in predictis omnibus nobis specialiter retinemus. Hec vero premissa in perpetuum dedimus et concessimus pro nobis et heredibus nostris, promittentes nos contra premissa vel aliquid premissorum per nos vel per alios de cetero non venturos. In cujus rei testimonium nos super hiis presentes litteras eisdem concessimus sigilli nostri munimine roboratas. Datum tercio decimo kalendas aprilis, anno Domini millesimo ducentesimo quadragesimo septimo.

(Arch. dép. de la Haute-Vienne, série D. 504.)

LVI. — *Transaction par laquelle Hugues X de Lusignan, comte de la Marche, reconnaît à la Maison-Dieu des lépreux de Limoges le droit d'obole qu'elle prétend avoir sur chaque livre de monnaie fabriquée sur les terres dudit comte.— 1247. Vidimus de 1248 (n. st.). Sc. perdu.*

Omnibus presentes litteras inspecturis magister Helias, officialis curie Lemovicensis, salutem in Domino. Noveritis nos vidisse et diligenter inspexisse litteras sequentes sigillatas sigillis nobilium virorum Hugonis, comitis Marchie, et filii sui Hugonis Bruni, comitis Engolismensis, non cancellatas, non abolitas nec in aliqua parte sui corruptas, sub hac forma :

Hugo de Lezigniaco (1), comes Marchie, universis presentes litteras inspecturis salutem in Domino. Noveritis quod super questione oboli quem prior et fratres domus Dei leprosorum Lemovicensis et ipsi leprosi petebant in qualibet libra monete nostre, racione donacionis olim, ut dicebant, eis facte a Petro Mathei de consensu clare memorie domini genitoris nostri et nostro, qui genitor noster eidem P. Mathei eundem obolum donaverat, ut dicebant, nos et ipsi prior et fratres et leprosi pacem fecimus in hunc modum quod eis concessimus perpetuo unum obolum percipiendum in qualibet grossa libra nostre monete que fabricabitur in terra nostra et domini genitoris nostri tantummodo; racione cujus oboli dicti prior, fratres et leprosi tenentur dare de proprio duodecim denarios custodie ipsius monete qualibet die qua ibidem plus quam viginti quinque libre grosse fuerint fabricate; nec quicquam amplius vel aliter possunt

(1) Hugues X de Lusignan, comte de la Marche, succéda à son père Hugues IX, mort en 1219, à la prise de Damiette, et devint, peu de temps après, comte d'Angoulême par son mariage avec la veuve de Jean sans Terre. (Sur la chronologie des Lusignan, très fautive dans l'*Art de vérifier les dates*, voyez DELISLE, dans *Bibl. École des chartes*, tome XVII.)

petere in moneta nostra. Insuper quiptaverunt (*sic*) nos gratis et bona voluntate de omnibus arreragiis et ab omni peticione quam habuissent vel habere potuissent erga nos racione dicti oboli usque ad hanc diem. Verum ne nos vel nostri heredes contra istam pacem et concessionem amodo venire possimus, presentes litteras dedimus sigillatas sigillo nostro et filii nostri Hugonis Bruni, comitis Engolismensis (1), qui hoc idem concessit excepto comitatu Engolismensi, in quo nichil capient in moneta Engolismensi. Datum nono kalendas junii (2), anno gratie M° CC° quadragesimo septimo.

In cujus rei testimonium nos officialis predictus nostras dedimus et concessimus super hoc presentes litteras testimoniales, sigillo Lemovicensis curie sigillatas. Datum sexto kalendas marcii (3), anno Domini M° CC° quadragesimo septimo.

(Arch. hospit. de Limoges, série H, fds de la Maison-Dieu.)

LVII. — *Vente faite par Pierre Averos aux bailes de la confrérie des Pauvres à vêtir, de 14 sols de rente sur deux maisons sises au-dessous de celle de Pierre Baile.* — 1250. Orig. Sc. des consuls.

Conoguda chausa sia que li baille de la coffrairia deu draps au paubres vistir, W. de Banxoger e S. Vacheta e Bonifacis de Dompno e W. deu Saus, conpreren ad l'ops de la coffrairia meepma de Peiro Averos, deu fil Laurens Averos qui fut, XIIII sol. de ces chasqe an red*ens* e las segnorias en II maijos qe (*sic*) son soz la maijo P. Baille, los IIII sol. red*ens* am III meailas d'achapte e la segnoria en la maijo P. Pailladieu au genre ad la Pailladieu, e los x sol. red*ens* en la maijo J. Chabaneu am VI den*ers* d'achapte e la segnoria. E P. Averos autreet e recognoc davan los cossuls *que* en aqestas maijos non havia altre segnor, e aissi lur ho autreet ad garir de toz homes *per* la cosdumpne d'esta villa. E li baille e li coffrair autreeren en ad far e ad segre las cosdumpnes d'esta villa e la drechura d'aqez XIIII sols red*ens* tota via. *Datum ad peticionem partium facto grato per integrum dicti P. Averos de precio rei vendite prenotate, mense maii, anno Domini M° CC° L°.*

(Arch. hospit. de Limoges, série B, rentes sur le jardin des Carmélites.)

---

(1) Il devint comte de la Marche, sous le nom d'Hugues XI de Lusignan, après la mort de son père, en 1249.
(2) = vendredi 24 mai 1247.
(3) = mardi 24 février 1248.

LVIII. — *Promesse de fidélité faite au roi de France par le vicomte de Turenne en son nom propre et au nom de ses vassaux.* — *1251. Orig. Sc. de cire jaune.*

Ego Raimundus, (1), vicecomes Turenne (2), notum facio universis presentibus et futuris quod ego promitto quod, quandocumque excellentissimus dominus meus rex, vel domina regina voluerint michi reddere castrum Turenne, antequam reddatur michi castrum, omnes homines meos vicecomitatus Turenne, milites, burgenses et alios vigiles etiam et custodes castrorum jurare faciam domino regi fidelitatem talem videlicet quod nunquam erunt contra ipsum vel heredes seu successores suos; et si ego vel heredes seu successores mei, per nos vel per alios, faceremus guerram sibi vel heredibus seu successoribus suis, quod ipsi essent contra me et heredes et successores meos cum domino rege et heredibus et successoribus suis. Ego etiam et heredes et successores mei tenebuntur jurare quod ad magnam vim et parvam, quandocumque dominus rex seu heredes vel successores sui mandaverunt sibi, vel alterius ipsorum mandato certo, reddemus castrum Turenne et castrum sancti Sereni et omnes alias fortericias meas quas teneo de ipso domino rege. Volo etiam et concedo quod hujusmodi juramentum in posterum semper fiat et renovetur annuatim, vel quociens dominus rex seu heredes vel successores sui voluerent, et ad hoc obligo me, heredes et successores meos ac totam terram meam vicecomitatus Turenne. Hec autem omnia facio libra (*sic*) et spontanea voluntate. In cujus rei testimonium sigillum meum duxi presentibus litteris apponendum. Datum apud Pontisaram, anno Domini M° CC° quinquagesimo primo, mense novembris.

(Arch. Nat. J. 400 n° 47. Copie d'Aug. Bosvieux.)

LIX. — *Vente faite par Pierre d'Aixe, bourgeois, aux bailes de la confrérie de N.-D. du Puy, d'une rente foncière de 4 sols sur une maison des Chauchières, pour le prix de 4 ll. 5 sols.* — *1251 (n. st. 1252). Orig. Sc. des consuls.*

Conoguda chauza sia a totz aqueus que son e que son a venir que li baile de la cofrairia nostra dompna sainta Maria deu Poi (3)

---

(1) Raymond VI, vicomte de 1245 à 1285.
(2) Turenne, arr. de Brive, Corrèze.
(3) Sur cette confrérie, voy. l'*Invent. des Arch. hospit. de Limoges*, série II.

compreren d'En P. d'Aischa, borzes de Lemotges, a l'uops de la confrairia IIII sol. de ces, am senhorias e (1) am achaptamen per las cosdusmas de Lemotges, per lo pretz de IIII libras e v sol. de la moneda de Lemotges,, en la maijo B. Ridorta que es entre la maijo J. d'Aureilh d'una part, e la maijo A. Balharget de l'autra part, davan las chauchieiras (2) aus Alsandres; e vestit en los bailes de la dicha cofrairia com senher fondal. E per que aisso sia ferm e tenapble, li cossol de[u] chasteu de Lemotges feiren aquestas letras saelar deu saeu cuminal de la vila, per volontat de las partidas. *Datum mense februarii, anno Domini M° CC° quinquagesimo primo.*

(Arch. hospit. de Limoges, série B, rentes en la rue Palvézy).

LX. — *Vente faite par Jean Rezis et Guilhelma, sa femme, aux bailes de la confrérie des Pauvres à vêtir, d'une rente de 5 sols et 2 deniers sur la maison d'un nommé Arigot, pour le prix de 110 sols. — 1254. Orig. Sc.*

Conoguda chausa sia a totz ceus qui son e qui son a venir que li cofrair de la cofrairia deus draps deus paubres vistir compreren durablament d'En J. Rezis et de Guilhelma si molhers v sol. de ces e II d. d'achapte am senhoria per la cosdume dou chasteu de Lemotges en la meijo A. Arigot, so es assaber en la partida qui fo P. Baiart, la quals maijos es entre la maijo J. Rainau, d'una part, e la maijo Guio Boti deves l'autra, per lo pretz de c. e x sol. de la moneda deu chasteu de Lemotges, de que J. Rezis e sa molher se tenguen a paiat; e J. Chavaliers e P. Chavaliers et P. de Cerbes, baile qui eren adonc de la dicha cofrairia, foren en vistit de J. Resis e de si molhers, qui s'en apelaven senhor fondal, a l'ops de la cofrairia avant dicha. E per que aiso sia ferm et tenable, li cossol deu chasteu de Lemotges, a la requesta de las partidas, doneren en aquestas presens letras testimonials saeladas deu saeu cuminal de la vila deu chasteu de Lemotges. *Datum mense julii, anno Domini M° CC° L° quarto.*

(Arch. hospit. de Limoges, série B, rentes sur la rue Torte.)

---

(4) Le ms. porte : *es am,* ce qui doit être une faute.

(5) La rue des Chauchières (ou Palvézy) était habitée par des tanneurs. On trouve ailleurs : *Chauchieras sive bordas.*

LXI. — *Vente de deux sols de rente, faite à la Maison-Dieu des lépreux de Limoges, à charge de célébrer un anniversaire en faveur de Pierre Boutin.* — 1254 (n. st. 1255). *Orig. Sc. perdu.*

Universis presentes literas inspecturis officialis curie Lemovicensis salutem in Domino. Noverint universi quod constitutus in presencia nostra Petrus *de Syrac*, de barrio sancti Geraldi Lemovicensis, recognovit in jure coram nobis se vendidisse et perpetuo concessisse priori domus Dei leprosorum castri Lemovicensis ad anniversarium Petri Botini, quondam mariti *a la Daurada* deffuncti, annuatim in dicta domo Dei faciendum duos solidos renduales in quadam domo sua sita in dicto barrio, inter domum Helie *de Pecmarot*, in via sive carreria per quam itur a civorio (1) sancti Geraldi ad portam dictam *de Pichavacha* (2) precio viginti octo solidorum et duorum denariorum Lemovicensis monete. De quibus recognovit idem Petrus gratum suum plenarie habuisse in pecunia numerata, renuncians excepcioni non numerate pecunie, non habite et eciam non solute et omni auxilio et beneficio juris canonici et civilis, siquidem sibi posset prodesse et dicto priori nocere in hac parte. In qua domo dicti prior et domus habebant ante et habent censum, dominium et accaptamentum, ut ipse P[etrus] recognovit coram nobis. Et devestiens se de dicta domo investivit dictum priorem coram nobis de eadem; et promisit prestito corporaliter juramento se contra vendicionem et concessionem hujusmodi non venturum tacite vel expresse, et se gariturum et deffensurum dictam domum ab omni homine, quantum erit de jure. Preterea dictus prior in nostra presencia constitutus recognovit in jure coram nobis se emisse dictos duos solidos renduales de denariis quos ipse prior habuerat ab Helia *Bolho*, de decem solidis rendualibus quos ipsi prior et domus habebant renduales in villari ipsius Helie, sito apud fontem *Charlet*, quod fuit dicti P[etri] *Boti;* qui decem solidi renduales fuerunt dicto Helie *Bolho* venditi racione dominii, ut idem prior recognovit. In cujus rei testimonium sigillum curie Lemovicensis presentibus duximus apponendum. Datum

---

(1) Sépulcre, tombeau, peut-être chapelle servant d'ossuaire, peut-être aussi cimetière, en patois limousin *civori*.

(2) Plus tard *Pissevache*. C'était une porte dont la tour servit de prison à certaines époques. Au xive siècle, le roi d'Angleterre se la réserva pour y mettre ses prisonniers. (Cf. une confrontation semblable dans un acte de 1252 analysé dans l'*Invent. des arch. hospit. de Limoges*, série II, fds de la Maison-Dieu.)

sexto kalendas marcii, anno Domini millesimo ducentesimo quinquagesimo quarto.

(Au dos) : Littera P. *Dessirac*, de barrerio sancti Geraldi.

(Arch. hospit. de Limoges, série H, fds de la Maison-Dieu.)

LXII. — *Accord par lequel Pierre de Bancléger cède à Laurent Aymeric, bourgeois de La Rochelle, 30 setiers froment de rente sur le clos Canadier. — 1256. Orig. Sc. perdu.*

Conoguda chauza sia a totz ceus qui son e qui son a venir que cum En Laurens A., borzes de la Rochella, agues comprat durablament *anno Domini Mº CCº quinquagesimo* d'En Guio de Bancxatgiers, filh P. de Bancxatgiers qui fo, per lo pretz de viii^{xx} iii libras, de que aqueu Guis avia agut son grat, a l'ops de l'almosna qu'En Laurens A. a establit e ordonna a donar chasque an eu chasteu de Lemotges, lo mas de la Faia qui es pauzatz en la parrofia d'Isla (1), am lo bosc e am la pescharia qui se apertenen au mas e am totas las autras apertenensas deu dih mas absas e vistidas, gaanhadas e no gaanhadas, e am la meitat de la diema de tot lo mas avandih e de las apertenensas d'aqueu mas e am la senhoria en tot aqueu mas e en totas las apertenensas d'aqueu meesme mas, e aqueu Laurens A. degues aver e penre chasque an en aquest mas e en totas sas apertenensas XLV sestiers de froment e XV ses*tiers* de setgle, redutz chasque an eu chasteu de Lemotges, a la mezura d'aqueu chasteu vendent e comprant en mestivas, a l'ops de l'almosna desus dicha, los quals aqueu Guis devia perfar au dih Laurens A., si eu no los i podia aver e penre ; e degues comandar aus omes qui gaanhen aquest mas que aquest blat redessan En Laurens A. o a son comandament en mestivas, e que seguessan am lui de la senhoria e deus achaptes e de la meitat de la diesma e de totas las autras chauzas avandichas, per aichi cum avien acosdumat a sogro am lui, a l'ops de la dicha almosna, e aqueu Guis agues dih e affermat que lo dihs mas am totas sas apertenensas movia de lui coma de senhor fondal, e que degus om autres no i avia senhoria ni achaptamens, ni d'autre ome no movia, mas tant solament de lui ; e en aichi fos se devistitz de totas las dichas chauzas e agues en vistit durablament aqueu Laurens A., a l'ops de la dicha almosna ; e agues promes lo dihs Guis que contra aquesta venda per se ni per autre no vengues en degun temps, e que aquestas chauzas guaris e defendes per dreih

(1) Isle, près Limoges.

au dih Laurens A. o a son comandament e per la cosdume deu chasteu de Lemotges; e en aichi fos s'en autreatz a destrenher sobre totas las soas chauzas qu'el avia en la vila ni en la cosdume deu chasteu de Lemotges ni de fors; e sobre aisso agues donat e autreat au dih Laurens A. lo dihs Guis letras testimonials saeladas deu saeu cuminal de la vila deu chasteu de Lemotges; e pois en apres fos virada questios entre lo dih Laurens A. deves una part e P. de Bancxatgiers eus autres eretiers deu dih Guio qui mortz es, e la molher qui fo d'aqueu Guio, deves l'autra, denant los dihs cossols sobre aiso que lo dihs Laurens demandava P. de Banxatgiers, filh deu dih Guio qui fo, e a la molher e aus autres eretiers d'aqueu meesme Guio que aquesta venda li persegues om e sos covens que lo dihs Guis lhi avia, per aichi cum es dih desus : li dih cossol enqueridas las vertatz sobre aiso e sobre l'empaitrier que l'evesques de Lemotges, qui s'en apelava senher, fazia sobre las chauzas avandichas e sobre cca sestiers de blat que lo dihs Laurens demandava deu temps passat, apeladas las partidas denant eus, am cosseilh de prosomes qui i foren apelat, e am cosseilh d'En A. Arnau e de J. de Manhania e de Helias Amieilh lo jove, los quals aquilh cossol avien donatz au frairs e a las serors deu dih P. de Banxatgiers, filh Guio de Banxatgiers qui fo, en aquest faih e am cosseilh de la molher qui fo deu dih Guio, acorderen aquelas partidas d'aital manieira que aqueu P. de Banxatgiers per se e per totz autres frairs seus et serors e la molher deu dih Guio am cosseilh deu dihs acosselhadors de grat et de bona volumtat assidren au dih Laurens A. e rederen en eschamuhieira de las dichas chauzas xxx sestiers de froment redutz eu claus deu lac Anedier, e mais aqueu claus e lo troilh qui si aperte per LV libras mais de la moneda de Lemotges, las quals reconoguen que avien agut d'En Laurens A. quiste de ces e de senhoria; lo quals claus e lo quals troilhs son entre la via qui vai a la crotz Malet, deves una part, e la partida d'aqueu meesme claus qui fo J. de Bancxatgiers, deves l'autra. E promeiren P. de Bancxatgiers e la molher qui fo deu dih Guio que contra aquestas chauzas no veuran en degun temps per eus ni per autres, e que lo dih troilh am lo claus e am totas sas apertenensas garentiran e defendran au dih Laurens A. per dreih e per la cosdume deu chasteu de Lemotges. E desvistiren se deu troilh e deu claus desus dihs am lors apert[en]ensas, qui disien que movia d'eus e de la senhoria e de tot l'autre dreih que i avien ni i podien demandar ni requerre; e vistiren en lo dih Laurens A. a l'ops de la dicha almosna. E per que aisso sia ferm e tenable li cossol deu chasteu de Lemotges, a la requesta de las partidas, doneren en aquestas presens letras testimonials saeladas deu saeu cuminal de la vila deu chasteu de Lemotges. *Actum mense junii, anno Domini millesimo ducentesimo quinquagesimo sexto.*

(Arch. hospit. de Limoges, série B, paroisse de Soubrevas Sainte-Claire.)

LXIII. — *Vente faite par A. de Genaillac à J. de Genaillac, son frère, d'une vigne sise à Piégut, sous réserve d'un cens en faveur de la Maison-Dieu de Limoges. — 1257. Orig. Sc. perdu.*

Conoguda chauza sia a totz qui son e qui son a venir qu'En J. de Genalhac compret durablament de A. de Genalhac son frair per lo pretz de xvii ls. e ii sol., de que aqueu A. se tenc a paiaz, la vinha soa qu'el avia sos Poi-agut entre la vinha Poiat deves una part e la vinha qui fo G. Bec deves l'autra, am ii sesters e i emina de froment de ces, que lo priors de la maijo Dieu i a, e l'autra vinha que aqueu A. avia en Loiac (1) entre la vinha Gibbau lo pairolier deves una part, e la terra au Minhot e la vinha a son parcerier deves l'autra, am iii quartas de seigle de ces que lo dihs priors i a E fo en vistiz aquel J. de Genalhac deu prior de la maijo Dieu qui s'en apelava senhor fondal. E per que aisso sia ferm e tenable li cossol deu chasteu de Lemotges, a la requesta de las partidas, doneren en aquestas presens letras testimonials saeladas deu saeu cuminal de la vila deu chasteu de Lemotges. *Datum mense marcii, anno Domini M° ducentesimo quinquagesimo septimo.*

(Arch. hospit. de Limoges, série H, fds de la Maison-Dieu.)

LXIV. — *Vente faite par Laurent Maumet, curé de Verneuil, à la confrérie de N.-D. du Puy, de certaines rentes assignées sur diverses maisons de Limoges. — 1258. Orig. Sc. perdu.*

Universis presentes litteras inspecturis officialis curie Lemovicensis salutem in Domino. Noveritis quod in nostra presencia personaliter constitutus dilectus in Christo magister Laurencius Mahometi (2), rector ecclesie de Vernolio, recognovit et con-

---

(1) Louyat, hameau de la comm. de Limoges.
(2) Le recueil factice AA. 1. des Archives communales de Limoges renferme plusieurs documents des années 1260-1265 où se retrouve le nom de maître Laurent Maomer ou Maomet (Maumet, d'après la traduction provençale que nous donnons ci-après), non autrement qualifié. Au f° 43 r° de ce recueil, on voit que maître Laurent Maomet fit un voyage à Paris, au

fessus fuit in jure gratis et spontanea voluntate se vendidisse, concessisse et quittasse perpetuo pro se et omnibus suis confratrie et confratribus beate Marie de Podio que fit in castro Lemovicensi et successoribus eorumdem, precio triginta octo librarum monete Lemovicensis, de quibus dictus rector recognovit se habuisse a bailivis dicte confratrie plenarie gratum suum in pecunia numerata, census, redditus, dominia et acaptamenta que dictus rector asserebat se habere in locis inferius scriptis, scilicet in domo Hugonis de Bancxis et in orto contiguo dicte domui duodecim solidos renduales et in domo et orto Helie Iterii quatuor solides renduales, et in domo Philippi Nigri septem solidos renduales, et in domo Helie *Chalvet* octo solidos renduales, et in vilari Petri Aimerici de Cumbis quinque solidos renduales, que loca sita [sunt] in rua dicta *a las Tozas*, hoc salvo quod de premissis debet reddi sacriste monasterii santi Marcialis Lemovicensis obolus rendualis. Et devestiens se dictus rector de premissis investivit Petrum Bernardi *de Bancxatgier*, pro tempore bailivum dicte confratrie, pro se et aliis bailivis et confratria et confratribus precdictis perpetuo de eisdem, ita quod nichil juris sibi vel suis retinuit in censibus seu reddititus, acaptamentis et dominiis antedictis, renuncians dictus rector excepcioni non numerate pecunie, non habite nec recepte et omni excepcioni, actioni et defensioni, usagio et consuetudini juris et facti et omni auxilio et beneficio juris canonici et civilis que sibi possent competere et dictis confratrie, confratribus et bailivis nocere super premissis. Et promisit dictus rector se contra premissa per se vel per alium de cetero non venturum tacite vel expresse et se guariturum et defensurum premissa vendita dictis confratrie et bailivis ab omni homine, quantum erit de jure. In cujus rei testimonium nos ad instanciam parcium predictarum nostras presentes litteras super premissis concessimus sine juris prejudicio alieni. Datum quarto decimo kalendas julii, anno Domini millesimo ducentesimo quinquagesimo octavo.

(Arch. hospit. de Limoges, série B.)

---

commencement de 1262, pour soutenir les intérêts de la commune du château contre le vicomte. Les adversaires n'en étaient encore qu'aux préliminaires de la lutte. — Voici le passage auquel nous faisons allusion : Maitre Laurens Maomet a la pregieira deus cossols ..... auet a Paris am lors borzes e se mes per eus en lor plaih contra lo vescomte de Letmoges, etc. ....
(Communication de M. Louis Guibert.)

LXV. — *Traduction provençale abrégée de l'acte précédent.* — *1258.*
Orig.

Conoguda chauza sia a totz ceus qui son e qui son a venir que li baile e li cofrair de la cofrairia deu Poi compreren durablament de maitre Laurens Maumet, guoernador en aqueu temps de l'eglieija de Vernoilh, *per* lo pretz de xxxviii ls., de que aqueu maitre Laurens se tenc a paiatz, xii sol. de ces en la maijo e en l'ort Ugo deu Baux, e en la maijo [e] en l'ort Heli*as* Istier iiii sol. de ces, e en la maijo Felip Negre vii sol. de ces, e en la maijo Heli*as* Chalvet viii sol. de ces, eu vilar P[eyr] A[imeric] de las Cumbas v sol. de ces, chasque an *redens*, la meitat a la S. Joan e la meitat a nadal, e la senhoria per totz aqueus luox e la chapte (*sic*); las quals maijos e li ort e lo vilars son en la charrieira a las Tozas, entre la maijo e l'ort Nugo deu Domnho e Bonifaci de Domnho, d'una part, e la maijo e la terra Nugo Jauvi deves l'autra, sals que d'aisso deven aquilh cofrair au segresta deu mostier S. Marsal [i] me*alha* de ces d'almosna. E desvistit s'en maitre Laurens, e vistit en los dihs bailes qui en promeiren *per* eus et *per* la dicha cofrairia a far la costum*a* deu chasteu de Lemotges. E p*er* que aisso sia ferm e tenable, li cossol deu chasteu de Lemotges, a la requesta de las p*ar*tidas, doneren en aquestas presens letras testimonials saeladas deu saeu cuminal de la vila deu chasteu de Lemotges. *Datum q*u*arto decimo kalendas Julii, anno Domini m*i*lesimo d*u*centesimo quinquagesimo octavo.*

(Arch. hospit. de Limoges, série B, rentes sur la rue de las Tozas.)

LXVI. — *Vente faite par Mathieu Mercier à S. de Solignac d'une rente de 2 setiers froment sur une vigne sise au delà du pont Saint-Martial.* — *1259. Orig. Sc.*

Conoguda chauza sia a totz ceus qui son e qui son a venir que S. de Solomnhac compret durablament de Matieu Mercier p*er* lo pretz de c sol., de que aqueu Matieus se tenc a paiatz, ii ses*ters* de fro*ment* de [ces] chasque an red*ens*, en la vinha soa qui es ostrau pont (1), entre la vinha W. Mercier son frair qui fo, d'una part, e las bailas En P. Maurigi de l'autra; apres ii ses*ters* de fr*o*ment de ces qu'En W. deu Peirat e sos frair an en la dicha vinha Matieu Mercier, e en aquela qui fo W. Mercier so frair dejosta,

(1) Il s'agit du pont Saint-Martial.

per tot[a], e la senhoria e l'achapte ; e apres II sesters de froment de ces qu'En Guis Audois et Nalsandres, sos frair, i an. E fo en vistiz lo dihs S. d'aqueu W. deu Peirat qui s'en apelava senher. E per que aiso sia ferm e tenable, li cossol deu chasteu de Lemotges, a la requesta de las partidas, doneren en aquestas presens letras testimonials saeladas deu saeu cuminal de la vila deu chasteu de Lemotges. *Datum mense aprilis, anno Domini millesimo ducentesimo quinquagesimo nono, die martis post octabas Pasche* (1).

(Arch. hospit. de Limoges série B, rentes sur le clos Bachellerie.)

LXVII. — *Confirmation par Gui, vicomte d'Aubusson, de la cession de droits faite par feu son père au prieuré de N.-D. de Clairavaux.* — (2) 125. *Orig. Sc. perdu.*

Universis presentes litteras inspecturis Guido, vicecomes de Albuconio, salutem in Domino. Noveritis quod cum quidam homo noster jam defunctus accessasset a..... priore beate Marie de Claris-vallibus (3), quoddam tenementum situm apud Clarasvalles in manso *de la Font* pertinenti beate Marie de Claris-vallibus, et dictus homo et ejus heredes, ut nobis dicitur, quittassent in perpe[tuum] dictum tenementum cum pertinenciis suis et quicquid juris habebant seu habere po[terant] ecclesie beate Marie de Claris-vallibus, nobilis vir R. de Albuconio, vicecomes, [pater] noster jam defunctus quondam bone memorie, ad preces venerabilis viri et discreti magistri R. de sancto Marciale, prioris dicte ecclesie, quicquid juris habebat seu habere poterat in dicto tenemento et ejus pertinenciis racione hominis sui eidem ad opus dicte ecclesie pro salute anime sue et parentum suorum, ut a dicto priore et aliis bonis et fide dignis audivimus, quittavit in perpetuum et concessit. Nos vero ad instanciam prefati prioris quicquid juris habebamus seu habere poteramus racione dicti homagii in dicto tenemento et ejus pertinenciis, dicte ecclesie dedimus in perpetuum et quittavimus per salutem anime nostre et parentum nostrorum, et donacionem et quittacionem a dicto vicecomite quondam patre nostro confirmantes gratam habuimus et acceptam. Preterea Johannes *de Giac* constitutus coram nobis dicte ecclesie quicquid juris habebat seu

(1) C.-à-d. le 22 avril.
(2) Une erreur de classement n'a point permis de placer cette charte à son rang chronologique.
(3) Clairavaux, arr. d'Aubusson, Creuse.

habere poterat racione bailiatgii in dicto tenemento donavit in perpetuum et concessit. Et nos debemus dictum tenementum sepe dicte ecclesie defendere et gareitare (sic) ab omni inquietatore seu gravatore. In cujus rei testimonium presentes litteras predicto priori de Claris-vallibus ad opus dicte ecclesie dedimus et concessimus sigilli nostri munimine roboratas. Datum die Veneris post festum beati Luce (1), anno Domini M° CC° L°.

(Bibl. Nat., cabinet des titres, dossier Aubusson, tome CXXX.)

LXVIII. — *Enquête relative au patronage de la Maison-Dieu, instituée par Durand, évêque de Limoges,* † *1245.* — *Janvier 1262 (n. st. 1263). Vidimus. Sc. perdu.*

Universis presentes litteras inspecturis officialis curie Lemovicensis salutem in Domino. Sequentes litteras sigillatas sigillo bone memorie Durandi, quondam Lemovicensis episcopi, nos vidisse noveritis in hec verba :

Stephanus, quondam rector domus Dei leprosorum Lemovicensis, in lecto egritudinis positus, juratus bone memorie et mentis compos, juramentum suum interrogatus super statu instituendi priorem sive rectorem in domo eadem, respondit per juramentum suum et asseruit in periculo anime sue quod vidit et audivit quod Johannes *Badavespras* presbiter tenebat domum dictam in cura de voluntate et consensu infirmorum et donatorum dicte domus et de consensu et voluntate bone memorie domini Guidonis, quondam Lemovicensis episcopi, tunc temporis archidiaconi Lemovicensis, tantum qui in custodia et consilio dictam domum commissam habebat a domino Lemovicensi episcopo, videlicet domino Celebrando (2) vel domino Johanne, et asseruit per id juramentum quod vidit et audivit quod quamdiu idem dominus Guido vixit, rector et fratres dicte domus adibant eum tanquam dominum et capud (sic) dicte domus et consilio ipsius domini Guidonis dicta domus regebatur omnino; et hoc vidit per quadraginta annos et amplius. Dixit eciam quod vidit et audivit quod dictus presbiter qui tenuit per viginti quinque annos dictam domum, tandem in lecto egritudinis positus, convocatis magistris P. priore domus fratrum Predicatorum et P. *Papalou*, rogavit et submonuit illum qui deponit et injunxit eidem in virtute societatis et obediencie et in periculo anime sue semel et secundo quod ipse S[tephanus], quondam rector dicte

---

(1) C.-à-d. le 22 octobre.
(2) Corrig. *Sebrando* ou *Saibrando*.

domus, onus et curam reciperet dicte domus, quod ipse S[tephanus] fecit ad nimiam instanciam presbiteri memorati; et credit quod dictus presbiter dictam curam ipsi S[tephano] tradidit de concilio (sic) domini dicti Guidonis. Dixit eciam per juramentum suum quod postmodum dictus archidiaconus, hoc audito et sepulto dicto presbitero, ad eandem domum accessit et convocatis coram se omnibus infirmis et donatis et sororibus dicte domus, fecit omnes infirmos et donatos et sorores jurare quod omnes obedirent eidem S[tephano] et fideliter servarent bona domus dicte et responderent eidem tanquam rectori domus dicte. Dixit eciam idem S[tephanus] quod quando dictus presbiter eidem Stephano tradidit, ut dictum est, dictam domum, idem prior inhibuit eidem Stephano et rogavit eundem quod quum contigeret humanitus de eodem Stephano, quod nunquam poneret vel institueret rectorem aliquem ibidem de castro Lemovicensi, immo prius poneret ibidem in rectorem aliquam ductorem asini de ipsa domo. Dixit etiam idem S[tephanus] per juramentum suum quod ipse S[tephanus] non recepit curam dicte domus a consulibus dicti castri nec de ipsorum consulum consensu vel precepto, vel bailivorum, nec predecessor suus nec aliquis alius, ut credit. Interrogatus quis fuit institutor sive fundator dicte domus, respondit per juramentum suum quod credit quod dominus episcopus Lemovicensis G., ut dixit, quod ita accepit a majoribus suis; dixit etiam per juramentum suum quod nuper ipse S. positus in lecto egritudinis, convocatis infirmis et donatis dicte domus, requisivit eos et rogavit quod placeret eis quod ipse ordinaret domum de rectore, et quod vellent quod ipse traderet J. *de Payrac*, presbitero, curam dicte domus, et quod idem J. *Payrax* (sic) institueretur rector domus ejusdem, prout ipse S. erat; et dixit per juramentum suum quod quidam concesserunt et alii non contradixerunt quod dictus J. *Payrax* presbiter dictam curam haberet et quod esset rector dicte domus; et dixit quod ipse S. statim, omnibus ipsis presentibus et non contradicentibus, tradidit eidem J. *Payrac*, presbitero, dictam curam et instituit eumdem rectorem, presente Stephano *Pioncelot*, sutore dicte domus, et non contradicente; qui postmodum post institutionem factam, ut dictum est, de dicto J. *Payrac*, presbitero, inhibuit ex parte consulum dicti castri ne dictus J. *Payrax* institueretur rector ibidem. Interrogatus per juramentum suum si denarii quos dictus J. *Payrax* presbiter et J. *Trefin* presbiter, capellanus dicte domus, et P. de sancto Lazaro et P. de Beuna clerici extrahebant de dicta domo, erant de dicta domo, respondit quod non; immo dixit quod cum postea burse et saculi in quibus erant dicti denarii essent allati eidem S. ad videndum et experiendum utrum essent de dicta domo necne, dixit cum vidisset bursas et saculos quod non erant dicte domus nec erant ipsius S. Interrogatus quantum idem S. habebat de denariis, respondit quod quingentos solidos barbarinorum veterum, quos servaverunt per quadraginta annos ad exequias sui funeris faciendas et viginti libras vel circa et undecim libras et duo cloquearia argenti et ciphum argenti cum pede et obolum aureum, que omnia consules dicti castri tradiderunt Petro *deus Giotos* contra voluntatem ipsius S., quoniam P. *deus Glotos* consules pro voluntate sua posuerunt ibidem rectorem. Interrogatus quis habebat privilegia dicte domus, respondit quod dictus P. *deus Glotos,* cui dicti consules tradiderunt clavem arche ipsius S. ubi erant dicta privilegia, violenter extracta clave de manu ipsius S. et contra voluntatem ipsius S., ipso S. inhibente et dicente eis ne destruerent dictam domum. Interrogatus quis habebat curam animarum dicte domus, respondit quod ad instanciam ipsius S. dominus Guido, Lemovicensis episcopus, contulit curam animarum J. *Trefin* presbitero, capellano dicte domus; vidit etiam quod Helias *Reclus,* presbiter dicte domus jam defunctus, fuit capellanus dicte domus et habebat curam animarum dicte dominus a domino Celebrando (1), quondam episcopo Lemovicensi. Addidit etiam quod vidit et audivit quod Matheus *de Vilnivenc* et Paschalis *Crestias,* burgenses in castro manentes, intromitebant se de negociis dicte domus propter affectionem et compassionem quam habebant erga domum dictam, tunc temporis carentem rectore, antequam esset rector dictus J. *Vadavepras;* et hoc faciebant pro sua voluntate non de mandato consulum, ut credit et dixit, quod male gerebant negocia domus, quia dictus Matheus alienavit bona dicte domus.

In cujus rei testimonium presentibus litteris sigillum Lemovicensis curie duximus apponendum. Datum quinto ydus januarii anno Domini M° CC° LX° secundo.

(Arch. hospit. de Limoges, série H, fds de la Maison-Dieu.)

---

(1) Corrig. *Sebrando* ou *Saibrando,* comme plus haut.

LXIX. — *Vente de terre faite aux Cordeliers de Limoges par un certain Jacques G.* — *1264. Orig. Sc. perdu.*

Conoguda chauza sia a lotz ceus qui son e qui son a venir que Jacmes G. vendet e autreet e quistet durablament per se e per totz sos eretiers aus amatz e religios en Crist, aus frair menors de Lemotges, per lo pretz de L ls. de la moneda de Lemotges, de que aqueu Jacmes se tenc a paiatz, la terra e l'ort qu'el avia josta l'ort deus dihs frairs menors, so es assaber la partida que aqueu Jacmes ac de S. de Mairabou (1), am II sol. de ces que S. Marsals i a plas, seis senhoria, d'almosna, e la senhoria d'aquela partida que aqueu Jacmes disia que era soa e movia de lui e no de degun autre ome; e mais una autra pessa de terra e d'ort que aqueu Jacmes avia josta aquela terra qui fo à aqueu S. de Mairabou, aichi cum mouon d'aquela terra S. de Mairabou, e dura, e se estent sai que a la cou traversieira qui clau la terra e l'ort deu frairs menors, e la terra e las chauchieiras Jacme G., e tot lo dreih que aqueu Jacmes avia ni podia aver, o per nom de possessio o de proprietat, en las dichas II pessas de terra, de tot ces quistas, mas quant tant solament deus II sol. redens que S. Marsals a d'almosna en aquela partida qui fo S. de Mairabou, per aichi cum es dih desus. E desvistit se de la partida qui fo S. de Mairabou, coma senher fondals que s'en apelava davan; e de l'autra partida dejosta, aichi cum vai sai que a la dicha cou, de laqual partida li dih frair menor s'apelaven senhor per nom de mi doms Naiba Jaucmela, molher Hel*i*a Vigier, chavalier qui fo, qui coma domna lor avia donada la senhoria d'aqueu luoc, aichi cum nos, li cossol deu chasteu de Lemotges, vim que era contengut en unas letras saeladas de maitre Hel*i*a, official en aqueu temps de Lemotges; e vistiren (2) en En Jaufre Mercier, per nom e a l'ops deus dihs frairs. E fo covens entre los dihs frairs e En Jacme G. que li dih frair aquela cou traversieira qui es entr'eus e Jacme G. porran bastir e ausar a lor volumtat, a lors despessas e amplar vers eus en lor terra, si se volen, a lors despessas. E en aquela cou Jacmes G. no se deu apoiar ni far deguna re qui sia a dan de la cou ni deu frairs menors; sals aitant que quant li frair menor faran far la cou, aqueu Jacmes pot far far deves se I armari o dos, en que poscha metre sa rauba o autras chauzas menudas, a l'ops de son servizi. E per que aiso sia ferm e tenable, li cossol deu chasteu de Lemotges, a la requesta de las partidas, doneren en aquestas presens letras testimonials saeladas deu saeu cuminal de la vila deu chasteu de Lemotges.

(1) En français : Mirebeuf.
(2) Il faudrait le singulier.

Datum die mercurii ante festum beati Thome apostoli (1), *anno Domini millesimo ducentesimo sexagesimo quarto.*

(Arch. dép. de la Haute-Vienne, fonds des Cordeliers, n° provisoire H. 8742.)

LXX. — *Fondation d'anniversaire faite par Jean de Villevaleys, prêtre, dans le prieuré de l'Artige. — 1268 (n. st. 1269). Orig. Sc. perdu.*

Universis presentes litteras inspecturis officialis curie Lemovicensis salutem in Domino. Noveritis quod in nostra presencia personaliter constitutus Johannes *de Villa-Valeys,* presbiter, dedit, concessit et quittavit in puram et perpetuam helemosinam Deo et domui et priori et conventui Artigie, donacione pura et simplici et irrevocabili facta inter vivos ad suum anniversarium in eadem domo annuatim de cetero faciendum, viginti solidos renduales quos olim emit a Guidone *Jaucely,* domicello, habendos et percipiendos, ut nobis constat per nostras litteras, in manso *de Bessarach,* sito in parrochia *de Linars* (2) et in omnibus pertinenciis ipsius mansi...
....

In cujus rei testimonium, ad instanciam ipsorum presbiteri et fratris predictorum, presentibus litteris sigillum Lemovicensis curie duximus apponendum. Datum idus februarii, anno Domini millesimo ducentesimo sexagesimo octavo.

(Arch. dép. de la Haute-Vienne, série D. 1035.)

LXXI. — *Donation faite par Marguerite de Bourgogne, vicomtesse de Limoges, au prieuré d'Aureil, de la personne de Pierre Chastaing et de ses héritiers, à charge par le prieuré de célébrer un anniversaire en faveur de Guy, son mari. — 1269. Orig. Sc. perdu.*

Universis presentes litteras inspecturis Margarita (3), filia illustris ducis Burgundie, vicecomitissa Lemovicensis, salutem in Domino. Noveritis quod nos pro nobis et nostris in puram, perpetuam et omnino quittam elemosinam, religiosis viris priori et

---

(1) C.-à-d. le 17 décembre.
(2) Linards, arr. de Limoges.
(3) Marguerite, seconde fille de Hugues IV, duc de Bourgogne et de Yolande de Dreux. Elle avait épousé Guy VI, vicomte de Limoges, mort à Brantôme, en Périgord, 1263.

conventui de Aurelio, Lemovicensis dyocesis, pro anniversario inclite recordationis Guidonis, quondam vicecomitis Lemovicensis, domini viri nostri, in Aureliensi ecclesia, in crastinum Assumptionis beate Marie annuatim solempniter celebrando, damus et concedimus Petrum *Chastaing* cum heredibus suis, cum omni hereditate sua paterna et materna et terris ac possessionibus que sita sunt in parrochia *de la Genestosa* (1), promittentes contra donationem hujusmodi per nos vel per alium decetero non venire. Sciendum tamen est quod unum sextarium frumenti ad mensuram de Nobiliaco censualem, annuatim in festo sancti Michaelis nobis et nostris reddendum, in dicto homine et suis et hereditate, terris et possessionibus predictis perpetuo retinemus. Preterea quandam vineam quatuor sextariatarum, sitam in vinoplio de Axia inter vineam Petri *la Fautia* ex parte una, et vineam Johannis de Merdalo ex altera, predictis priori et conventui ex certa scientia confirmamus. Que omnia premissa eisdem defendere promittimus bona fide. Predictam autem donacionem facimus eisdem priori et conventui de quater viginti libris rendualibus, quas in vicecomitatu Lemovicensi retinuimus coram excellentissimo domino ...., rege Francie, de voluntate et assensu ipsius, dandas a nobis servitoribus nostris et in elemosinam et ubicunque viderimus expedire, prout in litteris dicti domini regis Francie continetur. In cujus rei testimonium sigillum nostrum duximus presentibus litteris apponendum. Datum et actum in crastinum Assumpcionis beate Marie, anno Domini millesimo ducentesimo LX^{mo} nono.

(Arch. dép. de la Haute-Vienne, série D. 931.)

LXXII. — *Vente faite par A. du Peyrat à la confrérie de N.-D. du Puy de 16 sols de cens et 3 ll. d'acapt.* — *1274.*

Conoguda chausa sia a totz ceus qui son e qui son a venir que li baile e li cofrair de la cofrairia S a Maria deu Poi compreren durablamen de A. deu Peirat, filh En P. Peirat deu Temple qui fo, xvi solz de ces e iii solz d'achapte am senhoria per la cosduma deu chasteu de Lemotges, per lo pretz de xvi lieuras et v solz de la moneda de Lemotges; de que lo dihs A. se tenc per paiatz en la maijo W. Boneu qui es entre la maijo S. Soclanat, deves una part, e la maijo J. Guitbert au fermalhier, deves l'autra. E lo

(1) La Geneytouse, arr. de Limoges.

dihs A. vistit en, coma senher que s'en apelava, los bailes de la cofrairia avan dicha, a l'ops d'aquela cofrairia. E per que aiso sia ferm e tenable, li cossol deu chasteu de Lemotges, a la requesta de las partidas, doneren en aquestas presens letras testimonials saeladas deu saeu cuminal de la villa deu chasteu de Lemotges. *Datum mense augusto, anno Domini M CC L XX IIII.*

(ALLOU, *Descript. des monuments de la Haute-Vienne*, p. 368 (1).

LXXIII. — *Confirmation par Louis le Débonnaire et par Charles le Chauve des lettres de sauvegarde que Pépin le Bref et Charlemagne accordèrent au monastère de Solignac.* — 817 et 852. *Vidimus de 1274 (n. st. 1275). Sc. perdu.*

Universis presentes litteras inspecturis, Helias de Malamorte, domini pape cappellanus, decanus Lemovicensis ac officialis curie Lemovicensis, sede Lemovicensi vacante, salutem in Domino. Noveritis nos vidisse et diligenter inspexisse et de verbo ad verbum presentibus inseri fecisse sequencia privilegia anulis regiis consignata, sub hac forma :

In nomine Domini Dei et salvatoris nostri Jhesu Christi, Ludovicus, divina ordinante providencia imperator augustus. Cum locis divino cultui mancipatis ob divine servitutis amorem, opem congruam ferimus, egregium morem decenter implemus, id nobis profuturum ad eterne renunciacionis premia capescenda veraciter credimus. Notum igitur esse volumus cunctis fidelibus nostris tam presentibus quam et futuris seu eciam successoribus nostris, fidelibus sancte Dei ecclesie, quia adiens serenitatem culminis nostri venerabilis vir Agiulfus, abbas ex monasterio quod dicitur Sollempniacense, quod sanctus Eligius in honore sancti Petri et ceterorum Sanctorum construxit, gestans in manibus immunitatem avi nostri Pepini regis, necnon dompni et genitoris nostri Karoli bone memorie magni Imperatoris, in qua continebatur insertum esse qualiter ipsi prefatum monasterium propter divinum amorem et reverentiam divini cultus semper sub plenissima deffensione consistere et ab omni publica functione et judiciaria exactione immunem liberumque reddidissent. Quod munus eidem monasterio exhibitum Deo annuante *(sic)* invio-

---

(1) Pièce publiée par Allou sous cette rubrique : « Copie d'un titre de la confrérie de N.-D. du Puy, des Archives de l'hôpital de Limoges, de 1254 » (*sic, lege* 1274). — Cette pièce ne se retrouvant plus dans le fonds indiqué, nous avons cru utile de la joindre ici à toutes celles que nous avons tirées desdites Archives, en corrigeant toutefois les nombreuses fautes de lecture dont elle était émaillée.

labiliter hactenus constat esse conservatum. Pro firmitatis namque studio hujuscemodi beneficium erga prefatum venerabile monasterium nostra auctoritate humiliter precibus quibus valuit, fieri postulavit. Cujus peticioni ob amorem Dei et reverentiam divini cultus libenter assensum prebere nobis usquequaque libuit. Quapropter volumus atque decernimus ut omnes res ejusdem monasterii cum hominibus sibi subjectis ta n ingenuis quam et servis, sub nostra deffensionis munimine modis omnibus consistant. Precipientes ergo jubemus atque precipimus ut nullus judex publicus aut quilibet superioris aut inferioris ordinis rei publice procurator ad causas judiciario more audiendas, in ecclesias aut villas seu reliquas possessiones quas moderno tempore in quibuslibet pagis vel territoriis imperii nostri juste et legaliter tenent vel deinceps in jure ipsius monasterii dicta pietas voluerit augeri, ingredi presumat, nec freda aut tributa aut mansiones aut paratas, aut fidejussores tollere, aut homines tam ingenuos quam et servos ipsius monasterii distringere, nec ullas publicas functiones aut redibiciones vel illicitas occasiones requirere, quibus in aliquo idem monasterium sibique subjecta aliquid paciantur incomodum ; nostris futurisque temporibus quisquam tam temerarius existat, qui id faciendi illicitam sibi potestatem attribuere audeat. Quicquid ergo de prefatis ejusdem monasterii rebus in jus fisci exigere debuit et a decessoribus nostris collatum esse constat, largicionis nostre munimine libenter esse volumus per immensum eidem monasterio concessum, ut remoto fisci dominatu, ad luminaria basilice predicti monasterii concinnanda et ad sustentacionem pauperum seu clericorum in eodem loco Domino deserviencium sit supplementum. Et ut hec auctoritas firmior habeatur et per futura tempora melius conservetur, manu propria subtus firmavimus et anuli nostri impressione signari jussimus. Signum (1) KLudovici (*sic*), serenissimi imperatoris. Dur[andus] dyaconus ad vicem recognovi. Data viiij kalendas augustas, anno, Christo propicio, iiij imperii dompni Ludovici piissimi augusti, indictione x. Actum Aquisgrani (2), palacio regio, in Dei nomine feliciter. Amen.

In nomine Domini Dei et salvatoris nostri Jhesu Christi, Karolus, divina ordinante providencia rex. Cum locis divino cultui mancipatis ob divine servitutis amorem, opem congruam ferimus, egregium morem decenter implemus, id nobis profuturum ad

---

(1) Peut-être le scribe a-t-il lu K pour le signum même, comme plus loin.
(2) Aix-la-Chapelle.

eterne renunciacionis premia capescenda veraciter credimus. Notum igitur esse volumus cunctis fidelibus nostris tam presentibus quam et futuris, seu eciam successoribus nostris fidelibus sancte Dei ecclesie, quia adiens serenitatem culminis nostri venerabilis vir Silvius, abbas ex monasterio quod dicitur Sollempniacus, quod sanctus Elegius in honore sancti Petri et ceterorum Sanctorum construxit, gestans in manibus immunitates proavi nostri Pipini regis et avi nostri Karoli magni imperatoris necnon et genitoris nostri bone memorie Ludovici, in quibus continebatur insertum qualiter ipsi prefatum monasterium propter divinum amorem et reverenciam divini cultus, semper sub plenissima deffensione consistere et ab omni publica functione et judiciaria exactione immunem liberumque reddidissent. Quod munus eidem monasterio exhibitum, Deo annuante (*sic*), inviolabiliter hactenus constat esse conservatum. Pro firmitatis namque studio hujuscemodi beneficium erga prefatum venerabile monasterium nostra auctoritate humiliter precibus quibus valuit, fieri postulavit. Cujus peticioni ob amorem Dei et reverenciam divini cultus libenter assensum prebere nobis usquequaque libuit. Quapropter volumus atque decernimus ut omnes res ejusdem monasterii cum hominibus sibi subjectis, tam ingenuis quam et servis, sub nostre deffensionis munimine modis omnibus consistant. Precipientes ergo jubemus atque precipimus ut nullus judex publicus, aut quilibet superioris aut inferioris ordinis rei publice procurator, ad causas judiciario more audiendas, in ecclesias aut villas seu reliquas possessiones, quas moderno tempore in quibuslibet pagis vel territoriis regni nostri juste et legaliter tenet vel deinceps in jure ipsius monasterii divina pietas voluerit augeri, ingredi presumat, nec freda aut tributa aut mansiones aut paratas aut fidejussores tollere aut homines tam ingenuos quam et servos ipsius monasterii distringere, vel ullas publicas functiones aut redibiciones vel illicitas occasiones requirere quibus in aliquo idem monasterium sibique subjecti aliquid paciantur incomodum; nostris futurisque temporibus quisquam tam temerarius existat, qui id faciendi illicitam sibi potestatem attribuere audeat. Quicquid ergo de prefatis ejusdem monasterii rebus in jus fisci exigere debuit et a predecessoribus nostris collatum esse constat, largicionis nostre munere libenter esse volumus per immensum eidem monasterio concessum, ut remoto fisci dominatu, ad luminaria basilice predicti monasterii concinnanda et ad sustentacionem pauperum seu monachorum in eodem loco domino deserviencium sit supplementum. Et ut hec auctoritas firmior habeatur [et] per futura tempora melius conservetur, ma-

nu propria subtus firmavimus et anuli nostri impressione signari
jussimus. Signum KKaroli gloriosissimi regis. Bartholomeus,
ad vicem Ludovici, recognovi. Data IIII kalendas januarias,
indictione vx, anno XII regnante Karolo rege glorioso. Actum
in monasterio sancti Dyonisii, in Dei nomine feliciter. Amen.

.... In quorum omnium testimonium et munimen, nos predictus decanus Lemovicensis sigillum nostrum, et nos predictus officialis Lemovicensis, sede vacante, sigillum Lemovicensis curie hiis presentibus transcriptis, facta prius collacione diligenter de privilegiis, ad hanc paginam seu litteram duximus apponenda. Datum xv kalendas marcii, anno Domini millesimo ducentesimo septuagesimo quarto.

(Arch. dép. de la Haute-Vienne, fonds de Solignac, n° provisoire H. 6521. Communication de M. Louis Guibert.)

LXXIV. — *Affranchissement fait par Hugues de Lusignan, comte de la Marche, de Pierre Viriaud et de ses neveux.* — 1277 *(n. st. 1278) Vidimus transcrit dans les registres du Trésor des chartes.*

Hugo de Lezigniaco, comes Marchie et Engolisme et dominus Folgeriarum, in Domino salutem eternam. Noveritis quod nos Petrum Viriaudi et nepotes suos, filios quondam Johannis Viriaudi defuncti, et heredes ac successores ipsorum, ab omni tallia seu questa et exaccione pro nobis et omnibus heredibus ac successoribus nostris franchimus, et libertati damus eosdem, ac eciam omnes cobrancias factas et faciendas ab ipsis in feodis et retrofeodis nostris ubicunque consistant eisdem duximus imperpetuum confirmandas et de ipsis dictum Petrum Viriaudi et suos in homines litgios nostros recepimus, ita quod ipse Petrus Viriaudi et nepotes sui pro rata sua debent facere homagium ligium nobis et successoribus nostris imperpetuum successive; et promittimus eidem Petro et nepotibus suis et heredibus eorumdem quod contra premissa nullatenus veniemus. In cujus rei memoriam nos eidem P. Viriaudi et suis nepotibus presentes dedimus litteras sigillo nostro sigillatas, salvo tanquam de aliis hominibus nostris ligiis jure nostro. Datum et actum die sabbati post *Invocavit me* (1), anno Domini M° CC° sexagesimo septimo.

(Arch. Nat., JJ. 42 B., f° 92 r°.)

(1) C.-à-d. le 20 février.

LXXV. — *Accord entre l'aumônier de Saint-Martial et le curé des églises de Lastours et Rilhac, réglant les droits respectifs de chacun sur les revenus desdites paroisses.* — *1228 (n. st. 1229), Vidimus de 1278. Sc.*

Nos Girbertus, Dei gratia episcopus Lemovicensis, notum facimus universis quod cum controversia verteretur inter religiosum virum magistrum Bernardum, helemosinarium monasterii sancti Martialis Lemovicensis, ex parte una, et dilectum in Christo Petrum, rectorem ecclesiarum *de Rialhac* et de Turribus, ex altera, coram nobis super contentis in litteris quarum tenor sequitur in hec verba :

Universis presentes litteras inspecturis, magister Guillelmus, officialis curie Lemovicensis, salutem in Domino. Noverint universi quod cum inter Fulcaudum pro tempore helemosinarium sancti Martialis Lemovicensis ex parte una, et Geraldum de B *t*, pro tempore capellanum ecclesiarum de Turribus et *de Rialhac*, ex altera, coram nobis questio verteretur super procuratione quadam quam idem helemosinarius petebat in dictis ecclesiis ratione consuetudinis et de qua dicebat predecessores suos in possessionem fuisse per multos annos, et super aliis que petebat similiter in ecclesiis antedictis, et super hoc etiam quod idem capellanus dicebat, quod in redditibus communibus inter eos qui solvuntur in crastinum natalis Domini, habet et consuevit percipere prior quatuor solidos annuatim, et quod quandocumque contigerit ipsum capellanum comedere in castro Lemovicensi, habet et consuevit percipere tantum panis et vini quantum datur uni monacho illa die : lite super hiis contestata et prestito huic et inde corporaliter sacramento de calumpnia, et testibus ab utraque parte productis, premissus capellanus super hiis et aliis que petebat ab eodem helemosinario in ipsum helemosinarium et in Jacobum, pro tempore prepositum de Cozeio, juramento prestito compromisit, ut ipsi sub juramento et super periculum animarum suarum dicerent veritatem, quod jus idem helemosinarius habet et consuevit habere in ecclesiis ante dictis, et quod jus idem capellanus habet et consuevit habere sive percipere in helemosinario sancti Martialis. Qui prepositus et helemosinarius dixerunt, prestito super sacrosancta Dei Evangelia juramento et super periculum animarum suarum, quod idem helemosinarius habet et consuevit percipere in dictis ecclesiis unam procurationem condumalem, pariter fenum, paleam et avenam ; et quod idem capellanus debet dare candelas nuntio ejusdem helemosinarii qui venerit apud

Rialhac sive *a Lastors* pro colligendis bladis helemosinarii memorati, et quod capellanus nihil juris habebat in quatuor solidis memoratis. Dixerunt etiam quod quandocumque idem capellanus comederit in castro Lemovicensi, debet percipere in helemosinam sancti Martialis unam justam vini et unam cornutam, si ipse vel ejus nuncius petierit ab helemosinario vel ejus mandato, et quod nuncius ejusdem capellani qui attulerit denarios eidem capellano de pensione quatuor librarum et decem solidorum qui debentur solvi Lemovicis in ramis palmarum, si pedes venerit, debet percipere in dictam helemosinam unam cornutam et justam vini; si eques venerit et est talis persona que debeat eques ire et in eodem castro Lemovicensi jacuerit illa nocte, helemosinarius ipse vel ejus mandatum debet eidem dare fenum et avenam et unam cornutam, et justam vini, et nuncio suo tantum panis et vini quantum superius est dictum, si est talis persona que debeat et consueverit ducere nuncium secum. Et istud arbitrium utraque pars ratum habuit et recepit. In cujus rei memoriam litteras presentes sigillo nostro signatas utrique parti super hoc concessimus testimoniales, presentibus testibus Hymberto *Folcau*, monacho sancti Martialis, Petro do Aneda, clerico nostro et Bernardo Bonifaci clerico, et Petro *de Manauc*. Actum mense febroario, anno Domini millesimo ducentesimo vigesimo octavo.

Compromiserunt alte et basse in dilectos nostros in Christo magistros Petrum de Placentia et Rotbertum Tornerii, capellanos nostros, prestito juramento et pena quinquaginta librarum apposita, qui in se suscepto hujusmodi compromisso pro bono pacis pronunciaverunt arbitrando quod predicte littere perpetuam habeant firmitatem et in suo robore perseverent, et quod idem rector teneatur eidem helemosinario et idem helemosinarius eidem rectori, secundum tenorem predictarum litterarum, et prout in eisdem litteris continetur. Quas quidem litteras dicti arbitri pronuntiaverunt a dictis partibus et earum successoribus in posterum observandas. In cujus rei testimonium litteras presentes sigillo nostro sigillatas utrique parti concessimus testimoniales. Actum inter principales personas et datum quinto kalendas junii, anno Domini millesimo ducentesimo septuagesimo octavo.

(Arch. hospit. de Limoges, série B, paroisse de Rilhac-Lastours.)

LXXVI.— *Autorisation de vendre et de permuter accordée par Séguin de Lastours, damoiseau, à Séguin de Meillac, son homme lige.* -- *1279. Orig. Sc. perdu.*

Universis presentes litteras inspecturis Seguinus de Turribus, domicellus, salutem in Domino. Noveritis quod nos pro nobis et omnibus nostris presentibus et futuris, damus et concedimus plenam et liberam potestatem, auctoritatem et licentiam Seguino de Melhaco, homini nostro litgio, quod ipse libere possit, sine qualibet alia nostra licentia et nostrorum, dare vel vendere vel permutare vel quovis alio titulo transferre totaliter in fratrem B., helemosinarium sancti Martialis, et ejus successores et pauperes ipsius helemosinarii, totum jus proprietatis et possessionis quod dictus Seguinus vel alii sui heredes haberent, vel habere seu percipere deberent in tribus mansis, videlicet *de Valuer*, de Valeta et de Bosmarescha (1), ad dominium et proprietatem helemosinarii sancti Martialis spectantibus; et specialiter unam cartam cumulatam avene, ad mensuram de Turribus, rendualem et redendam singulis annis in mestivis, a quolibet homine faciente ignem et tenente hospicium, seu faciente mansionem in dictis mansis et eorum quolibet; pro qua carta et redditu idem Seguinus faciebat et facere debebat nobis homagium ligium. Quod homagium idem Seguinus nobis in equivalentibus locis assignavit. Et in nostra presentia idem Seguinus constitutus, gratis, sciens et spontaneus, non seductus, nec ab aliquo circumventus, amore Dei et pietatis intuitu, pro remedio anime sue et parentum suorum predictam cartam avene dedit et perpetuo jure concessit, et quicquid juris in predictis mansis vel habitantibus in dictis mansis, Deo et beato Martiali et specialiter pauperibus helemosinarii sancti Martialis et helemosinario ejusdem loci, in ipsos per hanc litteram transferens, de expresso consensu et voluntate nostra quicquid juris habebat ipse, vel alius pro ipso in dictis mansis vel habitatoribus dictorum mansorum, et ipsos per hanc nostram litteram investivit. Et nos quantum ad nos pertinet pro ipso S. et etiam pro nobis et nostris successoribus investimus, promittentes nihilominus dicto helemosinario, et hoc idem promisit idem Seguinus coram nobis de premissis eisdem helemosinario et pauperibus semper bonam facere ab omni homine garenciam et defencionem. Et per istam litteram exnunc quitamus et remittimus; et idem Seguinus perpetuo quitavit de omnibus premissis dictos mansos et homines ibidem habitantes, ita quod premissa deveria debeant ad helemosinarium

(1) Hameaux de la comm. de Nexon, arr: de Saint-Yrieix, Haute-Vienne.

predictum et pauperes ipsius et omnes eorum successores pacifice remanere. Constat de interlinearibus : in fratrem B. helemosinarium sancti Martialis et ejus successores et pauperes ipsius helemosinarii, idem Seguinus. In cujus rei testimonium ad preces dicti Seguini dictis helemosinario et pauperibus presentes litteras concedimus, sigilli nostri munimine roboratas. Datum die veneris post festum sancti Vincentii martiris (1), anno Domini millesimo ducentesimo septuagesimo nono.

(Arch. hospit. de Limoges, série B., paroisse de Nexon.)

LXXVII. — *Mandement de Gilbert, évêque de Limoges, adressé à Etienne de Salagnac, de l'ordre des Frères Prêcheurs, et à Etienne, archiprêtre de Combraille, pour leur enjoindre de déterminer les limites des chapelles et paroisses de la Brugère, Alesme, St-Nicolas des Froides-Orties et Venouhan, relevant d'Aureil.—1282 (?). Orig. Sc. perdu.*

Girbertus, Dei gracia Lemovicensis episcopus, religioso viro in Christo sibi karissimo fratri Stephano *de Salanhac*, ordinis fratrum predicatorum et dilecto in Christo Stephano, archipresbitero Combralhie, salutem in Domino. Vobis committimus et mandamus quatinus ad capellas de Brugeria (2), *de Alesme* (3), de sancto Nicholaho de Frigidis-urticis (4) et *de Venoan* (5), religiosis viris priori et conventui de Aurelio immediate subjectas personaliter accedentes, inquiratis loco nostri de finibus et limitacionibus dictarum capellarum et de parrochiis circumviciniis infra quarum metas existunt, vocatis ad hoc rectoribus ecclesiarum circumvicinarum predictarum, et tam de predictis capellis que habere dicuntur fontes, plebes et cimiteria, quam de aliis capellis spectantibus ad predictos priorem et conventum que non habent plebem, excepto prioratu seu capella de Bono-loco, cujus ordinacionem in manu nostra retinemus, statuatis et ordinetis loco nostri quod videritis ordinandum ; et quecumque facta et ordinata fuerunt de predictis nobis fideliter refferatis, ut nos confirmare possimus premissa prout viderimus expedire. Datum kalendas aprilis, anno Domini M° CC° LXXX secundo.

(Arch. dép. de la Haute-Vienne, D. 658.)

---

(1) C.-à-d. le 9 juin, à supposer qu'il s'agisse de saint Vincent, martyr en Agénois.
(2) Comm. de Saint-Junien-la-Bregère, arr. de Bourganeuf, Creuse.
(3) Comm. d'Auriat, arr. de Bourganeuf, Creuse.
(4) Peut-être comm. de La Geneytouse, canton de Saint-Léonard, près Limoges.
(5) Comm. de Châteauneuf, arr. de Limoges.

LXXVIII. — *Amortissement accordé par Arthur de Bretagne, vicomte de Limoges, aux religieux de l'Artige, pour toutes les acquisitions par eux faites dans son fief. — 1286 (n. st. 1287). Orig. Sc. perdu.*

Nos Arturus de Britannia, vicecomes Lemovicensis (1), notum facimus universis quod omnes adquisitiones quas religiosi viri prior et conventus de Artigia, tam pro se quam omnibus membris suis, fecerunt in nostris feodis et reffeodis usque in hodiernum diem sibi (sic) confirmavimus et adhuc confirmamus ab eisdem perpetuo possidendas, absque omni molestia de cetero pro nobis et nostris heredibus sive successoribus in eisdem facienda. Pro confirmatione quorum et collecta trium annorum, quindecim libras Lemovicensis monete ab eodem priore nos confitemur habuisse et recepisse in pecunia numerata. In cujus rei testimonium sigillum quo in dicto vicecomitatu nostro publice utimur presentibus litteris duximus apponendum, salvo jure nostro seu eciam alieno. Datum et actum apud Lemovicas, die lune post ramos palmarum (2), anno Domini millesimo ducentesimo octogesimo sexto.

(Arch. dép. de la Haute-Vienne, série D. 990.)

LXXIX. — *Vente faite par Barthélemy de Drouille, Audier Ytier et Jean du Peyrat à Hélie Aymeric, prieur de la Maison-Dieu de Limoges, de 20 sols de rente sur une maison du barri de Saint-Gérald. — 1251. Vidimus de 1288.*

..... Conoguda chauza sia a totz aqueus que son e que son a venir que Helias Aymericz, priors de la mayjo Dieu deu lebros de Lemotges, cumpret de Bertholmieu de Druilhas et de Naudier Ytier e de Johan deu Peyrat, de la Claustra, almosniers Matieus de Drulhas que fo, vint sols redens plas que la dicha mayjos Dieu devia Matieu de Drulhas e a sos herotiers per la mayjo Marciali Beynecho e de las autras totas (?), ayssi cum son d'aqui say que ou (?) fossat eu barri senh *Geral.* en la charrieyra que es davan lo semeteri *senh Geral,* es en la gran charrieyra si cum se vira ves la porta Pischa-vacha, loqualz fossatz es ves la porta de Bancslatgiers. E per que ayso sia ferm e tenable li cossol de (sic) chasteu de Lemotges feyren aquestas letras saylar deu saeu cuminal de la vila per la voluntat de las partidas. *Datum mense mayo, anno Domini* M° CC° L° *primo*....................

(1) Depuis 1263.
(2) C.-à-d. le 31 mars 1287.

....

Nos vero prefati episcopus, precentor et officialis [Lemovicenses], diligenti collatione prehabita cognitoque legitime de premissis, invenimus suprascriptas litteras de mandato nostro exemplatas omni suspitione carere. Quia tamen tum .... vitium, tum propter ineptas plicaturas et minutas litterarum de earum corruptione seu consumptione verisimile timebatur, nos autenticantes easdem decernimus ipsas eandem vim quam originalia perpetuo obtinere. In cujus rei testimonium nos prefati episcopus et precentor sigilla nostra et nos officialis sigillum Lemovicensis curie presenti transcripto duximus apponenda. Datum pridie ydus aprilis, anno Domini M° CC° octogesimo octavo.

(Arch. hospit. de Limoges, série H., fds de la Maison-Dieu.)

LXXX. — *Donation du mas de Sautour-Laleu, paroisse de Linards, faite au prieur d'Aureil par noble Gaucelme, chevalier, seigneur de Châteauneuf, au moment de partir pour la croisade. — 1239. Vidimus de 1289.*

Universis presentes litteras inspecturis officialis Lemovicensis salutem in Domino. Sequentes litteras venerabilium virorum quondam officialis, decani et capituli Lemovicensis nos vidisse et de verbo ad verbum transcribi fecisse noveritis in hec verba :

Omnibus has litteras visuris officialis, decanus et capitulum Lemovicensis salutem in Domino. Noveritis quod nobilis vir Gaucelmus dominus de Castro-novo (1), miles crucesignatus, cum esset in procinctu itineris ejus ultra mare ad subsidium Terre sancte in nostra presencia constitutus, dedit, concessit et quitavit in perpetuum pro se et omnibus suis canonico ministranti in capella de Castro-novo quicquid juris habebat vel habere vel requirere vel percipere poterat et consueverat juste vel injuste usque ad hodiernam diem in manso qui vulgo appellatur mansum *de Sautor-Lalo* (2), sito in parrochia *d'Athinars* (3), et in heredibus et pertinenciis ipsius mansi..

Datum sede Lemovicensi vaccante, mense julii, anno Domini M° ducentesimo XXX nono. In cujus visionis et inspectionis testimonium, sigillum Lemovicensis curie presentibus litteris

---

(1) Châteauneuf-la-Forêt, arr. de Limoges.
(2) Le Grand et le Petit-Sautour, auj. comm. de Linards.
(3) Auj. Linards, arr. de Limoges.

duximus apponendum in testimonium veritatis. Datum viii°
ydus septembris, anno Domini millesimo ducentesimo octogesimo nono.

(Arch. dép. de la Haute-Vienne, série D. 463.)

LXXXI.—*Concession d'une indulgence de quarante jours par l'évêque du Puy, du consentement de l'évêque de Limoges, aux fidèles de ce dernier diocèse qui contribueront par leurs donations au bien de la confrérie de N.-D. du Puy.* — *1291 (n. st. 1292). Vidimus de 1292.*

Universis presentes litteras inspecturis officialis Lemovicensis salutem in Domino. Sequentes litteras reverendi patris in Christo domini Guidonis, miseracione divina Aniciensis episcopi, non rasas non abolitas non cancellatas, cum vero et integro sigillo ipsius sigillatas omnique suspicione carentes, nos vidisse et diligenter inspexisse et de verbo ad verbum collacione facta presentibus inseri fecisse noveritis sub hac forma :

Guido, miseracione divina Aniciensis episcopus (1), universis abbatibus et prioribus, archidiaconis, capellanis et aliis ecclesiarum rectoribus in civitate et diocesi Lemovicensi constitutis ad quos presentes littere pervenerint, salutem in Domino Jhesu Christo. Quoniam, ut ait apostolus (2), omnes stabimus ante tribunal Christi recepturi prout in corpore gessimus, sive bonum fuerit sive malum, cum igitur bajuli candele [seu] rote Virginis gloriose Aniciensis, qui quidem bajuli sunt de castro Lemovicensi, quandam candelam teneant ardentem de nocte et de die in ecclesia nostra Aniciensi, que cotidie et incessanter ad honorem et laudem Virginis gloriose conburitur, que quidem Virgo in dicta ecclesia nostra venerabiliter honoratur, universitatem vestram monemus et ortamur in Domino Jhesu Christo in remissionem vestrorum peccaminum, nichilominus injungentes quatinus plebes vobis commissas moneatis et efficaciter inducatis ut de bonis a Deo sibi collatis ad dictam candelam in dicta ecclesia nostra Aniciensi tenendam pias helemosinas et grata caritatis subsidia largiantur, ut per hec et alia bona, que Domino fecerint inspirante, ad eterne possint felicitatis gaudia pervenire. Nos vero de omnipotentis Dei misericordia et beate Virginis gloriose et beatorum apostolorum Petri et Pauli precibus et meritis confidentes, omnibus

(1) Guy de Neuville, évêque du Puy de 1290 à 1296.
(2) II Cor. V. 10.

vere penitentibus et confessis qui ad dictam candelam tenendam
in dicta ecclesia nostra Aniciensi manum suam contraxerint
ad invicem de auctoritate, licencia et mandato reverendi patris
domini Girberti, Dei gracia Lemovicensis episcopi, quadraginta
dies de injunctis sibi pœnis misericorditer relaxamus. Datum et
sigillo nostro sigillatum in testimonium premissorum, die jovis
post octabas purificationis beate Marie (1) apud Lemovicas, anno
M° CC° nonagesimo primo.

In cujus visionis et inspectionis testimonium presentibus litteris sigillum Lemovicensis curie duximus apponendum. Datum
xvi kalendas maii, anno Domini millesimo CC° nonagesimo
secundo.

(Arch. hospit. de Limoges, série H, fds de la Confrérie de N.-D.
du Puy.)

LXXXII. — *Appointement entre Arthur de Bretagne, fils du vicomte de
Limoges, et le prieur d'Aureil, pour clore un chemin et en ouvrir un
autre dans la paroisse de Juillac.* — 1298. Orig. Sc. perdu.

Nos cur[ia] domini Arturi, ducis Britannie, primogeniti
vicecomitis Lemovicensis, notum facimus universis quod cum
nos ex officio nostro insequeremur religiosum virum priorem
d'Aurelh super hoc quod dicebamus et proponebamus contra eum
quod ipse vel aliquis loco ipsius, ipso ratum habente, impediverat
et clauserat quandam viam publicam positam juxta quoddam
pratum dicti prioris vulgariter appellatum *a la Chanorguia* subtus
quandam crucem ligneam positam seu collocatam in quodam tri-
vio, per quod publice tenditur apud burgum nostrum *de Julhac* (2)
et apud quendam mansum nostrum appellatum *a la Vila* et apud
quoddam repayrium Guidonis Morcelli domicelli, et quod idem
prior auctoritate propria fecerat et assignaverat quandam aliam
viam novellam non bonam in magnum prejudicium nostrum et
omnium circumvicinorum, nostra (vel nostro) auctoritate seu
licencia minime requisita. Unde nos super premissum et premissa tangentes, comisimus et dedimus in mandatis Radulfo *le
Bornhe*, pro tempore nostro preposito de Ahento (3), quatinus
ad dictum locum personaliter accederet et vocatis omnibus cir-
cumvicinis et aliis evocandis quorum interest, super premissum
diligenter inquireret veritatem. Qui quidem prepositus nobis

(1) C.-à-d. le 13 février 1292.
(2) Juillac, arr. de Brive, Corrèze.
(3) Eymoutiers, arr. de Limoges.

retulit viva voce quod ipse ad dictum locum accesserat et omnes circumvicinos convocaverat et invenerat quod predictus prior aliam viam meliorem dederat et in meliore loco, et de consensu circumvicinorum alteri vie remot[e] contiguam et sine prejudicio aliquorum. Quare damus in mandatum predicto priori et sui[s suc]cessoribus predictam viam antiquam claudendi et excolendi et in usus suos [red]dendi, secundum quod eidem et suis videretur expedire. Ad fidelem rerum dictarum............ dictum priorem de premissis duximus absolvendum. In cujus rei testimonium [nos curia] predicti domini vicecomitis.............. custosque sigilli curie ipsius, predictum sigillum predicte [curie] presentibus litteris duximus apponendum. Constat de deleatura priorem. Datum die dominica post festum beate Lucie virginis (1), anno Domini M° ducentesimo nonagesimo octavo.

(Arch. dép. de la Haute-Vienne, série D. 755.)

LXXXIII. — *Constitution de 4 ll. de rente faite par Guy, abbé de Saint-Martial, en faveur de l'aumônier dudit monastère, à percevoir sur la cure de Saint-Denis-des-Murs, pour acheter des chemises aux cent pauvres qui entrent au monastère le Jeudi-Saint.* — Vers 1299. Orig. Sc. perdu.

Universis presentes litteras inspecturis Guido, permissione divina humilis abbas monasterii sancti Martialis Lemovicensis, salutem in Domino. Esto notum quod cum nos de consensu et expresso assensu conventus monasterii nostri sancti Martialis Lemovicensis, visa et diligenter inspecta utilitate nostra et monasterii nostri predicti, ecclesiam de Reilhaco prope Turres (2) ad prenominatum nostrum monasterium spectantem cum omnibus pertinentiis suis et fructibus et quatuor libris monete Lemovicensis et dimidia redualibus, quas a predecessoribus nostris in dicta ecclesia assignatas, solvendas quolibet anno a capellano qui fuit pro tempore, ejusdem ecclesie helemosinario sancti Martialis et ejus predecessoribus ad opus camisiarum centum pauperum distribuendarum quolibet anno per manus ipsius helemosinarii dictis centum pauperibus advenientibus in dicto monasterio die jovis in cena Domini, interveniente decreto reverendissimi patris nostri domini R[ainaldi], Dei gratia episcopi Lemovicensis, permutaverimus seu scambiaverimus cum prioratu de Bella-

(1) C.-à-d. le 14 décembre.
(2) Auj. Rilhac-Lastours, arr. de Saint-Yrieix, Haute-Vienne.

gardia (1) prope cameram nostram seu maynerium de Bellovidere (2), olim ad jus et proprietatem monasterii *de Chaslar* (3) spectantes; et attento quod pro unione dictarum quatuor librarum et dimidie rendualium quas ex nunc perpetuo remanere volumus in dicta ecclesia et avantagiis permutationis predicti prioratus aliquod prejudicium seu detrimentum possit in posterum generari dicto helemosinario seu helemosine supradicte vel ipsius helemosinarii successoribus, pro nobis et successoribus nostris quatuor libras dicte monete annue pensionis quas habemus in ecclesia sancti Dionisii de Muris prope mausum Leonis (4) in recompensatione dictarum quatuor librarum et dimidia rendualium a nobis unitarum ac premissarum cum dicta ecclesia *de Reilhac* assignamus et assedimus eidem helemosinario et successoribus suis perpetuo in dicta ecclesia tenendas et percipiendas quolibet anno per dictum helemosinarium vel ejus mandato a capellano qui pro tempore fuerit ipsius ecclesie sancti Dionisii perpetuo, ad opus dicte helemosine videlicet camisiarum predictarum. Dantes in mandatis per has nostras presentes litteras ex nunc capellano qui nunc est sancti Dionisii ut amodo eidem helemosinario et ejus successoribus perpetuo dictas quatuor libras annue pensionis solvat et reddat quolibet anno in terminis in quibus nobis et predecessoribus nostris easdem quatuor libras consueverat solvere et reddere et de eisdem quatuor libris dicto helemosinario et successoribus respondeat et sequatur prout nobis et predecessoribus nostris respondere consueverat temporibus retroactis; et ex nunc de dictis quatuor libris pro nobis et successoribus nostris ipsum helemosinarium presentem et nunc recipientem ad opus sui et successorum suorum investimus ipsumque de eisdem quatuor libris in corporalem possessionem vel quasi ponimus, et promittimus nos bona fide nunquam venturos contra premissa aliquo jure vel causa. In cujus rei testimonium sigillum nostrum presentibus litteris duximus apponendum. Datum quarto nonas julii, anno Domini millesimo ducentesimo nonagesimo..... (5).

(Arch. hospit. de Limoges, série B, paroisse de Saint-Denis-des-Murs.)

(1) Bellegarde, près Limoges.
(2) Beauvais, maison de plaisance des abbés de St-Martial, près Limoges.
(3) Le Chalard, comm. de Ladignac, arr. de Saint-Yrieix, Haute-Vienne.
(4) Saint-Denis-des-Murs, près Masléon, arr. de Limoges, Haute-Vienne.
(5) La date est évidemment incomplète, puisque Regnaud de Laporte, mentionné dans l'acte, ne devint évêque de Limoges qu'à partir de 1294. Guy de Laporte, le donateur, ne devint lui-même abbé de Saint-Martial qu'en septembre 1298.

LXXXIV. — *Extraits du testament de Guy de Lusignan, seigneur de Frontenay, de Couhé et de Peyrat-le-Château.* — 1309. *Vidimus de la même année.*

Philippus, Dei gracia Francorum rex. Notum facimus universis tam presentibus quam futuris nos infrascriptas vidisse litteras formam que sequitur continentes :

In nomine Patris et Filii et Spiritus sancti, amen. Quoniam nichil est certius morte et nichil incertius hora mortis, nec aliquid est quod magis hominibus debeatur quam ut supreme voluntatis liber sit stilus et licitum quod iterum non reddit arbitrium, idcirco ego Guido de Leziguiaco, dominus *de Cohiec* (1) et de Payraco (2) et de Frontanayo (3), filius quondam domini Hugonis Bruni, comitis Marchie et Engolisme defuncti, volens mortis casum inevitabilem prevenire, sanus mente per Dei graciam et in bona memoria constitutus, meum testamentum ultimum seu meam ultimam voluntatem condo et ordino, et de rebus et bonis meis dispono et ordino in modum qui sequitur. Et licet jura scripta sint certa et indubitata, tamen quia consuetudines locorum, que pro jure servantur et multociens jura vincunt, incerte sunt et dubie penes multos cum facti sint et in facto consistant, ne propter eorum dubietatem et incertitudinem me peccare seu errare contingat instituendos obmittendo ac instituendo qui instituendi non essent, ad tollendum hujusmodi dubium et quodlibet consciencie mee scrupulum in omnibus bonis meis inmobilibus sive sint ex hereditate mea paterna, sive materna, sive fuerint acquisita aut alias undecumque que habebo, tenebo et possidebo sicut mea propria tempore mortis mee, illum, illos seu illas cujuscunque sexus aut conditionis existant qui de jure seu consuetudine patrie approbata michi deberent et possent succedere si, quod absit, decederem intestatus, heredem seu heredes universales michi instituo, salvis et exceptis rebus et bonis que in presenti testamento legare, donare causa mortis vel inter vivos vel aliter ordinare contigerit aut ante testamentum istud jam donavi et contentis in ipso testamento ac in ipsis donationibus integre servatis et totaliter adimpletis et executioni debite demandatis. Item volo, jubeo et precipio, etc..... Sepulturam meam eligo in ecclesia fratrum Predicatorum de Pictavis, scilicet ad majus altare ipsius ecclesie cum simili sepultura et

(1) Couhé, arr. de Civray, Vienne.
(2) Peyrat-le-Château, arr. de Limoges.
(3) Frontenay, arr. de Loudun, Vienne.

tumba que facta fuit pro fratre meo in abbatia de Valentia (1).....
Item do et lego priori B. Marie de Supra-boscum (2) xxiii^{or} libras ad emendum quadraginta solidos in feodis et retrofeodis meis de Payraco et sancti Hyllarii (3) vel alibi pro anniversario meo sollempniter quolibet anno perpetuo faciendo .... Item do et lego Helie Caboti, valleto meo, decem libras renduales ab eodem et suis heredibus perpetuo possidendas de quinquaginta libris quas habeo et habere consuevi de talia cum mansionariis de Payraco....... Item do et lego pauperioribus mansionariis in castellania de Payraco et de S. Hyllario quinquaginta libras per manus exequtorum meorum dividendas. Item do et lego heredibus Petri Ardi (?), clerici, de S^{to} Hyllario xx lb. semel...........
meos exequtores facio, nomino et constituo carissimam sororem meam dominam Ysabellim de Leziniaco, dominam de Belverio supra mare (4) et *de Quenonquiers*, dilectos meos fratrem P. de Bosco-groulerii, ordinis fratrum Predicatorum, dominum Gaufridum Tizonis, militem, magistrum Arnaldum Leotardi, canonicum Engolismensem et dominum Johannem de Forgia, capellanum meum...... Et si quisvis heres meus vel heredes mei in omnibus bonis meis immobilibus, salvis donationibus et legatis superius nominatis, instituti ex testamento nollent hereditatem meam adhire sed ab intestato vellent maliciose aut aliter solidam hereditatem meam petere vel per vias directas aut indirectas hanc meam ultimam voluntatem impunare tacite vel expresse per se vel per alium, quocum[que] colore vel cautela quesitis, ipsum et ipsos aut eorum quemlibet qui hoc meum testamentum ultimum seu hanc meam voluntatem ultimam impunabit, si requisitus vel requisiti a meis executoribus vel eorum altero non desistant, privo et privatos esse volo perpetuo omnibus bonis meis et omni jure et porcione quos et que possent eum vel eos contingere in predictis bonis meis; et in illum casum carissimum dominum meum dominum Philippum, regem Francie illustrem, heredem meum universalem facio et instituo in predictis bonis meis cum omnibus modis et formis superius expressis........ Acta sunt hec sub anno ab incarnatione Domini M° CCC° nono, quarta die mensis junii, videlicet die mercurii ante festum beati Barnabe apostoli........ in castro *de Cohiec*, videlicet in camera mea buticularia, presente fratre P., milite, canonico et rectore predictis,

---

(1) Valence, comm. de Couhé, arr. de Civray, Vienne.
(2) Soubrebost, arr. de Bourganeuf, Creuse.
(3) Saint-Hilaire-le-Château, arr. de Bourganeuf, Creuse.
(4) Beauvoir-sur-Mer, arr. des Sables-d'Olonne, Vendée.

ac nobili viro domino H. de Cella, milite et consiliario domini regis predicti ac discreto viro magistro G. Gailhardi, ejusdem domini regis Francie clerico, testibus ad premissa vocatis specialiter et rogatis. Et ego B. Fureti, de Engolisma, clericus sacrosancte romane ecclesie publicus auctoritate notarius............ Nos autem dictum testamentum et contenta in eo usque ad summam ducentarum librarum Turonensium annui redditus assignandarum .... rata habentes et grata, ea volumus, laudamus, approbamus et tenore presentium confirmamus............ Quod ut perpetue robur obtineat firmitatis presentibus litteris nostrum fecimus apponi sigillum. Actum Parisius, anno Domini millesimo trecentesimo nono, mense octobris.

(Arch. Nat. JJ 41, f° 123 ; recopié dans le reg. JJ 42 ᴮ, f° 65.)

LXXXV.—*Donation des domaines de Saint-Hilaire et Pontarion faite à Jeanne de la Marche, sœur du comte Gui, par le roi de France. — 1310. Vidimus transcrit dans les registres du Trésor des chartes.*

Philippus, Dei gracia Francorum rex... Notum facimus universis tam presentibus quam futuris quod cum nos Johanne de Marchia, sorori germane Guidonis, quondam comitis Marchie et Engolisme, castra et castellanias *de Choec* et *de Payrac* (1), cum omni alta et bassa justicia et omnibus aliis pertinenciis et dependentibus ex eisdem, racione juris quod ipsa habebat et habere posset et deberet in successione dicti Guidonis nec non Guidonis de Marchia, patrui ipsius Johanne, concesserimus, prout in quibusdam aliis nostris super hoc confectis litteris plenius continetur, nos eidem Johanne racione qua supra et intuitu pietatis volentes ultra predictam graciam facere pleniorem, facta de mandato nostro per dilectum et fidelem Hugonem de Cella, militem nostrum seu deputatum super hoc, ab eodem informacione de valore villarum sancti Ylarii et Pontis-*Arrion*, alte et basse justicie, feodorum, reddituum, homagiorum et omnium aliarum pertinenciarum locorum ipsorum et dependencium ex eisdem, et relato nobis ab ipso quod predicta non valent nisi centum duodecim libras, duos denarios Turonenses, vel circa, redditus anuaim, concedimus, cedimus et donamus eidem Johanne, heredibus et successoribus suis et causam habituris ab ea in perpe-

(1) Cf. la pièce précédente pour les noms de lieux.

tuum dictas villas sancti Ylarii et Pontis-*Arrion* cum omni alta et bassa juslicia, feodis, redditibus, homagiis et omnibus aliis pertinenciis villarum ipsarum et dependentibus ex eisdem quecumque sint, habendas, tenendas et possidendas ab ipsa Johanna, heredibus et successoribus suis et causam habituris ab ea perpetuo, pacifice et quiete post mortem dicti Guidonis patrui sui, modo et forma quibus idem Guido qui vita sibi comite debet tenere predicta, ea tenet et consuevit tenere, retentis tamen nobis et nostris successoribus in premissis ressorto et superioritate quacuuque; que predicta promittimus pro nobis et successoribus nostris defendere dicte Johanne, heredibus et successoribus suis erga omnes et ea sibi deliberare post obitum Guidonis predicti; volentes quod dicta Johanna, heredes vel successores sui auctoritate propria possint capere et apprehendere dictas villas cum earum pertinenciis predictis et possessionem ipsarum, dicto Guidone patruo suo viam universe carnis ingresso; premissa vero tenebunt a nobis et successoribus nostris dicta Johanna, heredes et successores sui et causam habentes ex ipsa una cum dictis castris et castellaniis *de Choec* et *de Pairac* ad unam fidem et ad unum homagium tantum; et si predicta vendi contigerit in futurum nos vel successores nostri ea hab*bimus, si velimus, pro precio quod legitime fuerit inter vendentem et ementem conventum; salvo in aliis jure nostro et in omnibus alieno. Quod ut firmum et stabile permaneat in futurum presentibus litteris nostrum fecimus apponi sigillum. Actum apud Lyram, anno Domini M° CCC° decimo, mense augusti.

Per dominum G. de Cortona, CHALOP.

(Arch. Nat., JJ 45, n° 168.)

LXXXVI. — *Transaction entre le roi de France et le prieuré de Grandmont au sujet de la juridiction dudit prieuré.* — 1310. *Vidimus transcrit dans les registres du Trésor des chartes.*

Philippus, Dei gracia Francorum rex. Notum facimus tam presentibus quam futuris quod cum dudum inter H. Bruni (1), quondam Marchie et Engolisme comitem, ex parte una, et religiosos viros priorem et conventum domus Grandimontis (2), ex altera, mota fuisset materia questionis super eo quod idem comes dicebat se habere altam, bassam justiciam et omnimodam

(1) Hugues XIII de Lusignan, comte de la Marche de 1270 à 1303.
(2) Grandmont, comm. de Saint-Sylvestre, arr. de Limoges.

juridiccionem in terris, locis et hominibus ad dictos religiosos et eorum domos et administraciones spectantibus ubicumque in terra et comitatu Marchie existentibus; predictis religiosis suo et monasterii sui nomine in contrarium dicentibus se habere et debere habere ab antiquo et de antiqua consuetudine et ex concessione regum quondam Anglie ac comitum Marchie, progenitorum et predecessorum comitis memorati, confirmata per nos et predecessores nostros, altam, bassam et mediam justiciam necnon merum et mixtum imperium et omnimodam juridiccionem in predictis locis et hominibus et terris ad ipsos et monasterium suum predictum spectantibus et spectaturis quomodolibet in futurum, ac se et monasterium suum predictum esse et fuisse in possessione vel quasi exercendi premissa per se vel allocatos suos per tantum temporis spacium, cujus memoria contrarii non exstitit, cumque questio predicta inter prefatos comitem et religiosos in curia nostra Montis-Maurilii (1) per viginti annos et amplius cum applegiamentis et contraplegiamentis durasse dicatur, nos finem litibus imponere cupientes, facta informacione per gentes nostros ad humilem supplicacionem religiosorum ipsorum quomodo religiosi ipsi de juridiccione hujusmodi utebantur et usi fuerunt temporibus retroactis, visisque et plenius intellectis privilegiis eorum, declarando eadem privilegia et contenta in eisdem super premissis, auctoritate nostra regia in modum qui sequitur duximus ordinandum : Videlicet quod predicti religiosi infra metas eorum et prout in metis, muris et aliis certis signis per dilectum et fidelem H. de Cella, militem nostrum, cui quoad hoc liberam concedimus tenore presencium potestatem, declarandis, circuncluduntur, habeant et possideant perpetuo, pacifice et quiete altam et bassam justiciam, merum et mixtum imperium de fratribus, donatis, famulis et familiaribus eorum ac allocatis cum ipsis tantum; et si ita esset quod alie persone aliunde venientes ibidem delinquerent criminaliter intantum quod deberent pati mortem vel mutilacionem membrorum, ipsi poterunt ipsos capere et captos reddere preposito de Dompnio (2) qui pro tempore fuerit, emenda secundum consuetudinem patrie debita secundum delinquentium forefactum infra metas predic.as, excepta alta justicia dictis religiosis salva, et quod nullus alius in dictis locis aliquid juridiccionis seu explecti

---

(1) Le ms. porte *Mota* au lieu de *Montis,* ce qui est une faute évidente. Il s'agit de Montmorillon, ch.-lieu d'arr., Vienne.

(2) Le Dognon, comm. du Châtenet-en-Dognon, arr. de Limoges, autrefois siége d'une châtellenie importante.

vel aliter quomodolibet petere poterit seu exigere nisi in casibus predictis et casus predictos tangentibus et ex casibus dependentibus supradictis. In aliis autem locis et terris suis sitis extra dictas clausuras et metas prout se extendunt et declarabuntur per dilectum militem nostrum, ipsi religiosi et eorum successores habeant perpetuo, teneant et explecteant pacifice et quiete et sine contradiccione quacumque per se vel per allocatos suos bassam et mediam vigeriam et cognicionem hominum suorum et omnium locorum in castellania de Dompnonio existencium et aliarum personarum relinquencium ibidem et teneant assisias dictorum hominum et aliorum predictorum et habeant emendas eorumdem usque ad summam duntaxat sexaginta solidorum Turonensium; item quod nec prepositus de Dompnonio nec aliquis alius poterunt vocare dictos religiosos nec homines ipsorum in judicio in casibus predictis nisi in casu ressorti, superioritatis vel alte justicie, et si contrarium fecerint, tenebuntur remittere dictos homines suos ad examen ipsorum religiosorum cum super hoc ab ipsis religiosis vel eorum certo mandato fuerint requisiti, et tenebitur quilibet prepositus de Dompnio qui pro tempore fuerit jurare ad sancta Dei Euvangelia servaturum dictas ordinaciones nec dictis religiosis et hominibus ipsorum imponere submissiones indebitas nec impedire eos in juribus suis predictis nec homines ipsorum in castellania de Dompnonio existencium citare vel vexare quoquomodo ad suas assisias nisi in casibus supradictis; quod si facere quilibet prepositus de Dompnio recusaverit, non tenebuntur dicti religiosi nec homines ipsorum in aliquo coram ipso preposito respondere quousque fecerint dictum juramentum, prout superius est expressum. Item ordinamus quod propter hujusmodi declaracionem eorum privilegiis, immunitatibus quibuscunque et libertatibus aliis nullatenus derrogetur, immo dicta privilegia prout jacent et prout virtute ipsorum usi fuerant ante litem motam, excepta declaracione justicie predicte, perpetuo in suo robore duratura auctoritate nostra predicta regia permaneant, omni alia justicia, excepta illa que superius est dimissa ac eciam declarata, nobis et nostris successoribus perpetuo remanente, ita tamen quod per predicta seu aliqua predictorum nobis et nostris successoribus prejudicium aliquod nolumus generari nec ipsis religiosis novum quomodolibet jus acquiri. Quod ut, etc., salvo, etc. Actum Parisius, anno Domini M° CCC° decimo, mense aprilis.

Per dominum H. de Cella, PEROLLIS.

(Arch. Nat., reg. du Trésor des chartes, JJ. 45.)

LXXXVII. — *Don à Hugues de la Celle de la châtellenie de Laurière, advenue au roi de France par la mort du comte de la Marche et tenue en hommage de l'évêque de Limoges. — 1311. Copie au Trésor des chartes.*

Philippus, etc. Notum, etc. quod cum dudum omnia bona immobilia Reginaldi Buille, civis Bituricensis, que nobis tanquam commissa per nostre curie judicium obvenerant, dilecto et fideli Hugoni de Cella, militi nostro, obtentu grati servicii quod nobis impendit diucius fideliter et devote hereditarie dedissemus, ac postea eadem bona omnia ex causa reddi et restitui fecerimus Reginaldo predicto, ac volentes eidem militi qui per laboris indefessi promptitudinem et probate fidelitatis experienciam se reddidit nobis gratum, pro dictis bonis que juxta nostre voluntatis arbitrium humiliter et libenter dimisit, facere recompensacionem condignam, villam, castellaniam et terram totam de Loreria (1), que ad nos racione comitatus Marchie pertinere noscuntur et a dilecto fideli nostro.., Lemovicensi episcopo in feodum teneri dicuntur, cum mota et omni alta et bassa justicia et omnibus et singulis pertinenciis suis ac juribus sive in terris, feodis, homagiis, hominibus, bladis, pratis, pascuis, aquis, aquarum decursibus, molendinis, stangnis, ripariis, nemoribus, censibus, pedagiis, denariis, redditibus aut quibuscunque aliis rebus existant, de quorum omnium valore per diligentem informacionem de mandato nostro per fidedignas personas ad hoc deputatas a nobis factam plene fuimus informati, predicto militi et heredibus suis tenore presencium concedimus imperpetuum ac donamus ac eidem et heredibus suis titulo et causa donationis perpetue ex nunc dimittimus et quittamus et quidquid juris et dominii in predictis omnibus et singulis habebamus et habere poteramus quocumque modo, retentis duntaxat nobis, heredibus et successoribus nostris superioritate et ressorto in eisdem, habenda, tenenda et possidenda predicta a dicto Hugone et heredibus suis perpetuo et hereditarie pacifice et quiete. Quod ut firmum, etc., salvo, etc. Actum apud sanctum Audoenum prope sanctum Dyonisium in Francia, anno Domini M° CCC° undecimo, mense augusti.

Per vos et dominum G. de Cortona, CHALOP.

(Arch. Nat., reg. du Trésor des chartes, JJ. 46, p. 79.)

---

(1) Laurière, arr. de Limoges.

LXXXVIII.—*Amortissement de 400 ll. de rente en faveur du cardinal de la Chapelle-Taillefer, pour la fondation d'une collégiale au lieu de sa naissance. — 1311. Copie au Trésor des chartes.*

Philippus, etc. Notum, etc. quod cum venerabilis pater P., episcopus Penestrinus, sancte Romane ecclesie cardinalis, amicus noster carissimus, in villa de Capella (1), Lemovicensis diocesis, originis sue loco ac proprio et natali solo collegiatam ecclesiam in honore Dei et beate Virginis gloriose, in qua canonici, capellani et clerici seculares Deo et eidem beate Virgini perpetuum famulatum impendant, pia devocione fundare et convenienter dotare proponat, nos augmentacionem divini servicii cordi habentes, piumque dicti cardinalis propositum attendentes, nec non considerantes grandia et accepta servicia que cardinalis ipse ante et post promocionem suam ad cardinalatus honorem nobis et regno probatis impendit effectibus et impendere continue non desistit, volentes propterea ipsum retribucione prosequi favoris et gracie specialis, ejus precibus annuentes, sibi presencium tenore concedimus quod ipse ecclesiam predictam fundare necnon et claustrum sibi conveniens in loco predicto construere ac claustrum ipsum, competentis spacii limitibus designandum, murorum ambitu communire ac quadringintas libras Turonensium annui et perpetui redditus pro dote ipsius ecclesie ubicunque in feodis et retrofeodis, censivis et allodiis nostris sine alta justicia acquirere valeat, quodque ecclesia predicta, canonici, capellani et clerici instituendi, ut predicitur, in eadem predictas quadringentas libras reddituales habeant, teneant et possideant perpetuo, pacifice et quiete absque coaccione vendendi vel extra manum suam ponendi aut prestandi aliquam financiam pro eisdem. Preterea ecclesiam et claustrum predicta ac prefatas personas et familiam earumdem nec non bona et jura dicte ecclesie ex nunc prout ex tunc in nostra regia proteccione suscipimus et gardia speciali, salvo, etc. Quod, etc. Datum apud sanctum Audoenum prope S Dyonisium in Francia, anno Domini millesimo trecentesimo undecimo, mense augusti.

(Arch. Nat., JJ 46, p. 80.)

---

(1) La Chapelle-Taillefer, arr. de Guéret, Creuse.

LXXXIX. — *Bail emphytéotique des moulins du roi à Felletin, passé par le sénéchal et les officiers de la Marche à Jaufré de Crose, bourgeois de Felletin.* — 1323. *Vidimus de 1324, transcrit dans les registres du Trésor des chartes.*

Karolus, Dei gracia Francorum et Navarre rex. Notum facimus universis tam presentibus quam futuris nos infrascriptas litteras in camera compotorum nostrorum Parisius inspici et examinari fecisse, formam que sequitur continentes :
Universis presentes litteras inspecturis Iterius de Podio-Ademari, domicellus, senescallus Marchie pro domino rege Francie salutem et noticiam veritatis Noveritis quod nos loco et nomine predicti domini regis Francie, considerata et inspecta utilitate dicti domini regis de assensu et consilio Aimerici *Brugelue (sic)*, receptoris Marchie et Petri de Ruppeforti, procuratoris Marchie pro predicto domino nostro rege Francie et plurium aliorum proborum virorum fidedignorum, ascensavimus et nomine ascense perpetue tradidimus et firmavimus Gaufrido de Crosa, burgensi de Philitino (1), et ejus heredibus imperpetuum tam pro communi utilitate predicti domini nostri regis quam pro jure quod idem Gaufridus asserebat et dicebat se habere nomine hereditagii sui in infrascriptis ascensatis, prout continebatur in quibusdam litteris sigillo domini regis sigillatis et nobis directis, omnia molendina et omnia jura molendinorum que predictus dominus rex Francie habet et possidet in villa de Philitino, sita in rippagio fluvii aque dicte Crose (2), cum omnibus juribus et pertinenciis dictorum molendinorum et cum monantibus *(sic)* universis et singulis dictis molendinis de jure aut de consuetudine patrie pertinentibus et pertinere debentibus pro quinquaginta sextariis (3) siliginis et aliis quinquaginta sextariis frumenti censualibus, solvendis et reddendis quolibet anno domino nostro regi predicto seu ejus certo mandato quiptis et liberis ad mensuram de Philitino, in terminis (4) consuetis, videlicet in festo beate Luce, terciam partem dicti bladi et in sequenti festo beati Hilarii, aliam terciam [partem] bladi, et in sequenti festo beate Marie Magdalene, aliam terciam partem dicti bladi et sic quolibet anno in perpetuum ; et est sciendum quod dictus Gaufridus et sui debent et tenentur solvere omnes census, redditus, elemosinas et onera dictorum molendinorum consueta ab antiquo levari

(1) Felletin, arr. d'Aubusson, Creuse.
(2) La Creuse, rivière.
(3) Le ms. porte : *per quinquaginta sextarios*.
(4) Le ms. porte : *terciis*.

et solvi rendualiter in dictis molendinis, videlicet ab instante proximo venturo festo beate Marie Magdalene, in ultra; et debet et tenetur idem Gaufridus tenere dicta molendina propriata et garnita sufficienter ad expensas suas proprias et sine aliquo auxilio dicti domini regis de bosco nec de aliis dictis molendinis necessariis, ita quod monancia dictorum molendinorum non sustineant aliqua dampna ob deffectum edificii seu garnimenti dictorum molendinorum; quod si contingebat monantibus dictorum molendinorum sustinere aliqua dampna ob deffectum edificii seu garnimenti predicti idem Gaufridus tenetur et eciam heredes sui predictis monantibus ad regardum proborum virorum dicta dampna emendare, ita eciam quod si contingebat dicta molendina cadere aut revenire ad manum dicti domini regis propter deffectum solucionis census predicti quod idem Gaufridus obligat se versus predictum dominum nostrum regem Francie et eciam bona sua presencia et futura et eciam dicta molendina pro tribus centum libris Turonensium solvendis predicto domino regi pro deffectu arreragii solucionis dicti census dictorum molendinorum seu edificii vel garnimenti dictorum molendinorum; pro quibus trecentis libris dicte monete Johannes Maurini, Geraldus de Cruce et Jacobus Mercerii, burgenses de Philitino, et eorum quilibet in solidum, de speciali mandato dicti Gaufridi qui ipsos et alterum ipsorum promisit per juramentum suum servare indempnes, obligaverunt se et omnia bona sua mobilia et immobilia presencia et futura et per juramenta sua versus predictum dominum regem, videlicet quilibet pro toto ad omnia premissa tenenda et observanda, retenta tamen in omnibus et super omnibus voluntate domini regis predicti et salvo jure suo in premissis et aliis et quolibet alieno. Datum et actum teste sigillo nostro apud Agedunum (1), die mercurii post quindenam Penthecostes (2), anno Domini millesimo CCC° vicesimo tercio.

Nos autem tradicionem hujusmodi ....
.... Datum Parisius, anno Domini M° CCC° vicesimo quarto, mense mayo.

Per cameram compotorum,
P. H. DE DAMP[ETRA].

(Arch. Nat., JJ. 62, pièce 147.)

---

(1) Ahun, arr. de Guéret, Creuse.
(2) C.-à-d. le 1er juin.

XC. — *Etablissement d'un receveur royal des finances des francs-fiefs et nouveaux acquéts dans la sénéchaussée de la Marche. — 1325. Vidimus.*

Raymbaut de Rechigne-Voysin (1), arcediacre en l'eglise d'Otun, cler le roy, et Ytier de Puy-Aymar, escuier, seneschal de la Marche et de Lymosin, commissaires de par nostre seigneur le roy es dites seneschauciées sus les conquez faiz pour les yglises et persones non nobles, a maistre Jehan Gobineu, clerc, salut. Nous avons receues les lettres du dit nostre seigneur le roy envoiées, es quelles il nous commet entre les autres choses, la clause qui s'ensuit :

Item et per personas certas et ad hoc ydoneas per vos specialiter deputandas, super quo vobis concedimus potestatem secundum instruccionem quam super hoc vobis mittimus sub contrasigillo inclusam, faciatis levari financias de arquisitis per ecclesias aut pro ecclesiis in feodis, retrofeodis, allodiis et sensivis temporalibus, ac eciam de acquisitis per personas innobiles in feodis nobilibus, que fieri nequeunt absque nostro interveniente consensu, juxta instruccionem super hoc vobis missam.

Pour la vertu desquelles lettres et clauses nous, confiens de vostre loyaulté et diligence, vous establissons en la seneschauciée de la Marche et ou ressort pour faire finer et faire lever et paier les finances au receveur du roy en la dite seneschauciée ou a celui que il establira sus ce, selonc les instruccions et consultacions et responses a vous envoiées de la court, desquelles vous avez la copie souz noz seauls, et vous donnons pooir et auctorité de par le roy nostre seigneur de prendre par vous ou par autres, saisir, gagier et exploictier biens temporeuls des persones tenues aus dites finances paier et especialement les diz conquês qu'il auront fait mettre en la main nostre seigneur le roy, sanz ce qu'il en puissent joir et lever les frais d'yceuls ou faire lever jusques a la satisfaction des dites finances et de establir sur ce sergens convenables a ce faire par vos lettres, si besoing est, et de lever les amendes de ceuls qui ne vous obeiront ou brizeront la main le roy ou la saisine, et mandons au dit receveur ou a celi qu'il aura establi sur ce, que a ce faire il vous obeissent et atendent diligemment ; et donnez lettres scellées de vostre seel a ceulz qui fineront o vous, contenans la finance et les choses de quoi il fineront. Donné souz noz seaulz le dymenche que l'en chante *Invocavit me* (2), l'an mil CCC vint et quatre.

(Arch. Nat., JJ. 64).

---

(1) Sur ce personnage et son collègue, cf. la charte suivante.
(2) C.-à-d. le 4 mars.

XCI. — *Pose de bornes par commissaires du roi entre les bois de Montboucher et de Murat, appartenant au roi-comte de la Marche et à l'hôpital de Bourganeuf, en exécution de plusieurs lettres y rapportées.* — 1325 (n. st. 1326). Vidimus.

Karolus, Dei gracia Francie et Navarre rex. Notum facimus universis tam presentibus quam futuris nos infrascriptas vidisse litteras formam que sequitur continentes :

A touz ceuls qui verront et orront cestes presentes lettres, Ythier de Puy-Aymar, escuier, seneschal de la Marche et de Lemosin, salut. Sachent tuit nous avoir receu les lettres deu roy nostre seigneur contenanz la forme qui s'ensuit :

Karolus, Dei gracia Francie et Navarre rex,.., senescallo nostro Marchie vel ejus locum tenenti, salutem. Mandamus vobis quanquam [*sic, lisez* quatinus] ad audiendum et decidendum negocium olim predecessori vestro tanquam senescallo per gentes nostras tunc ad tenendum parlamentum nostrum apud Karoffium (1) deputatas tempore quo comitatum Marchie tanquam comes tenebamus, ut dicitur, commissum super debato moto inter nos et preceptorem hospitalis de Burgo-novo, ordinis sancti Johannis Hierosolymitani, racione nemoris *deu Plausonieres* aliter dicti *de Montboucher*, si et prout de premissis per tenorem comissionis dicto predecessori vestro super hoc facte vobis liquebit, vocato procuratore nostro et ceteris evocandis secundum tenorem dicte commissionis procedatis, sicut fuerit racionis. In quibus ab omnibus quorum interest vobis pareri volumus et intendimus. Datum Parisius xxiij^a die februarii anno Domini millesimo CCC° vicesimo secundo.

Item, unes autres lettres contenanz la forme qui s'ensuit :

Karolus, Dei gracia Francie et Navarre rex,.., senescallo Marchie vel ejus locum tenenti, salutem. Ad supplicacionem preceptoris domus hospitalis sancti Johannis de Burgo-novo asserentis quod licet tibi per nostras alias litteras mandaverimus ut nemora ejusdem hospitalis vocata *deu Plausonieres*, aliter *de Montboucher* et nemora de Murato que sunt contigua, informacione super hoc prius facta, faceres limitari, tuque licet informacionem et limitacionem hujusmodi, vocatis ad hoc gentibus nostris in quantum nos tangebat, vallum(?) interdicta nemora apponi facere non curasti, tibi mandamus quanquam [*sic, lisez* quatinus] si est ita, predictos terminos sive bodulas in signum divisionis seu limitacionis predicte inter dicta duo nemora poni facias indilate. Datum apud

(1) Charroux, arr. de Civray, Vienne.

Villarium juxta Rest. xxj^a die junii, anno Domini millesimo CCC° vicesimo quarto.

Item, avons veu et receu les lettres donnéez par les maistres tenanz le Parlement a Charros ou temps [que] le roy nostre sire estoit conte de la Marche et de leurs seaulx scellées, contenanz la forme qui s'ensuit :

Les genz tenanz le Parlement de Monsr, Monsr le conte de la Marche a Charros de par le dit seigneur, a noz amez Robert de Marines, escuier, seneschal de la Marche, et a Monsr Hugues de Nedes, clerc, chenoyne d'Angers, salut et dileccion. Comme sur les enquestes faites entre le procureur Monsr le conte dessus dit, d'une part et le procureur de l'ospital de Bourgueneo, d'autre, sur les lieus monstrez pour cause deu boys de Plausonieres autrement dit de Montbouchier delies les boys de Murat, lesquelles enquestes ont esté veues et regardées en conseil et non pas jugées pour aucunes doubtes, a esté accordé entre les diz procureurs que vous irez au diz boys et appellerez ceuls qui seront a appeler et les diz procureurs et oerez encores les tesmoings dont nous vous envoions les nons qui sont ou dictes enquestes sanz reproche et autres tesmoinz dou païs, proudommes et loiaulx, pour vous aviser et enformer pour faire bonnage et division entre les dictes parties des diz boys et des leus monstrez et, vous avisez et enformez, ferez ledit bonnage et division et mettrez bonnes la ou vous verrez que elles seront a mettre ou diz leus monstrez et en baudrez a chascune partie ce que elle en devra avoir, et tendra ferme et estable ceu que vous en aurez fait. Et nous mandons a touz a cui peut appartenir que a vous en ce faisant obeissent et entendent diligemment. Donné audit Parlement le lundi apres la Trinité (1), l'an de grace mil trois cens et vint.

Item, unes autres lettres a cestes annexées :

Les maistres tenanz le Parlement de Monsr, Monseign^r le conte de la Marche a Charros de par celui seigneur, a Robert de Marines, escuier, seneschal de la Marche, saluz. Nous vous mandons que vous la commission autrefoiz faicte a vous et a Monseigneur Hugues de Nede, clerc, chenoine d'Angers, sur les enquestes faictes entre le procureur de Monsr de la Marche, d'une partie, et le procureur de l'ospital, d'autre, parmy laquelle ceste presente commission est annexée, mettez a execucion dehue et accomplissiez de point en point, selonc la forme et la teneur d'icelle. Donné audit Parlement le jeudi empres la feste saint Jehan Baptiste (2), l'an de grace mil trois cens vint et un.

(1) C.-à-d. le 26 mai.
(2) C.-à-d. le 25 juin.

Pour la vertu desquelles lettres nous feismes adjorner au mercredi empres la sainte Katherine (1) et aus jours ensiganz a ceu necessaires sur les diz leus le procureur deu roy nostre seigneur et le procureur de l'ospital de Borguet-neo et Jehan Laubar, Pierre Pinart, Sanetrue, Pierre Bacon, le dit Sudrot, Guillaume Bacon, guarens autrefoiz trex et amenez de la partie deu procureur deu roy nostre seigneur et non reprochiez; *item*, Monseigneur Aymar de Merignac, prestre, Jehan deu Telh, Jehan Cusson, Aymar de las Arches, Migot Ejau, Estienne Lacos, guarens amenez dautrefoiz de la partie deu procureur de l'ospital et non reprochiez. *Item*, feismes adjorner Jehan Gorgea, sergent le roy notre seigneur et prevost de Do[m]pnon, Guyonot de Boysses, sergent deu roy, Jehannot Giraudon, clerc, de Murat, lo dit Chebro, forestier deu dit boys deu roy nostre seigneur, Pierre Aymeric, Pierre de la Faya, Johan de las Arches, lo dit Bonet, Pierre le Boyer, J. Lodon, Jehan Babut, Johan Redier, lodit Chanteguon, li quiex sont mansionnaires et vesins pres dudit boys et genz de bonne fame, si cum l'on dit; au quiex jours et leus, lidiz procureurs et les personnes dessus dictes s'apparurent par devant nous; et nous, extanz sur lesdiz leus, appelames les diz tesmoinz amenez de la partie deu procureur deu roy nostre seigneur, les quiex nous feismes jurer chescun a par soy aus sainz Euvangiles que il nous moustrassent et conseillassent bien et proufitablement comme nous poussions limiter, diviser et bouneer les boës et lieus contensieus, si comme il est contenu ou commissions dessus dictes. *Item* appelames les diz guarens amenez de la partie deu procureur de l'ospital et les feismes jurer chescun a par soy que il nous avisassent et conseillassent en la manière que dessus est dit et les autres guarenz vesins dessus diz et leur enjoinsimes par leurs sayremenz que il, le jeudi ensigant bien matin, il fussent ou lieus dessus diz et que venissent tuit avisé de nous dire et moustrer par hont et par quiex lieus nous porrions faire et diviser les dictes limitacions ou boueages selonc la forme et la teneur des commissions et maudemenz dessus diz; liques guarens de l'une partie et de l'autre et les diz autres tesmoinz vesins, ohu grant conseil et deliberacions entre euls, alerent et limiterent entre euls ensembleemant et d'un consentement les diz boys et leus contensios, et ce fait il revindrent a nous et nous distrent chescun par soy par lo serement que il avoient fait et puys tuit ensemble que parmie les leus ou il avoient este les diz boys et leus se povaient (*sic*) partir et diviser

(1) C.-à-d. le 27 novembre 1325.

et bonneer loiaument et proufitablement pour une partie et pour autre; et nous, lors oye la relation d'eos, lor commandames que il nous menessent et moustressent les diz leus ainsi comme il avoient entre euls limité et divisé; et il se midrent premier devant nous et nous alames apres ensembleement ou Jourdain Richart, nostre lieutenant, qui autrefoiz avoit esté au mostrées et avoit fait les enquestes dessus dictes et ou pluseurs autres bonnes genz et avec les diz procureurs en nostre compaignie; et nous ensi les choses veues et regardées appelames encore les diz guarens a part et los demandames par leurs seremens si parmy les leus que il nous avoient moustrez povaient et devoient estre mises pour reson proufitablement et loiaument les bonnes, li quiex distrent tout a une voiz et d'un accort et par lor serement que les bonnes povaient estre mises par les leus que il nous avoient monstrez et limitez loiaument et proufitablement, sauz domage de l'une partie et de l'autre. Et nous, veu et regardé les limitations et oie la relacion et tesmoignage des personnes dessus dictes et veu et regardé la teneur des commissions et mandemenz dessus diz, ohu conseil et deliberacion ou pluseurs bonnes genz estanz en nostre compaignie et presenz les diz procureurs et consentenz et les tesmoingz dessus diz, prononciames et declarames les dictes limitacions et divisions ou bonneages estre faites et avoir fermeté ou temps avenir; et par ceu que le jour estoit si brief et estoit si tart que nous ne pohumes mettre ne faire mettre granz pierres en signe de division et limitations et bonneages a la fin que ou temps avenir les dictes limitations et divisions ne se peussent deperir, commeismes a nostre amé Jourdain Richart nostre leu tenant que il, le vendredi ensignant, approuchast au ditz leus en leu de nous avec les procureurs dessus diz et tesmoinz et personnes dessus dictes, comme nous au diz leus et jor ne poussions vaquier pour ce que nous estions empeschiez de pluseurs autres negoces du roy nostre seigneur; li ques Jordain, presenz los diz procureur, nous apporta et recorda par son sayrement que il, le vendredi dessus dit, ala au diz leus limitez, presenz les diz procureurs et les autres genz dessus nommez, et fist mettre ou limitations les dictes pierres bonnes et grosses de leu a leu, si comme les dictes limitations requeroient et selonc ce que nous li avions commis; liquel procureur dessus diz en notre presence cogneurent et confesserent le dit bonneages ou divisions estre faiz et les dictes pierres estre mises en non de bonneage ou limitation dessus diz en la maniere que lidiz Jordainz le nous recorda en leur presence, et le eurent a gré et fermes et estables et deismes audit procureur de l'ospital que des ores en avant il epletessent les diz boys entre le roy nostre seigneur et eos divisiez et limitez, retenu en tout et partout la volenté deu roy nostre seigneur et sauve son droit et tout autruy. Ceu fut fait et donné et de nostre scel scellé le dymenche apres la sainte Katherine (1), l'an de grace mil troys cens vint et cinc.

Nos autem omnia et singula... laudamus, ratificamus, etc. Actum Parisius anno Domini millesimo trecentesimo vicesimo quinto, mense januarii.

Per thesaur[arium],
Julianus.

(Arch. Nat., JJ. 64, p. 88.)

XCII. — *Ordonnance fixant à Saint-Germain-sur-Vienne le ressort de la justice de l'abbaye de Charroux, tant que le comté de la Marche sera uni à la couronne. — 1325 (n. st. 1326). Copie.*

Karolus, Dei gracia Francorum et Navarre rex. Notum facimus universis presentibus et futuris quod orta materia questionis seu discensionis *(sic)* inter senescallum nostrum Pictavensem, abbatem et conventum Karoffensem, Pictavensis diocesis, ex una parte et senescallum nostrum Marchie, ex altera, super eo quod ipsi religiosi dicebant se ressortiri debere Pictavis racione coroné Francie coram senescallo predicto, cum monasterium predictum a Karolo magno fundatum fuerit et ipsi cum omnibus menbris suis in ressorto dicte corone semper hacthenus fuerint, senescallo Pictavensi una cum eis asserente quod a ressorto predicto amoveri minime debebant... senescallo Marchie in contrarium asserente et dicente eos coram ipso ressortiri debere, cum comitatus ad regem pervenerit et sibi quodam modo sit unitus, quare non videbantur predicti religiosi a ressorto corone quomodolibet separari si coram eo ressortire haberent; tandem predictis religiosis consentientibus taliter duximus ordinandum quod licet ipsi a primitiva fundacione sua fuerint de ressorto corone, quia comitatus Marchie ad manum nostram pervenit, quod sint de ressorto Marchie et in villa sancti Germani super Viennam (2), que est in Marchia, sit locus ressorti tam agendo quam defendendo, nec alibi trahi possint pro bonis et rebus que tam ipsi quam priores eorum habent in Marchia et quod per senescallum Marchie unicus serviens deputetur qui jura ressorti super hoc

---

(1) C.-à-d. le 1ᵉʳ décembre.
(2) Saint-Germain-sur-Vienne *ou* de Confolens, arr. de Confolens, Charente, — qu'il ne faut pas confondre avec Saint-Germain-sur-Vienne *ou* de Candes, arr. de Chinon, Indre-et-Loire.

exerceat, cum adhuc se casus obtulerit, adjecto quod si comitatus Marchie futuris temporibus a predicta corona Francie separetūr, dictis religiosis locum in dominio dicte corone ubi ressortiri habebunt eis magis propinquum assignabimus vel assignari faciemus, ibidem in posterum inseparabiliter remansurum; quam quidem ordinacionem ratam habentes et gratam, eam laudamus..... Datum Parisius anno Domini millesimo CCC° vicesimo quinto, mense marcii.

Per cameram compotorum,
JULIANUS.

(Arch. Nat., JJ. 64, p. 93.)

XCIII. — *Don à Jourdain de Lobert, gendre d'Aimé (neveu de Hugues) de la Celle, de la terre de Laurière, qui avait été mise en la main du roi à la mort dudit Aimé, et à lui adjugée par sentence.* — *1326. Copie.*

Charles, par la grace de Dieu roys de France et de Navarre. Nous faisons assavoir a touz presens et avenir que comme nostre tres chier seigneur et pere, dont Diex ait l'ame, eust donné a Hugues de la Celle, jadis son chevalier et conseillier, et transporté en li et en ses hoirs et pour certaine cause Loriere et la terre dela Loriere (1) qui fu jadis du conte de la Marche et ledit Hugues dela Celle, ou temps qu'il vivoit et lui mort, Amé de la Celle, chevalier, neveu et hoir dudit Hugues de la Celle, fussent tenant et possidant de la dicte terre pour [vertu] dou don et transport royal dessus dit, si comme nostre amé et feal Jordan de Lobert, vallet, fiz de nostre amé et feal Jordain de Lobert, chevalier, ou non de la fame de celui Jordain de Lobert, varlet, fille dudit Amé de la Celle et son hoir pour sa partie, disoit, et lesdiz Hugues et Amé de la Celle, chevaliers, alez de vie à mort, mesmement ou vivant du dit Amé, nous eussions fait mettre la dicte terre en nostre main et pour certaine cause, et ledit Jordain, vallet, tant comme héritier en partie pour sa fame desdiz deus chevaliers morz, si comme il disoit, nous eust requis o grant instance que nous ostissons nostre main de la dicte terre et la li feissons baillier et delivrer a plain comme a lui appartenoit, allegant et proposant pluseurs raisons par lesquelles il disoit que nous devions accomplir sa requeste, nous oye la requeste et les raysons dudit Jordain et considéré que les raysons dudit Jordain n'estoient mie valables ne recevables, a la fin dessus dicte avons fait dire et pronuncié que nous ne ferions ne n'estions tenuz de faire sa requeste et que a lui ou nom que dessus ne a autre ne

(1) Laurière, arr. de Limoges.

appartenoit fors que a nous ; toutevoies nous considerauz et regardanz les bons et agreables services que ledit Jordain de Lobert, chevalier, pere dudit Jordain, varlet, a faiz a nous et a noz predecesseurs roys de France et fait continuelment, desquielx il n'a eue nulle remuneracion, en recompensacion des diz services, de grace especial et de certaine science, donnons et octroions au dit Jordain de Lobert, chevalier, et a ses hoirs Loriere, la dicte terre dela Loriere avecques touz les droiz et appartenences d'icelle, etc..., sauf et retenu pour nous et nos successeurs l'oumage, la souveraineté et le ressort des choses dessus dictes... Donné à Paris l'an de grace mil trois cenz vint et sis, ou mois de novembre.

Par le roy a la relacion de Monsr Mr de Trie, mareschal de France.   GYEM.

(Arch. Nat., Reg. du Trésor des chartes, JJ. 64, f° 153.)

XCIV. — *Procuration de la duchesse de Bretagne, vicomtesse de Limoges, donnée à Pierre Polard pour vendre les terres et seigneuries que possède ladite dame dans la vicomté de Limoges. Suit ratification par ledit procureur de la vente faite par le duc de Bretagne de la châtellenie de la Roche-l'Abeille, au nom de ladite dame. — 1356 et 1357. Orig. Sc. perdu.*

In Dei nomine, amen. Per hoc publicum instrumentum cunctis appareat manifeste quod anno ejusdem millesimo tricentesimo (*sic*) quinquagesimo septimo, indictione septima, mensis junii die vigesima tercia, in villa de Brugis, Tornacensis dyocesis, hora meridiana dicte diei, in domo habitacionis seu hospicii Johannis *Dunwild*, opidani dicte ville, quodquidem hospicium flamingo ydiomate appellatur wulgaliter *Ter letking*, pontificatus sanctissimi in Christo patris et domini nostri, domini Innocentii divina providencia pape sexti anno quinto, in mei notarii et testium infrascriptorum presencia personaliter constituti inclitus princeps dominus Karolus, dux Britannie et vicecomes Lemovicensis, dominus Guysie ac Meduane, ex una parte, et magister Petrus Audeberti, licenciatus in jure civili, procurator et procuratorio nomine Guillelmi Alberti domicelli, domini de Murato et de Montiliho, ex altera, idem princeps inclitus ad requestam prefati procuratoris dixit et exposuit domino Petro Polardi, militi, thesaurario ac consiliario suo ac procuratori nobilis principisse domine Johanne de Britannia, ducisse et vicecomitisse patriarum predictarum, cum potestate vendendi, alienandi loca et castra, habitationes, villas, terras, redditus, nemora, homines et homagia et quascunque alias habitationes ad ipsam ducissam et vicecomitissam Lemovicensem in dicto vicecomitatu Lemovicensi vel alibi in aliis locis quod ipse dominus Karolus tam pro se quam nomine ipsius ducisse et vicecomitisse vendiderat, castrum et castellaniam de Rupe-Apis (1), Lemovicensis dyocesis, cum fortaliciis, juridictione alta, media et bassa, mero et mixto imperio, hominibus, homagiis, nemoribus, stangnis, molendinis, pratis, defesiis et ultra hec ducentas libras renduales assignandas et situendas eidem Guillelmo seu procuratori suo ejus nomine in dicta castellania si ibi essent; in premissis ducentis libris prefatis fortaliciis, juridictionibus, mero et mixto imperio, hominibus, homagiis, nemoribus, stangnis, molendinis, pratis et defesiis minime computatis. Et quod premissa promiserat tam pro se quam ipsius domine ducisse nomine tenere et servare ac in contrarium non venire, cum renunciacionibus necessariis et consuetis, prout in quibusdam instrumentis publicis coram certis notariis Parisius concessis dixit plenius contineri, idemque dux et vicecomes dans et concedens plenam auctoritatem eidem ducisse et vicecomitisse uxori sue quoad supra et infra scripta licet absenti in personam tamen ipsius domini Petri, illico dixit eidem (2) [domino] Petro Polardi procuratori et nomine procuratorio predicte ducisse et vicecomitisse, ut ad hoc ipse Petrus Polardi, miles, procurator ut premittitur se assen [.......] premissa ratificaret et confirmaret ac de novo faceret. Quiquidem miles procurator prefatus premissis omnibus et singulis se ass[.............] omnia et singula tenere, servare et in contrarium non venire, vice et nomine dicte domine ducisse et vicecomitisse ratificavit et confirmavit [......... ac de] novo vendidit premissa modo et forma contentis in litteris super hoc concessis per dictum dominum ducem, ad quas se retulit idem dominus [Petrus Polardi]; et promissionem et convenciones de tenendo et servando ac de guarentiendo et renunciaciones, submissiones et juramenta [.........] in dictis litteris haberi voluit in presenti pro repetitis et eumdem vigorem habere ac si de verbo ad verbum hic in presenti instru[mento ....] ac modo et forma quibus idem dominus dux fecit et in dictis litteris et instrumentis continentur. Idem dominus Petrus Polardi [......] et fecit et pro factis (?) haberi voluit per ipsum et dominam ducissam, necnon et facere nomine quo supra, quod ipsa domina ducissa ratificat [...........] vendicionem predictam et quod ipsas faciet de novo, super

---

(1) La Roche-l'Abeille, arr. de Saint-Yrieix, Haute-Vienne.
(2) A partir de cet endroit, il y a une grande déchirure, qui porte sur dix lignes de texte.

hoc bonas et efficaces litteras concedendo. Eodem magistro Petro Aud[eberti.........] procuratore recipiente et stipulante, vice et nomine Guillelmi Alberti, domicelli supradicti, non recedendo tamen a vendicione et aliis contractibus super premissis factis per dominum ducem prefato Guillelmo, sed pocius per prefatum magistrum Petrum nomine procuratorio quo supra insistendo in eis, ut dixit; et quoad hoc perpetuo tenenda et fideliter adimplenda idem dominus Petrus Polardi procuratorio nomine ut prefertur, obligavit dictam dominam ducissam et vicecomitissam et heredes suos necnon et omnia bona sua mobilia et immobilia, presentia et futura ubicunque existentia, ad cameram domini nostri pape et sub bulla ac sigillis Montispessulani et Villenove Avinionensis [diocesis] et castelleti regii Parisiensis. Et renunciationibus omnibus, exceptionibus et dilationibus, privilegiis a quibuscunque principibus concessis seu concedendis ipsi domine, propter que premissa possent in toto vel in parte instringi, quibus non usuram dictam dominam ducissam nec se quo[......] nomine promisit nec utenti aliqualiter consent [.....] quas renunciationes licet generales parem vim habere voluit idem dominus Petrus [.......] nomine ac si omnes et singule in presenti instrumento enumerate fuissent, renunciando (1) [super] premissa omnia juri dicenti generalem renunciationem non valere, nisi quoad specificata vel illa que sunt consiliis nature [.....] catie juramento per ipsum dominum Petrum nomine super premissis omnibus et singulis quo supra super sancta Dei ewangelia corporaliter libro tacto [.....] Tenor vero dicte procurationis sequitur in hec verba :

Nous Johanne, duchesse de Bretaingne, vicontesse de Lymoges, dame de [.......], faisons savoir à touz que par l'assentement et conseil et soffisanment authoriée (sic) de notre très cher et redoubté seingnour et espous Monseingnour de Bretaingne, avons commis, ordené et establi, commettons, ordenons et estabilissons par la tenour de ces presentes lettres notre amé bachelier et conseiller Mons. Pierres Polart, notre alloué et procureur general et messager espiciael (sic) inrévocable, quant a donner, vendre, quiter, cesser, delesser, permuer, eschanger et translater de notre heritage ou heritages tant chastiaux, villes, terres, rentes, boys, hommes et hommentiges et quelconques autres heritages a nous touchanz et appartenanz en notre viconté de Lymoges et ailloins en quelconques lieux que ils soient et de en donner et otroier lettres, contraz, instrumens, assignationz et d'en fere et

(1) Il y a à partir d'ici une nouvelle déchirure qui porte sur trois lignes.

fere fere par autres assiete pleniere a quelconques personnes que ce soyent, d'en bailler saisine et possession (1) [manu]elle et corporelle, de fare et defaire, donner et otroier toutes et chascunes autres choses qui a donayson, vendition, quitances, cession, permutation, esch[ange ....] de heritages pueent et doyvent apperlenir et de faire toutes manieres de seremenz en l'amme de nous que ordre de droit requiert, mesmement[.......] requierent mandement especiael. De ces choses et chascune d'icelle fere li donons liberal et plain povoir et de fere toutez autres et chasc[une d'ycelle] nous ferions ou fere pourrions, si presents estions, prometanz avoir ferme, agréable et estable perpetuelment et inrevocablement tout ce que sera f[ait] et procuré par notre dit procureur es dittes choses et chascune d'ycelle, tant pour nous que contre nous, sur l'obligacion de nos hoirs(?) et de tous noz biens meubles et heritagez presens et à venir, et paier le juge, si mestier. Et ce avons fait par l'assentement et conseil et avec l'authorité de notre dit tres cher seingnour, a nous donnée, comme dit est, quant es choses dessus escriptes. Et en tesmoing de ce nous avoins fait seeller ces lettres de notre propre seau, à Nantes, le quinzieme jour de octobre l'an mil troys cenz cinquante et deux.

De quibus omnibus et singulis idem magister Petrus nomine procuratorio dicti Guillelmi petiit a me notario publico infrascripto sibi fieri atque dari unum publicum instrumentum. Acta sunt hec ubi supra, presentibus ad hec domino Stephano *Goyon*, domino *de Matigon*, Briocensis [diocesis], domino *de Montebocheim*, domino *de Damenesche*, domino Jacobo monachi, rectore ecclesie *de Point-Captanal*, Corisopitensis dyocesis, testibus vocatis specialiter et rogatis.

Par ma damme la duchesse, en la presence de monseingnour le duc, presens lez genz de lour conseil, P. DE LA CHAPPELLE (*avec paraphe*).

Et ego Petrus de Capella, predicte .... corensis diocesis, publicus auctoritate apostolica notarius, premissis requisitioni, exceptioni(?), mutationi, recognitioni, obligationi, renunciationi, juramento et omnibus aliis et singulis, prout supra scribuntur, una cum prenominatis testibus presens fui eaque per alium fidelem scribi feci aliis negociis predictis. Ideo hic me subscripsi signoque meo consueto signavi in testimonium omnium premissorum, vocatus specialiter et rogatus. Constat mihi notario de

(1) Il y a à partir de cet endroit une nouvelle déchirure qui porte sur cinq lignes.

rasura verborum *Parisius concessis dixit* in decima quinta linea, quod approbo et refero omni suspicione carere.

(Arch. dép. de la Haute-Vienne, série E., fds de la vicomté de Limoges.)

XCV. — *Mandement du sénéchal du Limousin instituant deux collecteurs dans les châtellenies de Treignac, Chamberet et Anis pour lever l'aide de 5 sols par feu imposée pour la délivrance de la forteresse de Bugies (?)* — 1378. Orig. Sc. perdu.

Gauchier de Paissac, chevalier, seneschal de Limosin pour le roy de France nostre seigneur, a Jaque Pinson et Jehan Bardo, de Treignac, salut. Comme les gens d'Eglize, noubles et communes du pais de Limosin ou la plus saine partie d'iceulx soient venus par devers nous et nous aient exposé que, comme n'a gaires de temps, yceulx gens d'Eglize, noubles et communes eussent et aient ouctroié entre eulx en certaine manière et sur certaines protestations une aide de dix souls pour feu, le fort aidant au freble, pour la délivrance des forteresses de Bugies (1), de Voutezac (2) et de Nouallac (3), et icelle forteresse de Bugies, que restoit a délivrer, eust et soit achatée pour le prins (*sic*) de trois mille trois cenz francs d'or et trois dras de soie, nientmoins ycelle somme de trois mille trois cenz francz d'or et trois dras de soie ne se povait ne ne se puet trouver, pour ce que Mous. le conte de la Marche n'a volu paier le dit fouage de dix soulz de sa conté et terre de la Marche, combien qu'il eust ouctroié au roy nostre dict seigneur le dict fouage de dix soulz pour feu, fors tant seulement six cenz livres tornois que les officiers du dit Mous. le conte ont paié, et par ainsi la délivrance de la dicte forteresse de Bugies estoit depessée et ne se povoit accomplir, laquelle chouse estoit très grant dommage au roy nostre dict seigneur et au païs, et que pour ce yceulx gens d'Eglize, noubles et communes susdictes ont volu, ouctroié et accordé entre eulx que cinq soulz pour feu, le fort aidant au freble, exceptés genz d'Eglize, noubles et povres mendians, soient levez et cuilliz astivement, pour accomplir l'achat de la dicte forteresse de Bugies, en deduction et rebatement de douze soulz pour feu nouvellement ouctroié pour la garde et deffense du pais, ou cas que les diz douze soulz se leveroient; et soit ainsi que noble homme le sire de Pierre-buffière (4) se soit obligiez, pour eschiver le très grant dommage du

(1) Peut-être Vigeo's, arr. de Brive, Corrèze.
(2) Arr. de Brive, Corrèze.
(3) Arr. de Brive, Corrèze.
(4) Arr. de Limoges, Haute-Vienne.

païs, en la somme de LV francz d'or a paier dedens quinze jours au plus loing pour les chastellenies de Treignac (1), de Chambaret (2) et du lieu d'Aneys (3) et ressort d'icelles, a cause des diz cinq soulz, et nous aient sur ce requis yceulx gens d'Églize, noubles et communes a eulx sur ce estre pourveu de remède ; pour ce est-il que nous a leur requeste vous mandons, commandons et enjuingnons estroictement, sur la paine de mil marcz d'argent a appliquer au roy nostre dict seigneur, que tantost et sanz delay, ces lettres veuez, vous ordennés et imponsés en chascune paroisse des dictes chastellenies et lieu et ressort d'icelles deux collecteurs particulliers qui auront povoir de ordenner, taixer, impouser, cuillir et lever enterinement en chascune paroisse, non obstant que soient de diverses juridictions, c'est assavoir que la ou sera le chief de la paroisse, la rendra enterinement les diz cinq soulz pour chascun feu, le fort aidant au freble, exceptés gens d'Églize, noubles et povres mendianz. Et le dict argent que yceulx collecteurs particulliers leveront, appourteront a vous et vous leur en donrés quittanse, et puis vous le appourterés a Limoges, dedens quinze jours, sur la paine dessus dicte, a Guillaume Bourgois et Lourenz Sarrazin, généraulx receveurs de la dicte aide de dix soulz. Et vous donnons plain povoir a vous et a chascun de vous et a ceulx qui seront commis par vous de contraindre tous rebelles et désobéissanz sur ce par vante, distraction et aliénacions de biens et arreit de corps et par autres remèdes, si comme il est accoustumé a fere pour les propres debtes du roy nostre dict seigneur, non obstant toutes opposicions, appléjemens et appellacions quelconques faictes ou a faire, attendu le proufit de la chouse publique, et vous prennés bien garde que en ceci n'ait point de faute, car autrement l'ont en aura recours sur vous et voz biens. Si donnons en mandement a touz sergens royaulx et subgetz du Roy nostre dict seigneur que a vous et a vos commis et députez sur ce obéissent et entendent diligemment. Donné a Limoges soubz le seel de nostre dicte sénéchaucié le XXIIIe jour du moys de novembre, l'an de grace mil CCC L XXVIII (?).

Par Mons. le seneschal :

DE ALVERNHIA.

(Arch. dép. de la Haute-Vienne, série B. fds de la sénéchaussée de Limoges).

---

(1) Arr. de Tulle, Corrèze.
(2) Auj. Chamberet, arr. de Tulle, Corrèze.
(3) Peut-être Anis, arr. de Tulle, Corrèze.

XCVI. — *Sentence d'excommunication prononcée par Bernard, abbé de Beaulieu, au nom de l'abbé de Solignac, contre Pierre Lacipieyre, prieur de Saint-Hilaire-Bonneval.* — *1388. Orig. Sc. perdu.*

Nos Bernardus, abbas monasterii Belli-loci (1), ordinis sancti Benedicti, Lemovicensis dyocesis, judex et conservator privilegiorum venerabilibus et religiosis viris dominis abbati et conventui monasterii de Sollempniaco (2), ordinis et dyocesis predictorum, a sede apostolica concessorum, una cum aliis collegis nostris in hac parte... ab eadem sede specialiter deputatus, capellano vel vicario sancti Yllarii Bone-vallis (3) et omnibus aliis ad quos presentes littere pervenerint, salutem in Domino et mandatis nostris ymo verius apostolicis firmiter obedire in virtute sancte obedientie et sub pena excommunicationis quam canonica monicione premissa, auctoritate apostolica predicta ferimus in rebelles et contradicentes in hiis scriptis, quatinus sententias.... excommunicationis latas a nobis auctoritate apostolica (Domini est justicia exigentis) in religiosum virum domnum Petrum *Lacipieyra*, priorem prioratus sancti Yllarii Bone-vallis pro procuratore seu sindico dictorum dominorum abbatis et conventus dicti monasterii de Sollempniaco quas nos agravantes contra ipsum, prout late sunt, firmiter et inviolabiliter observetis et ipsum excommunicatum denuncietis nominatim et peculiariter singulis diebus dominicis et festivis, feriatis et non feriatis, pulsatis campanis, extinctis candelis, et ter amplius in qualibet missa, primo in principio, secundo post evangelium, tertio post communionem. Preterea vobis mandamus sub pena excommunicacionis predicta quathinus finita missa, indutis sacris vestibus minus casula, una cum cruce, stola et aqua benedicta ante domum habitacionis dicti excommunicati personaliter accedatis et ibidem dictas sententias denuncietis alta et intelligibili voce, dicendo psalmum *Deus, venerunt gentes* [cum] oracione consueta *Hostium nostrorum* prohicientesque (*sic*) tres lapillos versus domum dicti excommunicati, primum in signum maledictionis, secundum ad terrorem populorum, tertium ut nimio rubore confusus ad sanctam matrem Ecclesiam se convertat, taliter super his vos habentes et dictas sententias denuncietis ne a nobis possitis de inhobedientia seu contemptu merito redargui seu puniri. Datum

(1) Beaulieu-sur-Ménoire, arr. de Brive, Corrèze.
(2) Solignac, près Limoges.
(3) Saint-Hilaire-Bonneval, arr. de Limoges.

apud Bellum-locum, teste sigillo nostro, ultima die mensis septembris, anno Domini M° CCC° octuagesimo (*sic*) octavo.

(Arch. dép. de la Haute-Vienne, fds de Solignac, n° provisoire H. 9180 *bis*.)

XCVII. — *Absolution pour le prieur de Gargenville au diocèse de Rouen, coupable d'avoir emporté pour son prieuré une côte de saint Gaucher, conservée à Aureil.* — 1411. *Orig. Sc. perdu.*

Petrus, miseracione divina episcopus Tusculanus (1), religioso viro fratri Nicolao de Arsonetis, domini pape penitenciario ad presens in romana curia residenti, salutem in Domino. Sua nobis frater Johannes de Albiaco, presbiter, prior prioratus sancti Martini de Gargenvilla (2), ordinis sancti Augustini, Rothomagensis diocesis, a prioratu conventuali sancti Johannis de Aurelio dicti ordinis, Lemovicensis diocesis, dependenti, lator presencium peticione moustravit quod ipse olim de licencia prioris dicti prioratus de Aurelio unam de costis corporis sive reliquiarum sancti Gaucherii confessoris de dicto prioratu de Aurelio, ubi dictum corpus jacet, ad dictum suum prioratum sancti Martini de Gargenvilla de quo, ut asseritur, dictus sanctus Gaucherius oriundus fuit et in quo populus dicti prioratus sive parrochie de Gargenvilla magnam devocionem habet, asportavit, propter quod dubitat sacrilegium comisisse ac sentenciam excommunicacionis incurisse; super quibus supplicavit humiliter sibi per sedem apostolicam nunc provideri. Nos igitur auctoritate domini pape, cujus penitenciarie una cum reverendo in Christo patre domino Antonio (3), eadem miseracione episcopo Portuensi, curam gerimus, ipsum fratrem Johannem a generali excommunicationis sentencia, si quam ob premissa incurit, reatu sacrilegii et excessu hujusmodi quod tecum in dicta curia habeat aliquandiu remanere, remittimus juxta formam ecclesie absolutum, discrecioni tue eadem auctoritate committentes q[uod po]st ita injuncta inde sibique modo culpa penitencia salutari, eoque ad tempus, prout expedire videris, a suorum ordinum execucione suspenso, demum suffragantibus ei meritis, alioque canonico non obstante, super irregularitate quam sic forte ligatus in suis, non tamen in contemptum

---

(1) Petrus V Gerardi, évêque de Tusculum depuis 1402. Mourut à Avignon le 9 sept. 1415.
(2) Gargenville, arr. de Mantes, Seine-et-Oise. — Aureil, près Limoges.
(3) Antonio Gaëtano, évêque de Porto de 1409 à 1412.

clamoris, sed per simplicitatem et juris ignoranciam ordinibus ministrando vel aliis se officiis immiscendo contraxit, dispenses nunc cum eodem proviso quod dictam costam prioratui sive loco unde ipsam abstulit sive removit, restituat.

Datum Bononie, III idus januarii, pontificatus domini Johannis pape XXIII anno primo (1).

† De Capiquatuortercancis.   G. Sabat...

(Arch. dép. de la Haute-Vienne, série D. 927).

XCVIII. — *Saisie du mas de Verthamond par un sergent du duc d'Aquitains.* — *1413. Orig. Sc. perdu.*

Noverint universi et singuli quod ego Stephanus de Fargis, serviens domini ducis Acquitanie, virtute et vigore litterarum regiarum sigillo dicti domini ducis Acquitanie in baylia Lemovicensi constituto sigillatarum et ad requistam Johannis Granaudi, castri Lemovicensis, in eisdem literis nominati, sazivi et ad manum dicti domini ducis Acquitanie posui terras et vineas Bernardi Textoris mansi *de Vertamo*, parrochie de Insula (2), et omnia blada et fructus pendentes in eisdem et hoc pro summa decem librarum monete currentis inter cetera de summa contenta in dictis litteris, vocato mecum ad hoc Symone Talhanderii, serviente de Axia et hujusmodi sazinam intimavi dicto Bernardo tunc vivente et jam defuncto. In cujus rei testimonium sigillum meum quo in mee sergentarie officio utor huic presenti relacioni mee apposui. Datum et actum die quinta mensis julii, anno Domini millesimo CCCC° XIII°.

Item postmodum accessi ad dictum mansum *de Vertamo* et ibidem roborando dictam sazinam virtute dictarum litterarum et ad requestam dicti Johannis et pro summa predicta sazivi et ad dictam manum posui dictas terras et vineas que fuerunt dicti Textoris jam defuncti et cuilibet ipsorum et nichilominus ipsos citavi ad audienciam sigilli predicti domini ducis, que erit die veneris post festum exaltationis sancte Crucis proxime futurum, se purgaturos super dicta sazina. Datum et actum die II^a mensis septembris, anno Domini quo supra.

(Arch. dép. de la Haute-Vienne, série D. 96.)

---

(1) C.-à-d. le samedi 10 janvier 1411.
(2) Isle, près Limoges.

XCIX. — *Acte d'association de Jean Picaud à la communauté des prêtres de N.-D. de Bellac.* — 1418. *Orig. Sc. perdu.*

Universis presentes litteras inspecturis custos sigilli constituti in castellaniis de Belaco, Ranconio et Champaniaco (1), pro excellentissimo principe domino comite palatino de Rinu (*sic*), duce in Baveria, habente bailliam, regimen et administracionem illustrissimi Ludovici ejus filii, domini dictorum locorum, salutem in Domino. Noveritis quod in jure personaliter constitutis venerabilibus et discretis viris dominis Petro Chaumeloti, dyacono, bachalario in legibus, cappellano de Belaco, Johanne Laurencii, Johanne Bruci, Petro Dionisii, Petro Boudrandi, Petro Rippaudi, Johanne Sedandi, Johanne Beloni et Johanne Berigoti, presbiteris communitatis sive societatis ecclesie de Belaco, pro se et nomine aliorum dicte communitatis et pro successoribus suis ex una parte, et domino Johanne de Corregis alias *Picaud* presbitero, eciam pro se ex alia parte, preffati vero cappellanus et presbiteri dicte communitatis pro se et dictis suis successoribus recognoverunt et publice confessi fuerunt quod ob reverenciam reverendi in Christo patris et domini, domini Rampnulphi, Dei gracia Lemovicensis episcopi, et intuitu pietatis, ipsi secum associaverunt et adhuc associant dictum dominum Johannem Picaudi presbiterum, ibidem presentem, acceptantem et solempniter stipulantem, attentis probitate et industria ipsius domini Johannis Picaudi, ad accipiendum et tenendum et pro accipiendo et tenendo sicut unum de dicta eorum communitate, quandiu eorum placuerit voluntati et non ultra nec aliter, cum in dicta communitate dictus dominus Johannes Picaudi nullum jus haberet, prout dicti cappellanus et presbiteri ipsius communitatis asseruerunt, quia dicta communitas non se extendit nisi ad illos qui sunt proprii filii nati dicte ecclesie; sed hec fecerunt dicti cappellanus et presbiteri racione qua supra et ex gracia speciali, absque hoc quod a cetero ullum prejudicium eidem communitati generetur et pro hoc quia dictus dominus Johannes *Picau* (*sic*) promisit et juravit ad sancta Dei evangelia, libro tacto, bene et fideliter servire eidem communitati secundum divina, commodum ejusdem procurare, incommodum evitare pro posse. Et sic et cum premissis promiserunt dicte partes cum omni juris et facti renunciacione ad hoc necessaria pariter et cauthela, scilicet dicti cappellanus et presbiteri sub ypotheca et obligacione sui,

(1) Bellac, ch.-l. d'arr., Haute-Vienne. — Rancon et Champagnac sont deux localités voisines.

quibus supra nominibus et dictorum successorum suorum et omnium et singulorum bonorum dicte communitatis; et vice versa dictus dominus Johannes *Picau* sub hypotheca et obligacione sui et suorum heredum et successorum et bonorum mobilium, immobilium, presencium et futurorum et cujuslibet ipsius quorumcunque, premissa atendere et complere et contra non facere nec venire per se nec per alium, clam, palam, tacite, vel expresse casu aliquo in futurum; et ita juraverat ad sancta Dei evangelia gratis manualiter tacta. Et ad hoc attendentes voluerunt dicte partes se et suos hinc inde compelli per officiarium dicti domini ducis successoresque suos per quecunque juris remedia et per alium judicem ecclesiasticum vel secularem ac per quemlibet insolidum, tociens quociens opus erit. Ad quorum premissorum observanciam fuerunt dicte partes volentes et consencientes, utraque earumdem hinc inde requirenti judicio curie dicti domini ducis in his scriptis sentencialiter condempta per Johannem de Valle, clericum juratum nostrum, qui premissa retulit fore vera per presentes [litteras] manu sua scriptas et consignatas. Quibus in premissorum testimonium dictum sigillum duximus apponendum. Datum et actum presentibus domino Petro de Brolio alias *Tirenlayne*, presbitero, et Stephano Fabri alias de Oratorio, testibus ad hec vocatis die tercia mensis junii, anno Domini millesimo CCCC° decimo octavo.

J. BAILLE, clericus, retulit.

(Arch. comm. de Bellac, série GG. 14.)

C. — *Certificat attestant que les hommes du seigneur d'Albret n'ont pas payé leur part d'une aide votée par les Etats du Limousin.* — *1424 (n. st. 1425). Orig. Sc. perdu.*

Nous Pierre de Montbrun, abbé de Saint-Augustin, commissaire ordonné par le roy nostre sire pour asseoir et imposer au pays de Limosin l'aide de xvii^M l. t. a lui octroyé par les gens des trois Estas dudit pays de Limosin en l'an mil quatre cens vint et trois derrenier passé, certiffions a tous a qui il appartendra que tous les hommes demourans es paroisses contenues en un roole (1) cy ataché soubz nostre signet, tauxés et imposez pour leur porcion dudit aide aux sommes contenues audit raole (*sic*), sont hommes et subgiés de Monsr de Lebret (2) a cause de ses chasteaux

---

(1) Le rôle a disparu.
(2) C.-à-d. d'Albret.

et chastellanies de Challucet, Corbaffin, Malmont et de Chalus-Chabrol (1); et oulte certiffions que lesd. hommes et subgiés de mondit s^r de Lebret n'ont aucune chose payé dudit aide a Nicolas Henry, visconte de Couches, receveur d'icellui, pour ce qu'ilz disoient avoir lettres du roy de grace et remission de non paier et contribuer aux tailles ou aides jucques a certain temps. Donné soubz notre scel le xxe jour de mars, l'an mil quatre cens vint et quattre.

P., abbé de S. Augustin.

(Bibl. Nat., ms. fr. 26047, n° 400.)

CI. — *Quittance donnée par les consuls de Limoges d'une somme de 1,000 écus d'or à eux accordée par Charles VII, dauphin. — 1422. Orig. Sc. perdu.*

A tous ceulx qui ces presentes lettres verront, les consulz, bourgeois et habitans de la ville de Limoges, salut. Savoir faisons que nous, assemblés en la maison de nostre consulat, de nostre certaine science cognoissons avoir eu et receu de honneste homme et saige Me Jehan Benomyn, receveur general de l'aide dernierement octroyé a Monsg^r le regent par les gens des trois Estaz des pays a lui obeyssans, tant pour fere bonne monnoye quant pour la conduite de la guerre, la somme de mil escuz d'or, laquelle mondit sg^r le regent par ses lettres patentes données a Mehun-sur-Evre le xxviie jour du moys d'octobre derrenier passé, avoit et a donnée a nous bourgois, manans et habitans pour les causes et consideracions plus a plain contenues et declarées es dictes lettres. De laquelle...... Fait et donné en nostre dit consulat et scellé de nostre grant scel en tesmoing de ce, le xiie jour de novembre l'an mil quatre cens vingt et deux.

Bernard Brunet,
tabellion royal. Ainsi est.

(Bibl. Nat., ms. fr. 26046, n° 8.)

CII. — *Mandement de Charles VII attribuant certaine somme à la réparation des murailles de Saint-Junien. — 1424. Copie du temps.*

Charles, par la grâce de Dieu roy de France, a nos amez et féaulx les generaulx conseillers sur le fait de nos finances

---

(1) Chalucet, comm. de Boisseuil, arr. de Limoges. — Courbefy, (comm. de Saint-Nicolas), et Chalus-Chabrol, arr. de Saint-Yrieix, Haute-Vienne. — Maulmont, comm. de Dournazac, arr. de Rochechouart, ou peut-être comm. de Janaillac, arr. de Limoges, Haute-Vienne.

ez pais de langue d'oïl et Languedoc, et commissaires sur le fait de l'ayde d'un millyon a nous octroyé par les gens des trois Estas a l'assemblée faite a Solles au mois de mars, salut. Savoir vous faisons que, tant pour considération de ce que la ville de Saint-Junien (1) en notre pays de Limosin est en frontiere de nos ennemis ez marches d'Angolmois et de Bordelais, prez des places de Domc, Auberoche (2) et autres occuppées de nos dits ennemis, pour laquelle chose les bourgois et habitans de la dite ville..... etc, comme pour autres grans charges qu'ils ont a supporter, obstans lesquelles ne pourroient lesdits habitans fournir aux réparations que nécessairement leur convient faire en ladite ville..

Pour ces causes et considérations et pour autres qui nous meuvent avons donné et donnons de grace especiale par ces présentes, sur la somme de deux cens trente livres tournois a quoy ils ont esté tauxés et quitez pour leurs taux et quotte dudit ayde, la somme de cent quinze livres tournois pour employer ez reparations de la dite ville.................., etc. Donné a Bourges le vi⁰ jour de juing, l'an de l'incarnation 1424 et de notre regne le 2⁰.

(Bibl. Nat., coll. Gaignière, n° 642. Copie d'Aug. Bosvieux.)

CIII. — *Exemption accordée par Geoffroy de Lastours, damoiseau, à Pierre de Boscmaresche, tenancier, du droit de faction et de guet dû au dit seigneur à cause de sa châtellenie de Lastours, moyennant la somme de 20 écus d'or.* — *1428. Orig. Sc. perdu.*

Nos officialis Lemovicensis notum facimus universis quod coram fideli commissario nostro curieque Lemovicensis jurato infrascripto ad hec depputato, personaliter constitutis nobili et potenti viro Guaufrido de Turribus dominoque dicti loci de Turribus (3) et de Champanhis, pro se et suis heredibus et successoribus universis presentibus et futuris, ex una parte, et Petro de Boumareycha, tenenciario et proprietario cujusdam mansi vocati de Boumareycha, parrochie de Noxonio (4), castellanie et juridictionis dicti loci de Turribus, eciam pro se et suis heredibus et successoribus quibuscunque presentibus et fu-

(1) Arr. de Rochechouart, Haute-Vienne.
(2) Auberoche (comm. de Faulac), et Domme, arr. de Sarlat, Dordogne.
(3) Lastours, comm. de Rilhac-Lastours, arr. de St-Yrieix, Hte-Vienne.
(4) Nexon, arr. de Saint-Yrieix, Haute-Vienne.

turis, ex altera parte, preffatus nobilis vero Guaufridus de
Turribus domicellus non cohactus, non seductus, non circumventus, non deceptus neque lezus et non errans in aliquo, ut
asseruit in hoc facto, ymo gratis, sponte, provide ac scienter
et sua mera, libera et spontanea volumtate omnibusque vi,
dolo, metu, fraude et machinacione penitus cessantibus et
remotis, pro se et suis heredibus et successoribus quibuscumque, cum et pro viginti scutis auri boni et quodlibet ponderis trium denariorum, que dictus nobilis Guaufridus recognovit
et in veritate confessus fuit se habuisse et legitime recepisse ab
eodem Petro de Boumareycha in bono auro ponderato; de quibus
quidem viginti scutis auri boni et ponderis idem nobilis Guaufridus cessit, solvit perpetuo penitus et quittavit dictum Petrum
de Boumareycha et suos et ejus bona omnia quecunque; eademque viginti scuta hujusmodi ab eodem Petro per integrum
gratum suum [habuit] spactumque (*sic*) fecit perpetuum, validum,
reale, personale et sollempne idem nobilis Gaufridus pro se et
suis eidem Petro de Boumareycha ibidem presenti et sollempniter
stipulanti pro se et suis de non sibi petendo precium predictum,
nec aliquid de seu pro eodem. Quod si faceret, quod absit, voluit
non audiri in judicio neque extra; et hanc legem sibi et suis
imposuit quod omnis juris audiencia sibi et suis denegetur et
omnis judicialis adhitus perpetuo penitus precludatur in quocunque foro ecclesiastico seu eciam seculari. Exemit, affranchivit,
liberavit et quittavit preffatum Petrum de Boumareycha ibidem
presentem et sollempniter stipulantem pro se et suis heredibus
et successoribus et suos heredes et successores quoscumque presentes et futuros et omnem stirpem ex eo descendentem ac
exemptos, francos, liberos, quittos et liberatos ac immunes esse
voluit in perpetuum affaccione et prestacione incidiarum (*sic*) sive
lo guach diei et noctis in quibus idem Petrus de Boumareycha
tenebatur et tenetur pro nunc et in futurum eidem domino de
Turribus, racione loci ac castri et castellanie predictorum de
Turribus. Et voluit idem nobilis Gaufridus de Turribus pro se
et suis heredibus et successoribus quatinus dictus Petrus de Boumareycha et sui heredes et successores sint franchi, exempti ac
quitti, liberi et immunes a factione et prestacione dictarum insidiarum seu exscubiarum (*sic*) diei et noctis et quod dictas insidias in
loco, castro et castellania predictis de Turribus minine facere
deinceps teneantur nec ad ipas prestandas et faciendas cogi seu
compelli possint aliquo modo; spactumque (*sic*) expresse fecit
dictus Gaufridus de Turribus eidem Petro de Boumareycha
ibidem presenti de ulterius dictum Petrum neque suos ad fa-

ciendas nec prestandas dictas insidias non cogendo nec compellendo seu cogi et compelli faciendo per ipsum seu quemcunque alium ac aliquid aliud occasione premissorum ab eisdem non petendo. Quod si faceret, quod absit, voluit idem nobilis Gaufridus pro se et suis heredibus et successoribus quibuscunque non audiri in judicio neque extra, ymo voluit pro se et suis quod omnis juris audiencia et judicialis adhitus totaliter precludatur in quocunque foro ecclesiastico seu mundano. Et renunciavit idem nobilis Gaufridus super premissis expresse omni excepcioni doli, mali, fori loci, fraudis, lezionis, vis, metus, omni decepcioni, circumvencioni cuilibet, levi et enormi, accioni in factum, condicioni indebiti et sine causa et juri per quod deceptis seu lezis ultra medietatem vel alias quomodolibet subvenitur et omni privilegio crucis sumpte vel assumende omnibusque aliis privilegiis, indulgenciis, franchisiis et libertatibus a quibuscunque personis tam ecclesiasticis quam secularibus in contrarium editis seu edendis, concessis et concedendis, indultis et indulgendis, omnique auxilio et benefficio utriusque juris canonici et civilis, scripti et non scripti, editi et edendi et omni usui, consuetudini et statuto et de uno acto et alio scripto et de plus scripto quam acto et econverso, omnibusque aliis et singulis exceptionibus, racionibus, deffencionibus, subtilitatibus, ingeniis et cauthelis tocius juris et facti que contra tenorem presencium litterarum possent obici, proponi sive dici, et per que seu quas presentes littere seu contenta in eisdem possent in toto vel in parte cassari, destrui, infringi seu eciam anullari ac juri dicenti generalem renunciacionem non valere nisi quatinus exprimittitur in contractu. Promittens ulterius idem dominus de Turribus se contra premissa vel eorum aliquod aliquid non proponere, allegare, dicere, facere vel venire per se vel per alium [seu] aliam, palam, tacite vel expresse, nec dare alicui viam, materiam, consilium, januam seu ingenium in contraveniendi, aliqua causa vel racione, de jure vel de facto, casu aliquo, in futurum, ab ipso domicello super hoc sponte prestito, libro manualiter tacto et corporaliter, juramento. Et pro premissis omnibus et singulis sic tenendis, attendendis, complendis et inviolabiliter observandis, obligavit idem nobilis Gaufridus pro se et suis heredibus et successoribus eidem Petro de Boumareycha, ibidem presenti et sollempniter stipulanti pro se et suis heredibus et successoribus, se et omnia bona sua mobilia et immobilia, presencia et futura, quecunque sint et ubicunque et quocunque nomine senceantur (*sic*) seu dici possint. Et voluit et peciit idem nobilis Gaufridus se et suos per nos et successores nostros censura ecclesiastica semel et pluries ad observanciam omnium et singulorum premissorum compelli, tociens quociens opus erit. Ad que observanda et sic tenenda fuit idem nobilis Gaufridus presens, volens et consenciens, ipso Petro de Boumareycha presente instante, recipiente et sollempniter stipulante loco nostri, et judicio curie predicte Lemovicensis condempnatus per Johannem Lapina juniorem, clericum, fidelem commissarium nostrum curieque predicte Lemovicensis juratum. Coram quo premissa omnia et singula acta, recognita, facta et concessa et per eum loco nostri recepta [sunt], ut nobis fideliter retulit cui super hoc commisimus vices nostras; cujus relacioni nos fidem plenariam adhibentes et premissa laudantes et approbantes perinde ac si coram nobis in judicio presencialiter acta fuissent. In quorum premissorum fidem et testimonium, sigillum curie predicte Lemovicensis his presentibus litteris duximus appouendum. Constat nobis de rasuris superius in *diccionibus factis*, etc., et de interlinea *habuisse*. Datum et actum in villa de Turribus, presentibus ad hec vocatis testibus Ademaro Catheli, Petro Merchati et Petro *lo Rossau* in dicta villa habitantibus, die duodecima mensis januarii, anno Domini millesimo CCCC° vicesimo octavo.

J. Lapina junior, retulit

(Arch. hospit. de Limoges, série B., paroisse de Nexon.)

CIV. — *Charte d'affranchissement de la commune d'Eymoutiers.* — *1428.*
Orig. Sc. perdu.

In Dei nomine, amen. Tenore presentis publici instrumenti cunctis presentibus et futuris evidenter appareat et sit notum quod, anno Domini millesimo quadringentesimo vicesimo octavo, indictione septima, pontificatus sanctissimi in Christo patris et domini nostri, domini Martini pape quinti .... anno duodecimo, et regnante serenissimo et excellentissimo principe et domino nostro, domino Karolo, Dei gracia Francorum rege, die vero decima nona mensis marcii, hora terciarum vel circa, ante celebrationem magne misse, in ecclesia seculari et collegiata Ahentis monasterii (1), Lemovicensis diocesis, scilicet in choro ipsius ecclesie in nostrorum .... publicorum notariorum testiumque infrascriptorum ad hoc vocatorum specialiter et rogatorum presentia, personaliter existentibus ac etiam cons-

(1) Eymoutiers, ch.-l. de canton, arr. de Limoges.

titutis videlicet reverendissimo in Christo patre et domino, domino Petro (1), divina gracia episcopo Lemovicensi, pro se et sua ecclesia Lemovicensi et suis successoribus pro tempore episcopis dicte Lemovicensis ecclesie, ex una parte; et venerabilibus et circumspectis viris dominis Petro *Cortade*, Johanne *Pomelli*, Petro *Gregorii*, Johanne *Peconnet*, Petro *Comitis*, Johanne *Pichardi*, Petro *Pichardi* et Guischardo *Rubentis*, canonicis ipsius collegiate ecclesie Ahentis monasterii, in ipsa ad presens residentibus et commorantibus ac ibidem existentibus et congregatis ad sonum eorum campane pro capitulando et tractando, faciendo et adimplendo capitulationem infrascripta[m], venerabili et circumspecto viro domino Johanne *Labrossa*, in decretis licenciato, preposito dicte collegiate ecclesie absente et in remotis agente, et pro ipso domino preposito et aliis canonicis ipsius ecclesie absentibus et pro ipsismet et suis successoribus pro tempore prepositis et canonicis dicte collegiate ecclesie presentibus et futuris et pro dicta eorum ecclesia, ex parte altera;— et nobili viro Guischardo de Combornio, domicello, et prudentibus viris Petro *Romaneti*, Petro *Tibaudi*, Johanne *Rubentis*, Petro *deu Cot*, Petro *Rosiers*, Petro *Briance*, Stephano de Campis, Geraldo *Rocha*, alias....... Petro *Pichardi*, Petro *de Batz*, Petro *Alamour*, Johanne *Romaneti*, Johanne de Furno, Philippo *Dona*, Stephano Varelhaudi, Clemente Hugonis, Anthonio *Feyduy*, Petro *Mercerii*, Johanne *Cortade*, Jacobo de Campis, Nicholao *Pradelhon*, Johanne *Foschier*, Petro *Solas*, Petro *Grangas*, Johannne *Delibondos*, Johanne *Lerris*, Petronechle *Parvo*, Petro Chabroti, Johanne *deu Teilh*, Guillermo *de Claux*, Johanne *Joudinon*, Symone *Lafon*, Johanne Vesi et Petro.......... burgensibus, mercatoribus et habitatoribus ac manentibus ville Ahentis monasterii, pro se et suis successoribus ac heredibus presentibus et futuris et pro aliis habitatoribus absentibus et qui sunt de presente dicte ville et erunt pro tempore, residentibus et manentibus in dicta villa, et suis heredibus et successoribus quibuscumque, ex parte altera. Ex parte enim dictorum nobilis, burgensium, mercatorum, manentium et habitatorum dicte ville ibidem astantium, fuit ibidem exhibita et in scriptis tradita preffatis reverendissimo domino, domino Lemovicenci episcopo et dominis canonicis de capitulo dicte collegiate ecclesie superius nominatis, ibidem quibus supra nominibus presentibus et sollempniter stipulantibus, quedam supplicatio per ipsos nobilem, burgenses et mercatores, manentes et habitatores dicte ville quibus supra nominibus, in se continens certos actus

(1) Pierre III de Montbrun, qui fut évêque de Limoges de 1427 à 1456.

et capitula ac ordinationes [ad] honorem, utilitatem et comodum domiui nostri regis et dorninorum predictorum tociusque rei publice et singulariter et expresse dicte ville et habitatorum predictorum et patrie Lemovicensis. Quapropter cum omni instantia petebant et requirebant et humiliter postulabant eis dari, fieri et concedi per ipsos dominum reverendum dominum Lemovicensem episcopum et dominos de capitulo dicte collegiate ecclesie, tanquam dominos suos juridicos et in eorum juridictionibus et justitiis residentes et manentes, et super premissis eorum prebere consensum et assensum ac licentiam et auctoritatem. Quam quidem supplicationem dictus dominus reverendus Lemovicencis episcopus ibidem in sui et dictorum dominorum de capitulo superius nominatorum presentia et personarum superius nominatarum et testium inferius nominatorum per me Johannem Fortouis, clericum, notarium publicum infrascriptum, legi precepit, jussit et mandavit de verbo ad verbum, prout dicta supplicatio in tribus foliis papiri seriatim sutis scripta existebat et continebatur. Et quam supplicacionem ego alta et intelligibili voce de verbo ad verbum, prout in eisdem tribus papiri foliis scriptis continebatur et continetur, legi. Cujus vero supplicationis tenor de verbo ad verbum sequitur per hec verba et talis est :

« Supplient humblement a vous, tres reverend pere en Dieu.. .. ..Monseigneur l'evesque de Limoges, et a vous, tres honorés seigneurs mes seigneurs les prevost et chapitre de l'eglise collegiale de Ahentmostier, seigneurs juridiz de ladicte ville du dit Ahentmostier et dez chastellanies.......... en sa partie, voz humbles subgiez les nobles, bourgoyz, merchans, manans et habitans.................... dudit Ahentmostier, que comme ladicte ville, par les grans guerres et divisions qui sont estées en cest royaulme par longtemps et par lez logiz de rotiers et gens d'armes qui gastent tout le paiz, ladicte ville qui est toute ouverte et sans clausure soit toute comme deserte, et pourroit advenir que ladicte ville seroit en voye et tout le paiz d'estre desert et perdu entierement se il ne restoyt nulz remede, qu'il plaise a vous nosdiz seigneurs, pour le bien de la chose publique et conservacion de vos hommes et subgiez habitans en ladicte ville de Ahentmostier et parroisses d'environ, de leur donner et octroyer lez graces, prerogatives, preeminences, franchises et libertés dont es articles cy desoubz escriptz sera faicte mencion et de supplier au roy nostre souverain seigneur et a tous autres qu'il appartiendra de lez confirmer ou de noveau donner et ouctroyer, se mestier est, ainsi que est acoustumé en tel cas, pour la conservacion de ladicte vile et du paiz et de vous mesme et de voz pouvres subgiez. Et premierement que, pour ce que ladicte ville est toute ouverte et les rotiers et gens d'armes y venent logier et d'illec en fore tout le paiz est gasté et ladicte ville principalement, qu'il plaise a vous nosdiz seigneurs de donner licence, congié et autorité et mandement especial de clore ladicte ville de muraille, tours et foussés appartenans a la clousure d'une ville, telle et si grande, large et aulte comme par vous nosdiz seigneurs ou par autres par vous commis et depputés sera devisé et ordrenné, appellé a ce lez manans et habitans de ladicte ville; dedans laquelle clousure les gens de ladicte ville d'illec et alentour et d'ailleurs qui y vouldront venir fere leur demourance, ayent leur retrait seur et leurs personnes et leurs biens au bien, honneur et prouffit du roy nostredit seigneur et de vous nousdiz seigneurs et de toute la chose publique et dudit paiz. *Item*, et pour ce que une si grant et haulte chose et si grant besoigne ne se puet fere sans une grant dispense, poine et trevail et industrie de gens, et ausi quant seroit close ne se pourroit garder sans y donner gens qui ayent puissance et auctorité de la ediffier et garder et mectre en ordrennance a la garde et tuicion de la dicte ville, qu'il plaise a vous nos ditz seigneurs de donner congié, licence et auctorité, tant comme vous touche et appartient, de fere et ordrenner quatre esleuz chescun an, lez créer le jour de saint Estienne ampres Nouel, lesquielx seront laiz, eslens des prodommes et sans reproche de ladicte ville et seront dez habitans d'icelle ville de Aheutmostier et non d'ailleurs. Desquielx en sera ung ordrenné et esleu par moudit seigneur de Limoges ou ses officiers et ung autre par vous nosdiz seigneurs, prevost et chapitre, qui soyent des manans et habitans de ladicte ville et non d'ailleurs. Et lez autres deux a la election du commun de ladicte ville ou de la plus greigneur et saine partie d'iceulx, lesquielx quatre esleuz a leur nouvelle creaction et election feront serement de fere bons et loyaulx au roy nostredit sire et a vous nosdiz seigneurs et a la chose publique et aux manans et habitans de ladicte ville et de pourchaissier le bien, honneur et prouffit du roy nostredit sire et de tous vous nosdiz seigneurs, dez manans et habitans de la dicte ville et leur eviter leur dommage a leur pouvoir. *Item*. auront lesdiz esleuz ou deux d'eulx, se lez autres ne y pouvoyent ou vouloyent vaquer, eulx deuement requis et appellez, pouvoir et auctorité de soy assembler et congreguer et leur commun ou tout ou partie pour traictier et conseiller lez faitz, prouffiz et besoignes qui leur aviendront de jour en jour, en quelque lieu, maison ou place de la dicte ville, la ou bon leur semblera, jusques a ce qu'ilz aient maison commune en laquelle ilz se assembleront par la maniere que dit est, toutes et quantes foiz qu'il leur plaira; et tout ce que par iceulx deux esleus avec le consentement du commun d'icelle ville ou de la plus saine et greigneur partie sera fait, accourdé, traictié ou besoigné, vaille autant et soyt de tel affet comme se tous lesdiz quatre esleuz y estoyent ensemble. *Item*, et auront pareillement lesdiz esleuz pouvoir et auctorité d'avoir hostel commun et arche commune, en laquelle arche seront quatre clefz et chescun desdiz esleuz aura la sienne pour tenir lez biens secrés dudit consulat et dudit commun. *Item*, et aussi auront lesdiz esleuz ou deux d'eulx auctorité et pouvoir de mettre tailles et subsides, ouctroiz, une ou pluseurs, toutes et quantes foiz que bon leur semblera sur eulx et les manans et habitans de la dicte ville, appellé le commun d'icelle, de leur consentement ou de la plus greigneur et saine partie d'icelluy, et de indire manobres pour fere ladicte clausure et de la tenir en estat, toutes et quantes foiz que raison sera et bon leur semblera, pourveu que mondit seigneur de Limoges ne ses serviteurs mesdiz seigneurs les prevost et chapitre ne quelxconques autres personnes benifficiers en ladicte eglise, ne Guichard de Comborn et les siens, Guichard Bernard et les siens qui sont nobles d'ancienneté, ne doyent ne soient tenus de contribuer ne poier des dictes tailles ne autres quelzcunques subsides. *Item*, pourront et sera leu et permis esdiz esleuz et a deux d'eulx chescun an, tantes et quantes foiz qu'il leur plaira et bon leur semblera, de fere, ordrenner et instituer procureurs pour fere la poursuite et la deffensse et autres affaires de leur diz consulat et du fait commun de la dicte ville. *Item*, et auront aussi povoir et autorité lesdiz esleuz ou deux d'eulx, per vous nosdiz seigneurs, de indire et ordrenner le guet et garde de nuit et de jour en la dicte ville; et seront tenuz tous lez justiciers de Monseigneur de Limoges et de vous mesdiz seigneurs, prevost et chapitre, manans, habitans et retrahens dedans la dicte ville et justiciers, de fere guet et garde en la dicte ville et non ailleurs, exceptés troiz guez ordrennés de fere, le guet de nuit au chastel de mondit seigneur de Limoges, de sa justice et non point de ladicte ville, senon que ceulx de sa terre ne y puissent supplir a furnir lez troiz guetz, pourveu que se aucuns dez justiciers de mondit seigneur de Limoges, habitans en la dicte ville, faisoient le guet audit chastel, qu'ilz ne soient pas tenus le fere de nuit en la dicte ville se non de jour. *Item*, et auront aussi pouvoir et auctorité par vous nosdiz seigneurs lesdiz esleus ou deux d'eulx de indire et fere poier les tailles et subsides et manobres et de fere fere guet et garde en la dicte ville et autres neccessités de la dicte ville et de lez fere poier et excequter vigoureusement pour eux ou par les sergens de vous nosdiz seigneurs, chescun au regard de sa justice et de indire poines et multes jusques a dix soulz ou moindre somme monnoye courant, lesquelles poines et multes pourront lever, excequter sur tous lez rebelles et les appliquer au prouffit du bastiment et reparacion et autres necessités de la dicte ville et non ailleurs; et que lesdiz quatre esleuz ne soient tenus de poier deffault ne emende quant ilz plaideront sur le fait de la dicte ville. *Item*, et aussi auront povoir et auctorité lesdiz esleus ou deux d'eulx, se estoit necessité, du consentement de tout le commun ou de la plus greigneur et saine partie d'iceulx, de mectre capitaine en la dicte ville ou desmectre, se besoing estoit et non autrement au despens de la dicte ville, lequiel fera serement de estre bon et loyal au roy nostre sire, a vous nosdiz seigneurs et a la dicte ville et habitans d'icelle. *Item*, et aussi que en la dicte ville soient trois portes tant seulement et que en chescune ait quatre clefz au moins, desquelles chescun desdiz esleus en tiendra une ou seront baillées la ou lesdiz esleuz ordrenneront. *Item*, et que se lesdiz esleus ou deux d'eulx en abseuce des autres peuvoient avoir du roy nostre dit sire aucun subside ou aucun truage pour ediffier et bastir la dicte ville que vous nosdiz seigneurs y ayés a consentir d'ici et de incontenent et que lesdiz esleus le puissent assenser et fere lever pour ceulx que bon leur semblera et le convertir au bien et prouffit de la dicte ville ou par leur main a la repparacion et prouffit de la dicte ville, se besoing est. *Item*, aussi auront lesdiz esleus ou deux d'eulx pouvoir et auctorité par toute la justice de vous nosdiz seigneurs de prandre et fere prandre toute pierre estant soubz terre, et terre aussi en lieux vacans pour bastir et repparer la dicte ville, et fuste necessaire pour enarter, c'est assavoir ceulx qui n'ont pas de boiz. *Item*, en cas que vous mesdiz seigneurs ou aucun de vous ne vouldroyés audit jour assigné eslire vous deux esleuz, comme dist est, que vous deuement requis, c'est assavoir vous mondit seigneur de Limoges et vos successeurs en vostre chastel d'Aymoustiers a la personne de voustre capitaine ou autre voustre lieutenant, aient la garde dudit chastel, et vous mesdiz seigneurs de chapitre en voustre dicte eglize, le commun puisse eslire en lieu et faulte et retardacion de vous, deux autres esleuz lesquielz aient tant de puissance avec lez autres deux esleuz par ledit commun comme auroient se vous nosdiz seigneurs les aurès esleuz comme dessus est dit. *Item*, et pareillement en cas que les habitans de ladicte ville d'Aymoustiers a icellui jour ordrenné seroient dilatant, contredisant et en demeure de mettre et eslire leurs deux cleuz, que vous mesdiz seigneur de Limoges, prevost et chapitre ou voz commis et depputés en deffault desdiz habitans, en puisse ordenner et creer autres deux qui aient telle puissance et pouvoir, comme si estoient faitz, ordrennés et crées par le commun desdiz habitans. *Item*, et que toutes maisons et ediffices estans pres et a l'environ de ladicte muraille nefve soient demolis dix brasses pres de ladicte muraille ou plus, si besoing est, pour fere les foussés de ladicte ville; et aussi toutes lez autres maisons fors lez granges seront aussi abattues deux ans apres que lesdiz murs et foussés seront faitz et complis, sans ce que par le temps advenir ampres que seront abatues l'en lez puisse bastir ne ediffier a l'entour d'icelle ville, celles ne autres. *Item*, et que tout homme de quelque condicion que ce soit soit tenus a poier sa part et porcion dez murs et foussés et repparacion, sellon que aura dedans hostelz ou vergiers ou places, sellon que par lesdiz esleuz ou deux d'eulx sera loyalment regardé. *Item*, que lesdiz esleus ne aucun d'eulx ne aient puissance ne auctorité de fere nulle chose ponderense sans le conseil et consentement dez plus notables et saiges des manans et habitans de la dicte ville d'Aymoustiers, jusques au nombre de vint ou plus. *Item*, et comme soient aucuns qui ont vergiers et places dedans ladicte ville, que lesdiz esleus aient pouvoir et autorité de lez entrepeller s'ilz voulent bastir es dictes places, et soient tenus de poier a la repparacion de ladicte ville sellon que sera advisé par lesdiz esleuz; et en cas que telz ne vouldroient bastir dedans ung an, que lesdites places soient apreciées a rante ou argent et soient baillées a d'autres qui vouldroient bastir a la ordrennance desdiz esleus, eu poiant et rendant a ceulx de qui seront telles places et vergiers telle rante ou tel pris que par lesdiz esleuz sera advisé. *Item*, comme soient certaines places vuides du commun tant en la justice de vous, mondit seigneur de Limoges, quant aussi en la justice de vous, nosdiz seigneurs prevost et chapitre, que lesdiz eslens aient pouvoir et auctorité de lez bailler au prouffit et utilité de ladicte ville et que le seigneur en la juridicion de qui elles seront doye investir ceulz a qui seront baillées avec maille de ceys pour basse quarrée a perpetuel heritaige. *Item*, cum certaines gens aient leurs loges a presant dedans la fourtaresse de vous, nosdiz seigneurs, prevost et chapitre, c'est assavoir despuis le grant portal du moustier jusques a la sale de mondit seigneur le prevost tenans au mur, que, quant ladicte ville sera bastie et close comme dit est, puissent gicter usaiges dehors et non autrement, pour fere leurs intrages de leurs hostelz, et que les foussés soyent rompus et implis, pourveu que ceulx qui feront les ouvertures soient tenus de clore leurs dictes lotges du cous é du mostier et place desdiz seigneurs, prevost et chapitre, tellement que nul ne y puisse avoir autrée ne ayses a la clausure de leurs habitacions et ediffices et de ladite eglise, en poiant pour lesdictes maisons ou locges qui aussi seront ouvertes : c'est assavoir Pierre et Jehan Romanet chescun pour sa maison dix soulz de rante, et tous lez autres au pris sellon que seront brassées.............. pour brasse quarrée ; et avec ce ledit chapitre investira apperpetuel ceulx de qui sont lesdictes lotges en poiant ledit pris, et ainsi que toutes les autres locges qui sont dedans le circuit et ceptre dudiz mostier soient abattues et demoulies dedans deux ans apres que ladicte ville sera bastie, et que, passé ledit terme, nosdiz seigneurs prevost et chapitre puissent lesdictes locges et chescune d'icelles abatre et demolir de leur propre auctorité. *Item*, que apres que ladicte ville sera bastie, que nul ne puisse tenir maison ne hostellarie hors dez murs de ladicte ville ne vandre ne achapter aucunes choses se non dedans ladicte ville et es places et lieux acostumés, sur la poine de dix soulz pour chescune foiz que feroient le contraire, apliquez au seigneur dont sera la justice du lieu ou se feroit le contraire du contenu en cest present article. *Item*, lesdiz esleuz a la fin de leur année seront tenus de rendre bon et loyal compte et reliqua sans fraus et sans barat, sur la poine d'estre ateins de crime de faulx, aux nouveaux esleus a tousjours mais perpetuellement. *Item*, et que tous les hostelz et vergiers qui conviendra a rompre pour faire ladicte ville close, que par lesdiz esleuz soient recompensés sellon leur ordrennance, et que lez habitans et autres desquelz sont telz hostelz et vergiers lez en croient par serement. *Item*, que pour ce que estre esleu est une grant charge et perdition de temps, combien que soit honneur, ilz ne pourront estre compellés d'estre esleu de cinq ans apres qu'ilz l'auront esté. *Item*, durant leur année de leur office ilz demourerant quictes de fere guet et garde en ladicte ville et de poier tailles en ladicte ville en recompensacion de leur poine et trevail ; car ilz mectront toute la année pour les lictes besoignes. *Item*, comme soit promptement expediant et neccessaire de fere lez murailles et la forteresse d'icelle ville et conviengne que lesdiz esleus en baillent a fere a chescun des habitans d'icelle ville, sellon que fere en devroict, que lesdiz esleus tout incontinent leur en aient a bailler la somme et quantité que leur semblera sellon raison, et en cas que a ce fere seront contredisans et en demeure, affin que la chose publique ne se retarde ne dommage n'en aviengne a la ville ne es autres habitans, que tout incontinent iceulx eslenz lez puissent fere contraindre par la justice dont tielz seront, a fere vandre de jour en jour et sans observer terme de droit lez biens et heritaiges de telz deloyaus et contredisans, et emploïer le pris a fere et acomplir le bastiment qui seroit commandé, a fere ladicte besogne et ouvrage, toutes oppositions et appelacions cessans. »

Quaquidem humili supplicatione cum articulis in eadem contentis et superius de verbo ad verbum insertis sic et ita in presencia quorum supra lecta, et per preffatum reverendum dominum Lemovicensem episcopum et ipsos dominos de capitulo dicte collegiate ecclesie Ahentis monasterii sane et perfecte intellecta et audita, ut dixerunt et recognoverunt ibidem : preffatus dominus reverendus dixit ibidem quod super eadem supplicatione et super articulis contentis in eadem ipse locutus fuerat cum venerabilibus et circumspectis viris dominis capituli ecclesie sue Lemovicensis, necnon et cum venerabili consilio suo et dicte sue Lemovicensis ecclesie, et cum ipsis deliberaverat et tractaverat utrum dicta humilis supplicatio et contenta in eadem cedebant et redundabant in et ad commodum et utilitatem ipsius domini reverendi et successorum suorum et sue Lemovicensis ecclesie, dicti domini nostri Francie regis, totius reipublice et dictorum nobilium, burgensium, manentium et habitantium dicte ville Ahentis monasterii ; et per dictam deliberacionem et tractatum repperierat quod, attentis guerris vigentibus in regno Francie et aliis dampnis et inconvenientiis que occasione ipsarum insequuntur, locgementis gentium armorum patriam hujusmodi decurrentium, et [quod] tota patria circumvicina devastatur, dicte ville Ahentis monasterii que quasi destructa yminet, pro obviando premissis dampnis et inconvenientiis, contenta in dicta supplicatione cedebant et redundabant in et ad comodum et utilitatem dicti domini nostri regis, tocius rei publice, ipsius domini reverendi ecclesieque sue Lemovicensis et successorum suorum ac ipsorum dominorum prepositi et capituli Ahentis monasterii et dicte eorum ecclesie collegiate ac omnium habitantium dicte ville Ahentis monasterii. Et simili modo dicti domini de capitulo dicte collegiate ecclesie Ahentis monasterii dixerunt ibidem et recognoverunt quod de et super articulis contentis in dicta supplicacione, de qua diu est copiam habuerant, plures inter se ad invicem in capitulo seu in eorum ecclesia collegiata tractatus et deliberaciones diversis diebus et postmodum cum eorum venerabili

consilio quod habebant in castro Lemovicensi et alibi et quam
maxime cum preffato domino reverendo Lemovicensi episcopo,
eorum domino superiori infra diocesim Lemovicensem; et per
dictos tractatus et deliberaciones repperierant petita et requisita
in dicta supplicatione et articulis ejusdem per dictos supplicantes
cedere et redundare in et ad comodum et utilitatem ipsorum et
sue ecclesie collegiate Ahentis monasterii et successorum suorum,
tocius rei publice, habitancium dicte ville et tocius patrie circum-
vicine, et ob hoc cum licentia, precepto, voluntate et assensu
preffati domini reverendi patris domini Lemovicensis episcopi
ibidem presentis eis per ipsum dominum reverendum dandis et
concedendis, ipsi domini canonici dicti capituli dicte collegiate
ecclesie Ahentis monasterii pro se et successoribus suis et dicta
eorum ecclesia volebant et affectabant contenta in dicta supplicacione et articulis ejusdem eisdem supplicantibus concedere atque
dare, quathinus eosdem dominos dicti capituli dicte collegiate
ecclesie tangit et tangere potest. Cujusmodi licenciam, preceptum
et voluntatem ac accensum ab ipso domino reverendo de premissis concedendis humiliter requisierunt ac eciam postularunt
ibidem. Quamquidem licenciam, preceptum et voluntatem ac assensum prelibatus dominus reverendus Lemovicensis episcopus,
preffatis dominis de capitulo dicte collegiate ecclesie presentibus
et requirentibus, dedit ibidem pariter et concessit quoad predicta
peragenda, facienda et concedenda. Et sic postmodum ibidem
incontinenti preffatus dominus reverendus Lemovicensis episcopus pro se et successoribus suis et sua ecclesia Lemovicensi et
dicti domini de capitulo dicte collegiate ecclesie Ahentis
monasterii pro se et successoribus suis et dicta sua ecclesia
Ahentis monasterii et cum licencia, precepto et voluntate predictis; et ipsorum quilibet, quathinus quemlibet tangit, gratis
et scienter, de eorum et cujuslibet ipsorum voluntate, omnibus vi, dolo, metu, fraude et deceptione cessantibus, dederunt, donaverunt, concesserunt et accordaverunt prenominatis nobilibus, burgensibus, mercatoribus, manentibus et
habitantibus dicte ville Ahentis monasterii ibidem presentibus,
acceptantibus et pro se aliis habitatoribus dicte ville absentibus
et suis heredibus et successoribus universis, gracias, preroga-
tivas, franchisias et libertates contentas et declaratas in dicta
humili supplicacione superius inserta et articulis ejusdem, necnon
licenciam, congedium et auctoritatem et mandatum speciale
claudendi dictam villam Ahentis monasterii de muris, turribus
et fossatis pertinentibus ad clausuram unius ville talis, magne,
large et alte sicuti per ipsos dominum reverendum Lemovi-

censem episcopum et ipsos dominos de capitulo dicte collegiate ecclesie seu per eos commissos et depputatos, vocatis et presentibus manentibus et habitatoribus dicte ville, devisabitur et ordinabitur. Infra quam clausuram gentes dicte ville et circumquaque residentes et de aliunde venientes pro ibidem morando habeant eorum securum retractum de personis et bonis suis ad honorem et utilitatem dicti domini nostri regis, ipsorum dominorum, reverendi episcopi, tocius rei publice et tocius patrie Lemovicensis, necnon faciendi, creandi et ordinandi quatuor electos quolibet anno in die festi natalis sancti Stephani prothomartiris, quod est in crastinum natalis Domini; qui quatuor electi erunt laici, electi de probis viris et sine aliquo obprobrio, de habitatoribus dicte ville Ahentis monasterii et non de alibi; de quibus unus ordinabitur et eligetur per dictum reverendum dominum Lemovicensem episcopum seu officiarios suos, et alius per dictos dominos prepositum et capitulum dicte ecclesie collegiate, qui erit etiam de manentibus et habitantibus dicte ville Ahentis monasterii et non de alibi, et alii duo per electionem communitatis dicte ville seu majoris et sanioris partis ejusdem. Qui quatuor electi in eorum nova creactione et electione facient et prestabunt juramentum ad sancta Dei evangelia, tangendo librum, de stando et esse bonos et legales domino nostro regi et ipsi domino reverendo Lemovicensi episcopo et successoribus suis dictis dominis de capitulo, rei publice et habitatoribus dicte ville, eorum comodum et utilitatem procurando et incomodum evitando pro posse. Quiquidem quatuor electi sic creati et ordinati habebunt potestatem, durante cursu illius annate, ac alii habitatores dicte ville, faciendi, dispone..di et ordinandi omnia et singula contenta in dictis articulis contentis in supplicacione superius inserta; de et pro quibus faciendis et adimplendis dictus dominus reverendus Lemovicensis episcopus ac ipsi domini de capitulo et ipsorum quilibet, quathinus quemlibet tangit, dictis personis superius nominatis pro se et nominibus quibus supra postulantibus licenciam et congedium, voluntatem et assensum prebuerunt pariter et concesserunt. Et nichilominus dictus dominus reverendus Lemovicensis episcopus manum suam dextram supra pectus suum ponendo, juramentum in animam suam pontifficalem prestando, et similiter dicti domini canonici de capitulo dicte collegiate ecclesie, quilibet ipsorum seriatim et successive manum suam supra pectus suum in animam sacerdotum, promiserunt, quathinus quemlibet ipsorum tangit, omnia universa et singula in dicta supplicacione superius inserta et articulis ejusdem contenta et declarata, et prout in eisdem articulis et quolibet ipsorum continetur, tenere, attendere et observare inviolabiliter et complere et contra ea vel eorum aliquod aliquid non proponere, allegare, obicere, facere, dicere, nec venire per se nec per alium, clam, palam, tacite vel expresse, nec dare alicui viam, materiam, artem, seu ingenium in contrarium veniendi, sub ypotheca et obligacione omnium bonorum suorum et cujuslibet eorumdem que propter hoc ypothecaverunt et obligaverunt expresse et sub omni juris et facti renunciacione ad hoc neccessariis pariter et cauthela. Subsequenter preffatus dominus reverendus Lemovicensis episcopus sedens ibidem pro tribunali, causa cognita precedente tam ad requestam dictorum dominorum de capitulo dicte collegiate ecclesie quam prenominatarum personarum habitantium dicte ville, in premissis omnibus et singulis tamquam rite et legitime peractis, cum cedant et redundent, ut preffertur, in et ad commodum et utilitatem ipsius domini reverendi et sue predicte ecclesie Lemovicensis, ipsorum dominorum prepositi et capituli dicte collegiate ecclesie Ahentis monasterii, dicti domini nostri regis et tocius rei publice, auctoritatem suam ordinariam interposuit pariter et decretum. Et voluit et ordinavit dictus dominus Lemovicensis episcopus quod ad perpetuam memoriam premissorum, quod in quolibet portali dicte ville faciendo et ediffcando sint facte et figurate in lapidibus et in introitibus dictorum portalium arma ipsius domini domini reverendi Lemovicensis episcopi et sui hospicii et etiam figura sancti Stephani in cujus honore dicta ecclesia Ahentis monasterii est fundata; ad quod faciendum dicti habitatores dicte ville et omnes partes supra constitute se liberaliter consencierunt et suum prebuerunt assensum pariter et consensum. Et demum preffate partes supra constitute et ipsarum quelibet, quathinus quamlibet tangit, cum premissa cedant et redundent in et ad comodum et utilitatem ac honorem preffati domini nostri regis et tocius rei publice et parcium predictarum et cujuslibet earumdem et ecclesiarum suarum predictarum, tenore presentis publici instrumenti, humiliter supplicarunt preffato domino nostro regi et ejus officiariis cujuscumque dignitatis existant, necnon omnibus universis et singulis personis ecclesiasticis cujuscumque condicionis seu preeminentie existant, quathinus de premissis faciendis et ordinandis suum prebere dignentur assensum pariter et consensum, et premissa confirmare, laudare et approbare ceteraque facere que in premissis facienda incumbunt. Ceterum cum dictus dominus reverendus Lemovicensis episcopus, aliis arduis negociis prepeditus, non posset seu valeret intendere seu vacare ad brassandum et divisandum clausuram dicte ville faciendam celeriter, idcirco

loco sui substituit et commisit nobilem virum Johannem, dominum de Montebruno, fratrem suum ibidem presentem, quem locumtenentem suum in castro suo Ahentis monasterii dimictebat. De et super quibus premissis omnibus et singulis dicte partes et earum quelibet petierunt et requisiverunt a nobis notariis publicis infrascriptis et quolibet nostrum et specialiter dictus Petrus Romaueti pro se et pro tota communitate et universitate dicte ville, a me Johanne Fortonis, clerico, publico notario, sibi dari et confici unum vel plura, publicum seu publica, instrumentum seu instrumenta. Cui seu quibus dictus dominus reverendus Lemovicensis episcopus et dicti domini de capitulo dicte collegiate ecclesie sua propria promiserunt apponere sigilla in premissorum omnium et singulorum testimonium. Acta fuerunt hec anno, die, mense, loco, hora, indictione, pontifficatu et regnante quibus supra, presentibus venerabilibus et circumspectis viris dominis Johanne *de Rosiers*, canonico dicte ecclesie Lemovicensis, magistro Helia de Pompadorio, decano ecclesie Carcassonnensis, et nobilibus viris dicto domino de Montebruni et Olivo *de la Mote,* domicellis, Lemovicensis diocesis, testibus ad hoc vocatis et rogatis. Verum fuit quod omnes habitantes dicte ville superius nominati, presentes et videntes et audientes premissa superius lecta dum facta fuerunt, quathinus eos et eorum quemlibet tangit, eadem premissa tenere, actendere et observare promiserunt, prout in dictis supplicacione et articulis continetur, et hoc medio juramento per ipsos et eorum quemlibet ad sancta Dei evangelia, libro tacto, corporaliter prestito, exceptis dictis Johanne *Fouchier,* Petro *Glanges,* Johanne *Delibondes,* Johanne *Leyris,* Johanne *Vesi* alias *de la Vuigne,* et Petro *Cremozau,* qui dixerunt quod in omnibus premissis consenciebant, sed non ut eorum domus caderentur seu labi et cadi fierent, presentibus testibus quibus supra....................................
et me Johanne Fortonis, clerico ville sancti Leonardi de Nobiliaco, Lemovicensis diocesis, publico apostolica, regia et imperiali auctoritatibus notario, curie audiencie sigilli auctentici regii in baylivia Lemovicensi constituti pro dicto domino nostro rege ac curie venerabilis et circumspecti viri domini officialis Lemovicencis commissario et jurato ; qui premissis omnibus et singulis dum sic fierent et agerentur, una cum venerabilibus et circumspectis viris magistris Guillelmo Michaelis et Guillelmo Miquelini, notariis publicis et testibus suprascriptis, presens personaliter interfui eaque sic fieri vidi et audivi et recepi et in notam posui, regestravi et assumpsi, ex qua quantum in me fuit hoc presens publicum instrumentum manu aliena, me aliis prepedito

negociis, scriptum et prout in presentibus duabus pergameni pellibus seriatim sutis et in earum junctura meo signo solito signatis, extraxi, publicavi et in hanc publicam formam redegi, signoque predicto meo signavi et hic inferius me subscripsi, una cum appensione sigillorum dicti domini reverendi et dictorum dominorum capituli dicte ecclesie Ahentis monasterii, ac eciam cum signis et subscriptionibus dictorum magistrorum Guillelmi et Guillelmi, notariorum publicorum et cujuslibet eorumdem, si et in quantum se apponi et subscribi vellent, requisitus et rogatus ex parte dictorum nobilium, burgensium, manentium et habitatorum dicte ville Ahentis monasterii et specialiter et expresse mandatus in testimonium omnium et singulorum premissorum. Et me Guilhermo Miquelini, in legibus baccallario, de Montelucio in Bourbonio, diocesis Bicturicensis oriundo, publico auctoritate regia notario, qui in premissis omnibus et singulis, dum sic fierent et agerentur, una cum venerabilibus et circumspectis viris magistris Johanne Fortonis, clerico, ville sancti Leonardi habitatore, et Guilhermo Michaelis, notariis publicis, et testibus suprascriptis, presens personaliter interfui, eaque sic fieri vidi, audivi, recepi et in notam posui, registravi et assumpsi que cum dicto magistro Johanne Fortonis communicavi. Ex qua quantum in me fuit hoc presens publicum instrumentum per alienam manum scriptum, me aliis arduis prepedito negociis, et prout in presentibus duabus pargameni pellibus seriatim junctis et sutis continetur, et in earum junctura meo signo solito quo in publicis instrumentis utor signatis, extraxi et in publicacione presens fui ac in hanc formam redegi, publicavi, signoque meo predicto signavi et hic inferius me subscripsi, una cum appensione sigillorum prefati reverendi in Christo patris et domini, domini P., Lemovicensis episcopi et dictorum dominorum capituli dicte ecclesie Adhentis monasterii, ac etiam signis et subscripcionibus dictorum magistrorum Johannis Fortonis jamque factis et Guillelmi Michaelis, notariorum publicorum, fiendis, si et in quantum se opponi et subscribi voluerint, requisitus et rogatus ex parte dictorum nobilium, burgensium, manencium et habitantium dicte ville Adhentis monasterii, et specialiter et expresse mandatus et requisitus in fidem et testimonium omnium et singulorum premissorum.

(Copie de M. Aubépin, ancien archiviste de la Haute-Vienne, d'après l'original qui se trouve « entre les mains d'un particulier ».)

CV. — *Exemption de taille accordée par Charles VII aux habitants de Saint-Léonard.* — *1442. Copie du temps.*

Charles, par la grace de Dieu roy de France, a nostre amé et feal secretaire, tresorier et receveur general de tous nous finances tant en Langue d'oil comme en Languedoc, Jehan de Saincoins, salut et dilection. Receue avons l'umble supplication des manans et habitans en notre ville de Saint Léonard (1) en Limosin, contenant que comme nous les avons affranchiz et exemptez par noz privileges de toutes tailles, aides, imposts et autres subsides mis et a metre sus de par nous en notre pais de Limosin; et que d'iceulx privileges aient joy et usé paisiblement jusques au moys de may derrenier passé que par nous fut mis sus ung aide ou taille oudit pays pour obvier a ce que les gens d'armes ne passassent par icelluy en quoi icelle notre ville de Saint Leonard a este imposée de par nous et en notre nom a la somme de quatre vings sept livres dix sols tournois a paier, laquelle exiger et lever d'eulx le receveur ou commis a icelle recevoir se est efforcé et efforce les contraindre rigoureusement, qui est et seroit en venant directement contre leurs privilèges et leur tres grant grief et dommaige, et plus pourroit estre au temps avenir, si par nous ne leur estoit sur ce liberalement donné nostre gracieux remede, si comme ils dient humblement, requerant icellui. Pour quoy nous, attendu ce que dit est, voulans lesdits suppliants, en faveur de la tres affectueuse et cordialle devocion que nous avons audit lieu de Saint Leonard et autres causes et consideracions a ce nous mouvans, vous mandons, commandons et expressement enjoignons que lesdits suppliants vous tenez et faites tenir quittes et paisibles de la dite somme de 87 livres 10 sols tournois......, etc.

Donné à Montalban le 10ᵉ jour de janvier, l'an de grâce 1442 et de notre regne le 21ᵉ, soubs notre seel ordonné en l'absence du grand. Signé en marge : Par le roy, le sire de Valens et autres présents.

Ce est collationné avec l'original.

(Bibl. Nat., coll. Gaignières, n° 643. Copie d'Aug. Bosvieux.)

---

(1) Arr. de Limoges.

CVI. — « *Procuracion et sçindicat faict par venerables et religieuses personnes Mess. les abbé et convent de Saint-Marcial et bailhé a venerable frere Estienne de Lagarde, celerier dudit Saint-Marcial, de lever et parcepvoir toutes et chascunes aumosnes, oblacions, legastz, confrairies et aultres subsides que pourroient estre faictz et donnés a la reparacion et entretenement de la abbaye, monastere et hospital Mons. Saint-Marcial (1). »* — 1481. *Orig. Sc. perdu.*

Marcialis puer laudabilis,	In normam transfert gratie.
Exemplar humilitatis,	Pastor urbis Lemovice
Deo gratus, in fide docilis,	Factus est singulariter,
Fit vas mire sanctitatis.	Christo summo pontifice
Quem in apostolorum medio	Mandante specialiter.
Christus secreto previlegio(*sic*)	Multis fulgens miraculis
Benigne collocavit	Hostes malignos superat,
Et humilem comendavit.	Et a multis periculis
Hic estuans incendium	Sibi devotos liberat.
Quo corpora cremantur,	O Marcialis optime,
Tollit per refrigerium	Nos Christo reconsilia (*sic*)
Dum sanitati dantur.	Et a magistro optine (*sic*)
Flammam compescit ignium ;	Ut regnemus in gloria. Amen.
Tunc laudes Deo dantur.	
Tholosam et Burdegalam	ꝟ. Ora pro nobis, beate Marcialis,
Et omnes partes Gallie	dignissime. ℟. Ut digni efficia-
Tanquam gentem enormalam (*sic*)	[mur promissionibus Christi]

Omnipotens s[empiterne] D[eus], qui beatum Marcialem ad tuam sanctam societatem, ut inter apostolos et discipulos tuos tibi fieret comensalis et sanctissime doctrine tue continuis auditor, vocare dignatus es, quique per illum humana corpora igne sacro seu infernali et subcutaneo ardentia pristino reddis refrigerio et miracula apostolica dietim renovare dignaris; concede propicius nos semper, ejus meritis, disciplinis celestibus edoceri, corpora nostra igne execrabili preservari ac animas nostras caritate tua inflammari. Qui vivis et regnas [in secula seculorum. Amen].

(*Ici se trouve, en regard et à droite du texte qui précède, une miniature représentant la guérison du mal des Ardents par saint Martial, avec cette légende au-dessous*) :

Per supra gesta apparet clarissime quomodo, precibus et meritis beatissimi Marcialis, summe misericors sua infinita pietate liberat grevissimo afflictos igne infernali seu subcutaneo dietim. Deo gracias.

(1) Titre qui se lit au dos de la charte.

SANCTUS (*Ici se trouve, en regard et à droite de la miniature, le buste du Saint en costume d'évêque, avec cette prière au-dessous*) : MARCIALIS

Salve, caput preciosum sanctissimi Marcialis, humiliter te supplico ut me liberare digneris ab omni malo, ab omni periculo, scandalo et a potestate dyaboli ; et tu, beatissime apostole Jhesu Christi, Marcialis, qui ipsius secreta cum aliis apostolis vidisti ac etiam miracula, tu per preceptum Do[mini] baptizatus fuisti per sanctum Petrum consanguineum, tunc et nunc in celis exultas et letaris, sicut hoc, Domine, benignissime ac firmiter credo ; deprecor te ut me famulum tuum custodire et fovere et eciam deffendere digneris, ℣. Ora pro nobis, beate Marcialis. ℟. Ut digni efficiamur promissionibus Christi. *Oracio.* Domine Jhesu Christe, filii Dei vivi, qui manum tuam sacratissimam super caput dilectissimi et benedicti apostoli tui Marcialis familiariter ponere voluisti et eum amplexando dulciter in exemplum humilitatis apostolis pretendisti; tribue, quœsumus, ut et hic ejus caput sic valeamus devotis mentibus venerari, ut et hic a malis omnibus liberari et suo mereamus in celestibus consorcio sociari. Qui vivis et regnas [in secula seculorum Amen].

(*Ici se trouve, en regard et à droite du texte qui précède, une miniature représentant le Christ entouré de ses apôtres, et imposant les mains à saint Martial enfant. Celui-ci tient entre ses mains un pain et des poissons. Au dessus ce verset du N. T.*) :

Quicunque ergo humiliaverit se sicut parvulus iste, hic est major in regno celorum.

(*Au dessous une légende et un autre verset du N. T.*) :

Sanctus Marcialis. Philipus inquid : Est puer unus hic qui habet quinque panes ordeaceos et duos pisces.

(*Tout ce préliminaire de la charte mesure 0^m 20^c de hauteur sur 0^m 02^c de largeur*).

ILLUSTRISSIMIS et serenissimis regibus et reginis Yspanie, Aragonie, Portugalie et Navarre, Castellie, Yspallensis, Murcie, Toleti et Burgensis, necnon reverendissimis in Christo patribus et dominis dominis archiepiscopis, episcopis, abbatibus, prioribus, prepositis, decanis, archidyaconis, archipresbyteris, scolasticis, cantoribus, parrochialium ecclesiarum rectoribus, cappellanis, vicariis quoque perpetuis ac dominis principibus, ducibus, comitibus, vicecomitibus, baronibus, seneschallis, baylivis, prepositis et castellanis, ac regnorum predictorum et civitatum et villarum eorumdem communitatibus, ceterisque dyocesum, civitatum et locorum predictorum habitatoribus, et aliis ad quos presentes lictere pervenerint, Jacobus, Dei et sancte sedis apostolice gracia abbas monasterii sancti Marcialis castri Lemovicensis, ordinis sancti Benedicti, Lemovicensis dyocesis, totusque ejusdem monasterii conventus, scilicet Johannes de Cruce, dicti reverendi domini abbatis vicarius et prior claustralis ejusdem monasterii, prepositusque prepositatus de Quadris (1) a dicto monasterio immediate dependentis; Laurencius de Bethono, sacrista major; Micael *Disnemandi*, subprior et prepositus de Seycheriis; Marchus de Briderio, sacrista sancti Petri; Johannes Sapientis, subhelemosinarius; Aymericus *Rocha*, tercius prior; Petrus *Saleys*, capicerius; Illarius Pinguis, magister puerorum; Johannes *Saleys*, prior de Manoto; Johannes Donarelli, helemosinarius; Petrus Mourinaudi, prior *de Rosiers*; Johannes de Melharibus; Petrus Columbi, hostelarius; Johannes Chazaudi; Petrus Brunelli, prior de Crozilhia; Bartholomeus *Saleys*, subsacrista; Jacobus *de Fargues*; Stephanus de Felinis; Petrus de Alvernhia; Micael *Disnemandi*; Moudotus Mansarii; Jacobus Mourinaudi, thesaurerius (*sic*); Marcialis Audierii; Petrus de Peyrato; Johannes Benne; Guido *de Bonnechuze*, prior de Eyssidolio; Johannes Choutardi; Petrus Germani; Johannes *Papot*, puer; Albertus Coloni, puer, et de Jomihaco, puer, monachi et religiosi dicti monasterii sancti Marcialis Lemovicensis, in Domino qui est omnium vera salus, salutem et sinceram caritatem. Noverint magnificencie et dominaciones et magestates vestre ceterique universi et singuli quod nos, vicarius et religiosi conventus predicti, de licencia, voluntate et precepto expressis dicti reverendi domini abbatis et pastoris nostri abinde absentis, sed nobis orethenus dato, die hodierna subscripta insimul in cappitulo ejusdem monasterii ad sonum cappitularis campane, ut moris est, congregati, cappitulantes capitulumque et conventum pro negociis jam dicti monasterii et hospitalis ejusdem facientes et tenentes ibidem, gratis et scientes, unanimes et concordes, omnibus melioribus modo, jure et via et forma quibus potuimus et debuimus ac possumus et debemus, fecimus, constituimus et ordinavimus, facimus, constituimus et ordinamus nostros et dicti nostri monasterii et hospitalis ejusdem procuratores, scindicos et yconomos, ac actores, factores et negociorum nostrorum et dicti nostri monasterii et conventus ac hospitalis ejusdem preceptores ac gestores generales et speciales, ita quod generalitas specialitati non deroget, nec econtra, videlicet venera-

(1) Les Cars, Haute-Vienne.

bilem et religiosum virum fratem......... de Gardia, in decretis licenciatum et in legibus baccallarium, celerarium dicti nostri monasterii prioremque sancti Clodoaldi, ejusdem ordinis sancti Benedicti, coram nobis presentem et omnis hujusmodi procuratorii et scindicatus in se suscipientem, necnon dilectum in Christo dominum Petrum Malheti, presbyterum, Leonardum de Chassanhia, clericum.... et discretum virum magistrum Johannem Pachini, notarium castri Lemovicensis, necnon fratrem Petrum Brugerii, monachum nostrum, et eorum quemlibet in solidum ita quod non sit melior contractio primitus occupantis nec deterior subsequentis, sed quod per unum virum inceptum fuerit per alium seu alios ex ipsis prosequi, mediari, terminari valeat et finiri. Quibus quidem procuratoribus, scindicis et yconomis nostris et eorum cuilibet in solidum dedimus et concessimus, damusque et concedimus per presentes, nos constituentes prefati....., et dicto nostro monasterio et hospitali ejusdem nostri monasterii, plenam et liberam potestatem ac mandatum speciale petendi, habendi, levandi, exigendi, colligendi et percipiendi, nomine nostro et pro nobis et dicto nostro monasterio et hospitali ejusdem, omnes et singulas helemosynas, confratrias, dona, legata et caritatis subsidia a Christi fidelibus regnorum, dyocesum, ducatuum, vicecomitatuum, comitatuum, senescalliarum, terrarum, civitatum, communitatum, archipresbyteratuum et locorum predictorum, tam citra mare quam ultra mare, ac pertinenciarum suarum nobis et dicto nostro monasterio et hospitali ejusdem per quoscunque Christi fideles dandas, solvendas et erogandas ac transmictendas tam in blado, vino, lana, pannis lini et lane quam aliis rebus quibuscumque et cujuscunque generis et condictionis existant et quocumque nomine nuncupentur; et quascumque personas de regnis, dyocesibus, terris, civitatibus, communitatibus et locis predictis predictas helemosinas, confratrias et caritatis subsidia dantes, solventes, transmictentes et erogantes, quictandi et solvendi; quascumque personas regnorum, dyocesum, terrarum, civitatum, communitatum et locorum predictorum in confratres et confratrissas monasterii et hospitalis predictorum recipi et admicti volentes, recipiendi et scribendi ac recipi et scribi faciendi ; et etiam omnes et singulos redditus nobis et dicto nostro monasterio ac hospitali nostro predicto ibidem debitos et erogandos recipiendi et de eisdem quictandi. Necnon assensandi, arrendandi, et affermandi predictas questas, helemosinas, confratrias et caritatis subsidia, redditusque nostros predictos tali persone seu talibus personis ac tali precio seu assensa quo seu quibus eisdem procuratoribus seu alteri ipsorum visum fuerit faciendum; et quoscumque alios questores si quos in regnis, dyocesibus, terris, civitatibus et locis predictis superius per nos declaratis invenerint, quos nos in generali capitulo nostro predicto revocavimus et tenore presencium revocamus, amovendi et amoveri faciendi, ipsosque tales falsos questores, si qui sint vel fuerint questas facientes, capi, arrestari ac eorum quemlibet puniri petendi et faciendi, et tandiu detineri faciendi quousque nobis, monasterio et hospitali nostris predictis restitucionem de levatis per ipsos fecerint et ad emendam venerint condignam, et ab eis aufferendi et amovendi ac aufferri et amoveri petendi, requirendi et faciendi, quascumque cartas, scripturas, privilegia, reliquias et quecumque alia penes ipsos tales falsos questatores existentia; et insuper eciam recipiendi, nomine nostro et pro nobis et dictis nostris monasterio et hospitali predictis, omnes et singulos benefactores nostros et dicti nostri monasterii et hospitalis in omnibus et singulis orationibus, bonis et benefficiis que in dictis monasterio et hospitali et in singulis membris eorumdem fiunt et fient, dante Domino, in futurum participes et confratres ac consortes; necnon impetrandi, petendi et obtinendi, ac defferendi, tradendi, producendi et exhibendi, nomine nostro et pro nobis, in dictis monasterio et hospitali nostris predictis et alibi, quascumque litteras, indulgencias et privilegia quecumque a summo pontiffice et domino nostro papa et a quibuscumque aliis dominis procuratoribus regni Francie et Acquitanie, Christi fidelibus et aliis dominis ecclesiasticis et secularibus quibuscumque data et concessa; et nichilominus defferendi et tradendi et ferri faciendi speciale signum ac mantellum cum cruce rubea et ymagine beatissimi Marcialis, necnon et campanam ac sanctuaria, et de reliquis et sanctuariis beatissimi Marcialis, prout et quemadmodum eisdem commendatoribus seu preceptoribus et procuratoribus seu alteri ipsorum visum fuerit faciendum; necnon et explicandi, exponendi, denunciandi, publicandi et presentandi, seu explicari, exponi, denunciari, publicari et presentari faciendi Christi fidelibus regnorum, dyocesum, terrarum, civitatum et locorum predictorum et pertinenciarum suarum, bona et benefficia ac miracula que de die in diem fiunt in dicto monasterio ac hospitali ejusdem et in singulis membris eorumdem, et fient, dante Domino, in futurum. Et dictos procuratores fecimus et constituimus ut supra, et dictam potestatem eisdem dedimus et damus hinc usque ad quinque annos proxime futuros et a die date presencium in antea continue computandos solum et dumtaxat, dicto presenti procuratorio eisdem quinque annis elapsis quoad tunc futura minime valituro. Bona vero et benefficia que sanctissimi Marcialis meritis Salvator noster sui gracia per nos constituentes prefatos et alios religiosos dicti nostri monasterii et predecessores nostros hactenus in memorato monasterio nostro ad laudem et gloriam sui sanctissimi nominis et honorem et pro salute tam omnium vivorum quam eciam deffunctorum et potissime benefactorum nostrorum, quia illis magis tenemur obnoxii a quibus majora beneffcia novimus recepisse, operari dignatur et meritorum et precaminum beatissimi Marcialis interventu operabitur in futurum, sunt hec : scilicet quod in dicto monasterio sancti Marcialis Lemovicensis omnes accensi igne terribili, de universis mundi climatibus ibidem affluentes, honoriffice recipiuntur et caritative tractantur, ubi per virtutem et potestatem beatissimo Marciali prefato a Deo collatam vulnere tam horribili vulneratos ibidem Dominus Salvator Jesus deducit in sedem reffrigerii, flammas ignis tam horribiliter viscera concremantis insuper extinguendo, ubi preter alia beneffcia dictorum monasterii et hospitalis beatissimi Marcialis reffoventur et alimentantur, et cum viam universe carnis ingrediuntur, cum devotione qua decet ecclesiastice traduntur sepulture; item et quod predictis de causis in predicto monasterio sancti Marcialis triginta misse cothidie a principio quadragesime usque ad festum beate Marie-Magdalenes inclusive celebrari et triginta pauperes cothidie continue in domo helemosinarie dicti monasterii reffici solebant; sed propter tenuitatem et inopiam dictarum helemosinarum, confratriarum et aliorum premissorum que levari, erogari et micti consueverant, continuari et adimpleri penitus non possunt ; preterea in sena (sic) Domini ducenti pauperes refficiebantur; item in eadem die tresdecim pauperibus presbyteris secularibus prebenda unius monachi unicuique in domo dicte helemosinarie plenarie ministrantur (sic), eorum manibus et pedibus aqua exemplo dominico prius lotis et linteolis detersis mundissimis, lavantur; item die veneris sancta in monasterio predicto refficiebantur quicumque reffici cupientes; item in assumpcione beate Marie panem eciam centum pauperes mendicantes in domo dicte helemosinarie reffici solebant; item in festo omnium Sanctorum alii centum pauperes; item in nativitate beate Marie Virginis alii centum pauperes Christi; item in translacione beati Marcialis que celebratur in crastinum beati Dyonisii alii centum pauperes et hoc in domo helemosinarie predicte; item in festo beate Cecilie alii centum; item in dediaccione dicti monasterii alii centum; item in circumcisione Domini alii centum; item in purificacione beate Marie virginis alii centum; item in mandato quod cothidie fit in dicta domo helemosinarie octo pauperibus Christi ac si essent monachi prebendati, panis, vinum et pictancie unicuique plenarie ministrabantur. Sed ex causis predictis, de presenti, proch dolor! adimpleri et continuari non possunt, licet juxta posse adimpleantur. Item ulterius sunt in dicto nostro monasterio ardentes nocte dieque quindecim candele cere, scilicet quelibet candela unius libre, ante preciosum corpus et caput beatissimi Marcialis patroni nostri. In hiis tamen que possethemus ibidem fieri possunt de premissis, fiunt, et in sex trentenariis que specialiter pro nostris benefactoribus et familiaribus universiter, nos eos constituentes prefati anno quolibet facimus celebrari per pauperes presbiteros seculares necnon et in omnibus et singulis aliis orationibus, bonis et benefactis que in dictis monasterio et hospitali et in singulis membris eorumdem fiunt et fient, dante Domino, in futurum; et etiam in singulis indulgenciis a summis pontifficibus predictis monasterio et hospitali concessis, omnes et singulos benefactores nostros et dictorum monasterii et hospitalis nos constituentes prefati participes constituimus in eternum, tantamque participationem sive partem eisdem benefactoribus nostris concessimus et concedimus per presentes quantam a Domino Salvatore nostro meritis et precibus beatissimi Marcialis consequi expectamus. Omnibusque et singulis questatoribus supradictis regnorum, dyocesum, ducatuum, comitatuum, vicecomitatuum, terrarum, civitatum et locorum predictorum et cujuslibet eorumdem et cuilibet ipsorum, ad magnam penam inhiberi et deffendi petendi et faciendi ne a cetero predictas questas faciant nec predictas confratrias levent et recipiant ac facere levari et percipi audeant quoquomodo absque voluntate et consensu nostris per nos eis de novo concessis; et pro premissis et eorum singulis comparendi et se presentandi nomine nostro et pro nobis et dictis nostris monasterio et hospitali in quibuscumque judiciis, foris et locis, coram quibuscumque dominis judicibus et personis, tam ecclesiasticis quam secularibus, quacumque potestate fungentibus et quacumque dignitate prefulgentibus; et quemcumque actum judiciarium, ordinarium et extraordinarium, exercendi et faciendi; necnon et substituendi loco sui seu alterius ipsorum unum vel plures procuratorem seu procuratores qui tantam, similem vel minorem, in omnibus et singulis premissis habeant seu habeat potestatem; et eum vel eos revocandi et destituendi, procuratorio hujusmodi in suo robore permanente; et de habitis, levatis et perceptis ex, de et pro premissis et occasione premissorum, licteram seu licteras dandi et concedendi nomine nostro et pro nobis personis quibus intererit seu interesse poterit in futurum; et generaliter omnia alia universa et singula que in premissis et circa ea erunt necessaria seu eciam opportuna faciendi, procurandi et exercendi que veri, boni et legitimi procuratores seu scindici ad talia seu similia constituti faciunt et facere possunt et debent et que nos constituentes prefati faceremus et facere possemus si in eisdem premissis presentes essemus, eciam si talia sint que mandatum exigant magis speciale. Ratum, gratum et firmum habentes et perpetuo habere promictentes, nos constituentes prefati, totum et quicquid per dictos procuratores seu scindicos nostros et eorum quemlibet seu substituendos ab ipsis et eorum quolibet in premissis et circa ea actum fuerit quomodolibet sive gestum, eosque et eorum quemlibet ex nunc relevantes et relevare promictentes ab omni satisdacionis onere, necnon et pro ipsis et quolibet eorumdem rem ratam habere judicio sisti et, si opus fuerit judicatum solvi, cum suis clausulis universis ad hoc necessariis et opportunis; sub expressa obligacione omnium et singulorum bonorum monasterii et hospitalis predictorum que propter hoc eisdem procuratoribus seu scindicis nostris, dicto de Gardia coram nobis presenti et sollempniter stipulanti et pro aliis absentibus notario et jurato subscripto stipulanti, obligavimus et obligamus expresse. Et hoc significavimus et significari voluimus omnibus illis quorum interest et interesse potest et poterit in futurum per has nostras presentes licteras seu per hoc presens publicum instrumentum quod propter hoc per notarium publicum subscriptum recipi et publicari et suis signo et subscripcione signari mandavimus, sigillorum dicti reverendi domini abbatis et conventus dicti nostri monasterii sancti Marcialis fecimus appensione muniri. Constat de rasuris superius in dictionibus sequentibus non vicio sed errore factis.....; ac *regnorum predictorum* et *generales recipiendi novimus ubi et perpetuo habere*. Datum et actum in dicto cappitulo nostro hora cappitulari, die vicesima tertia mensis junii, anno Domini millesimo quadringentesimo octuagesimo primo, presentibus dilectis in Christo dominis Johanne de Viridario et Marciale Thobie, presbyteris castri predicti Lemovicensis, testibus ad premissa vocatis specialiter et rogatis..... archiepiscopo.......... et ejus suffraganeis. Actum ut supra.

Et ego Clemens de Montebocherii, clericus castri predicti Lemovicensis, publicus regia et imperiali auctoritatibus notarius, premissis dum sic, ut premictitur, agerentur, dicerentur et fierent, una cum prenominatis testibus presens fui eaque sic fieri vidi et audivi, presentesque licteras seu presens publicum instrumentum, de precepto prefatorum dominorum meorum recepi, publicavi et in hanc publicam formam redegi manuque mea propria scripsi et signo meo solito signavi hicque eciam me subscripsi una cum appensione sigillorum dictorum dominorum abbatis et conventus dicti monasterii sancti Marcialis in veritatis testimonium omnium et singulorum premissorum, requisitus et rogatus.

(*Au bas, dans une sorte de cartouche*) :

C. DE MONTEBOCHERII.

(Arch. dép. de la Haute-Vienne, fds de Saint-Martial, n° provisoire H. 445. Copie revue de M. Aubépin.)

BULLES

I. — *Bulle du pape Adrien IV prenant sous sa protection le prieuré de l'Artige et les onze prieurés qui en dépendent.* — *1158. Orig. Sc. perdu.*

Adrianus episcopus, servus servorum Dei, dilectis filiis Johanni, priori S. Laurentii de Artigia, ejusque fratribus tam presentibus quam futuris in perpetuum. Religiosis desideriis dignum est facilem prebere consensum ut fidelis devotio celeram sortiatur effectum. Quapropter, dilecti in Domino filii, vestris justis postulationibus clementer annuimus et prefatam ecclesiam in qua divino mancipati estis obsequio sub beati Petri et nostra protectione suscipimus et presentis scripti privilegio communimus, in primis siquidem statuentes ut ordo canonicus qui [secundum Deum] et beati Augustini regulam in ecclesia ipsa institutus esse dignoscitur, perpetuis ibidem temporibus inviolabiliter [observetur]. Preterea quascumque possessiones, quecumque bona eadem ecclesia inpresentiarum juste et canonice possidet aut in futurum [concessione] pontificum, largitione regum vel principum, oblatione fidelium seu aliis justis modis, prestante Domino, poterit ad[ipisci, firma vobis] vestrisque successoribus et illibata permaneant, in quibus hec propriis duximus exprimenda vocabulis : ecclesiam de Valle, ecclesiam de Monteleronc, ecclesiam de Darneto, ecclesiam de Bellisplanis, ecclesiam *de Manusac*, ecclesiam *de Salvetat*, ecclesiam *de Auvent*, ecclesiam de Sableria, ecclesiam de Lafaia, ecclesiam de Septemfontibus, ecclesiam de Prato-fornello cum pertinentiis eorum (1).

(1) Il est fort difficile d'identifier quelques-uns de ces noms qui semblent avoir disparu. Nous essaierons de le faire en tenant compte des indications que fournissent les textes mêmes : Saint-Jean de Vaux, paroisse d'Auriac, Creuse ; — Montléron, paroisse de St-Julien-le-Petit, auj. arr. de Limoges ; — Saint-Pardoux-Darnet, écrit à tort d'Arnet, arr. d'Aubusson, Creuse ; — Belleplaigne doit être la même localité que La Plaigne, mentionnée ci-après dans la bulle de 1362, paroisse de Pressac, diocèse de Bourges ; — Manussac, paroisse de Jouet-sur-l'Aubois, auj. arr. de Saint-Amand, Cher ; — Salvetat, comm. de Rouffignac, arr. de Sarlat, Dordogne ; — Aurens, paroisse de Bussière-Galand, auj. arr. de Saint-Yrieix, Haute-Vienne ; — La Saulière, paroisse d'Ussac, *alias* de Sainte-Féréole, auj. arr. de Brive, Corrèze ; — La Faye doit être la même localité que La Fayette, *alias* Faye-Sarlande, mentionnée ci-après dans la bulle de 1362, auj. La Faye-Vieille et Sarlande, arr. de Nontron, Dordogne ; — Septfonds, comm. de Trélissac, arr. de Périgueux ; — Préfournil nous est inconnu.

Decernimus ergo ut nulli omnino hominum liceat prefatam ecclesiam temere perturbare, aut ejus possessiones aufferre vel ablatas retinere, minuere aut aliquibus vexationibus fatigare ; sed omnia integra conserventur eorum pro quorum gubernatione et sustentatione concessa sunt usibus omnimodis profutura, salva in omnibus apostolice sedis auctoritate et diocesanorum episcoporum canonica justitia. Si qua igitur in futurum ecclesiastica secularisve persona hanc nostre constitutionis paginam sciens contra eam temere venire temptaverit, secundo tertiove commonita, si non satisfactione congrua emendaverit, potestatis honorisque sui dignitate careat reamque se divino judicio existere de perpetrata iniquitate cognoscat et a sacratissimo corpore et sanguine Dei et Domini Redemptoris nostri Jhesu Christi aliena fiat atque in extremo examine divine ultioni subjaceat, cunctis autem eidem loco sua jura servantibus. Sit pax Domini nostri Jhesu Christi quatenus et hic fructum bone actionis percipiant, et apud districtum judicem premia eterne pacis inveniant. Amen A-C Amen.

Ego Adrianus

(Sceau figuré.)   (Monogramme.)
catholice ecclesie episcopus.

(A gauche de la bulle) :

† Ego Hubaldus, presbiter cardinalis tituli sanctae Praxedis (paraphe).

† Ego Johannes, presbiter cardinalis sanctorum Johannis et Pauli tituli Pamachii (paraphe).

† Ego Ildebrandus, presbiter cardinalis basilicae XII apostolorum (paraphe).

† Ego Johannes, presbiter cardinalis tituli sancte Anastasie (paraphe).

† Ego Guilielmus, presbiter cardinalis tituli sancti Petri ad vincula (paraphe).

(Au milieu de la bulle) :

† Ego Imarus, Tusculanus episcopus (paraphe).

(A droite de la bulle) :

† Ego Oddo, diaconus cardinalis sancti Georgii ad velum aureum (paraphe).

† Ego Bozo, diaconus cardinalis sanctorum Cosme et Damiani (paraphe).

Datum Laterani per manum Rollandi, secretarii romane ecclesie, presbiteri cardinalis, cancellarii, iii° kal. novembris, indictione vii^a, incarnationis dominice anno M° C° L° VIII°, pontificatus nostri domini Adriani pape anno IIII.

(Arch. dép. de la Haute-Vienne, série D. 984.)

II. — *Bulle du pape Alexandre III prenant sous sa protection l'église et l'hôpital de Saint-Gérald, avec les bénéfices et domaines qui en dépendent.* — 1164 ou 1165. Orig. Sc. perdu.

Alexander episcopus, servus servorum Dei, dilectis filiis Helie, sacerdoti ecclesie sancti Geraldi et rectori hospitalis Lemovicensis (1), ejusque fratribus salutem et apostolicam benedictionem. Quotiens illud a nobis petitur quod religioni et honestati noscitur convenire, animo nos decet libenti concedere et petentium desideriis congruum suffragium impertiri. Ea propter, dilecti in Domino filii, vestris justis postulacionibus clementer annuimus et prefatam ecclesiam cum hospitali in quo estis ad serviendum Domino congregati, ad exemplar predecessoris nostri felicis memorie ADRIANI pape, sub beati Petri et nostra protectione suscipimus et presentis scripti patrocinio (2) communimus, statuentes ut quascunque possessiones, quecunque bona eadem ecclesia et hospitale inpresentiarum juste et canonice possidet aut in futurum concessione pontificum, largitione regum vel principum, oblatione fidelium seu aliis justis modis, prestante Domino, poterit adipisci, firma vobis vestrisque successoribus et illibata permaneant, in quibus hec propriis duximus exprimenda vocabulis : ecclesiam de Montania cum pertinentiis suis, ecclesiam *de Clidat* cum pertinentiis suis, hospitale Agedunense cum suis pertinentiis, terras quas habetis ex dono Bernardi de Cappella, terras ad sanctum Geraldum in *Bancdager* (sic), in ruo (sic) Torta et in solo *Vigelar* (sic) ex dono Petri Gaufredi, terram in solo *Vigeral*, terram quam habetis a filiis Audieri de Mota, sub annuo censu quatuor sextariorum frumenti, terram quam emistis a filiis Petri Estorri et fratre ejus, ex dono Bernardi *Margarata*, terram prope sanctum Geraldum ex dono Petri de Magnania et fratris ejus, terram inter domum beate Valerie et ipsum hospitale ex dono Johannis *de Viluveny*, terram prope hospitale ex dono Willelmi *de Curdach*, terram in eodem loco, terram quam vobis vendidit Petrus de Helemosina, terram quam vendidit vobis Gaufridus *Doo*; Podium-Dei ex dono patris Johannes *Cohela*, in podio *de Lazacoth*, mansum *de Chirsols* cum

---

(1) Les *Chroniques de Saint-Martial* ne mentionnant la reconstruction de l'hôpital de ce nom qu'au XIIIe siècle, on s'explique assez bien le titre d'*Hôpital de Limoges* donné ici à celui de Saint-Gérald.

(2) Corr. peut-être *privilegio*. Cf. la bulle précédente, p. 259, ligne 10, et les suivantes, p. 263, ligne 7 et p. 265, ligne 22, etc.

pertinentiis suis, mansum *de Pelosach* cum suis pertinentiis (1). Sane de novalibus vestris seu de nutrimentis vestrorum annualium decimas a vobis nullus presumat exigere nec quilibet laicus a vobis decimas exigat. Decernimus ergo ut nulli omnino hominum liceat prefatam ecclesiam et hospitale temere perturbare aut ejus possessiones auferre vel ablatas retinere, minuere seu quibuslibet vexationibus fatigare, sed omnia integra conserventur eorum pro quorum gubernatione et sustentatione concessa sunt usibus omnimodis profutura, salva sedis apostolice auctoritate et diocesani episcopi canonica justitia. Si qua igitur in futurum ecclesiastica secularisve persona hanc nostre constitutionis paginam sciens contra eam temere venire templaverit, secundo tertiove commonita nisi reatum suum congrua satisfactione correxerit potestatis honorisque sui dignitate careat reamque se divino judicio existere de perpetrata iniquitate cognoscat et a sacratissimo corpore ac sanguine Dei et Domini Redemptoris nostri Jesu Christi aliena fiat atque in extremo examine districte ultioni subjaceat. Cunctis autem eidem loco sua jura servantibus sit pax Domini nostri Jesu Christi quatenus et hic fructum bone actionis percipiant et apud districtum judicem premia eterne pacis inveniant. Datum Senonis viii idus martii.

(*Au dos, d'une main du* xive *siècle*) : Alexander papa super decimis ac super aliis domibus ac terris tam de nostro prioratu ac hospitale et de illis que possidemus, confirmavit.

(Arch. hospit. de Limoges, série H., fds de l'hôpital St-Gérald.)

III. — *Bulle du pape Lucius III prenant sous sa protection l'hôpital de Saint-Gérald, avec les bénéfices et domaines qui en dépendent.* — *1183 (n. st. 1184). Orig. Sc. perdu.*

Lucius episcopus, servus servorum Dei, dilectis filiis Elie, priori domus helemosinariæ sancti Geraldi, et omnibus tam presentibus quam futuris regularem vitam professis, in perpetuum. Cura nos admonet suscepti regiminis et debitum pietatis inducit

---

(1) Nous ne parvenons à identifier avec sûreté qu'un petit nombre des localités ici dénommées : *Clidat* est auj. Clédat, commune de Saint-Julien-le-Petit, arr. de Limoges ; — *Agedunum* est Ahun, arr. de Guéret ; — *Podium-Dei* est le Puydieu, commune de Couzeix ou de Peyrilhac, arr. de Limoges ; — *Banxatgier*, alias Baneléger, *Sol-Vigéral* et *Lansecot* sont des quartiers de Limoges ; — *Chirsols* doit être Sursol, commune de La Geneytouse, arr. de Limoges.

venerabilia loca presertim sustentationi pauperum infirmorum obsequio deputata oculo benigno respicere, eisque contra malignorum incursus patrocinium apostolicum impertiri. Ea propter, dilecti in Domino filii, vestris justis postulationibus clementer annuimus et domum vestram in qua divino mancipati estis obsequio, sub beati Petri et nostra protectione suscipimus et presentis scripti privilegio communimus, statuentes ut quascumque possessiones, quecumque bona eadem domus inpresertiarum juste et canonice possidet aut in futurum concessione pontificum, largitione regum aut principum, oblatione fidelium seu aliis justis modis, prestante Domino, poterit adipisci, firma vobis vestrisque successoribus et illibata permaneant, in quibus hec propriis duximus exprimenda vocabulis : locum ipsum in quo predicta domus sita est cum omnibus pertinentiis suis, ecclesiam de Palatio (1) cum omnibus pertinentiis suis, ecclesiam sancti Johannis evangeliste de Fontibus (2) cum omnibus pertinentiis suis, capellam de Domnonio (3) cum omnibus pertinentiis suis, cappellam de Chetia (4) cum omnibus pertinentiis suis, modium siliginis a Geraldo, bone memorie quondam Lemovicensis episcopo (5), in villa de Juncheria (6) pauperibus concessum, mansum Girberti (7) a Petro, bone memorie quondam sancti Martialis abbate, et a capitulo eisdem pauperibus concessum, bordariam *de Clauserant* (8) ab Hugone, quondam Lemovicensi decano et preposito sancti Juniani, et canonicis ejusdem ecclesie eisdem pauperibus datam; compositionem quoque factam inter ipsam domum et ecclesiam sancti Cessatoris per manum prefati G[eraldi], quondam Lemovicensis episcopi, sicut in ejus scripto autentico continetur, nichilominus auctoritate apostolica confirmamus; liceat quoque vobis clericos vel laicos seculo fugientes ad conversionem recipere et eos absque contradictione aliqua retinere; cum autem generale interdictum terre fuerit, liceat vobis clausis januis, exclusis excommunicatis et interdictis, suppressa voce divina officia celebrare; sepulturam preterea ecclesie vestre ad opus familie et peregrinorum illic decedentium, liberam esse decernimus ut eorum devotioni et extreme

---

(1) Le Palais, près Limoges.
(2) Saint-Jean de las Fonts, Haute-Vienne (?).
(3) Le Dognon. Il y a six localités de ce nom dans la Haute-Vienne.
(4) Localité inconnue.
(5) Il s'agit sans doute de Gérald II, mort en 1177.
(6) La Jonchère, arr. de Limoges, Haute-Vienne.
(7) Mas-Gibert, comm. du Châtenet, arr. de Limoges.
(8) Localité inconnue.

voluntati qui se illic sepeliri deliberaverint, nisi forte excommunicati vel interdicti sint, nullus obsistat, salva tamen justitia illarum ecclesiarum a quibus mortuorum corpora assumuntur. Decernimus ergo ut nulli omnino hominorum fas sit prefatam domum temere perturbare aut ejus possessiones auferre vel ablatas retinere, minuere seu quibuslibet vexationibus fatigare, sed omnia integra conserventur eorum pro quorum gubernatione ac sustentatione concessa sunt usibus omnimodis profutura, salva sedis apostolice auctoritate et diocesani episcopi canonica justitia. Si qua igitur in futurum ecclesiastica secularisve persona hanc nostre constitutionis paginam sciens contra eam temere venire temptaverit, secundo tertiove commonita, nisi reatum suum digna satisfactione correxerit, potestatis honorisque sui dignitate careat reamque se divino judicio existere de perpetrata iniquitate cognoscat et a sacratissimo corpore ac sanguine Dei et Domini Redemptoris nostri Jesu Christi aliena fiat atque in extremo examine districte ultioni subjaceat. Cunctis autem eidem loco sua jura servantibus sit pax Domini nostri Jesu Christi quatenus et h ic fructum bone actionis percipiant et apud districtum judicem premia eterne pacis inveniant. AMEN A-C Amen.

       Ego Lucius,
(Sceau figuré.) catholice ecclesie   *(Monogramme.)*
       episcopus.

(A gauche de la bulle) :

† Ego Johannes, presbiter cardinalis tituli sancti Marci *(paraphe)*.

† Ego Petrus, presbiter cardinalis tituli sancte Susanne *(paraphe)*.

† Ego Laborans, presbiter cardinalis sancte Marie Transtiberine tituli Calixti *(paraphe)*.

† Ego Pandulfus, presbiter cardinalis tituli basilice XII apostolorum *(paraphe)*.

(Au milieu de la bulle) :

† Ego Theodorus, Portuensis et sancte Rufine sedis episcopus *(paraphe)*.

† Ego Henricus, Albanensis episcopus *(paraphe)*.

† Ego Paulus, Prenestinus episcopus *(paraphe)*.

(A droite de la bulle) :

† Ego Jacobus, diaconus cardinalis sancte Marie in Cosmidyn *(paraphe)*.

† Ego Bobo, diaconus cardinalis sancti Angeli *(paraphe)*.

† Ego Octavianus, sanctorum Sergii et Bachi diaconus cardinalis *(paraphe)*.

† Ego Goffredus, sancte Marie in via lata diaconus cardinalis *(paraphe)*.

Datum Anagnie per manum Alberti, sancte romane ecclesie presbiteri cardinalis et cancellarii, kalendis februarii, indictione secunda, incarnationis dominice anno M° C° LXXXIII°, pontificatus vero domni Lucii pape III anno III°

(Arch. hospit. de Limoges, série H., fds de l'hôpital St-Gérald.)

IV. — *Bulle d'Honorius III prenant sous sa protection l'hôpital de Saint-Gérald avec les bénéfices et domaines qui en dépendent. — 1217. Orig. Sc. perdu.*

HONORIUS EPISCOPUS (1), SERVUS SERVORUM DEI, DILECTIS FILIIS MARTINO, PRIORI DOMUS HELEMOSINARIE SANCTI GERALDI LEMOVICENSIS, EJUSQUE FRATRIBUS TAM PRESENTIBUS QUAM FUTURIS REGULAREM VITAM PROFESSIS, IN PERPETUUM. Cura nos ammonet suscepti regiminis et debitum pietatis inducit religiosa loca presertim sustentationi pauperum et infirmorum obsequio deputata oculo benigno respicere eisque contra malignorum impulsus patrocinium apostolicum impertiri. Ea propter, dilecti in Domino filii, vestris justis postulationibus clementer annuimus et prefatam helemosinariam domum sancti Geraldi Lemovicensis, in qua divino mancipati estis obsequio, felicis recordationis LUCII, URBANI et CELESTINI romanorum pontificum predecessorum nostrorum vestigiis inherentes, sub beati Petri et nostra protectione suscipimus et presentis scripti privilegio communimus. Preterea quascunque possessiones, quecunque bona eadem helemosinaria domus impresentiarum juste et canonice possidet aut in futurum concessione pontificum, largitione regum vel principum, oblatione fidelium seu aliis justis modis, prestante Domino, poterit adipisci, firma vobis vestrisque successoribus et illibata permaneant, in quibus hec propriis duximus exprimenda vocabulis (2) : locum ipsum in quo prefata domus sita est cum omnibus pertinentiis suis, ecclesiam sancti Petri et hospitale de Fraisseneto (3) cum capella et aliis pertinentiis suis, ecclesiam sancti Johannis evangeliste de Fontibus cum domo et omnibus aliis pertinentiis suis, ecclesiam et domum *de Dompnho* cum omnibus pertinentiis suis, capellam et domum de Cheria (4) cum omnibus pertinen-

(1) Il s'agit d'Honorius III, qui fut pape de 1216 à 1227.
(2) Quelques-unes des localités ci-après dénommées se trouvent déjà dans les bulles qui précèdent, de 1164 et 1183. Parmi les autres, trois seulement peuvent être identifiées avec quelque sûreté.
(3) Fressinet, comm. de Saint-Priest-Ligoure, arr. de Limoges.
(4) On lit *Chetia* dans la bulle de 1183.

tiis suis, modium siliginis a bone memorie Geraldo, quondam Lemovicensi episcopo, in villa de Juncheria pauperibus collatum, mansum Girberti a bone memorie Petro, quondam sancti Martialis abbate, et capitulo eisdem pauperibus pia deliberatione concessum, bordariam *de Clauserant* ab Hugone, quondam Lemovicensi decano et preposito ecclesie sancti Juniani, et canonicis ejusdem ecclesie pia largitione donatum eisdem pauperibus; compositionem quoque factam inter ipsam domum et ecclesiam sancti Cessatoris per manum prefati G[eraldi], quondam Lemovicensis episcopi, sicut provide et rationabiliter facta est et ab utraque parte recepta et hactenus observata et in ejusdem episcopi scripto autentico continetur, nichilominus auctoritate apostolica confirmamus; capellam et domum de Lagarda (1) cum decimis, redditibus et omnibus pertinentiis suis, capellam et domum *de Born* cum omnibus pertinentiis suis, capellam et domum *de Clidat* cum omnibus pertinentiis suis, capellam et domum *de Pradinas* cum omnibus pertinentiis suis, ecclesiam et domum de Vernaclausa cum omnibus pertinentiis suis, redditum bladi et denariorum quem fratres militie Templi de Palatio in cellario vestro vobis tenentur solvere annuatim, domos, vineas, torcularia et alia que habetis apud Axiam, domos, redditus, terras, vineas, decimas et alia que in castro et civitate Lemovicensi ac eorum suburbiis obtinetis, cum dominiis eorumdem. Sane novalium vestrorum que propriis manibus aut sumptibus colitis sive de vestrorum animalium nutrimentis nullus a vobis decimas exigere vel extorquere presumat, laicis vero nullas teneamini decimas exhibere; liceat quoque clericos vel laicos liberos et absolutos e seculo fugientes ad conversionem recipere et eos absque contradictione aliqua retinere. Prohibemus insuper ne ulli vestrorum fratrum post factam in eodem loco professionem fas sit absque prioris sui licentia nisi arcioris religionis obtentu de eodem loco discedere; discedente vero absque communi licentiarum vestrarum cautione nullus audeat retinere. Illud districtim inhibentes ne terras seu quodlibet beneficium domui vestre collatum liceat alicui personaliter dari sive alio modo alienari absque consensu totius capituli vel majoris et sanioris partis ipsius; si que vero donationes vel alienationes aliter quam dictum est facte fuerint, eas irritas esse censemus. Ad hec etiam prohibemus ne aliquis fratrum vestrorum sub professione vestre domus astrictus sine consensu et licentia prioris et majoris partis capituli vestri pro aliquo fidejubeat (*sic*) vel ab aliquo pecuniam

(1) Peut-être Lagarde, comm. de Roussac, arr. de Bellac, Haute-Vienne.

mutuo accipiat ultra pretium capituli vestri prudentia constitutum, nisi propter manifestam domus vestre utilitatem ; quod si facere forte presumpserit, non teneatur capitulum pro hiis aliquatenus respondere. Statuimus pre erea ut nulli liceat domibus vestris novas et indebitas exactiones imponere aut in vos vel ecclesias vestras, sine manifesta et rationabili causa, excommunicationis vel interdicti sententias promulgare. Illud etiam inhibemus ne aliqua persona in vestrum collegium admittatur absque capituli vestri seu majoris aut sanioris partis ipsius consilio et assensu. Crisma vero, oleum sanctum, consecrationes altarium seu basilicarum, ordinationes clericorum qui ad sacros ordines fuerint promovendi, a diocesano suscipietis episcopo, siquidem catholicus fuerit et gratiam et communionem sacrosancte romane sedis habuerit (1) et ea vobis voluerit sine pravitate aliqua exhibere ; alioquin liceat vobis quemcumque malueritis catholicum adire antistitem qui nostra fultus auctoritate vobis quod postulatur impendat. Ad hec auctoritate apostolica districtius inhibemus ne aliquis infra parrochias ecclesiarum vestrarum absque vestro seu episcopi diocesani assensu oratorium vel ecclesiam construere de novo presumat, salvis tamen privilegiis pontificum romanorum. Presenti etiam pagina arctius prohibemus ne alicui fratrum vestrorum contra Lateranensis concilii sanctiones habere proprium, aut in ultimis posito condere liceat testamentum. Cum autem generale interdictum terre fuerit, liceat vobis clausis januis, exclusis excommunicatis et interdictis, non pulsatis campanis, suppressa voce divina officia celebrare. Preterea quia, cum in eadem domo conventus fratrum sit ad Dei servitium, sicut accepimus, deputatus, officio nostro noscitur convenire ut utilitati ejusdem domus debeamus sollicite providere, vobis de benignitate sedis apostolice duximus indulgendum ut liceat vobis illos ad sepulturam recipere qui apud vos in ultima voluntate elegerint sepeliri, nisi forte excommunicati vel interdicti sint, salva tamen justitia illarum ecclesiarum a quibus mortuorum corpora assumuntur. Libertates quoque et immunitates necnon antiquas et rationabiles consuetudines domui vestre concessas et hactenus observatas, ratas habemus et eas futuris temporibus illibatas manere sancimus. Obeunte vero te, nunc ejusdem loci priore, vel tuorum quolibet successorum, nullus ibi qualibet surreptionis astutia seu violentia preponatur, nisi quem fratres communi consensu vel fratrum major pars consilii sanioris de ordine clericali asssumptum cum consilio diocesani episcopi, secundum Dei timorem, concorditer et canonice providerint eligendum. Decer-

---

(1) Précaution contre les hérétiques albigeois.

nimus ergo ut nulli omnino hominum liceat prefatam domum temere perturbare aut ejus possessiones auferre vel ablatas retinere, minuere seu quibuslibet vexationibus fatigare; sed omnia integra conserventur eorum pro quorum gubernatione ac sustentatione concessa sunt usibus omnimodis profutura; salva sedis apostolice auctoritate et diocesani episcopi canonica justitia. Si qua igitur in futurum ecclesiastica secularisve persona hanc nostre constitutionis paginam sciens contra eam temere venire temptaverit, secundo tertiove commonita, nisi presumptionem suam congrua satisfactione correxerit, potestatis honorisque sui dignitate careat, reamque se divino judicio existere de perpetrata iniquitate recognoscat et a sacratissimo corpore ac sanguine Dei et Domini Redemptoris nostri Jhesu Christi aliena fiat atque in extremo examine dictricte ultioni subjaceat. Cunctis autem eidem loco sua jura servantibus sit pax Domini nostri Jhesu Christi quatinus et hic fructum bone actionis percipiant et apud districtum judicem premia eterne pacis inveniant. AMEN A-C AMEN.

(*Sceau figuré.*)	Ego Honorius, catholice ecclesie episcopus.	(*Monogramme.*)

(*A gauche de la bulle*) :

† Ego Leo, tituli sancte Crucis in Jherusalem presbiter cardinalis (*paraphe*).

† Ego Petrus, sancte Pudentiane tituli pastoris presbiter cardinalis (*paraphe*).

† Ego Robertus, tituli sancti Stephani in Celiomonte presbiter cardinalis (*paraphe*).

† Ego Stephanus, basilice duodecim apostolorum presbiter cardinalis (*paraphe*).

† Ego Gregorius, tituli sancte Anastasie presbiter cardinalis (*paraphe*).

† Ego Thomas, tituli sancte Sabine presbiter cardinalis (*paraphe*).

(*Au milieu de la bulle*) :

† Ego Nicholaus, Tusculanus episcopus (*paraphe*).

† Ego Guido, Prenestinus episcopus (*paraphe*).

† Ego Hugolinus, Ostiensis et Velletrensis episcopus (*paraphe*).

† Ego Pelagius, Albanensis episcopus (*paraphe*).

† Ego Petrus, Sabinensis episcopus (*paraphe*).

(*A droite de la bulle*) :

† Ego Guido, sancti Nicholay in carcere Tulliano diaconus cardinalis (*paraphe*).

† Ego Octavianus, sanctorum Sergii et Bachi diaconus cardinalis (*paraphe*).

† Ego Gregorius, sancti Theodori diaconus cardinalis (*paraphe*).

† Ego Rainerius, sancte Marie in Cosmidin diaconus cardinalis (*paraphe*).

† Ego Romanus, Dei gratia sancti Angeli diaconus cardinalis (*paraphe*).

† Ego Stephanus, sancti Adriani diaconus cardinalis (*paraphe*).

† Ego Alebrandinus, sancti Eustachii diaconus cardinalis (*paraphe*).

† Ego Egidius, sanctorum Cosme et Damiani diaconus cardinalis (*paraphe*).

Datum Laterani per manum Ranerii, sancte romane ecclesie vicecancellarii, vii idus decembris, indictione viiª, incarnationis dominice anno M° CC° XVII°, pontificatus vero domni Honorii pape III anno secundo.

(Arch. hospit. de Limoges, série H., fds de l'hôpital St-Gérald.)

V. — *Promulgation faite par Bernard de Savenne, évêque de Limoges, d'un bref y relaté d'Honorius III, qui autorise le prieur de l'hôpital de Saint-Gérald à faire célébrer la messe à l'autel construit dans le nouvel hôpital. — Bref de 1223; promulgation de 1224. Orig. Sc. perdu.*

B. (1), Dei gracia Lemovicensis episcopus, universis presentem paginam inspecturis salutem in Domino. Dudum ad nos emanavit mandatum apostolicum sub hac forma :

Honorius episcopus, servus servorum Dei, venerabili episcopo Lemovicensi salutem et apostolicam benedictionem. Dilectus filius prior domus sancti Geraldi Lemovicensis nobis humiliter supplicavit ut in altari quod in hospitali novo domus sue noscitur esse constructum, divina celebrandi officia ejusdem loci pauperibus et infirmis licentiam sibi concedere dignaremur. Volentes igitur in hoc tue fraternitati deferre, qui loci diocesanus existis, fraternitati tue per apostolica scripta mandamus quatinus eidem priori postulata concedas sine juris prejudicio alicui. Datum Laterani vi nonas maii, pontificatus nostri anno septimo (2).

Nos itaque volentes procedere in apostolici exequtione mandati, servato tramite rationis, Heliam capellanum sancti Cessatoris (3), in cujus parrochia predictum situm esse dicitur hospitale, propter hoc apud Grandimontem citavimus coram nobis ; qui ad diem et locum comparens priorem suum sancti Johannis de

(1) Bernard de Savenne, évêque de 1219 à 1226.
(2) 2 mai 1223.
(3) Saint-Cessateur ou Saint-Cessadre, ancienne église de Limoges.

Cola (1) super hoc petiit requirendum; ad cujus petitionem ipsum citavimus et eum in nostra presentia constitutum viva voce monuimus et rogavimus diligenter ut assensum huic concessioni preberet. Qui licet nobis benigne respondens operi tam pio consentiendi spem dederit, ipso tamen postmodum idem negocium protrahente, cum nos exequtionem mandati apostolici protrahere ulterius, instante parte altera, non possemus, eum per litteras nostras monuimus et rogavimus iterato ut spem quam prestiterat perduceret ad effectum, quod inde faceret nobis per suas litteras rescripturus. Verum cum super hoc nobis rescribere vel assensum prebere diligenter monitus non curaret, coram officiali nostro sibi diem semel assignavimus et secundo ut ostenderet coram ipso, cui super hoc commisimus vices nostras, quare dari non deberet in predicto loco licencia celebrandi et ad idem dictus officialis aliam diem sibi de consensu partis alterius, sicut per litteras suas nobis constitit, assignavit. Intimavit eciam nobis idem officialis quod licet prefatus prior ad primam et secundam diem non venerit nec pro se sufficientem procurato[rem ibi]dem miserit, ad terciam tamen diem misit Heliam, capellanum ecclesie memorate, qui eidem officiali quasdam ipsius prioris litteras [exhib]uit in quibus significavit eidem quod hujusmodi oratorium fieret in prejudicium ecclesie sepedicte; sed in quo ipsi prejudicaret ecclesie non [demonstravit]. Licet igitur idem capellanus quedam adiceret in quibus a priore sancti Geraldi suam asserebat ecclesiam pregravari, nos tamen [nolen]es tam pium opus hujusmodi frivolis retardari querelis que ad rem nichil penitus faciebant, habito prudentium consilio, au[ctorita]te apostolica predicto priori sancti Geraldi licentiam concessimus in hospitali predicto divina officia decetero celebrandi, ab ipso tamen priore litteratoria cautione recepta quod de oratorio supradicto ecclesie sancti Cessatoris nulla imposterum inferatur injuria vel gravamen. Actum anno Domini millesimo ducentesimo vicesimo quarto, tercio kalendas augusti.

(*Au dos*) : Lictere licentie celebrandi in altari hospitalis novi.

(Arch. hospit. de Limoges, série H., fds de l'hôpital St-Gérald.)

VI. — *Bulle d'Urbain V confirmant les privilèges accordés en 1256 par Alexandre IV au prieuré de l'Artige.* — *1362. Vidimus de 1392.*

In Dei nomine amen. Noverint universi et singuli hoc presens publicum instrumentum visuri et audituri quod anno Domini

(1) Saint-Jean-de-Cole, arr. de Nontron, Dordogne.

millesimo CCC° nonagesimo secundo, videlicet die sexta mensis novembris, circa horam vesperorum, in villa sancti Leonardi de Nobiliaco Lemovicensis diocesis, indictione prima, pontificatus sanctissimi in Christo patris et domini, domini nostri domini Clementis divina providentia pape septimi anno decimo quinto, venerabilis et religiosus dominus Leonardus *Negrier*, prior monasterii seu prioratus conventualis Artigie, ordinis sancti Augustini Lemovicensis diocesis predicte, nobis notariis publicis infrascriptis in presentia testium subscriptorum ad hec vocatorum specialiter et rogatorum quasdam litteras apostolicas sanctissimi quondam patris in Christo domini Urbani pape quinti in cordula coricea bullatas, non rasas, non cancellatas, non vitiatas nec in aliqua sui parte suspectas et omni vitio et suspicione carentes exhibuit, tradidit et prorexit (*sic*) pro inserendo in hujusmodi publico instrumento; quarum quidem litterarum apostolicarum tenor de verbo ad verbum sequitur sub hiis verbis :

Urbanus episcopus, servus servorum Dei, dilectis filiis priori et conventui prioratus sancti Laurentii de Artigia, ordinis sancti Augustini Lemovicensis diocesis, salutem et apostolicam benedictionem. Sincere devotionis affectus quem ad nos et romanam ecclesiam geritis promeretur ut petitiones vestras ad exauditionis gratiam favorabiliter admittamus. Sane pro parte vestra fuit nobis humiliter supplicatum ut privilegium vobis concessum per litteras felicis recordationis Alexandri pape IIII predecessori nostri cum signis et subscriptionibus in talibus consuetis confectas, quarum tenorem sine signis et subscriptionibus hujusmodi presentibus inseri fecimus, innovare de benignitate apostolica dignaremur. Tenor autem dictarum litterarum talis est :

Alexander episcopus, servus servorum Dei, dilectis filiis priori ecclesie sancti Laurentii de Artigia ejusque fratribus tam presentibus quam futuris religisiosam vitam professis vel ipsam religiosam vitam eligentibus. Apostolicum convenit adesse presidium ne forte cujuslibet temeritatis incursus aut eos a proposito revocet aut robur, quod absit, sacre religionis infringat. Ea propter, dilectis in Domino filii, vestris justis postulationibus clementer annuimus et ecclesia sancti Laurentii de Artigia Lemovicensis diocesis, in qua divino mancipati estis obsequio, sub beati Petri et nostra protectione suscipimus et presentis scripti privilegio communivimus, inprimis siquidem statuentes ut ordo canonicus qui secundum Deum et beati Augustini regulam in eadem ecclesia institutus esse denoscitur perpetuis ibidem temporibus inviolabiter observetur; preterea quascumque possessiones, quecumque bona eadem ecclesia impresentiarum juste et canonice possidet aut in futurum concessione pontificum, largitione regum vel principum, oblatione fidelium, seu aliis justis modis, prestante Domino, poterit adipisci, firma vobis vestrisque successoribus et illibata permaneant; in quibus hec propriis duximus exprimenda vocabulis : locum ipsum in quo prefata ecclesia sita est cum omnibus pertinentiis suis, ecclesias quas habetis in locis Royreta, Fondedoza, Salomio, Gorsia, Sauleria, Maredena, Dusmoli, Caminello, Rausello, Bonofonte, Septem-fontibus, Fagiasarlanda, *Maynhier*, *Cujon*, Dariasso, Aurento, Clara-fagia, La Mazella, Campo-comitali, *Manussac*, Laplanha, Manso-remoleto, Venis, Bella-silva, Manzaio, Bosco-arciaci, Massargis, Bosco-castellani, Fonte-salino, Malo-introitu, *Vilars*, Darneto, *Monleron*, et Valle vulgariter nominatis (1), cum decimis, domibus, terris, possessionibus et omnibus pertinentiis eorumdem, cum pratis, vineis, terris, nemoribus, usuagiis, pascuis in bosco et plano, in acquis et molendinis, in viis et semitis et omnibus aliis libertatibus et immunitatibus suis. Sane novalium vestrorum que propriis manibus aut sumptibus colitis, de quibus aliquis hactenus non percepit sive de vestrorum animalium nutrimentis

(1) Dix des trente-cinq localités ici énumérées ont été identifiées plus haut, à propos de la bulle de 1158. Nous tenterons la même chose pour les vingt-cinq autres : Royrette, paroisse de St-Hilaire-Bonneval, auj. arr. de Limoges; — Fondadouze, paroisse de Saint-Paul, auj. arr. de Limoges; — Silon, Dordogne ou Corrèze; — Lagorse, paroisse de Donzenac, auj. arr. de Brive, Corrèze; — Maradennes, paroisse de Queyssac *alias* de Végennes, arr. de Brive, Corrèze; — Usmelin, situation inconnue; — Caminel, paroisse de Fayol, diocèse de Cahors; — Roussel, Roussille ou Rauzelle, paroisse de Saint-Genest, diocèse de Sarlat, peut-être auj. comm. de Saint-Genès, arr. de Brive, Corrèze; — Bonnefont près Lubersac, arr. de Brive, Corrèze; — Magnet, paroisse de Sainte-Gemme, auj. arr. de Saintes, Charente-Inférieure; — Cugon ou Cugnon, paroisse de Sainte-Marie, diocèse de Saintes; — *Dariasso?* — Clairefaye, comm. de Séreilhac, arr. de Limoges; — La Mazelle, paroisse de Beaune, arr. de Limoges; — Chancontaud *alias* Champcouteau, paroisse de Fromental, auj. arr. de Bellac, Haute-Vienne; — Mas-Rimoulet, paroisse de Saint-Hilaire-la-Treille, auj arr. de Bellac, Haute-Vienne; — Vesnes, paroisse de Bussière-Dunoise, auj. arr. de Guéret; — Belléselve, *alias* La Tronchette, paroisse de Saint-Genest, diocèse de Bourges; — Manzay, paroisse de Limeux, auj. arr. de Bourges; — Bois d'Arcy, arr. d'Auxerre; — Massargues, Massargues ou Mesargues, paroisse d'Autry, diocèse de Bourges, auj. commune de Souvigny, arr. de Moulins; — Bois-Chastelot, *alias* Bosc-Chastelain, diocèse de Clermont; — Fontsaline, peut être pour Fontsalive, commune de Vernines-Aurières, arr. de Clermont-Ferrand; — Malintrat, arr. de Clermont-Ferrand; — Vilars, diocèse de Limoges.

nullus a vobis decimas exigere vel extorquere presumat. Liceat quoque vobis clericos vel laicos, liberos et absolutos e seculo fugientes ad conversionem recipere et eos absque contradicdictione retinere. Prohibemus insuper ut nulli fratrum vestrorum post factam in ecclesia vestra professionem, fas sit ei sine prioris sui licentia nisi arctioris religionis obtentu de eodem loco discedere; discedentem vero absque communium litterarum vestrarum cautione nullus audeat retinere. Cum autem generale interdictum terre fuerit, liceat vobis clausis januis, exclusis excommunicatis et interdictis, non pulsatis campanis, dummodo causam non dederitis interdicto, suppressa voce divina officia celebrare, chrisma vero, oleum sanctum consecrationes altarium seu basilicarum, ordinationes clericorum qui ad ordines fuerint promovendi, a diocesano suscipietis episcopo, si quidem catholicus fuerit et gratiam et communionem sacro sancte romane sedis habuerit(1) et ea vobis voluerit sine pravitate qualibet exhibere. Prohibemus insuper ut infra fines parrochie vestre nullus sine assensu diocesani episcopi capellam seu oratorium de novo construere audeat, salvis privilegiis pontificum romanorum. Ad hec novas et indebitas exactiones ab archiepiscopis, episcopis, archidiaconis seu decanis, aliisque omnibus ecclesiasticis secularibusve personis a vobis fieri omnino prohibemus. Sepulturam quoque ipsius loci liberam esse decernimus ut eorum devotioni et extreme voluntati qui se illic sepeliri deliberaverint, nisi forte excomunicati vel interdicti sint aut publice usurarii, nullus obsistat, salva tamen justitia illarum ecclesiarum a quibus mortuorum corpora assumuntur. Decimas preterea et possessiones ad jus ecclesiarum vestrarum spectantes que a laicis detinentur, redimendi et legitime liberandi de manibus eorum et ad ecclesias ad quas pertinent revocandi, libera sit vobis de nostra auctoritate facultas. Obeunte vero te, nunc ejusdem loci priore vel t[uoru]m quolibet successorum, nullus ibi qualibet surreptionis astutia seu violentia preponatur nisi quem fratres communi consensu vel fratrum major pars consilii sanioris, secundum Deum et beati Augustini regulam, providerint eligendum. Paci quoque et tranquillitati vestre paterna imposterum sollicitudine providere volentes, auctoritate apostolica prohibemus ut infra clausuras locorum seu grangiarum vestrarum nullus rapinam seu furtum facere, ignem apponere, sanguinem fundere, hominem temere capere vel interficere seu violenciam audeat exercere. Preterea omnes libertates et immunitates a pre-

(1) Cf. ci-dessus p. 267, note.

decessoribus nostris romanis pontificiis ecclesie vestre concessas, nec non libertates et exemptiones secularium exactionum a regibus et principibus vel aliis fidelibus rationabiliter vobis indultas, auctoritate apostolica confirmamus et presentis scripti privilegio communimus. Decernimus ergo ut nulli omnino hominum liceat prefatam ecclesiam temere perturbare aut ejus possessiones aufferre, nec ablatas [retinere], minuere, seu quibuslibet vexationibus fatigare, ut omnia integre conserventur eorum pro quorum gubernatione ac sustentatione concessa sunt usibus omnimodis profutura, salva sedis apostolice auctoritate et diocesani episcopi canonica justitia et in predictis decimis moderatione consilii generalis. Si qua igitur in futurum ecclesia secularisve persona hanc nostre constitutions paginam sciens contra eam temere venire temptaverit, secundo tertiove commonita nisi reatum suum congrua satisfactione correxerit, potestatis honorisque sui careat dignit[ate reamque se] divino judicio existere de perpetrata iniquitate recognoscat et a sacratissimo corpore et sanguine Dei et Domini Redemptoris nostri Jhesu Christi aliena fiat atque in extremo examine districte subjaceat ultioni. Cunctis autem eidem loco sua jura servantibus sit pax Domini nostri Jhesu Christi quatinus et hic fructum bone actionis percipiant et apud districtum judicem premia eterne pacis inveniant. Amen, amen. Datum Laterani per manum Guilhelmi Magi........ ...., sancte romane ecclesie vicecancellarii, septimo idus aprilis, indictione decima quarta, incarnationis dominice anno Domini millesimo ducentesimo quinquagesimo sexto, pontificatus vero domini Alexandri pape quarti anno secundo.

Nos itaque vestris in has partes supplicationibus inclinati privilegium hujusmodi aucthoritate apostolica innovamus et presentis scripti patrocinio communimus. Pro hoc autem nullum jus vobis de novo acquiri volumus, sed antiqum si quod habetis tantummodo conservari. Nulli ergo omnino hominum liceat hanc paginam nostre innovationis et commutationis infringere vel ausu temerario contraire. Si quis autem hec attemptare presumpserit indignationem omnipotentis Dei et sanctorum Petri et Pauli apostolorum se noverit incursurum. Datum Avinione quarto calendarum decembris, pontificatus nostri decimo quarto.

Quibus quidem litteris apostolicis sic exhibitis et presentatis, ac de verbo ad verbum ut praedicitur instructis et incorporatis, dictus dominus prior Artigie a nobis publicis notariis infrascriptis petiit de premissis sibi dari et confici publicum instrumentum. Acta fuerunt hec anno, die, loco, hora, indictione et pontificatu quibus supra in nostrorum Petri Bozonis, apostolica et imperiali et Geraldi *Lafon* clerici imperiali aucthoritate, publicorum notariorum presentia; presentibus etiam religiosis viris dominis Leonardo Petitelli et Petri Andree, canonicis monasterii sancti Leonardi de Nobiliaco dicte Lemovicensis diocesis ad premissa vocatis specialiter et rogatis.

(*A la suite*) :

Et ego prenominatus Petrus Bozonis dicte ville Nobiliaci predicte Lemovicensis diocesis qui apostolica et imperiali aucthoritate notarius predictarum litterarum apostolicarum exhibitarum, traditarum, visarum inspectarum quarum instructioni et incorporationi et presentis publici instrumenti petitioni.........
.... et testibus superius nominatis presens interfui et premissa que per ipsum magistrum............ de verbo ad verbum........... et in hanc publicam formam redegi et de eisdem una cum eodem magistro Geraldo diligenter collationem feci, signoque meo solito signavi, hicque inferius me subscripsi in veritatis testimonio requisitus una cum signo et subscriptione magistri Geraldi memorati, rasuras factas superius in dictione apostolica de *noscitur*, *Fondedoza* .... approbando.

(*Et plus loin*) :

Et ego prefatus Geraldus *Lafon*, clericus ville Nobiliaci et diocesis Lemovicensis predictarum publicus aucthoritate imperiali notarius, predictarum litterarum apostolicarum exhibitioni et traditioni, visioni et inspectioni ipsarum, instructioni et incorporationi et petitioni presentis publici instrumenti predictis aliisque premissis omnibus et singulis ut predicitur actis una cum discreto viro magistro Petro Bozonis, publico apostolica et imperiali authoritate notario, et testibus predictis presens fui et de verbo ad verbum transcripsi manu mea propria .... et in hanc publicam formam redegi ac de eisdem una cum dicto Petro magistro Bozonis diligenter collationem feci, signoque meo solito signavi una cum signo et subscriptione ejusdem magistri Petri et inferius subscribendo requisitus et rogatus in testimonium premissorum, rasuras factas superius in dictione apostolica de *noscitur*, *Fondedoza* hic in mea presenti subscriptione approbando.

(Arch. dép. de la Haute-Vienne, série D. 984.)

STATUTS ECCLÉSIASTIQUES

Le *Dictionnaire de droit canonique* de Durand de Maillanne (Paris, 1761) distingue trois sortes de statuts ecclésiastiques :

I. Les statuts d'un ordre religieux ou d'une congrégation. — A cette catégorie appartiennent les statuts de l'église de Guéret, 1500, des prêtres de la la communauté de Bellac, 1599, et des religieux de Moutier-d'Ahun, 1611, que nous publions ci-après ; ceux des prêtres de Chamberet, promulgués en 1519, enfin les constitutions de l'archevêque de Bourges pour la réformation du monastère de Tulle, 1291 et 1296.

II. Les statuts d'un chapitre. — Dans cette catégorie rentrent les statuts de la cathédrale de Limoges, 1350 et 1551, du chapitre de Saint-Junien, 1502 et 1620, et ceux du chapitre de Saint-Yrieix, 1445 (publiés ci-après).

III. Les statuts de l'évêque exécutoires dans toute l'étendue du diocèse. — Tels les statuts synodaux de 1519, que nous rééditons ci-après. Tels aussi les statuts de 1533, promulgués sous l'épiscopat de Jean de Langeac, et ceux de 1619 publiés par l'évêque Raymond de La Martonie, corrigés, augmentés et réédités par ses successeurs, François de Lafayette en 1629, Louis de Lascaris d'Urfé en 1683, et François Carbonnel de Canisy en 1703.

A cette liste, qui est vraisemblablement fort incomplète, on pourrait ajouter les *Ordonnances synodales* du premier évêque de Tulle, Arnaud de Saint-Astier, 1320, 1324 et 1328, celles de ses successeurs, Arnauld de Clermont, 1336, et Louis III de Rechignevoisin, 1655.   A. L.

STATUTS DU CHAPITRE DE SAINT-YRIEIX
1445

Au mois de juillet 1445 arrivèrent à Saint-Yrieix vénérables et prudentes personnes Messires Jean Joyeux *(Festioi)*, célérier, et Guillaume de Sauzay *(de Sauzayo)*, grenetier, l'un et l'autre chanoines de Saint-Martin de Tours, et commissaires délégués par les doyen, trésorier et chapitre de ladite église, au fait de la visite et réformation du chapitre de Saint-Yrieix. Ces commissaires furent solennellement reçus en procession et au son des cloches, par le chantre et les chanoines de Saint-Yrieix qui allèrent au-devant d'eux jusqu'au bout du cimetière du Moûtier, situé dans l'intérieur du château *(usque in capite cimenterii dicte ecclesie de infra castrum)*, chantant des antiennes *(antiphonas)* et l'hymne *Te Deum laudamus*. Pendant sept jours ils furent honorablement hébergés *(nobiliter procurati)*, et durant ce temps ils procédèrent, avec le consentement *(de voluntate et consensu)* du chapitre de Saint-Yrieix, à la rédaction des statuts qui suivent.

Tous les membres du chapitre, chanoines, vicaires et autres auxiliaires (*servitores*) s'engagèrent solennellement par serment prêté sur les saints évangiles, en plein chapitre, les cloches sonnant, à s'y conformer de point en point.

Le texte des constitutions est précédé de la commission délivrée à J. Joyeux et à Guill. de Sauzay par les doyen, trésorier et chapitre de l'église de Saint-Martin de Tours, en date du samedi 17 juillet 1445. Après quoi vient le procès-verbal de l'arrivée des commissaires rédigé à leur nom, de la façon suivante :

« Le jeudi 20 juillet, nous arrivâmes à l'église collégiale de Saint-Yrieix. Le chantre et le chapitre étaient venus nous attendre processionnellement, comme c'est l'usage, au bout du petit cimetière de l'église ; puis ils nous introduisirent dans l'église, en nous présentant l'eau bénite, la croix et le livre des évangiles, les cloches sonnant à toute volée. Aussitôt entrés, nous avons dit l'antienne en l'honneur de Saint-Yrieix, et, au milieu des cierges allumés, nous avons fait notre visite au Saint-Sacrement. Ensuite nous avons donné connaissance au chapitre des pouvoirs qui nous étaient conférés et l'avons ajourné au lendemain, après matines, pour se réunir à nous et venir traiter en commun des sujets qui faisaient l'objet de notre mission. Après une semaine de délibérations quotidiennes (le 28 juillet), jour de vendredi, nous nous sommes présentés au chapitre convoqué au son de la cloche capitulaire et où assistaient, avec les chanoines, les autres bénéficiers et les choristes (*chorariis*) de l'église, et là nous avons donné lecture des statuts qui s'ensuivent : »

1. Et primo statuimus et ordinamus quod tam decanus, cantor et canonici quam vicarii in dicta ecclesia instituti, divinis nocturnis pariter et diurnis obsequiis presentes sint continue, ad servitium ipsum faciendum et celebrandum ; ita quod decanus, cantor et canonici supradicti introitum faciant in matutinis et ceteris horis in principio et continue [usque in finem, in choro saltim infra primum *Gloria patri* psalmi primi nocturnalis] et in missis, tam defunctorum quam magna, infra finem epistole ; in vigiliis vero ...., introitum faciant ante finem primi responsorii. Vicarii vero in principio cujuslibet hore et misse intrent, [usque] ad finem continue stare debeant. Non aliter nec alias liceat cuique intrare chorum, nec lucrari distributiones. Et si quis aliter ingressus fuerit in choro, per strepitum pedum et percussionem stallorum expellatur. Et dum ingressus fuerit chorum debito modo, ut prefertur, dum hore decantabuntur aut celebrabuntur divina, non liceat exire eidem, donec hora finita fuerit aut missa celebrata ; nisi propter servitium ecclesie debeat exire, aut nisi infirmitates vel necessitas proprii corporis, utilitasve seu honestas ecclesie exposcant. Moderamus tamen hoc statutum circa canonicos dumtaxat qui ad temporalia dicte ecclesie conservanda debent insudare [ita ut], facto introitu debito, liceat eis

pro temporalitate hujusmodi chorum exire, et nihilominus lucrari distributiones hore illius, dummodo solitum fecerint exitum in eodem. Si vero alias quam premisso modo a choro exierint, per substractionem distributionum illius hore punietur.

2. Item statuimus et ordinamus quod quilibet, tam canonicus, vicarius, capellanus, quam chorarius, dum chorum intraverit, reverenter, capite discoperto, intret ipsum chorum, inclinando se versus altare magnum ; et similiter dum exierit, aliqua ductus necessitate, hoc idem faciat reverenter.

3. Item statuimus et ordinamus quod servitium ipsum divinum horis consuetis, juxta qualitatem temporis, post pulsationem campanarum debitam, tam in diebus profectis, solempnibus quam aliis solitam, postquam inceptum fuerit, tractim et cum distinctione et presentatione cujuslibet versiculi psalmi in medio decantetur, sic quod tam presentes in ipso choro quam extra verisimiliter audire valeant, non tamen ita festinanter et cursorie quod aures offendantur audientium, sed ipsorum attractetur devotio ferventior.

4. Item statuimus et ordinamus quod nulli canonico sive vicario, aut alteri de choro predicto exeunti liceat nihilominus, aliqua de causa, dum ibidem celebrabuntur divina, tumultum aliquem sive cachinum aut derisionem facere, candelasve seu lapides, libros, baculos aut alia projicere, sive aliqua verba opprobriosa, injuriosa aut contumeliosa contra quemquam ipsorum de choro exeuntem, seu servitio durante cum laico confabulari. Quod si quis aliter fecerit, per carentiam et substractionem suarum distributionum puniatur, quousque ecclesie et injuriarum passo debite satisfecerit, ad ordinationem capituli dicte ecclesie : illic etiam in processionibus generalibus aut particularibus, sed bini et bini, composite et cum silentio, processionaliter succedant, crucem ordinate sequentes. Et si ad ordinationem hujusmodi capitulo super hoc non paruerit, nihil in distributionibus percipiat, neque in choro aut capitulo admittatur, quousque capitulo obedierit supradicto et emendaverit ad arbitrium ejusdem.

5. Item statuimus et ordinamus quod quilibet vicarius, capellanus et chorarius dicte ecclesie canonicis ejusdem, ut superioribus suis, reverentiam, honorem et debitam exibeant subjectionem, eis in omnibus licitis et honestis obedientes; ac eciam ipsi canonici dictis vicariis, capellanis et chorariis nullas ingerant violentias, sed eos benigne tractent cum favore, distributiones solitas et debitas, ratione suarum dictarum vicariarum, ipsis et cuilibet ipsorum bene deservientibus et astantibus in servitium solvendo et assignando sive fraude. Et ut melius et sanctius ista

fiant, volumus, statuimus et ordinamus quod singulis annis, unus aut duo ex canonicis predictis per capitulum eligantur qui officium punctuationis exerceant, quique jurare teneantur super sacrosanctis evangeliis illud officium debite exercere et singulis in terminis et assignationibus solitis cuilibet lucrum suum per cedulam assignare sigillo suo manuali scriptam (*sic*).

6. Item statuimus et ordinamus quod breviarium sive ordinarium dicte ecclesie visitetur et corrigatur, ut servitium divinum non, ut preteritis factum fuit, proh dolor! minus bene temporibus, sed meliori modo et sine tumultu et perturbatione compleatur. Et ad visitandum et corrigendum breviarium hujusmodi atque componendum, dominos Bernardum *d'Espina*, cantorem, Leonardum Bluandi et Guilhermum Dominici, canonicos, insimul aut duos ex ipsis, vocatis dominis Petro Boueti, vicario perpetuo, et Jacobo *la Vernia*, vicario dicte ecclesie, et secum assumptis, specialiter deputamus, injungentes eisdem ut ipsum breviarium infra festum beati Michaelis proximum visitare, corrigere atque apunctuare debeant totaliter et complere, ad penam viginti solidorum per quemlibet canonicum nolentem et recusantem aut cum aliis interesse non curantem aliis volentibus et interessentibus solvendorum, de clariori suarum distributionum, terminum ipsum eis prefigentes et assignantes, ita tamen quod in hujusmodi breviarium corrigendo vacando et laborando, distributiones totales ipsius diei qua vacaverint lucrentur, etiam si divinis non fuerint presentes obsequiis. Et ipso breviario sive ordinario completo et perfecto, illud in pergamen describere bene et decenter, et in loco eminentiori ponere faciant, capituli hujus sumptibus et expensis.

7. Item similiter per eosdem fiat unum callendarium continens festa anni juxta dispositionem dicti breviarii faciendi, ut omnia possint insimul concordare, breviario videlicet et callendario.

8. Item statuimus et ordinamus quod canonici et vicarii ac capellani, quilibet vice et ordine suo, legant lectiones et responsoria, versiculos et antiphonas, singulis diebus ordinate, et cantent; et propter hoc singulis hebdomadis fiat tabula in qua scribentur legentes et cantantes, que quibuslibet diebus dominicis renovetur. Et erit ordo sic inscriptus in diebus novem lectionum: Primo hebdomadarius canonicus, hebdomadarius vicarius; deinde diaconus, subdiaconus, subsequenter legentes lectiones primam puer si sit, secundam subdiaconus, tertiam unus canonicorum minorum ordinum, quartam diaconus, quintam unus vicariorum, sextam unus canonicorum simplicium sive minorum ordinum, septimam vicarius presbiter, octavam canonicus pres-

biter, nonam canonicus presbiter hebdomadarius, sive sacrista, sive cantor, aut decanus in magnis festis, si presens sit. Similiter de responsoriis et versiculis eorumdem distribuantur secundum ordinem lectionum, ipsam ordinem servando ita quod qui unam fecerint et desservierint hebdomadam, aliam non faciant nisi in turno vicis sue. Diebus autem trium lectionum legat primam lectionem puer, nisi sit evangelium, quo casu legat diaconus ipsam, secundam vicarius presbiter et tertiam canonicus presbiter. Servetur quoque iste ordo inter presentes ita quod quilibet officiat suo turno, neminem excipiendo. Et qui defecerit injunctum sic officium facere, aut per alium sui ordinis fieri, totius diei distributionibus sic ipso facto privetur. Similiter etiam fiat de responsoriis misse, alleluia cum versiculis ac invitatoriis matutinarum.

9. Item statuimus et ordinamus quod singulis diebus, hora consueta, pulsentur secundum temporum varietates matutine, hore et vespere, et post pulsationem earumdem sine intervallo habeat hebdomadarius incipere aliique continuare. Celebrenturque alta voce due misse qualibet die, una defunctorum et alia de die, vel de festo quod evenerit et de quo servitium factum sit in choro, ita quod ullo tempore, sine ulla ratione seu causa, non obmittatur quin celebrentur et fiant alta voce, nisi forte casu authoritatis ...., aut brevitate temporis, sive alii servicii in ipsa ecclesia fiendi causa, quod verisimiliter fieri non posset. Eo casu, missa defunctorum duntaxat bassa dicatur, sed numquam magna missa aliter quam voce alta celebretur, casu quocumque superveniente.

10. Item statuimus et ordinamus quod tam canonici quam vicarii et capellani singulariter et singuli, secundum se habeant, honeste se regere tam in gestu quam in vestibus et tam in ecclesia quam in villa, ut sint lucerna et splendor laicorum; commensationes quoque inhonestas, quaslibet tabernas publicas, congregationes illicitas, ludos alearum, taxillorum et cartarum aliosque clericis de jure prohibitos fugere, et evitare vestes quoque talares, juxta decentiam personarum suarum, sine apertura per retro, cum capuciis, corneta clausa sive bireto; caligas de nigro vel griseo, sotulares sine cuspide, gallice *polaine*, et ligatis rubeis, tam in ecclesia quam villa deportare, et maxime in choro superpelliciis mundis honeste uti, ut per munditiam exteriorem honestas mentisque debita comportatio indicatur. Si quis autem primo monitus caritative a talibus insolenciis se abstinere non desierit, privatione distributionum unius diei aut plurimum, juxta arbitrium capituli, puniatur.

11. Item prohibemus et sub penis suspensionis et excommunicationis ac privationis beneficiorum suorum inhibemus ne quis canonicus, vicarius aut capellanus, cujuscumque status, gradus aut conditionis vel ordinis existat, in domibus suis aliquas mulieres suspectas, de quibus ad populum oriri valeat vehemens suspicio quovismodo, palam et publice teneat nec tenere presumat. Si autem monitus non resipiscuerit et in tali insolentia maliciose per mensem permanserit, distributionibus omnibus careat. Quod si per alium mensem adhuc in iniquitate sua et peccato steterit, ab ecclesia et choro consortioque aliorum penitus sit alienus; et quasi ovis morbida, ne alias inficiat et corrumpat, a grege suo ejiciatur et expellatur.

12. Item prohibemus ne canonicus, vicarius aut capellanus, sive quis alius de dicta ecclesia alteri de ipsa ecclesia, in choro sive capitulo aut ecclesia predicta, aliqua verba injuriosa, opprobriosa vel contumeliosa dicat vel proferat quovismodo, seu in aliquem ipsorum manus inserat violentes. Quod si quis talia fecerit, nec in choro neque in capitulo sibi conveniatur, quousque injuriam ecclesie et passo emendaverit, [vel ad] ordinationem capituli gravius puniatur. Precipimus [capitulantibus] in capitulo ut justitiam super hiis indilate faciant, odiumque vel favor ipsos non surripiat, sed ipsorum presidentium equitas sit salus subditorum, quatenus de ipsorum manibus delinquentium sanguis non exquiratur.

13. Item statuimus et ordinamus quod singulis septimanis, videlicet diebus lune et veneris, canonici insimul in eorum capitulo se habeant congregare, pro negotiis ecclesie pertractandis, que juxta sua per eorum quemlibet sacramenta prestita regantur et gubernentur sine odio, favore, timore vel rancore ; et quicquid in eorum capitulo conclusum fuerit, excusatione cessante quacumque, executioni demandetur per eligendos et deputandos, declarantes, prout declaramus, ad instar ecclesie beatissimi Martini Turronensis, cui immediate subjicitur hec presens ecclesia, quod canonici in sacris ordinibus minime constituti nullam habeant in capitulo ipso vocem, neque canonicus vel decanus instituendus [sit quam] ex consuetudine ipsius ecclesie, et vicarii ipsi in choro extent in bassis sedibus dumtaxat.

14. Item precipimus quod negocia dicte ecclesie per ordinem in ipso capitulo tractim expediantur audianturque voces et vota singulorum sine perturbatione; et qui presidens fuerit in dicto capitulo ad majorem partem deliberantium habeat concludere, omnesque per campane capitularis pulsationem vocentur, ut firmior sit deliberatio, quia quod omnibus tangit ab omnibus

debet approbari; et teneatur ipsum capitulum infra refectorium quousque fuerit capitulum ecclesie emandatum. Poterunt tamen ipsi canonici aliis vel eisdem diebus se congregare ad altare, cum casus emergerit necessitatis.

15. Item ordinamus quod eligantur prepositi, sicut consuetum est, qui curias et audientias solitas diebus quibuslibet, ut moris est, atque judicia et justiciam facere teneantur, sub penis ad arbitrium capituli super ipsos et eorum quemlibet imponendis et exigendis, ne per incuriam et negligentiam ipsorum prepositorum majus inde fiat scandalum et ipsi ecclesie detrimentum et jactura.

16. Item ordinamus quod propterea in tabula chori, videlicet margine superiori, inscribantur duo ex canonicis qui vice et turno suis, qualibet septimana, habeant negotia communia ecclesie prosequi et exercere, cum consilio tamen capituli.

17. Item precipimus et jubemus quod ecclesia ipsa munda teneatur et ab irundinibus earumque nidis vacuetur, vitree, quam citius facultas suppetet, reparentur, et dum servitium exsolvetur divinum, sint ipsi canonici in sedibus chori altis et vicarii in bassis, nullatenusque sinatur laicos inter eos commisceri.

18. Circa vicarios sex majores dicte ecclesie qui de canonicis dicte ecclesie nobis conquesti sunt, asserentes illos mediam prebendam integre singulis ipsorum vicariorum non assignare, sed penes se aliquos fructus retinere et portionem contingentem ipsis ad bursam suam applicare, specialiter intendentes paci et concordie, illam terminantes controversiam, statuimus et ordinamus quod ipsi vicarii sex majores singulariter singuli mediam prebendam sive portionem in decimis, censibus, redditibus, sale et molendinis ac lanis habeant recipere, [sed] nihil in caponibus et gallinis, sigillis, beneficiorum fructibus, justitia, papiro, vendis et emendis percipiant; et personaliter habeant in ecclesia residentiam, et omnibus horis canonicis personaliter interesse [teneantur], sub pena privationis et amissionis fructuum quorum deffectuum taxam capitulo predicto reservatam declaramus : videlicet quod ipsi de capitulo quemlibet viccarium deficientem, pro quolibet deffectu, ultra amissionem distributionis hore principalis, videlicet matutinarum, misse et vesperarum, de simili summa superlucrandum habeant corrigere et animadvertere. De beneficiis vero vacantibus et vacaturis in dicta ecclesia et extra, canonicis et servitoribus ecclesie et non aliis provideant, secundum ordinem et decentiam personarum et servitium factum per eos in dicta ecclesia.

19. Statuimus et ordinamus quod quilibet canonicus in recep-

tione sua teneatur hoc facere sacramentum, et non teneantur alii canonici ipsum recipere nisi illud faciat sub hac forma :

« Ego N., canonicus in hac ecclesia sancti Aredii, ecclesie
» beatissimi Martini Turonensis in spiritualibus et temporalibus
» immediate subjecta, modo instituendus, omnimodam simoniam
» abjuro, in omnibus negotiis et causis que pertinent ad commu-
» nitatem hujus ecclesie fidelis ero, et ad tuendas libertates,
» franchisias, jura et ad procurandas libertatem utilitatemque
» ejusdem ecclesie operam dabo, nec patiar istam ecclesiam
» ab ecclesia [beatissimi Martini] subtrahi sive alienari, et
» consilium quod melius credam, quoties requisitus fuero,
» in capitulo dabo, neque capituli consilia alicui revelabo unde
» dampnum vel dedecus ipsi ecclesie vel personis ejusdem possit
» pervenire. Ita juro quia sum natus de legitimo matrimonio, sicut
» credo, neminemque canonicum fieri concedam quem scivero
» natum de concubina, vel servili conditione, nec libertum vel
» libertinum, nisi fuerit episcopus (sic) vel de hominibus
» beati Martini; neminem etiam in canonicum vel in stal-
» lum recepi concedam qui non faciat hoc sacramentum, vel
» tutor ejus, si intra annos non fuerit pubertatis; et si aliter fac-
» tum fuerit, nec in choro, nec in capitulo cum ipso communi-
» cabo; constitutiones factas et fiendas per dominos de capitulo
» ecclesie predicte beatissimi Martini Turonensis observabo et
» observari faciam; et de primis fructibus prebende mee
» centum libras turonenses fortis monete, pro emendo unam
» cappam ipsi capitulo, persolvam, antequam fructus ipsos
» percipere valeam. Hec omnia bona fide et sine malo ingenio
» servabo. Sic me Deus adjuvet et hec sancta verba. »

20. Item statuimus et ordinamus quod a cetero in dicta ecclesia sancti Aredii, per canonicos ipsius ecclesie aut alios quoscumque, cujuscumque status, gradus, ordinis aut conditionis fuerint, nulle fiant alienationes nec hereditagiorum traditiones in perpetuum, nisi in capitulo generali et super hoc a capitulo dicte ecclesie beati Martini Turonensis decreto accedente et confirmatione.

21. Omnes vero et singulas per quoscumque factas alienationes a tempore litis incepte inter defunctum episcopum Lemovicensem et dictas beatissimi Martini et sancti Aredii communiter ecclesias, ratione jurisdictionis et visitationis ejusdem ecclesie sancti Aredii, usque ad presens, auctoritate nobis commissa et qua fungimur, quatenus de facto sunt, revocamus, cassamus et annullamus penitus et omnino, cassasque, nullas et irritas, vanas et sine auctoritate et solempnitate que decent presumptas declaramus.

22. Item statuimus et ordinamus quod singulis annis bis fiat

et teneatur capitulum generale, videlicet secunda die mensis julii et in crastino beatissimi Martini hyemalis (1) : in quo capitulo habeant canonici supradicti negotia spiritualia et grandia ecclesie determinare et concludere, nec non presentia statuta in quolibet capitulo et in principio ipsius, palam publice legere et in romantio exponere, ut nota sint omnibus, et secundum tenorem ipsorum valeant se regere et gubernare, ipsa servando. Predictorum autem statutorum, ordinationum et declarationum interpretationem ad nos seu superiores dominos nostros tantummodo reservamus, si quid in ipsis presenti aut futuro tempore ambiguum aut minus bene explanatum reperiatur.

23. Item quia bullam sanctissimi et reverendissimi domini pape [Martini] quinti super reductione prebendarum dicte ecclesie sancti Aredii usque ad numerum duodecim canonicorum, cum sex vicariis, qui amplior fluxis temporibus fuerat, in eadem [ecclesia] perlegendam .... illam sine licentia et scientia dominorum decani, thesaurarii et capituli ecclesie beatissimi Martini Turonensis, cui immediate subjecta est dicta ecclesia sancti Aredii, factam reperimus, non approbando nec reprobando, ad dictos dominos nostros superiores in hac parte quod super hoc statutum placuerit (sic), duximus referendum. De ceteris vero que superius scripta non sunt vel ordinata, ad laudabilem consuetudinem dicte ecclesie, quousque aliter per dictos dominos superiores nostros seu eorum deputandos commissarios fuerit et sit ordinatum, duximus referendum et gubernandum.

24. Item volumus et ordinamus quod in litteris dictorum dominorum capituli a cetero factis et fiendis, tam sub sigillis illorum quam pariagii, apponatur clausula mentionem faciens specialiter quod dicta ecclesia sancti Aredii est nobile membrum ecclesie beatissimi Martini Turonensis, ad romanam ecclesiam nullo medio pertinentis, eidemque ecclesie in spiritualibus et temporalibus immediate subjecta.

25. Verum quia per antiqua scripta, sigillis beatissimorum Martini et Aredii ecclesiarum communiter corroborata, reperimus decanum ipsius ecclesie sancti Aredii infra annum post suam electionem sive receptionem in ipsa sancti Aredii ecclesia, ad ecclesiam predictam beatissimi Martini debere venire, et juramentum canonicatus, sicut alii, facere, et insuper fidelitatis quod ipse nec ecclesiam sancti Aredii, nec se a subjectione dicte ecclesie subtrahet nec subtrahi patietur, sed quantum poterit conservabit et tuebitur, et nihilominus libertatem, jura et possessiones ecclesie predicte sancti Aredii diminui patietur nec alie-

(1) C.-à-d. le 12 novembre de chaque année.

nari, attendentes dominum decanum modernum decanatum ipsum per viginti annos et ultra possedisse, neque hoc sacramentum prestitisse, idirco Oliverio *Dalier*, canonico sepedicte ecclesie sancti Aredii ac procuratori dicti domini deacni moderni, prout nobis constitit, injunximus et precepimus quatenus, sub debito sui juramenti, dicto domino decano, magistro suo, quam citius poterit, habeat intimare, prout harum serie intimamus eidem ut infra tres menses proximos a die presentium computandos, prefatus dominus decanus ad ecclesiam predictam beatissimi Martini Turonensis personaliter accedat, sacramentum solitum [prestiturus], et aliud debitum suum soluturus : alioquin ex nunc prout ex tunc et ex tunc prout ex nunc, fructus omnes et singulos dicti decanatus, ubicumque sint et in quibuscumque consistant, ad manum [dominorum nostrorum] ponimus et sequestramus.

26. Statuta autem et ordinationes prescripta in capitulo sancti Aredii lecta per infrascriptos canonicos, vicarios atque chorarios et singulos eorumdem jurari fecimus, qui, tactis sacrosanctis evangeliis, solempniter ea juraverunt firmiter tenenda et adimplenda futuris temporibus ; et ordinavimus quod absentes qui ipsa non juraverunt, quam citius ad ecclesiam accesserint, per capitulum simili modo jurare compellantur. Datum in capitulo predicto sancti Aredii Athanensis, sub anno et die supradictis, presentibus ibidem dominis Bernardo *d'Espina*, cantore et canonico, et Joanne a Royeria, sacrista, Leonardo Bluaudi, Petro Vinhaudi, Guilhermo Dominici, Joanne Rupis, Petro *Sandillo*, Oliverio Dalierii, Marqueto de Cadris et Guilhermo de Manso, canonicis, et Guilhermo de Ranaudi (*sic*), Joanne de Arnaco, Helia de Podio, vicariis in dicta ecclesia, et Petro Boneti, perpetuo vicario sancti Aredii ecclesie parrochialis, Petro *de Vaterimara* (*sic*), perpetuo vicario ecclesie sancti Petri, Petro Tallieti, perpetuo vicario de ecclesia de Nobilia, Guilhermo Hiverii, vicario perpetuo ecclesie de Capella, et Petro *de Marneix*, diacono, Johanne Trefabi et Andrea Regnaudi, chorariis.

Sequentes venerunt qui absentes fuerint in premissis et ea juraverunt supra sacrosancta evangelia se tenere et observare, videlicet dominus Jacobus Columbarii, canonicus, et Gabriel de Bosco, vicarius.

(Copie d'Aug. Bosvieux, d'après le ms. Morange ; exemplaire de M. Boileau) (1).

(1) Morange, à la suite de ces statuts, en indiquait d'autres des 26 août 1490, 15 octobre 1494, 15 juin 1500, de 1511, 1527, 1538, et du 19 septembre 1610, ce dernier en français, dont il rapporte aussi le texte.

STATUTS DE L'ÉGLISE DE GUÉRET
1500

Johannes (1), Dei et sancte sedis apostolice gracia episcopus Lemovicensis, ad perpetuam rei memoriam. Universis et singulis has nostras presentes licteras inspecturis et audituris notum facimus quod ad illa libenter intendimus que in decorem sancte matris Ecclesie, sponso Dei omnipotentis, et augmentum divini cultus, precipue in nostra diocesi, vertere et redundare cognoscimus. Sane pro parte cappellani et presbyterorum ecclesie parrochialis de Garacto, nostre diocesis, seu eorum procuratorum ad hec legitime constitutorum, extitit nobis humiliter supplicatum quatinus communitatem ipsorum curati et presbyterorum olim a nostris predecessoribus concessam et decretatam, in suis juribus et libertatibus hactenus assuetis conservare et manutenere, et nichilominus quasdam statuta et ordinationes, in quodam cisterno (?) papiri nobis oblato et inferius ad longum inserto contentas et descriptas, tamquam in ipsius parrochialis ecclesie ac curati et presbyterorum ejusdem evidentem utilitatem et bonum procul dubio redundantes, ratificare, laudare, approbare, confirmare et ad inviolabilem, perpetuam et stabilem negocii valitudinem, nostrum interponere vellemus et dignaremur decretum. Cujusquidem cisterni papiri tenor sequitur et est talis :

Ad honorem et laudem summe et individue Trinitatis, Patris et Filii et Spiritus sancti, ac beatorum apostolorum Petri et Pauli, sub quorum vocabulo ecclesia parrochialis de Garacto, Lemovicensis diocesis, fundata existit, nos, capellanus et presbyteri communitatis predicte ecclesie, insimul congregati, pro animarum nostrarum ac fidelium deffunctorum salute, ex quorum helemosinis, largitionibus et donis eadem fuit communitas instituta et fundata, statuta et ordinationes inferius descriptas, ne earum evanescat memoria, ut in eadem nostra communitate, perpetuis temporibus, sit ordo condecens, cum beneplacito reverendi in Christo patris et domini nostri, domini Johannis, Dei et sancte sedis apostolice gratia episcopi Lemovicensis, diocesani et superioris nostri immediati, laudabilem nostre et aliarum communitatum diocesis predicte Lemovicensis consuetudinem insequendo, fecimus, statuimus et ordinavimus, et per presentes facimus, constituimus et ordinamus.

(1) Jean de Barton, † 1510.

1. In primis, quia precipua virtutum caritas, que Redemptorem nostrum de sinu patris depposuit, qua cuncti fideles, utraque lege divina pariter et humana, proximorum commoda procurare, incommoda evitare tenentur et precipue sacerdotes, est conservativa communitatum, ideo in primis ordinamus et statuimus ut ipsi nos de communitate predicta, tamquam fratres in Christo Jhesu Domino nostro, diligamus, commodaque nobis invicem quo melius poterimus procuremus, et singulorum eorumdem incommoda possetenus evitemus, et senes juvenes, matura providencia, juxta eorum facultatem protegant et foveant, ipsique juvenes senioribus debitam reverenciam impendant et exhibeant.

2. Qui deinceps, infirmitate aut senio detentus sive aggravatus per aliquos dies absens fuerit, dum tamen fraudulenter et dolose non se absentaverit, nichilominus distributionibus ac si presens existeret, missis exceptis, gaudebit, prout ab antiquo inter nos extitit observatum.

3. Quando vero vigilie, misse, aut vespere, aut aliud divinum officium in ipsa ecclesia decantabitur, singuli presbyterorum de eadem communitate honeste habituati, videlicet suppelliciis mundis, in suo loco resideant, fabulis vel verbis occiosis nullatenus vacent nec per ecclesiam ambulent.

4. Et cum, psallendi gratia, ibidem convenerunt, muta aut clausa labra non teneant, sed omnes in psalmis, hymnis et canticis Deo alacriter modulentur.

5. Cum dicitur : *Gloria Patri et Filio et Spiritui sancto*, omnes consurgant; cum nominatur illud gloriosum nomen Jhesus, in quo omne genu flectitur celestium, terrestrium et infernorum, omnes caput inclinent. Contrarium facientes, si per procuratorem seu punctuatorem communitatis moniti non desistant, distributione illius diei priventur.

6. Cum vero vigilia mortuorum decantatur, qui ante terminationem tercie lectionis non introfuerint, distributionem eorum perdent.

7. Similiter quilibet sacerdos dicte communitatis volens ad sue anime salutem distributiones missarum mereri, tenebitur, ante epistole finem, cum decenti habitu ante lectorium cantare, et Deo devote, prout melius poterit, servire nisi necessitas legitima illum alibi ire seu vacare compellat.

8. Insuper, cum fient absolutiones deffunctorum, ante terciam repeticionem omnes intersint, nisi alibi fuerint legitime occupati, ibidemque nullis fabulis vel verbis occiosis vacent, seu propriis utilitatibus intendant; quod si secus fecerint, distributione dicte absolutionis erunt privati.

9. Ebdomadarius vero curet missas hora competenti celebrare, secundum ejus posse; nec tenebitur aliquis, nisi volens, ebdomadam accipere; et, si accipiat, tenebitur primam seu secundam vel saltem terciam missam dicere. Poterit tamen ceteris de communitate alias missas sue ebdomade conferre et in deffectu illorum de communitate, illas errogare, et si in hiis negligens fuerit, pro qualibet missa duobus solidis privabitur dicte communitati applicandis.

10. Quociens vero officium pro deffunctis celebrabitur, sacerdos celebrans, diaconus et subdiaconus in loco suo remaneant, et subdiaconus crucem pro absolutione portabit, diaconus vero aquam benedictam; qui dicto eorum officio habeant intendere, sub pena distributionis illius diei amictende et perdende.

11. Et si quis in celebrandis officiis, tam in ecclesia quam alibi, clamoribus objurgaverit et ammonitus a procuratore seu punctuatore non destiterit, distributionibus illius diei privabitur dicte communitati applicandis.

12. Circa vero officium procuratoris seu punctuatoris ipsius communitatis, ordinamus et statuimus quod ipse procurator seu punctuator, die festi sancti Michaelis, omnes de communitate congregabit in loco in quo nostras congregationes facere consuevimus, ibidemque omnes procuratorem seu punctuatorem ordinabimus et eligemus in communi, qui papirum in qua anniversaria deffunctorum scripta sunt diligenter perscrutabitur, et unicuique, prout decet, distribuet similiter et missas singulorum prudenter regestrabit.

13. Eligatur vero punctuator seu procurator sufficiens et prudens, juxta posse, qui ingredientes et egredientes diligenter mente habeat, et missas singulis equaliter distribuat.

14. Tenebitur etiam ipse procurator seu punctuator, diebus dominicis, ebdomadarium novum ceterosque de communitate solicitare ut ebdomade sequenti deserviant, juxta voluntatem fundatorum; quod si alter ipsorum in hiis negligens extiterit, duobus solidis privabitur nostre communitati applicandis.

15. Insuper statuimus et ordinamus quod ipsi de communitate predicta, semel in ebdomada, ad convocationem dicti procuratoris seu punctuatoris congregentur, cessante tamen legitimo impedimento. Et si que de novo emerserint, idem procurator seu punctuator eisdem proponere curabit, et secundum oppiniones singulorum, ad majorem et saniorem partem ipsius communitatis super factis et negociis occurrentibus, per cappellanum dicte ecclesie seu ejus vicarium et, in ejus absencia, per ebdodarium concludetur.

16. Cum autem negocium ipsum tangens utilitatem sive detrimentum communitatis de novo emerserit, tenebuntur omnes presbyteri, ad vocem procuratoris seu punctuatoris, ad locum solitum sive alium locum per ipsum procuratorem tunc designatum et assignatum, convenire sub pena eisdem per ipsum procuratorem intimata, ibidemque sedere singuli in loco suo et cum silencio proposita audire et sigillatim singulis suo ordine respondere. Si quis autem, ausu temerario, antequam interrogetur alios clamore turbaverit, et silencium vel sermones aliorum sincopaverit et ammonitus non se emendaverit, tamquam jurgiosus et scandalum faciens, ipso facto, a congregatione ceterorum per mensem repellatur. Et si corde indurato, in mallicia perseverans, noluerit obedire, per annum a distributionibus et cetu aliorum privetur.

17. Tenebitur etiam dictus procurator sive punctuator papirum sive librum communitatis, in qua anniversaria descripta sunt, in ecclesia tenere, missas singulorum pro lucratis regestrare; et si in hiis negligens aut remissus fuerit, suspendetur a punctuatore seu procuratore, et si pertinax fuerit, ab ipso officio procuratoris seu punctuatoris depponatur, et de alio provideatur.

18. Statuimus enim et ordinamus quod, die supradicta, videlicet in crastinum beati Michaelis, bajulus novus eligatur si precedens terminum suum compleverit, et ille de novo electus officium suum exequatur, videlicet omnes redditus dicte communitatis levare et percipere procuret, ac singulis presbyteris pro lucratis eisdem assignata per procuratorem seu punctuatorem distribuere studeat diligenter et solvere sine mora, vel eisdem assignationes tradere competentes. Habeat etiam dictus bajulus fructus subditos assense affirmare et communitas eidem bajulo habeat aliquem vel aliquos associare qui presentes intersint, sine quorum presencia et voluntate nil presumat ipse bajulus liberare seu affirmare.

19. Insuper tenebitur ipse bajulus omnes processus sumptibus dicte communitatis prosequi et ad debitam finem producere, si possit, et in animam ipsius nullum favore, odio, vel amore supportare habeat, vel nullius processus retardare; quod si fecerit, quecumque dampna et interesse ipse communitati res ituere et reddere tenebitur, et nyhilominus distributione tocius anni privabitur. Tenebitur etiam, die assignata, computa reddere ac juramento solemni affirmare, usque ad summam quinque solidorum in eisdem contentam, et rationem reddere villicationis et reliqua, nullumque presencium stipendiare ut eidem, in sue anime detrimentum et fratrum incommodum, auxilium prestet : quod si cognitum fuerit, annuali distributione privetur.

20. Cum quis secreta dicte communitatis revelare depprensus fuerit, ille ad cujus noticiam hoc pervenerit in vim prestiti juramenti tenebitur aliis notificare. Et si ille convictus fuerit legitime, ipso facto, per annum, a fructu communitatis et a cetu aliorum privabitur. Et si secunda vice revertatur, illud domino officiali ceterisque prelibati reverendi domini nostri officiariis intimabitur, et coram eis convenietur ut de tali crimine seu maleficio, juxta sui qualitatem et persone conditionem, gravius puniatur et punitus a tali abstinere, justicia mediante, compellatur.

21. Insuper statuimus et ordinamus quod nullus presumat assignationes argenti vel bladi propria auctoritate levare, nec quitancias signare absque expressa bajuli vel communitatis licentia. Contrarium facientes per annum a missarum dicte communitatis distributione privabitur.

22. Si quis autem bajulum vel ejus commissum verbis vel factis aggrediatur, vel eidem injuriam fecerit, seu bladum vel alia hujusmodi de facto accipere, absque licentia bajuli vel commissi, presumat, a tota sua distributione privetur et per dictum reverendum dominum seu ejus officiarios puniatur.

23. Deinde statuimus et ordinamus quod, si quis ex communitate inventus fuerit licteras, papiros, testamenta, codicillos, munimenta, vel alia documenta dicte communitatis surripere et in alienam manum mictere vel etiam hujusmodi propriis utilitatibus applicare, vel partibus adversis ipsius communitatis de secretis ipsius aliquid revelare, ab omni distributione et ceterorum societate per annum suspendetur, et si rebellis extiterit, in perpetuum ab ipsa communitate privetur.

24. Si quis vero sacerdos requestam fecerit pro ingressu communitatis, debet audiri, cessante tamen impedimento legitimo; primaque congregatione domini presbyteri dicte communitatis, si expediat, tractabunt si sint filii regenerati in fontibus baptismalibus ipsius ecclesie, et in quantum alias non reperirentur, ydonei circa artem musice, que domum Dei multipliciter ornat, famamque et bonum testimonium. Deferetur querela apud ipsum reverendum dominum nostrum, seu ejus officiarios ad hec potestatem habentes, qui super illis determinabunt, prout fuerit juris et rationis.

25. Si quis autem crimine publico annotatus, vel ludo alearum, cartularum vel taxillorum deditus per famam publicam repertus fuerit, vel etiam lubricus, blasphemus, linguam non refrenans, vel etiam justitia aliquo casu convictus, seu habitu dissoluto incedens repertus extiterit, ab ipsa communitate suspendatur,

donec abstinens se purgaverit debitoque punitus et correctus existat.

26. Insuper statuimus et ordinamus quod clerici, sacerdotes et non sacerdotes de filiis regeneratis ipsius ecclesie existentes, suppellicium accipient de manu capellani dicte ecclesie, si presens fuerit, et in ejus absencia, de manu sui vicarii, et in absencia vicarii, de manu ebdomadarii, vocatis presbyteris de dicta communitate quos racionabiliter convocare consuetum est.

27. Statuimus insuper et ordinamus quod qui de cetero ad communitatem recipientur, nullam refectionem communem facient, ut tollatur oppressio pauperum sacerdotum; sed unusquisque equaliter, pro introitu dicte communitatis, summam decem librarum pro capa et oneribus dicte communitatis supportandis, ipsi communitati et cuilibet sacerdoti dicte communitatis unum par apotecarum, ut eum dicti sacerdotes associare melius inclinentur, tribuet : que summa decem nunquam dividetur inter singulos, sed ad supportanda onera dicte communitatis in thesauro communi reponetur. Et tales de novo recipiendi juramentum in talibus fieri et prestari solitum, in manibus dicti cappellani seu ejus vicarii et in eorum absencia, in manibus ebdomadarii, in presencia presbyterorum de communitate predicta, prestare tenebuntur.

28. Et nichilominus statuimus et ordinamus, consuetudinem nostre predicte communitatis et aliorum communitatum sepedicte diocesis insequendo, quod quis habens beneficium, curatum aut prebendam vel semiprebendam in ecclesia cathedrali aut collegiata, nullomodo ad communitatem nostram predictam recipietur.

29. Item, nec pariter recipietur ad dictam communitatem nisi alter parentum fuerit in fontibus baptismalibus predicte ecclesie de Garacto regeneratus, et faciat residenciam in predicta parrochia de Garacto.

30. Item, et si contingat aliquem parrochianum dicte ecclesie de Garacto, ex justa causa sicuti ex peste vel alio legitimo impedimento, a dicta parrochia absentem, fore baptisatum in aliena parrochia, et hujusmodi impedimento cessante, habeat animum revertendi ad dictam parrochiam et in eadem residenciam faciat, statuimus et ordinamus quod recipietur ad predictam communitatem, non obstante quod sit in aliena parrochia baptisatus.

31. Consequenter statuimus et ordinamus quod, eadem die superius designata, clavem porte communitatis, si quam contigerit nos futuris temporibus habere, alicui fideli et industrioso sacerdoti de ipsa communitate tradere tenebuntur, qui custodiam capparum et licterarum ipsius communitatis habeat, easdem

cappas, festis condecentibus, ad chorum defferre teneatur et festo elapso ad eandem domum communitatis referat, et caveat summopere ut nullos extraneos in domum predicte communitatis introducat, et nichil inde asportet absque licentia communitatis, nec minimam portionem papiri seu cujuscumque rei de thesauro deferat. Quod si fecerit, ab officio suspendetur; et si pertinax non destiterit, reatum suum deffendens, per annum a societate ceterorum presbyterorum et a receptione distribucionum suspendatur, et si non restituerit ablata, ab ipsa communitate perpetuo privetur.

32. Si quis autem pro negociis communitatis profectus fuerit, procurator seu punctuator habeat omnes distributiones ejusdem cartipella regestrare, et quia dignus est operarius mercede sua, pro qualibet dieta, ultra expensas, viginti denarios computabit. Et cum reversus fuerit, sine mora que egerit referet et computa reddet; alioquin supradicta remuneratione privabitur.

33. Portantes pueros ad baptismum distributiones percipient, pariter et qui invitati fuerint ad nupcias sive ad baptismalia aut ad funeralia deffunctorum, illorum de consanguinitate dumtaxat.

34. Hac enim ordinatione statutum est ut noviter ingressi ipsam communitatem agentur manum ad aratrum mictere bajulique onus assumere, ut discant labores communitatis supportare ac etiam memoriter teneant bona ipsius et redditus cognoscant, ut tempore opportuno ipsam tueri possint ac futuris certa documenta relinquere, dum tamen ipsi noviter ingressi ad hoc faciendum sint capaces, juxta arbitrium illorum de communitate, et hoc sub pena perditionis bladi anni subsequentis.

35. Die vero superius expressa debent presbyteri claves bonorum communitatis, prout eis videbitur, aliquibus de novo tradere, nisi aliquis ex precedentibus communitati valde videatur ad hoc utilis. Illi vero licteras vel alia necessaria bajulo vel requirentibus, de et cum licentia communitatis, liberabunt, recepto tamen prius signaculo obligatorio illius vel illorum qui licteras asportabunt. Et illud in conspectu omnium, quando computa reddentur, refferre debebunt et tenebuntur : alioquin mercede condecenti privabuntur.

Nos igitur, episcopus prefatus, volentes ut ex debito pastoralis officii tenemur, regimini et ordinationi dicte ecclesie salubriter providere et ministros dicte communitatis in pace quietos vivere, ut dono illius in futurum altissimo famuletur, audita ipsorum curati et presbyterorum predicta supplicatione seu requesta, eidemque tamquam juri et rationi consone favorabiliter annuentes, visis prius et in nostra presencia lectis et perlectis dictis statutis et articulis, in dicto cisterno papiri superius inserto latius contentis, quia ipsa statuta et ordinationes predicte cedunt et redundant, prout nobis debite constitit atque constat, in decorem dicte ecclesie et parrochianorum ejusdem et divini cultus augmentum, omnia et singula statuta et ordinationes et reliqua omnia que in superioribus sunt expressa laudamus, confirmamus, approbamus, omologamus et expresse ratificamus, eaque edicto perpetuo et irrefragabili a cetero valere flerique et servari decernimus, volumusque et jubemus perpetuo teneri et habere perpetui edicti et roboris firmitatem, in hiisque omnibus et singulis, tamquam rite et legitime peractis, ad perpetuam rei memoriam, auctoritatem nostram ordinariam una cum decreto interposuimus et interponimus per presentes. Cum hoc quod presbyteri dicte communitatis perpetuo remanebunt obnixii et obligati ad psallendum seu decantandum singulis diebus dominicis et festivis, dum misse, vespere et aliud in eadem ecclesia alta voce celebrabitur divinum officium. In cujus rei testimonium, nostrum magnum sigillum his presentibus licteris duximus apponendum. Datum apud Garactum, predicte nostre diocesis, carissimo fratre nostro domino Bernardo Bartonis, milite, vicecomite de Montebasso, domino locorum de Nailhaco, Fleuraco et de Lubignaco, discretis viris magistris Johanne de Venaco, in decretis baccalario, de sancto Pardulpho et *de Vedays,* Anthonio *de Lahoreys,* de Pionaco et de sancto Fideli parrochialium ecclesiarum sepedicte nostre diocesis rectoribus, et pluribus aliis presentibus, vicesima sexta die mensis marcii, anno Domini millesimo quingentesimo.

Constat de rasuris, in vicesima linea, non vicio sed errore factis, videlicet : *admictente et perdende.* Datum ut supra. FEYDITI.

Per dominum meum,
FEYDITI.

(Copie d'Aug. Bosvieux, sans indication de source.)

STATUTS DE L'ÉGLISE DE BELLAC
1599

A LA COMMUNAUTÉ DES PREBSTRES ET AUTRES ÉCLÉSIASTIQUES DE BELAC

1. De l'authorité de reverendissime père en Dieu, messire Henry de la Martonie, evesque de Lymoges, faisant sa visite generalle en son diocèse, est enjoinct que les ecclésiastiques por-

teront habitx noirs decens a leur vacation et n'entreront à l'eglise qu'avec leurs robes longues, les manches vestues et non paudantes, et avec leur bonnet carré.

2. Auront tous la couronne avec la barbe courte, sans moustaches.

3. Les colletz et manchettes de leurs chemises seront simples et sans ouvrage exquis ne sans aulcune fraize.

4. Ne se masqueront, ne danseront, ne hanteront les tavernes.

5. Feront l'office à l'heure certaine et commode, poséement et avec attention et reverence, après le son de la cloche, de telle façon que l'on voye et connaisse la difference des festes solennelles et des autres jours feriaux.

6. Ne se promeneront dans l'eglise et n'y traitteront d'autres affaires que de devotion durant le service divin ne après, si ce n'est chose qui gouverne le dict service.

7. Au commencement des heures, à la fin de chasque pseaulme, lors qu'on chante le *Gloria patri* et toutes les fois qu'on prononce le nom de JESVS, se leveront tous et mettront le bonnet à la main avec reverence.

8. Tiendront les nappes des antelz, les corporaliers, manches de calices, aubes, furpelis blancz et netz.

9. N'adjouteront aux messes et offices nouvauté quelconque; ains les diront et feront suivant les ceremonies couchees es misfels et graduels, sans y changer ne innover.

10. Les heures et livres de l'office ordinaire ne se changeront pour aucun anniversaire; ne se fera aucun office de mors les dimanches et festes solennelles si ce n'est qu'on ensevelisse un trespassé, et à cet effaict encore on choisira l'heure la moins incommode au susdict office ordinaire. Les vigiles des mortz se pourront touttesfois dire les dymanches, pourveu que ce soit après vespres.

11. Les sacrementz ne seront administrez par autre que le curé, ou celuy qui aura charge expresse du dit curé.

12. Personne ne baptisera, n'entendra les confessions, ne donnera la benediction nuptiale ni la sainte communion ni l'extrême onction que le curé ou tel autre qu'il deputera, suffisant pour ce faire et surtout pour ouyr les confessions.

13. Les bans seront proclamez trois divers dymanches avant que le mariage soit celebré, et ce durant la messe de la parroisse.

14. Les mariages claudestins seront prohibez sur les peynes portées par le droict et conciles et le décret du concile de Trente contenu en la 24ᵉ sess., chap. I; c'est le 8ᵉ sous-chapitre, en la traduction francoise de la reformation du mariage. Sera leu le pre-

mier dymanche prochain au prosne et releu toutteffois et quantes qu'on verra en estre besoing, affin que le peuple en soit instruit.

15. La benediction nuptiale ne s'ordonnera par autre que par le curé ou celuy qu'il commettra; et ce dans l'eglise, durant la messe qui ne se dira que despuys l'aube du jour jusques à midy.

16. Aucun des prebstres ne lira aucunes permissions de tailles, baulx, affermes, lettres ou actes judiciaires ny aucunes choses prophanes durant la messe ny après ycelle, en aucun temps dans l'eglise; ains laisseront faire telles publications aux sergents, et ce devant la porte de l'eglise si bon leur semble.

Touttes les susdictes choses seront observées par les susdictz ecclesiasticques a peyne d'excommunication et d'amande arbitrere.

Fait à Bellac le 18 juillet 1599.
Du commandement de mondict seigneur de Lymoges.
PALAYS.

(Arch. comm. de Bellac, série GG. 12. Orig. sur parchemin.)

STATUTS POUR LA RÉFORMATION DE L'ABBAYE DU MOUTIER D'AHUN (1).

1611

1. Frere Sebastien Marcaille, bachelier formé en sainte theologye, vicayre general de Monseigneur l'illustre et reverandissime abbé de Cluny, chef et general administrateur de ladite abbaye et de tout l'ordre de Cluny, commis et depputté à la visite et reformation de l'abbaye du Moustier d'Ahun, au diocèse de Limoges, autrefoys de l'ordre sainct Benoist, à present unye et agregée à l'ordre de Cluny, en continuant nostre visite avons, à la descharge de nostre consciance, au salut des âmes, à la gloyre de Dieu et edification du peuple, pour le restablissement des mœurs et regles monasticques en cette maison, exhorté et enjoint, exortons et enjongnons à tous les relligieux sans exception l'assistance du dyvin service et office aux heures canonialles, matynes, laudes, pryme, tierce, sexte, nonne, vespres et la messe, aux heures qu'ils le doivent dire et cellebrer, avec les inclinations, prostrations, reverances et ceremonyes acoustumées en l'ordre, là où sera gardé le sillance estroictement, sans que personne, durant icelluy, y puisse parler d'aucunes affaires, resceindans toutes sortes de riz et de indevotions; que tous escou-

(1) Arr. de Guéret, Creuse.

tent et prestent l'aureille à celluy qui, à raison du chant, commande au chœur, pour obvier aux dissonances ou tumultes qui y arriveroyent, où Dieu seroyt offancé et le prochain peu ediffyé.

2. Sy quelqu'un, par paresse, arryve tard à l'esglize, aux heures canonialles du divin service, qu'il ne se mette poinct au chœur en son ordre, mays aux basses formes, s'il est prebstre, et s'il est novice, au lieu où le supperieur luy prescrira, affin qu'il soyt veu de tous et aye honte et soyt plus dilligent et se corrige à l'advenyr.

3. Quand l'heure du service dyvin sonnera, que chacung, sans retardacion, quitte toutes œuvres, se achemine à l'esglize et ne prefere aucune chose à l'œuvre de Dieu.

4. Que tous se trouvent au reffectouer avant qu'on face la benediction, et que personne ne se separe que graces ne soyent dictes.

5. Sy quelqu'un, soyt en chantant ou lisant, faict quelque faulte, qu'il face satisfaction en se prosternant publiquement et devant tous bien humblement.

6. Que celluy qui aura faict faulte publicq, qu'il recognoisse sa faulte au chappitre ou au reffectouer, se jettant au pied du supperieur, luy requerant sa benediction.

7. Ceux qui vont sur les champs se recommandent aux prières de tous; et tousjours, à la fin de l'oraison de l'office divyn, soyt faict mantion des absens, en disant : *Famulos tuos ab omni adversitate custodi*; et quand ilz seront revenuz de deshors, se prosternent devant tous, affin qu'on prye Dieu pour eux.

8. Nostre bon pere sainct Benoist veult aussy et commande, pour nous maintenyr en paix de consciance, que sy nous appercevons tant soyt peu que nostre superieur ou autre antien soyt aucunement couroucé contre nous, que nous nous prosternions devant eux, à leurs pieds, jusques ad ce que nous aye pardonné et donné leur benediction.

9. Que les aulmosnes soyent distribuées fidellement tant generalles que journallières aux pauvres, mallades, necessiteux, passans, mandians et autres, sellon l'intantion des fondateurs.

10. Que tous sans exception vyvent et prenent leurs repas dans le grand reffectouer, quand il sera en estat, et qu'ailleurs ne soyt administré aucune pitance, hors le temps de malladye; et cependant vivront en la chambre du sieur abbé, comme ilz ont faict cy davant, despuis qu'ilz vivent en communaulté.

11. Que pandant le repas soyt faict lecture de la vye des Saintz ou de la regle sainct Benoist ou autres livres spirituelz en françois, pour en tirer ediffication. Aprez le disner, que tous ensemble s'en allent randre action de graces à l'esglize, en chantant à voix

haulte : *Miserere mei, Deus,* et ce qui est ordonné, sellon la coustume de l'ordre.

12. Que tous ayent chambre en particulier au dourtouer et y facent leur demeure, et que personne n'y interrompe le repos d'aultruy.

13. Que personne à l'advenir ne playde plus par devant juges seculliers, soyt tant pour leurs vestures, alimans, que pour aultre subjet, l'ung entre l'aultre, ains s'addressent pardevant Monseigneur de Cluny, pour luy requerir justice, et ce sur peyne d'excommunication.

14. Que personne ne soyt sy hardy d'introduyre aucunes filles ou femmes dans l'encloz de la maison de céans, ou les frequanter ailleurs, sur la mesme peyne.

15. Que personne ne sorte du cloistre, sans la licence du superieur claustral.

16. Que personne ne boyve ou mange en tavernes, cabaretz ou maisons des seculliers, sy ce n'est quand ils vont sur les champs pour affaires, par congé du superieur.

17. Que tous portent leur couronne en la manière qu'on la porte en l'ordre, le chapperon en teste, et l'habict regullier avec la robbe ceincte.

18. Que tous au moingz se abstiennent de manger chair le mercredy, soyt au couvent, soyt sur les champs, et tous les jours durant le temps de l'advent, et gardent les jeusnes acoutumés en la regle, en tant que leur infirmité pourra porter.

19. Qu'il ne soyt permis à qui que ce soyt de tenir armes en sa chambre et d'aller à la chasse, à peyne d'estre chastyé sellon la rigueur des status de l'ordre.

20. Qu'on aye une charité et vigillance speciale sur les freres malades, les assistant de visites et de toutes autres choses necessayres, ainsy que nous est commandé par nostre pere sainct Benoist.

21. Que les provisions des bledz et vins et autres alimentz soyent faictes de mesnage en temps opportun, affin que rien ne manque aux jours et heures que les distributions se doibvent fayre, soyt au disner, soyt au soupper.

22. Que nul ne presume coucher hors du monastere à peyne d'excommunication, pour quelque cause que ce soyt, excepté ceux qui, par licence des superieurs, vont sur les champs pour les affaires du monastere.

23. Seront acheptés deux manteaux qui seront gardés pour ceulx qui seront licenciés d'aller sur les champs, et sera nourry ung cheval pour aller aux affaires de la maison.

24. Quand ilz yront sur les champs, qu'ilz portent leurs habitz regulliers et conversent le plus modestement que faire se pourra avec les seculliers, et qu'ils se donnent garde par leurs desportements de les scandaliser; qu'ilz fuyent et esvitent toutes sortes de devys mondains, tous jeuz de cartes et de dez et autres dissolutions où le prochain pourroit estre scandalisé.

25. Qu'ilz ellisent un d'entr'eux qui aura la charge de l'esconomye, recepvra les cens et rantes, aura une clef du grenier des grains, et le superieur une autre, pour obvyer à tous abbus, et de deux moys en deux moys rendra compte fidele de sa charge au supperieur et autres; et attandu qu'ilz sont mal en ordre et despourveus d'acoustrements, nous voullons qu'à chacun d'eux, tant prebstre que novice, soyt achepté au premier jour une robbe de drapt noir, une cotte et chapperon, et qu'ilz ne soyent plus differans en leurs habitz.

26. Que les novices reverent les prebstres et leur rendent obeissance, sans s'elever en aucune manyere, sur peyne d'inobediance et punition regulliere.

27. Que personne desdictz relligieux ne puisse faire dire ses messes par autre que par les religieux, soyt la messe de prime ou la grande messe, et qu'il ne soyt permis aux prebstres seculliers de cellebrer la messe au grand autel du chœur.

28. Surtout qu'on veilhe sur l'instruction des novices, et qu'il leur soyt donné un maistre idoigne et capable pour les redresser à la pieté, crainte de Dieu et autres choses necessayres à la perfection de leur estat.

29. Que les obitz et messes pour les trespassés soyent cellebrées aux jours qu'on est obligé, sans obmission quelconque.

30. Deffandons très expressement de se injurier ou semer noises, faulx rapportz des ungs contre les autres; ains les exortons tous ensemble de vyvre en bonne paix et concorde, sans murmure, envye ou division.

31. Que chacun se retyre aprez soupper, heure de huict heures, au dortouer en sa petite chambrette, ou autre heure, sellon les saisons, ainsy qu'en ordonnera le supperieur claustral, demeurant paisibles chacun en son particulier, sans bruict, pour n'empescher ceux qui vouldroyent faire oraison, lyre, ou prandre leur repos.

32. Que personne n'atante par voie de faict ou main-mise contre son compagnon, à peyne d'encourir excommunication, de laquelle personne ne le pourra absoudre que Monseigneur de Cluny.

33. Que personne ne presume deffandre ou prandre la parollé pour ceux qui seront repris de leurs faultes par le superieur ou

quelqu'un des autres; et pour esviter à scandale, que nul présume attanter, pour esperance de quelque profict tamporel, faveur ou aultre bien, recepvoir relligieux borgnes, boussus, bastardz ou notés de quelque autre insigne deformité ou infamye.

34. Que personne ne se trouve aux nopces, espousailles, compaternités, dances et aultres assemblées peu decentes à leur profession, sur peyne de punition regullière.

35. Les portes du monastere soyent fermées à clefz, affin que le passaige soyt precluz aux religieux et à ceux de deshors qui n'y pouront deshormais entrer sans la licence du superieur.

36. Nous ont les dictz relligieux tous ensemble remontré que despuys l'an passé, les doubliers et simpliers, officiers claustraux et non officiers, prebstres proffectz, d'ung commung accord, voulloyr et consentement ont mis en la masse du commung entierement tout leur revenu; à ce moyen ont vescu en repos et plus contens quilz n'avoyent faict auparavant, nous requerant d'une mesme voix de voulloyr agréer et dresser ung statut irrevocable pour ce subjet. A quoy optemperans, nous voullons et entandons que ledict accord tiendra et demeurra en son enthier, tousjours à l'advenir, et ne sera plus loisible à qui que ce soyt, sans exception, avoyr ou retenir aucune chose sy non en commung, ainsy qu'ilz ont voullu et consenty entre eux; et sera le bien de la communaulté esgallement en toute fidelité desparty et employé aultant au profict de l'ung que de l'autre, soyt pour les vestemens et allimans et autres necessités, à la réception des survenans et acquittement des charges des offices particulliers. Et à cause de la demission qu'ilz ont faict du revenu de leurs offices, ordonnons par ainsy que la distribution double pretandue par frere Louis Pailleron, despuys le temps qu'ilz ont commencé à vyvre en commung, mesme avec ledict Pailleron, comme appert par acte du senechal de la Marche ou son lieutenant, du 9me aoust 1610, signé Pernichon, greffier, cessera et demeurera entierement estaincte: ledict arrest à la charge aussy que les simpliers et tous autres mutuellement se soulageront à cellebrer les messes et surporter autres charges auxquelles particullierement leurs offices les obligoyent, comme y estans à present tous esgallement tenuz par ensemble et non plus en particulier, sy non par rang et l'ung après l'autre, comme sera ordonné par le supperieur.

37. Ordonnons, sur les remoustrances du secretain, que, pour son soulagement, il sera assisté d'ung serviteur pour sonner les cloches aux heures du service, qui sera salaryé par la communaulté.

38. *Item,* voullons que les ditz religieux, pour leur service

tant en general que particulier, puissent avoir deux serviteurs, lesquelz ilz sallarieront ainsy qu'il sera convenu.

39. Plus, nous ont remontré que de tout temps ilz ont acoustumé de donner, chacun an, deux sextiers de bled à un notaire qui est chargé, toutefoys et quantes qu'ilz le veullent appeller, d'escryre leurs lettres missyves, deliberations, exploitz, titres et contractz, et nous ont presanté Mᵉ Pierre Bataille, notaire royal, pour le confirmer ; lequel Bataille nous avons continué en ladicte charge, conformement ausdictes requisitions et aux gaiges accoustumés.

40. Pareillement lesdictz relligieux nous ont requis de voulloyr continuer Mᵉ Guillaume Alacathin, leur chirurgien, qui de temps immemorial ou ses predecesseurs les ont fidellement servis, et que les gaiges de huict septiers bled seigle luy soyent distribués chacun an par le sieur abbé, sellon qu'il est tenu et a acoustumé ledit Alacathin les recepvoyr d'icelly, ce que nous leur avons accordé ; et à leur requeste avons confirmé en ladicte charge ledict Alacathin, aux gaiges acoustumés, et y obligeons ledict sieur abbé.

41. Nous enjongnons et commandons à tous les relligieux d'observer et garder nos dictes ordonnances et n'y contrevenir aucunement, en vertu de saincte obediance ; exortons et neantmoingz commandons très estroictement à Domp P. Villatte, vicayre général, de les fayre garder, de chastier et punyr les contrevenans ; de ce nous luy donnons authorité et pouvoyr, et enjongnons à un chacun luy rendre toute obéissance.

Lesdictes ordonnances ont esté leues en chappitre, en presance de tous les susdictz relligieux qui ont promis sans contredit de les garder. En tesmoinage de quoy ilz ont signé avecq nous, le vingt-unième jour d'aoust mil six cens unze.

(Copie d'Aug. Bosvieux, sans indication de source.)

STATUTA SINODALIA DIOCESIS LEMOVICENSIS
[1519]

Tel est le titre d'une plaquette de 36 feuillets in-12, provenant de l'ancien séminaire des Ordinands de Limoges (1) et conservée aujourd'hui aux Archives

---

(1) On lit en effet, à la marge de la première page, d'une écriture du xvıᵉ siècle : *Jehan Solier, pbre de Lostanges, Lem. dioc.* ; — et plus bas : *J. Soulié, pbr. de Lostanges* ; — au-dessous du titre, d'une écriture du xvıɪᵉ siècle : *Ex libris seminarii Lemovicensis.*

départementales de la Haute-Vienne (1). Cette plaquette est un des rarissimes exemplaires de l'unique édition de ces statuts, imprimée on ne sait où, en caractères gothiques, à une date inconnue, mais certainement très rapprochée de la date de promulgation.

C'est cet exemplaire que nous reproduisons ici dans sa partie essentielle, c'est-à-dire à l'exclusion des articles dont l'énumération suit :

F° 2 v°. Caractéristique du bon prêtre : *Bonus sacerdos. Primo, debet esse alienus a peccatis, segregatus a populis*, etc.

Ibid. Hymne attribuée à saint Augustin : *Carmen beati Augustini de dignitate sacerdotum*.

F° 4 r°. Table des chapitres : *Ordo contentorum in hoc volumine*.

F° 28 v° et ss. Série de définitions casuistiques, de préceptes moraux, de règles canoniques, en vers, annoncée par ces mots : *Quia plurima sacerdotibus pernecessaria in hoc penitentiali opusculo continentur que potuissent diffusius in statutis nostris pertractari, ad tollendam diffusionem ut brevius multa complectantur huic operi inseri mandavimus*.

Le dernier feuillet se termine ainsi :

Item, precipimus sub pena excommunicationis et emende ut omnes sacerdotes, curati et eorum vicarii ac a[lii] curam animarum habentes et qui sacramenta ecclesie ministrant, habeant istec nostra statuta sinodalia (2) *manu nostri [se]cretarii [aut] alterius per nos ad hoc commissi signata infra proximam sin[odum], adminus infra festum omnium Sanctorum, et ea legant, [re]legant et perlegant saltem ter aut quater in anno, et que in [ii]sdem sunt diligenter adimpleant et adimpleri procurent*.

Lecte et publicate fuerunt he constitutiones seu statuta [sinoda]lia in sancta sinodo per nos in ecclesia nostra Lemovicensi .... mensis maii, anno Domini millesimo qu[ingentesimo decimo] nono (3) *celebrata*.

Sur la première page et immédiatement au-dessous du titre, se voit une gravure au trait mesurant 0m,125 millim. sur 0m,090 millim. Elle figure une arcade sous laquelle, à droite, saint Martial, en costume d'évêque, est censé dicter les statuts. En face de lui, saint Etienne, patron de la cathédrale, semble l'écouter ; il tient de la main gauche un livre fermé et de la main droite la palme des martyrs. Les deux personnages sont debout et tournés l'un vers l'autre ; ils n'apparaissent par conséquent que de trois quarts.

Les modifications que nous avons cru devoir apporter au texte de l'exemplaire précité se bornent à peu de chose : correction de quelques mots fautifs, redressement de quelques phrases boiteuses, mise en italiques des passages

---

(1) Série G., fds de l'Evêché, n° prov. 9135 ; reliure moderne. Le bas du dernier feuillet est détérioré.

(2) Cf ci-dessous titre XXV, art. 2.

(3) Philippe de Montmorency, qui promulgua ces statuts, occupa en effet le siège de Limoges du 18 octobre 1517 au 6 octobre 1519.

de l'Ecriture rapportés, numérotation des titres par chiffres romains et des articles par chiffres arabes. Ces modifications sont d'ailleurs mentionnées en note toutes les fois qu'il y a lieu.

A. L.

COMPENDIUM (1).

Philippi Lemovicensis episcopi subditis suis exhortatorie epistole. — I. Quomodo sacerdotes debent venire ad Synodum. — II. Nomina eorum qui tenentur comparere in Synodis. — III De Sacramentis. — IV. De Baptismo. — V. De Confirmatione. — VI. De Confessione. — VII. De Sacramento altaris. — VIII. De sacris Ordinibus. — IX. De Matrimonio. - X De postrema Unctione. — XI. De Testamentis. — XII. De Sepulturis. — XIII. De Jejuniis. — XIV. De Decimis. — XV. De Sententiis excommunicationis. — XVI. De Concubinariis. — XVII. De Blasphemis et renegantibus Deum. — XVIII De Religiosis difformatis. — XIX. De Usurariis et Aleatoribus. — XX De Predicatoribus et Questoribus. — XXI. De Confratriis et Communitatibus. — XXII. De Officio capellanorum et sacerdotum. — XXIII. De interiore Honestate ecclesie. — XXIV. De Moribus et honesta conversatione sacerdotum — XXV. Aliqua Statuta in generali. — XXVI. De Hospitalariis et Elemosynariis. — XXVII. De Vicariis. — XXVIII. De Executione litterarum curie Lemovicensis. — XXIX. De Residentia curatorum. — XXX. De Processionibus. — XXXI. De Fabrica matricis ecclesie Lemocicensis. — XXXII. De Confratria S. Stephani.— XXXIII. De Archipresbyteris.

[*Philippi Lemovicensis episcopi epistola I.*]

Philippus de Montmorensi, permissione divina episcopus Lemovicensis, universis et singulis abbatibus, prepositis, decanis, prioribus, archipresbyteris, capellanis, vicariis perpetuis, presbiteris ceterisque viris ecclesiasticis ac personis aliis quibuscunque nobis subditis diocesis Lemovicensis, in Domino salutem.

Cum injunctum nobis officium et suscepti pastoralis regiminis cura nos interius exteriusque non parum sollicitent gregis nobis commissi jamdudum diformatos mores in melius commutare, post planctus et ululatus amarissimos sponse nostre graviter conquerentis de varia diformatione filiorum suorum in via morum nequiter errantium, quantum cum Deo possumus pro viribus insistentes, temerarium propositum reprimere cupientes, necesse duximus statutis et ordinationibus ingruentibus malis

---

(1) Nous reproduisons ici les divers titres des statuts, que l'ordo de l'exemplaire donne sous une forme souvent abrégée. Cet ordo mentionne d'ailleurs un titre : *De denario christianitatis*, que les statuts ne contiennent point.

occurrere secundum antiquorum patrum decreta, divini et humani juris tenorem insequendo, ne sacerdotes pretextu ignorantie per obliquum incedentes, disciplinam non apprehendentes, pereant de via justa et sanguis eorum de manibus nostris requiratur. Et quia quotidie plus solito nova de novo emergunt vicia, que novo indigent auxilio, et usque adeo hac tempestate corrupti sunt mores ecclesiasticorum ut vilescat ordo et sint ipsi sacerdotes in opprobrium hominum et abjectionem plebis, nova novis morbis remedia imponentes malicie temporis obviare decrevimus. Igitur ad Dei omnipotentis ejusque sacratissime genitricis Marie ac beati Stephani prothomartyris patroni nostri et beatissimi Marcialis Aquitanorum apostoli totiusque curie celestis laudem et gloriam plenamque subditorum nostrorum instructionem et consolationem, digesto super hoc habito consilio, anno Domini millesimo quingentesimo decimo nono, die vero v maii, in ecclesia nostra Lemovicensi sinodum nostram generalem celebrantes, vestigiis predecessorum nostrorum inherendo, infra scriptas ordinationes, statuta et constitutiones auctoritate ordinaria, de consilio venerabilium fratrum nostrorum decani et capituli predicte ecclesie nostre Lemovicensis duximus promulgandas, publicandas ac impressioni demandandas, ut nullus ignorantie causam pretendere valeat; volentes expresse statuta predecessorum nostrorum (1) (quorum substantiam fere omnem breviando delegimus) in suis robore et vigore permanere.

[Philippi Lemovicensis episcopi epistola II.]

Philippus de Montmorensi episcopus Lemovicensis sacerdotibus suis salutem, pacem et sempiternam in Domino benedictionem.

Obsecro vos, fratres in Domino et filii mei carissimi (qui sum vinctus in eodem et missus ad vos ut a rugiente leone, morsibus ferarum et adversantium cunctorum vos reddam innocuos et ad tempus per colles et feraces agros Lemovicenses uberrimis et tam salubribus educem pascuis ut tempore opportuno Pastori summo vos ipsos reddam pingues bonis operibus et omni lesione immunes), digne ambulate ea vocatione qua vocati estis (2), cum omni scilicet humilitate et mansuetudine, cum omni morum gravitate et honestate et honesta conversatione inter gentes, ut in incessu, habitu, vita, nutu, gestu, verbo, signis et exemplo

---

(1) Allusion aux statuts de la cathédrale de 1330 et 1508.
(2) Cf. Ephes. IV. 1,

nichil temerarium in vobis perpendatur et in nullo possit offendi
dignitas sacerdotalis. Tanta siquidem excrevit immodestia multorum ut plebei fere omnes acclament contra vos et aures nostre
quotidianis clamoribus obtundantur. Et qui omnibus deberent
esse in exemplum, honorem et consolationem facti sunt in deri-
sum, in capite omnium platearum. Si voluntas Dei est ut bene-
facientes obmutescere faciatis detractores et maliloquos de vobis,
tollite occasiones maliloquiorum ut qui non sine causa consueverunt detractare, de vobis obmutescant. Vix enim benedicetur
de vobis si mali, et raro male si boni sitis. Si, dicente Domino,
lux estis mundi, luceat lux vestra (1), ne tenebre vos comprehendant
et vos et alios vestro malo exemplo in profundum demergatis. Si
sal terre (2), nichil nisi salitum, digestum et bene consultum de
ore vestro prodeat, et discatis potius tacere quam male loqui. Abs-
tinete ab omni lascivia et contubernio malorum. Estote imitatores
mandatorum Dei (3), ut qui sunt vobis commissi vos imitentur.
Itaque, vinitores vinee Domini, omnis vestra actio debet esse populi
instructio et vita vestra talis debet esse que ab omnibus debeat
imitari. Pensitate ad quam dignitatem et honorem in partem
sortis sue vocavit vos Dominus, et quanto digniores tanto culpa-
biliores si declinaveritis a via recta. Jamjam cessent dissolutio-
nes, et vicia commutate in virtutes. Legite libenter et habeatis
institutiones nostras, quas ad instructionem vestram et gregis
vobis commissi exegimus. Rationem habeatis dignissimi status
vestri. Emendemini in melius. Quiescite agere perverse. Discite
benefacere. Nemini date ullam offensionem ut non vituperetur
ministerium vestrum. Modestia vestra nota sit omnibus hominibus,
et apprehendite disciplinam ne quando irascatur Dominus et tandem pereatis de via justa. Que omnia si negligenter egeritis et post
blandas premonitiones nostras mores corruptos non immutaveri-
tis, prout jura dabunt et ratio dictabit, animadversionem nostram
non evadetis. Et que pauca dicimus, prolixius intelligatis.

(4) . . . .
. . . .
. . . .
. . . .

Imprimis igitur nos attendentes quod precepta sinodalia que
cum solerti ac vigilanti cura sunt a sacris canonibus velut eorum

---

(1) Voy. le Sermon sur la montagne, Matth., V. 14 et 16.
(2) Allusion à Matth., V. 13.
(3) Réminiscence de I Cor. XI 1.
(4) Suivent les paragraphes que nous avons indiqués dans le préambule.

medula per nostros predecessores extracta, sunt ordinationes et regule secundum quas regulari debent viri ecclesiastici, et precipue hi quibus commissum est regimen animarum, per quas debent dirigere gregem christianorum sibi commissum; propterea ex multis et singulis pauca elicientes secundum maliciam temporis, aliqua superaddentes et que nimium prolixa videbantur abbreviantes, in hanc sequentem formam redigi mandavimus.

I. Quomodo sacerdotes debent venire ad sinodum, et de tempore sinodi.

§ 1. Primo, statuimus et ordinamus quod sinodus estivalis die jovis post octabas Pasche, et sinodus hyemalis die jovis post festum beati Luce evangeliste (1) semper, ut moris est, celebrabuntur, nisi justa et rationabili causa aliter ordinetur.

§ 2. Sacerdotes ad sinodum profecturi advertere debent et inquirere an aliqui in ipsorum parrochiis sint infirmi, vel alique gravide mulieres; et eos debent, antequam iter arripiant, visitare et facere circa eos quod faciendum est pro salute animarum eorumdem, et sacerdoti fido eos in absentia sua committere et commendare.

§ 3. Venientes ad sinodum tam honeste et considerante in via et in hospiciis non suspectis eundo et redeundo se debent habere, ut nichil in eis reprehensione dignum a plebeis possit animadverti.

§ 4. Precipimus et mandamus sub pena excommunicationis et emende arbitrarie ut abbates, prepositi, decani, priores, archipresbyteri et ecclesiarum rectores qui ad nostram sinodum de jure et antiqua consuetudine venire tenentur et consueverunt: abbates scilicet induti capis cericeis cum suis baculis et mittris albis, si ferre consueverint; ceteri vero superliciis, stolis et vestibus suo statui congruentibus, rasi barbam et tonsuram, rescissisque comis compareant et intrent jejunii (si ferre possint) ecclesiam majorem mane, hora pulsationis sinodi, et ad finem usque permaneant.

§ 5. Si quis autem illorum qui in dicta sinodo debent interesse aliqua urgenti ne ficta necessitate venire nequiverint, loco sui mittant ad nos vel officialem nostrum aliquem sacerdotem aut alium sufficientem exoniatorem qui medio juramento asserat exoniam esse veram et que acta fuerint in sinodo missori recitare possit.

(1) Le 18 octobre.

§ 6. Sub eisdem penis precipimus ut qui in jam dicto interesse tenentur tempore celebrationis dicte sinodi non discurrant per ecclesiam nec fabulentur; sed unusquisque ad verbum Dei et ad ea que cantantur in missa et que dicuntur et ordinantur sedendo vel stando, induti ut supra dictum est, devote et diligenter attendant.

§ 7. Item, nullus capellanus, sub eadem pena qua supra, recedat a Lemovicis quousque nomen suum archipresbitero suo in scriptis tradiderit et dimiserit; et nullus sub alterius nomine presumat comparere.

II. Sequuntur nomina abbatum, prepositorum, decanorum, priorum, archipresbiterorum, per nomina suorum beneficiorum, qui tenentur comparere in sinodis.

* Abbates :

Abb. S. Marcialis. *(St-Martial de Limoges).*
Abb. S. Augustini *(St-Augustin de Limoges).*
Abb. S. Martini *(St-Martin de Limoges).*
Abb. de Solomniaco *(Solignac, arr. de Limoges).*
Abb. Userchie *(Uzerche, arr. de Tulle, Corrèze).*
Abb. Vosiarum *(Vigeois, arr. de Brive, Corrèze).*
Abb. Stirpensis *(Lesterps, arr. de Confolens, Charente).*
Abb. Belliloci, *(Beaulieu, arr. de Brive, Corrèze).*
Abb. de Meymaco *(Meymac, arr. d'Ussel, Corrèze).*
Abb. de Agedunno *(Ahun, arr. de Guéret, Creuse).*
Abb. de Dorato. *(Le Dorat, arr. de Bellac, Haute Vienne)* (1).

* Decani :

Dec. S. Germani *(St-Germain-les-Belles, arr. de St-Yrieix, Haute-Vienne).*
Dec. S. Arelii *(St Yrieix, ch.-l. d'arr, Haute-Vienne).*
Dec. de Capella-Taillefer, *(La Chapelle-Taillefer, arr. de Guéret, Creuse).*

* Prepositi :

Prep. Ahenti-monasterii *(Eymoutiers, arr. de Limoges).*
Prep. de Chambon *(Chambon-Ste-Valérie ou sur Voueize, arr. de Boussac, Creuse).*
Prep. de Euvonio *(Evaux, arr. d'Aubusson, Creuse).*
Prep. de Brivasaco *(Brivezac, arr. de Brive, Corrèze).*

---

(1) Les statuts de 1619 mentionnent en outre l'abbé de Bénévent. En 1819, il est encore au nombre des prieurs. Voy. plus bas.

Prep. de Subterranea (*La Souterraine, arr. de Guéret, Creuse*).
Prep. S. Valerici (*St-Vaury, arr. de Guéret, Creuse*) (1).

* Priores :

Pr. de Benevento (*Bénévent-l'Abbaye, arr. de Bourganeuf, Creuse*).
Pr. S. Geraldi (*St Gérald de Limoges*).
Pr. Brive (*Brive, ch.-l. d'arr., Corrèze*).
Pr. de Aurelio (*Aureil, arr. de Limoges*).
Pr. du Chaslar (*Le Chaslard, commune de Ladignac, arr. de St-Yrieix, Haute-Vienne*).
Pr. S. Leonardi de Nobiliaco (*St-Léonard de Nob'ac, arr. de Limoges*).
Pr. de Salis (*Les Salles-Lavauguyon, arr. de Rochechouart, Haute-Vienne*).
Pr. de Borto (*Bort, arr. d'Ussel, Corrèze*).
Pr. Portus-Dei (*Port-Dieu, arr. d'Ussel, Corrèze*).
Pr. S. Angeli (*St-Angel, arr. d'Ussel, Corrèze*) (2).

* Archipresbiteri :

Arch. Lemovicensis (*Limoges*).
Arch. S. Juniani (*St Junien, arr. de Rochechouart, Haute-Vienne*).
Arch. de Ranconio (*Rancon, arr. de Bellac, Haute-Vienne*).
Arch. de Benevento (*Bénévent-l'Abbaye, arr. de Bourganeuf, Creuse*).
Arch. de Deanzima (*Anzême, arr. de Guéret, Creuse*).
Arch. de Combraille (*Combrailles, commune de Viersat, arr. de Boussac, Creuse*).
Arch. de Albuconio (*Aubusson, ch.-l. d'arr., Creuse*).
Arch. de Chirosa (*Chirouze, commune de St Quentin, arr. d'Aubusson, Creuse*)
Arch. S. Exuperii (*St-Exupéry, arr. d'Ussel, Corrèze*).
Arch. de Gimello (*Gimel, arr. de Tulle, Corrèze*).
Arch. Brive (*Brive, ch.-l. d'arr., Corrèze*).
Arch. de Brivazaco (*Brivezac, arr. de Brive, Corrèze*).
Arch. Vosiarum (*Vigeois, arr. de Brive, Corrèze*).
Arch. de Lubersaco (*Lubersac, arr. de Brive, Corrèze*).
Arch. de Nontronio (*Nontron, ch.-l. d'arr., Dordogne*).

---

(1) Les statuts de 1619 mentionnent en outre le prévot de Saint-Junien, arr. de Rochechouart, Hte-Vienne.
(2) Les statuts de 1619 mentionnent en outre le prieur de l'Artige, arr. de Limoges.

Arch. S. Pauli (*St-Paul-d'Eyjeaux, arr. de Limoges*).
Arch. de Meisia (*La Meyze, arr. de St-Yrieix, Haute-Vienne*).
Arch. de Porcheria (*La Porcherie, arr. de St-Yrieix, Hte-Vienne*).

III. De Sacramentis.

In virtute sancte obedientie districte precipimus sacerdotibus et clericis quatenus cum honore et reverentia et devotione singula sacramenta populo administrent, et dictum populum frequenter moneant ut eadem sacramenta summa cum devotione et debita preparatione recipiant. Debent enim ministri sacramentorum et qui sacramenta suscipiunt esse mundi.

IV. De Baptismo (1).

§ 1. Baptismus cum summa reverentia celebretur et cum magna cautela in prolatione verborum, maxime in his in quibus tota vis istius sacramenti consistit et salus baptizandorum, scilicet : *Ego baptizo te in nomine Patris et Filii et Spiritus sancti, amen.* Et fiat una vel tres mersiones. Debentque rectores ecclesiarum laica lingua docere laicos baptizare pueros in necessitate tantum, imponendo eis nomen.

§ 2. Si puer fuerit baptizatus ab aliquo laico in necessitate tantum (2) ex aqua pura et elementari et supervixerit, deferatur ad sacerdotem in ecclesiam, qui perficiat que sunt de solemnitate. Et quia posset esse dubium de prolatione verborum, baptizet eum sub conditione, dicendo : *Si tu non es baptizatus, ego te baptizo, in nomine Patris et Filii et Spiritus sancti, amen.*

§ 3. Fontes et sacre unctiones sub clave custodiantur, et vasa dictarum unctionum cum clavellis sint ex stanno, ut facilius possint mundari.

§ 4. Inhibemus ne sacerdotes misceant sacras unctiones veteres cum novis; sed in festo Pasche vacuent et mundent sua vascula cum lixivio et aqua callida, antequam novas inducant; et veteres consumant cum igne et stupis, et in piscinam fontium totum deglutiant.

§ 5. Item, ordinamus ut deinceps rectores ecclesiarum habeant unam taceam vel aliud vasculum ad hauriendam aquam de fontibus pro baptizando.

§ 6. Conjuges in casu necessitatis proprium infantem baptizare possunt, postea tantum (3) matrimonio suo sine scrupulo uti.

---

(1) Cf. ap. D. Martène, *De antiquis Ecclesiæ ritibus,* I. 210, un extrait d'un ancien rituel limousin relatif à l'administration du baptême.

(2 et 3) Le texte porte *tamen,* ce qui nous semble fautif. Cf. § 1, *ad finem.*

§ 7. Instruant rectores ecclesiarum parrochianos suos quod non differant baptismum puerorum suorum expectando compatres vel commatres aliunde et tardius advenientes, propter periculum traditionis baptismi.

§ 8. Item, statuimus, ut predecessores nostri ordinaverunt non sine causa, quod sacerdotes nostre diocesis deinceps non presumant esse compatres mulierum quarumcunque nisi fuerint de eorum affinitate vel consanguinitate, nisi de nostra aut vicariorum nostrorum permissione.

§ 9. Mulieres in partu mortue, si certum sit infantem vivere, sciudantur, et baptizetur infans. Si non vivat puer, non scindatur mater, sed cum infante sepeliatur.

V. De Confirmatione.

§ 1. Confirmatio datur ad confirmationem baptismi. Et qui recipiunt hoc sacramentum debent esse etatis competentis, ut possint reminisci ne bis confirmentur, quia non debet reiterari confirmatio. Et qui suscipiunt debent esse confessi et jejuni, si commode fieri possit, nec excommunicati, nec interdicti; saltem infra triduum debent confiteri. Sufficitque unus patrinus qui potest commutare nomen confirmandi, si parentes hoc voluerint.

§ 2. Confirmandi et tonsurandi bandellos longos et latos secum afferant, quos post confirmationem triduo, nocte et die, deferant ne crisma sacrum possit ab aliquo tangi; et post triduum removeatur a sacerdote cum pane et sale et reservetur vel comburatur et in secundam piscinam cum ablutione sacerdotis reponatur.

§ 3. Moneantur sepe parrochiani a suis capellanis recipere cum devotione hoc sacramentum et non negligere.

VI. De Confessione.

§ 1. Auditores confessionum debent esse induti superpelicio et caputio et sedere in loco patenti. Confitens autem debet stare genibus flexis, revelato capite si sit masculus, et manibus complicatis.

§ 2. Item, auditores confessionum debent esse experti, valentes discernere inter lepram et lepram inter, scilicet peccatum mortale et veniale, — scire quod est veniale, — qui sunt casus reservati et qui non et quibus, — et quem ordinem debent tenere in confitendo, quia parvum onus non assumunt.

§ 3. Nullus sacerdos audiat confessiones sub pena excommunicationis late sententie sine permissione curati, quia sacerdos non nisi jussus debet ponere falcem in messem alienam, nisi fuerit dispensatus.

§ 4. Auditores confessionum debent habere vultum humilem et oculos depressos ne faciem confitentis respiciant, maxime mulieris, que debet avertere faciem a vultu sacerdotis.

§ 5. Auditor confessionum, si nesciat, inquirat et vacationem confitentis et a quo tempore fuit confessus et si penitentiam sibi injunctam perfecerit, etiam in quo peccato est magis assuetus, ut melius ei subveniat persuadeatque dicto confitenti integre confiteri; alias confessionem ei non valere.

§ 6. Caveant sacerdotes ne inquirant nomina personarum cum quibus peccaverunt confitentes, sed circumstantias tantum aggravantes.

§ 7. Nulli absolvant a casibus pape et nobis reservatis, nisi per privilegium apostolicum vel (quantum ad casus nobis reservatis) nisi habeant potestatem a nobis vel vicariis nostris in scriptis, propter abusum multorum sacerdotum qui ignorant casus reservatos; et nichil scientes, propterea de nichilo dubitantes, absolvunt ab omnibus casibus indifferenter.

§ 8. Moneant capellani suos parrochianos ut si quos habeant infirmos, faciant eos quam citius confiteri, et si opus sit, eucharistiam ministrare; nec expectant in noctem quod de die possunt facere, propter periculum noctis et longitudinem viarum.

§ 9. Quia periculosum est differre confessionem in annum et vix possibile est omnia peccata confiteri, statuimus ut curati frequenter moneant suos parrochianos venire pluries ad confessionem, puta (1) in principio Quadragesime et ante festum Pasche, in festo Penthecostes, Assumptionis beate Marie, omnium Sanctorum et Natalis. Et eis predicetur per octo vel quindecim dies ante predicta festa, ut prevideant et provideatur sibi. Quibus sic predictis diebus et temporibus confitentibus concedimus et damus quadraginta dies indulgentiarum.

§ 10. Et quia sunt plures tardi et indurati venire ad confessionem et differunt confessiones suas usque ad primos dies Pasche, ubi ecclesia est impedita in servicio et sacerdotes jam impediti et occupati ad reconciliationes jam confessorum, ordinamus ut qui fuerint tam negligentes et non fuerint confessi ab anno ante dominicam in ramis palmarum, remittantur post Pascha per duos vel tres dies, et interea vescantur cibis quadragesimalibus, et hoc eis diebus Quadragesime significetur per capellanos.

§ 11. Confessores non absolvant nec penitentias injungant illis qui sua peccata dimittere nolunt, ne in vanum confidant de venia.

---

(1) = c'est-à-dire.

§ 12. Sacerdotes in dubiis et casibus difficilibus consulant nos vel vicarios seu penitentiarios nostros, et nichil dubium sua temeritate soli dijudicent, nec nominent personas pro quibus consilium petunt.

§ 13. In injungendis penitentiis sacerdotes considerent peccatores, peccata modumque peccandi, tempus, locum, quando et qualiter, personam, qualitem et quantitatem culpe, circunstantias aggravantes et contritionem confitentis; et non injungant nimis magnas aut difficiles penitentias.

§ 14. Fures, raptores, usurarii, fraudatores non absolvant nisi promittant restituere bona fide citius quam poterunt, quia non dimittitur peccatum nisi restituatur ablatum.

§ 15. Non admittantur medici corporales ad infirmos graviter et periculose egrotantes nisi prius fuerint confessi; nam prius anime quam corpori consulendum est.

§ 16. Nullus sacerdos missas quas injunxerit in penitentiam audeat celebrare, ne credatur ipsas missas injunxisse propter lucrum.

§ 17. Si quis confessor peccatum sibi revelatum in confessione detegere vel manifestare presumpserit verbo, signo, nutu, scriptis vel quocunque alio modo, ab omni officio sacerdotali deponatur, et sine misericordia carceri ad agendum penitentiam perpetuo mancipetur ut ceteris veniat in exemplum.

§ 18. Et quia parrochianus debet proprio sacerdoti vel ejus commisso vel alieno habenti potestatem a papa vel episcopo confiteri, si dictus parrochianus velit alteri confiteri permissionem prius humiliter postulet a suo capellano, cum oblationi preferatur obedientia.

§ 19. Novi presbiteri, curati et alii juvenes sacerdotes, antequam confessiones audiant, aliquem alium sacerdotem probum, providum et honestum rogent ut eos in hujusmodi negocio diligenter instruant et informent.

§ 20. Sacerdotes qui debent esse exemplum aliorum, quando sibi invicem confitentur non accubent super altaria, sed qui audiet confessionem sedebit tanquam judex confessionis alterius, et qui confitebitur, capite nudo, genibus flexis et manibus complicatis sese devotissime accusabit.

§ 21. Confessor debet esse mitis, patiens, affabilis, compatiens, consideratus, aliciens peccatores ad vere confitendum et nichil reticendum quod mortale sit, vinum fundens et oleum, nunc virgam patris nunc prebens ubera matris, ostendens misericordiam Dei, gaudia paradisi, penas inferni et alia que possunt inducere ad quantumcunque gravia peccata confitendum; nam qui unicum reliquerit, factus est omnium reus.

VII. *De Sacramento altaris.*

§ 1. Quoniam tam preciosum, tam venerandum et excellentissimum est sacramentum altaris ut potius tacere quam pauca loqui de eo sanius esse videatur, et totus ebescat animus in consideratione tanti muneris et tante liberalitatis Christi, ubi donator venit in donum et datum est idem penitus cum datore, et quotiescunque id donum sumimus datoris memoriam agimus in qua assunt nobis suavitas, gaudium simul et lachryme, quia et in ea congaudemus lachrymantes et lachrymamur devote gaudentes, de quo legitur : *Si quis comederit ex hoc pane vivet in eternum* (1). Hic enim panis plene reficit, vere nutrit summeque impinguat non corpus sed cor, non carnem sed animam, non ventrem sed mentem; propterea congaudentes in cantica laudum, flentes et gaudentes prorumpamus, et illius cujus ipsum fore memoriale cognoscimus semper memores existamus.

§ 2. Imprimis quia ex ordinatione Ecclesie saltem semel in anno adminus in Pascha hoc sacrosanctum sacramentum tenemur contriti et vere confessi recipere, vigilanti cura debent attendere sacerdotes ut rudem populum sibi commissum salutaribus premonitionibus, in quantum poterunt, instruant et inducant ad vere confitendum et digne recipiendum; et moneant patres et matres familiarum ut in etate quattuordecim annorum inducant natos et servos ad bene confitendum et digne recipiendum corpus Christi, ad serviendum Deo libenter, jejunandum, missam audiendum diebus festis, non jurandum, et cetera omnia que inducunt juvenes ad bonos mores ; nam

> Quod nova testa capit,
> Inveterata sapit.

§ 3. Et quia tam dignissimum est sacramentum ut non nisi digne et a dignis debeat recipi, attendant sacerdotes quantum digni, mundi et honesti debent esse, qui quotidie corpus Christi conficiunt et aliis ministrare tenentur; et officii sui ac dignitatis sue sacerdotalis pervigilem habeant rationem.

§ 4. Sacrarium ubi reponit corpus Christi debet esse mundum, tersum et honestum, in loco apparenti, honesto et ornato in quantum fieri poterit; tamque secure debet clave recludi ut non nisi a sacerdote qui habet curam sacramentorum possit visitari, ne manus impia possit rem tam sanctam contingere et impiare, aut sinistrum quid inde possit evenire; nec ponatur clavis in loco ubi possit ab alto inveniri, sub pena emende.

---

(1) Jean VI, 51.

§ 5. Custodia sive pixis ubi reponuntur sacre hostie debet esset argentea vel deaurata, saltem eburnea et bene clausa; nec erugo nec tinea nec vermis possit accedere vel intrare. Et pannulus in quo sacre hostie devolvuntur sit ex tella linea ubi minutie, si que sint, possint securius asservari et cum dictis hostiis, tempore et loco, a sacerdote diligenter et oculate sumi.

§ 6. Panis ad celebrandum ultra duos menses non custodiatur, et saniori consilio de novo et recenti pane sepe provideatur; et hostie consecrate de mense in mensem adminus in estate et de quindena in quindenam in hyeme vel sepius, secundum temporis dispositionem et ecclesie humiditatem, renoventur. Jubemusque in virtute sancte obedientie ut semel in ebdomada cum debita reverentia visitentur cum superlicio, stola et lumine.

§ 7. Vinum usque in crastinum in ampulis non custodiatur, sed de novo et recenti, non vapido, non acetoso nec turbido provideatur. Aqua similiter sit recens et munda, de qua sufficit una gutta in calicem fundere cum vino.

§ 8. Ampule sive urceoli sint munde et sepe mundate; que singulis diebus ad meridiem vacuentur et reverse usque in crastinum in loco ad hoc deputato eguttentur.

§ 9. Altaria sacra debite cum tribus mappis ornentur et mundissima teneantur ab omni pulvere et alia quacunque immundicia, ob presentiam et reverentiam Salvatoris Domini nostri Jesu Christi et totius curie celestis que cum eo presens adest, quotiens divina mysteria in ecclesia celebrantur; et deinceps non relinquant sacerdotes super dicta altaria suas papiros, citationes, monitiones, breveta et nichil aliud quod dedecoret dicta altaria.

§ 10. Corporalia etiam sint mundissima ac sepissime mundata, nec remaneant nuda super altaria post celebrationem propter pulveres, mures et animalia defecantia dicta corporalia; sed habeant sacerdotes thecas sive repositoria honesta ad reponendum dicta corporalia; et post celebrationem recludantur in loco honesto. Volumusque dicta corporalia sepe ablui et mundari in vase mundo et honesto, quorum primam ablutionem faciet sacerdos, quam reponet infra primam piscinam; qui si secundam facere non potuerit, hanc faciat ad partem virgo vel honesta vidua.

§ 11. Calices mundi sint, clari, integri, argentei vel adminus stannei, qui non remaneant nudi super altaria post consecrationem, sed tegantur saccis vel lintheis mundis et honestis, quolibet mense mundatis, et recludantur sub clave; habeantque singuli calices singula tersoria que infra saccum vel calicem remaneant.

§ 12. Piscine, si non sint, fiant in dextra parte altaris majoris ad reponendum ablutiones post contrectationem corporis Christi, ad comburendum vermes vel tineas que possent reperiri inter sacras hostias per diuturnam custodiam et incuriam sacerdotum, aut eruginem vel araneam, si [qua] post consecrationem caderet in calicem, et alias causas suo loco dicendas.

§ 13. Item, intendimus et ordinamus ut nocte dieque sit continuum et indeficiens lumen in lampade vel cereo coram sacratissimo corpore Domini nostri Jesu Christi, *qui est lux vera que illuminat omnem hominem venientem in hunc mundum* (1).

§ 14. Item, precipimus ut ubicunque deferatur corpus Christi, semper precedat cereus vel candela de cera vel theda ardens cum campanella, et portetur reverenter a sacerdote revestito superlicio et stola, et eundo dicat septem psalmos vel alias devotiones.

§ 15. Sacerdos celebraturus, bene preparatus, jejunus et confessus, bene et ornate preparet suum altare, prevideat officium suum, epistolas et evangelium et omnia que debet dicere, et nichil dicat sine libro, quantumcunque sit securus, maxime in canone.

§ 16. Hostia consecranda debet esse sine macula, munda, rotunda et integra; quam primitus debet ponere sacerdos supra patenam; et ponat vinum et aquam in calicem ante evangelium, et de hoc ad alium non se attendat. Nullusque sacerdos sub pena emende se ingerat ad incipiendam missam nisi habeat omnia et singula bene preparata, scilicet panem, vinum, aquam, lumen, calicem, librum; et nichil ei desit de omnibus indumentis requisitis, ne cum sibi aliquid defuerit, turbetur, et ejus et assistentium devotio minuatur.

§ 17. Binas missas nullus sacerdos audeat celebrare in die, excepto die nativitatis Domini, nisi de permissione nostra et scripto, cum justa causa vel necessitate. Quo in casu non sumat vinum perfusionis in prima missa, sed mittat aut mitti faciat in primam piscinam.

§ 18. Ad elevationem corporis Christi in omnibus ecclesiis campana specialis habeatur, que ad notificationem ipsius elevationis pulsetur, et una adminus theda accendatur usque ad secundam elevationem.

§ 19. Ceterum in altari, in quo est ara enormiter fracta, non celebretur; et si altare parvum et portatile ponatur, debet esse sacratum, quadrum et adeo magnum ut super illud calix et hostia possint totaliter collocari; et in medio majoris altaris debet incorporari adeo ut non multum appareat.

(1) Jean I, 9.

§ 20. Instruant ecclesiarum rectores suos parrochianos ut quandiu preciosum corpus Christi est supra altare et donec a presbitero sumatur, continue stent genibus flexis ante altare, devote meditantes passionem ejusdem.

§ 21. Moneantur parrochiani et inducantur ut quando viderint deferri corpus Christi a sacerdote, illud devote sub silencio associent usque ad domum infirmi et ibidem presbiterum expectent donec ad ecclesiam revertatur; quod faciendo multas indulgentias consequentur, maxime si lumen portaverint.

§ 22. Celebraturus missam cum devenerit ad elevationem corporis Domini, caveat ne faciat dictam elevationem supra caput suum, sed ante se sursum, et semper habeat oculum super sacrificium, nec deserat visu quod manu contrectat.

§ 23. Nullus presumat emere vel vendere calices, patenas, campanas, libros, sacerdotalia indumenta et alias res sacras et ecclesie dicatas absque nostra vel officialis nostri permissione; aliter tales ementes precium rerum emptarum amittere volumus.

§ 24. Item, statuimus ut in canone misse, quando dicetur : *Gratias agamus Domino Deo nostro,* quilibet de circumstantibus genua flectat. Similiter quando dicetur : *Et homo factus est*; et quando dicetur : *Et verbum caro factum est;* et quando nominatur hoc nomen *Jesus* et *Maria*; quando dicitur : *Gloria Patri* et *Gloria in excelsis.*

§ 25. Si quis presbiter fuerit demoniacus (quod Deus avertat), furiosus, lunaticus vel morbum patiens caducum, leprosus, non videns et pre senio nimio tremulus, ulterius non celebret, episcopo inconsulto, qui ei, ut melius erit, providebit.

§ 26. Sacerdotes diligenter admoneant et attente inducant populum in ramis palmarum et aliis diebus precedentibus festa celebriora, in quibus timorati christiani recipiunt corpus Christi, ne communicent in peccato mortali nec in voluntate peccandi; et faciant eis bonas premonitiones declarativas dignitatis et excellentie tanti sacramenti, inducentes ad recipiendum humiliter et devote cum jocundo tremore; et postquam susceperint sancte et devote, et in devotis actionibus et orationibus perseverent; quos si immediate contingat spuere, non nisi in loco honesto et separato hoc faciant.

§ 27. Sacerdotes aliene dyocesis, nisi sint beneficiati et nobis litteras sue promotionis ostenderint, non celebrent in ecclesiis nostre dyocesis sine permissione nostra aut vicariorum nostrorum scripto.

§ 28. De privatis oratoriis et altaribus inhibemus sacerdotibus nostris sub pena excommunicationis ne in illis et super illa celebrent nec celebrare alios permittant, nisi tales in domibus quorum sunt erecta dicta oratoria et altaria habeant permissionem a summo pontifice vel a nobis et exhibuerint suas litteras nostro *Vidimus* approbatas, propter abusum multorum. Et hoc inhibeant sacerdotes in suis ecclesiis. Et si in talibus locis celebretur, hoc sit in necessitate et hora qua major missa non celebratur, sine pulsatione. Nec sacerdotes se ingerant in locis illis celebrare nisi viderint talem permissionem scripto.

§ 29. Ante auroram non celebretur nisi cum dispensatione, preterquam in die natalis Domini.

§ 30. De dubiis et casibus qui possunt accidere circa sacramentum altaris, vide in missali.

VIII. De sacris Ordinibus.

§ 1. Primo, quoad tonsuram clericalem ordinamus ut qui voluerint a nobis dictam tonsuram recipere sint de nostra dyocesi, vel habeant litteras dimissorias, etatis adminus septem annorum confirmati, de legitimo matrimonio procreati, vel dispensati, non servilis conditionis nisi per dominos suos temporales fuerint manumissi, non furiosi, non infames, non uxorati, non bigami, non qui concubinam, matronam aut meretricem duxerunt in uxorem, non truncati membris, sed qui soluti (1) caste vivere possunt.

§ 2. Item, ad quattuor minores ordines, scilicet hostiariatus, lectoratus, exorcitatus et accolitatus, nulli accedant per saltum, scilicet nisi sint tonsurati, etatis quattuor decim (*sic*) annorum, litterati et legere scientes.

§ 3. Subdiaconi debent esse etatis octo, decim annorum; quorum officium est epistolam legere et dyacono cuncta ministrare.

§ 4. Diaconi debent esse etatis viginti annorum; quorum officium est evangelium legere et sacerdoti omnia ministrare.

§ 5. Presbiteri debent esse etatis viginti quinque annorum, nisi fuerint dispensati; quorum officium est corpus Christi consecrare et ceteris ministrare.

§ 6. Non presumant excommunicati, suspensi, homicide, patientes morbum caducum aut (2) lepram, nodo matrimoniali juncti per saltum venire ad ordines sacros; et qui caste, sobrie et juste vivere non velint.

§ 7. Qui sunt promoti Rome ad sacros ordines, sub pena

---

(1) = cœlebs, qui uxorem non duxit (Ducange).

(1) Le mot *aut* se trouve placé dans le texte après *juncti*, ce qui est évidemment une erreur typographique.

grosse emende (antequam celebrent primam suam missam) se presentent nobis aut vicariis nostris et exhibeant litteras sue promotionis; nec permittant rectores curarum vel eorum vicarii tales celebrare, nisi constet eis quod nobis suas litteras exhibuérint.

IX. De Matrimonio.

§ 1. Matrimonium fuit institutum in paradiso terrestri a Deo, et illud in tantum honoravit quod in matrimonio nasci voluit (1), et in Chana Galilee (quando aquam mutavit in vinum) matrimonio interesse voluit, quod fuit ordinatum causa multiplicande prolis et ad evitandum fornicationem. *Ea propter homo relinquet patrem et matrem ut adhereat uxori sue et econverso cum duo sint in carne una* (2).

§ 2. Quia ad matrimonium contrahendum liber requiritur consensus, non debent maritandi preter voluntatem suam impelli ad tale vinculum.

§ 3. Matrimonium cum reverentia et honore celebretur, tribus bannis precedentibus, factis diebus festis in ecclesia sponsi et sponse. Et si aliquod dubium super matrimonio celebrando occurrat, sacerdos ulterius non procedat propter pericula inde eventura, sed ad nos vel officialem nostrum pro consilio habendo mittat.

§ 4. Multa sunt que matrimonium impediunt, que in his versibus continentur :

Error, conditio, votum, cognatio, crimen,
Cultus, disparitas, vis, ordo, ligamen, honestas,
Si sis affinis sicque coire nequis.

§ 5. Fideidationes fiant semper per verba de futuro, videlicet isto modo : *N. tu promittis per fidem tuam quod tu accipies N. in uxorem tuam, si sancta mater Ecclesia ad hoc possit consentire.* Et similiter dicatur mulieri.

§ 6. Inhibemus ne in prejudicium alicujus partis fortius vinculum adhibeatur post sponsalia, sive per verba de presenti, sive per carnalem copulam, maxime cum de consanguinitate timetur. Tales enim a canone sententiam excommunicationis incurrunt.

§ 7. Ceterum inhibemus ne aliquis audeat aliquos matrimonio copulare nisi sint legitime etatis, puta vir quattuordecim annorum et mulier duodecim, sine permissione nostra.

§ 8. Nullus sacerdos presumat mulierem, cujus vir est absens,

---

(1) Remarquer qu'il n'y a pas *de matrimonio*. Le sens n'est donc pas douteux.

(2) Genèse, II, 24.

alteri viro matrimonialiter copulare, donec de morte viri per testes idoneos certissime sibi constet. Et illud idem observandum est circa virum cujus uxor est absens.

§ 9. Nullus conjugum ad religionem transeat, nec aliquis aliquem illorum recipiat sub pena excommunicationis, nisi a nobis petita permissione et ab altero conjugum consensione concessa.

§ 10. Quia consanguinitas impedit matrimonia, videndum est de gradibus consanguinitatis. Fratres sunt in primo gradu; filii duorum fratrum qui dicuntur cognati germani sunt in secundo gradu; filii duorum cognatorum germanorum dicuntur secundi; cognati sunt in tertio gradu; horum autem filii quos vulgus cognatos tertios appellat, sunt in quarto gradu. Inter omnes istos non est legitimum matrimonium nisi cum eis per sedem apostolicam fuerit dispensatum.

§ 11. Etiam inter compatrem et commatrem aut inter patrinum et filiolam ejus, vel inter filiolam et filium naturalem patrini et econverso, et inter illam quam aliquis baptisavit, non est legitimum matrimonium nisi cum eadem dispensatione, quia illud impedit matrimonium contrahendum et dirimit jam contractum. Et si in computatione graduum dubium evenerit, consulendus est episcopus vel officialis, antequam ulterius procedatur.

§ 12. Nulli de alia diocesi admittantur ad benedictionem nuptialem nisi tribus bannis prius proclamatis et debita certificatione curati sue diocesis per patentes litteras.

§ 13. Prohibemus sub penis excommunicationis et emende ne aliqui clandestine matrimonium contrahant, scilicet sine tribus bannis die festo. Et eisdem penis subsunt agentes, fautores, presentes, auxiliantes, consentientes, consilientes et sacerdotes benedictionem nuptialem impendere presumentes. Propterea, vos presbiteri curam animarum habentes, districte precipiatis subditis vestris quod post fideidationes seu promissiones factas de matrimonio contrahendo, ipsi contrahere volentes nullatenus se carnaliter commisceant, donec bannis proclamatis, ut moris est, matrimonium fuerit tempore nubili solemniter in ecclesia celebratum, vel super proclamatione bannorum auctoritate nostra fuerit cum eis legitime dispensatum.

§ 14. Clandestina matrimonia intelliguntur in hoc casu, nedum quando matrimonium contrahitur contra inhibitionem et formam concilii generalis in corpore juris (1), sed etiam dum aliqui contrahunt matrimonium in facie Ecclesie nisi fiat in ecclesia parrochiali viri (et tunc de permissione capellani uxoris), vel in

---

(1) Le corps du droit canon.

ecclesia parrochiali uxoris (cum permissione capellani viri), vel in alia ecclesia cum permissione utriusque capellani.

§ 15. Injungimus omnibus et singulis viris ecclesiasticis et clericis, dum sciverint aliqua matrimonia clandestina fore facta in nostra diocesi, quam cito nobis aut officiali nostro sine dilatione denuncient.

§ 16. Quo tempore debeat fieri matrimonium et quo non, vide penitentiarium in fine libri.

X. De postrema Unctione.

§ 1. Postrema unctio ideo dicitur quod est postremum sacramentum quod datur infirmis graviter egrotantibus, quando magis speratur de morte quam de vita. Et si possibile est, debet procedere de voluntate infirmi et debet devote sumi, quia, sicut dicit beatus Jacobus apostolus (1), per illud sacramentum peccata venialia dimittuntur et quandoque alleniatur infirmus, quandoque etiam ad veram cordis contritionem et eterni gaudii consolationem et considerationem citius promovetur.

§ 2. Infirmum in extremis laborantem et digne penitentem ab omnibus peccatis et excommunicationibus sacerdos absolvat et nullam penitentiam ei injungat, sed dicat ei quod si de infirmitate convaluerit ad sacerdotem venire festinet; et ei penitentiam injunget.

§ 3. Sacerdos, audita morte parrochianorum suorum, statim debet eos absolvere dicendo *De profundis,* cum collecta propria; et quandiu adhuc vivunt et sunt proximi morti, salutaribus monitis debet eos confortare, consolari, bonam spem promittere, ad veram contritionem inducere, passionem Domini eis presentare, presentes ad rogandum pro infirmo exhortari et cetera omnia facere que possunt infirmum agonisantem juvare; namque officium sacerdotis est predicare, benedicere, confortare, communicare, visitare infirmos et orare pro invalidis.

XI. De Testamentis.

§ 1. Testamentum dicitur testatio mentis (2) seu extreme voluntatis, quam quilibet bonus christianus debet facere. Propterea

---

(1) Ep. V. 14-15. L'auteur des *Statuts* paraphrase légèrement le passage visé. Saint Jacques dit simplement : *Infirmatus quis in vobis? Inducat presbyteros ecclesiæ et orent super eum, ungentes cum oleo in nomine Domini. Et oratio fidei salvabit infirmum et alleniabit eum Dominus; et si in peccatis sit, remittentur ei.*

(2) Etymologie arbitraire. *Testamentum* est formé de *testor* et du suffixe *mentum* qui indique le moyen, l'instrument, comme dans les mots *documentum, monumentum,* etc.

volumus et ordinamus ut populus sepe moneatur testamentum
condere et ad hoc pensare quamdiu sunt sani et bone mentis,
coram capellano vel notario et aliis testibus idoneis, ad tollendum
dissidium inter amicos et propter salutem anime testatoris et alias
causas.

§ 2. Ordinamus ut capellani seu eorum vicarii diligenter inquirant super voluntatem defunctorum ad pia legata, de quibus
faciant registrum, in quo ponant nomina decedentium tam testantium quam non testantium, et apponant diem, annum, etatem, nomen et originem testatoris, nomen heredis instituti,
testium et executorum (1).

§ 3. Item, vobis capellanis et loca vestra tenentibus precipimus
ut saltem semel in mense publice moneatis in ecclesiis vestris,
et nos extunc monemus heredes et executores testamentorum ut
voluntates defunctorum infra tempus a jure statutum penitus
adimpleant et diligenter exequantur. Et si sciveritis aliquos ad
hoc negligentes, nobis seu officiali nostro celeriter denuncietis.

XII. De Sepulturis.

§ 1. Cum sepultura ab antiquo multum sit commendata inter
opera pia et sepelire mortuos inter opera misericordie corporalia
numeretur, et misericordes, ut Thobias (2) et alii, multum coluerint sepulchrisque parentum non parvam habuerint reverentiam,
eo magis (3) nos christianis moribus eruditi debemus mortuos
nostros et loca in quibus sepeliuntur pie revereri, illos misericorditer sepelire et funeribus eorum libenter interesse.

§ 2. Sepulturam liberam quisquis eligere potest per testamentum quo in loco voluerit, sine impulsione alterius; quam si non
elegerit, debet inhumari in cimiterio parrochie sue nisi sit de
aliqua grandi familia que habeat sepulchrum commune proximum loco ubi defunctus est.

§ 3. Religiosi, cum non habeant velle nec nolle, sunt tumulandi in suis monasteriis nisi moriantur longe a dictis monasteriis. Et quia sancta et salubris est cogitatio pro defunctis exorare
ut a peccatis solvantur, hortamur omnes nobis subditos ut libenter
orent pro mortuis, elemosinas dent et eorum inhumationi libenter
inserviant; ut Joseph et Nicodemus (4) qui Domino nostro Jesu

---

(1) Cf. ci-dessous titre XXII, art. 11.
(2) Voy. le livre de Tobie parmi les apocryphes.
(3) Le texte porte *mage*, ce qui ne signifie rien.
(4) Voy. Jean, XIX, 38-42, et les synoptiques. Ces derniers ne parlent pas
de Nicodème.

Christo beneficium sepulture impenderunt, et viri misericordes beatum Stephanum (1), et beatus Anthonius Paulum (2) primum heremitam, et alii plures corpora martyrum sepelierunt.

§ 4. Quattuor modis anime defunctorum solvuntur a peccatis et penis : oblationibus sacerdotum, precibus sanctorum, charorum elemosinis et jejuniis cognatorum et amicorum.

§ 5. Corpora defunctorum in ecclesiis et cimiteriis ideo sepeliuntur ut facilius Ecclesie precibus juventur minusque a spiritibus immundis vexentur, et ut eorum proximi illuc sepius accedentes orent pro eis.

§ 6. Nullus admittatur ad ecclesiasticam sepulturam qui adminus non fuerit semel in anno confessus et sacratissimum corpus Christi receperit.

§ 7. Prohibemus corpora mortuorum sepeliri infra ecclesiam absque nostra vel vicariorum nostrorum permissione, nisi tales quorum sunt corpora fuerint sacerdotes aut nobiles aut habeant sepulchra ab antiquitate, vel honorabiles persone que aliquid dederint ecclesie aut fecerint aliquam fundationem in ecclesia; et de permissione capellani.

§ 8. Item, prohibemus districte et sub pena emende ne sacerdotes accedant aut eant ad funeralia et sepulturas defunctorum alterius parrochie nisi fuerint expresse rogati et invitati ; in quo casu ferant superlicia ut differant a laicis.

§ 9. Ecclesiastica sepultura debet denegari his qui sine confessione moriuntur nisi habeantur pro eis littere de morte preventa, et his quibus civitas vel ecclesia est interdicta propter delictum Domini vel civium. Etiam denegatur paganis (3), Judeis et non babtizatis, hereticis, usurariis publicis, his qui mortem sibi consciverunt et seipsos interfecerunt, qui in duello aut torneamentis aut hastiludio obierunt, monachis proprium habentibus, his qui convincuntur de herese, excommunicatis, suspensis, interdictis, furibus, latronibus, depredatoribus, in furto occisis et religiosis apostatis.

§ 10. Si cimiterium sit polutum et declaratum, nullus debet in eo sepeliri. Poluitur autem violenta sanguinis effusione, seminis pollutione, excommunicatorum inhumatione. Si ecclesia est poluta, cimiterium est polutum et cimiteria continua. Si cimiterium est polutum, ecclesia propterea non est poluta Si

---

(1) Actes, VIII, 2.

(2) Saint Paul ermite, † vers 342. Voy. sa vie par Saint Jérôme et Saint Athanase.

(3) Sans doute les musulmans, *li paiens* des poèmes du xIV° siècle,

sint duo cimiteria, illud tantum est polutum in quo fuit perpetratum delictum.

§ 11. Rectores ecclesiarum prohibeant parrochianis suis ex parte nostra ne in suis ecclesiis et cimiteriis exerceant ludos quoscumque, mercata, negociationes, choreas, saltationes, plebicita, commessationes et alia quecunque ex quibus possit oriri scandallum.

§ 12. De insolentia sacerdotum qui veniunt ad sepulturas et obitus, qui tam indecenter et incomposite se gerunt, se inebriant et post dictos obitus et oblationem sacrificii ludunt, rixantur, pugnant, jurant, rident, cantant, murmurant, conviciantur et populo se reddunt contempsiosos ut laicus quisque quantumcunque male consultus vix vellet facere quod faciunt, dicimus eos non esse dignos sacerdotio. Quos dolenter monemus ut desistant a talibus nec talia deinceps illis accidant; alias illos suspendimus a divinis diuturnisque carceribus mancipabimus.

XIII. De Jejuniis.

§ 1. Cum jejunium ab antiquis fuerit tam commendatum, et tam veteris legis magni doctores quam nove in maxima observatione habuerint ut cum quid a Domino impetrare voluissent in jejunio, fletu et planctu illud postularent, et cum quadraginta diebus jejunaverit Moyses ut legem Domini mereretur accipere, et Dominus ipse Jesus Christus jejunaverit (1) ut nobis preberet exemplum, illud observare et in illo libenter exercitari debemus.

§ 2. Propterea vobis sacerdotibus injungimus ut populum vobis commissum, cum etatem habuerint competentem, inducatis ad observandum jejunia ab Ecclesia instituta sub pena peccati, sicut est jejunium Quadragesime, quattuor temporum, vigilia Nativitatis Domini, sancti Johannis Baptiste, sancti Laurentii, Assumptionis beate Marie virginis, omnium Sanctorum, Penthecostes et apostolorum qui in his versibus continentur :

    Petrus et Andreas, Paulus cum Simone, Judas,
    Ut jejunemus nos admonet atque Matheus

In diebus autem Rogationum non comeduntur carnes.

§ 3. Quattuor tempora celebrantur quarta feria que primo occurrit post exaltationem sancte crucis, post festum sancte Lucie, post diem cinerum et post Penthecosten. Versus :

    Post cru. lu. cineres penthe. jejunia queres.

§ 4. Hortamur instantissime sacerdotes cujuscunque dignitatis

---

(1) Voy. Deut. IX, 9 et 18. Matth. IV, 2.

fuerint, qui debent aliis prebere exemplum preceptorum Dei et Ecclesie, ut si contingat eos cenare diebus jejuniorum (quod non accidat), non cenent publice in tabernis vel cum laicis, propter malum exemplum, sed ad partem, ut non dent aliis occasionem malefaciendi.

§ 5. Aliqui excusari possunt a jejunio, puta juvenes minoris etatis, senes grandevi, pauperes, infirmi vel infirmitate debilitati, gravide mulieres, peregrinantes pedester (*sic*), qui quotidiano manuum labore vitam querunt, vel qui debiles stomacho parum comedunt, pasmatici (*sic*) et sincopisantes; qui omnes si a tanto non tamen a toto excusantur quin loco jejunii aliud opus meritorium faciant cum consilio medici spiritualis.

§ 6. In adventu Domini est multum commendabile jejunium illis quibus Dominus dederit voluntatem pariter et facultatem, maxime clericis.

XIV. *De Decimis.*

§ 1. Quia decime tam divina quam humana lege debentur, quas Deus in signum universalis dominii a singulis tribubus filiorum Israel reservavit, ut essent in domo Domini cibus egentium, propterea monemus omnes cujuscunque status ut solvant decimas integraliter suis curatis vel aliis qui jus habent decime, sine fraude et diminutione de frumento, granis, vino, pecudibus et rebus aliis quibuscunque de quibus ex antiqua consuetudine loci debetur decima; dantes de qualibet specie, quantitate, territorio, bonum de bono, frumentum de frumento, siliginem de siligine, etc., pingue de pingui, vinum non (1) vapidum pro odorato, nec debile pro forti, more Cayn qui offerebat macrum pro pingui, unde ultionem divinam promeruit.

§ 2. Propter quod, statuimus quod singulis diebus dominicis maxime messium et vindemiarum et quandiu grosse et minute decime colliguntur, capellani et ecclesiarum rectores ex parte nostra moneant omnes qui debent decimas quatenus eas sub pena excommunicationis integre persolvant.

§ 3. Item, precipimus omnibus auditoribus confessionum ut semper interrogent confitentes super solutione decimarum et districte precipiant eas solvere et satisfacere; alias sunt excommunicati nec rogat Ecclesia pro illis nec sunt participes precum Ecclesie. Sunt enim aliqui adeo rudes et indurati ut credant non debere decimas, et si bene sciant, tamen persolvere recusant.

§ 4. Item, hortamur et instanter requirimus ut mendicantes et

---

(1) La négation porte sur *dantes* et non sur *vapidum*.

predicatores nostre dyocesis quotiens predicabunt tempore messis et vindemiarum vel ante et in magnis festivitatibus, monere curent populum ad fideliter persolvendum decimas, et nichil dicant in suis sermonibus quod possit dimovere populum a solutione decimarum, sub penis in jure declaratis. Volumusque hunc articulum per rectores ecclesiarum dictis predicatoribus ostendi.

XV. *De Sententiis excommunicationis latis et ferendis.*

§ 1. Licet excommunicatio sit medicinalis non mortalis, disciplinans non eradicans, dum tamen ille in quem lata est eam vel judicem non contemnat, et caveant capellani vel eorum vicarii ne omittant sepe parrochianis suis pericula manifestare eorum qui sententias excommucationis diu sustinere non formidant, quia revera, quandiu sunt excommunicati, non sunt participes orationum sancte matris Ecclesie si se absolvi procurare neglexerint dum tamen hoc possint. Et ideo cum talibus obstinatis nullatenus est participandum ; sed omnino sunt vitandi quia participantes cum illis post monitionem canonicam sibi factam de non participando, cum excommunicatis notam excommunicationis meruerunt.

§ 2. Propterea ordinamus ut qualibet die dominica capellani et eorum vicarii alta voce denuncient excommunicatos in prono suarum ecclesiarum ut rubore confusi redeant ad unitatem Ecclesie.

§ 3. Omnes perturbantes, impedientes jurisdictionem nostram ecclesiasticam, usurpari vel impediri facientes, directe vel indirecte, quovis quesito colore, excommunicatos denunciamus, ideoque eos tales in pronis vestris publice denuncietis.

§ 4. Excommunicationis sententia declaramus esse irretitos qui in foro nostro litigantes aut litigare volentes impediunt quomodolibet vel impediri procurant aut amodo impedient, quominus cause que ad forum ecclesiasticum de jure vel consuetudine noscuntur pertinere, in foro ecclesias ico agitentur.

§ 5. Sub eisdem penis inhibemus omnibus viris ecclesiasticis ne in foro seculari seu coram secularibus judicibus litigent, nec processibus se involvant, nec ulterius officium postulationis ibidem occupare presumant preterquam in causis suis propriis et Ecclesie, minorum, viduarum et miserabilium personarum ; preterea in eodem foro non agant nec respondant de his que ad forum ecclesiasticum pertinent; quinimo requirant se ad forum suum remitti.

§ 6. Excommunicationi subjacent omnes et singuli qui falsis

litteris utuntur et qui contra ecclesias et ecclesiasticas personas conspirationes, interprinsias tacitas vel expressas faciunt aut facient amodo et qui scienter ad premissa dederint opem, consilium et favorem.

§ 7. Monemus omnes personas ecclesiasticas nobis subjectas ut infra duos menses adminus, postquam noverint se excomunicationi[s] sententia fore ligatos, a dictis sententiis faciant se absolvi; alioquin fructibus beneficiorum suorum ipso facto auctoritate nostra se noverint esse privatos, quos ad opus elemosyne nostre converti decernimus.

§ 8. Sententiam excomunicationis incurrere declaramus qui scienter excomunicatos aut nominatim interdictos sepeliunt in cimiteriis et qui alios tempore interdicti in eisdem sepeliunt, in casibus non concessis a jure, et manifestos usurarios.

§ 9. Quoniam animo indurato alique miserabiles persone excomunicationis et aggravationis sententias ultra unum annum vel plures sustinent, ex quo posset heresis pululare in nostra diocesi, ordinamus ut capellani locorum scribant ad nos vel officialem nostrum et a quo tempore, et si sint potentes vel non, ut eis misericorditer provideatur; etiam ad nos deferant excessus notorios et enormes parrochianorum suorum ad correctionem nostram pertinentes.

§ 10. Inhibemus ne quis sacerdos aliquam excommunicationis (1) sententiam promulgare presumat nisi competente monitione premissa et personis presentibus idoneis per quas, si necesse fuerit, possit probari monitio.

§ 11. Quicunque aliquem excomunicat, excomunicationem in scriptis proferat et causam quare ipsum excomunicat in scriptis conscribat et, si requisitus sit, instrumentum super hoc confectum non deneget; et nihil super hoc faciat nisi bene consultus, cum magna deliberatione et secundum formam debitam.

§ 12. Excomunicari precipimus tam clericos quam laicos qui maliciose detinent litteras confectas super debitis de quibus jam satisfactum est.

§ 13. Licet excomunicati satisfecerint partibus ad requestam quarum erant excomunicati, non sunt absoluti donec litteras absolutionis sue habuerint signatas et sigillatas, et eas suo sacerdoti exhibuerint; quod postquam fecerint, absolvantur et de libro excommunicatorum deleantur.

§ 14. Qui ultra viginti quattuor horas clericos in flagranti

---

(1) Le mot *excommunicatio* est écrit tantôt avec deux *m*, tantôt avec un seul. Nous avons suivi le texte.

delicto acceptos et a nobis vel officiariis nostris requisitos detinuerint et non redderint, sententiam excomunicationis incurrunt: clerici enim a laicis non debent incarcerari nisi ad finem remittendi.

§ 15. Qui portantes litteras et mandata nostra impediunt, capiunt, detinent, arrestant, incarcerant, verberant aut vulnerant et qui easdem litteras, mandata sive acta detinent, auferunt, disrumpunt, cancellant, lacerant et qui premissa sic facta celare presumpserunt vel qui ad hoc consilium, favorem et auxilium dederint per se vel per alios, ipso facto sententiam excomunicationis illos incurrisse decernimus; a qua, priusquam tam judici quam passo injuriam et ceteris quorum intererit vel excessus atrocitas postulabit, satisfecerint competenter, nullatenus absolvantur.

§ 16. Item, precipimus omnibus et singulis ecclesiarum rectoribus et eorum vicariis sub pena excomunicationis et sexaginta solidorum elemosyne nostre assignandorum, quod nullus pretextu consanguinitatis, affinitatis, compaternitatis, affectionis, favoris, doni, promissionis sive alias qualitercunque mandata nostra sive officialis nostri exequi recuset.

§ 17. Item, precipimus vobis sacerdotibus ut nostros nuncios mandata nostra vel officialis nostri deferentes, cum ad vos venerint et dicta mandata per vos exequenda vobis tradiderint, cito expediatis adeo discrete et taliter quod dicti nuncii possint recedere sine periculo et damno quolibet eis inferendo; et si quid sciveritis, eisdem nunciotis et modum evitandi, et pro posse a malo preservetis; in quo casu differatis donec per duas leucas possint elongari, nihilominus reddentes illis suas litteras executatas.

§ 18. Excommunicati sunt ipso facto, tam a jure quam tenore constitutionum provincialium (1), laici et domini temporales ac eorum officiarii qui bona apud ecclesias posita seu bona ecclesiarum et ecclesiasticarum personarum, decimas et oblationes ubicunque fuerint, scienter arrestare, saisire vel occupare aut hec fieri mandare presumunt; et qui taliter capta, saisita et arrestata scienter recipiunt; et qui in premissis dant auxilium, consilium et favorem publice vel occulte. Quas constitutiones volumus et ordinamus in nostra diocesi observari et executioni commendari.

§ 19. Monemus sub eisdem penis ut qui per curiam romanam

(1) Les décisions du concile de Limoges en 1182 et des conciles de Bourges, la métropole, en 1276, 1280, 1286 et 1336 sont vraisemblablement celles que l'on vise ici.

fuerint provisi de aliquo beneficio in nostra diocesi, infra duos menses a data sue provisionis vel antequam possessionem accipiant, nobis dictam provisionem ostendant; et qui tenent beneficia ad pensionem annuam, nobis sub eisdem penis et decem marcharum argenti infra mensem a die publicationis presentium statutorum, ostendant.

§ 20. Idem dicimus et ordinamus de his qui se intrudunt in beneficiis quibuscunque sine institutione canonica; quos penas incurrisse decernimus nisi infra duos menses post dictam intrusionem de eorum titulis nobis (sic) docuerint.

§ 21. Excomunicati declarati vitandi sunt et arcendi ab ecclesia et expellendi quando divina celebrantur; nec debet sacerdos incipere officium vel inceptum perficere si viderit aut sciverit excomunicatum esse in ecclesia. Excomunicatorum et aggravatorum familie similiter non sua culpa sunt arcende ab ecclesia.

§ 22. Excomunicatos declaramus et declarari volumus omnes usurarios, sortilegos, divinatores, raptores, defloratores ac violatores monialium et qui frequentant eas ut easdem sollicitent ad luxuriam, incendiarios et violatores ecclesiarum et concubinarios publicos, de quibus vide loco suo (1).

§ 23. Rectores ecclesiarum et eorum vicarii sub pena emende habeant papiros expressas in quibus propriis manibus scribere habeant nomina interdictorum et excomunicatorum et ad requestam quorum, quo die et anno (2).

§ 24. De excomunicatione et participatione cum excomunicatis, vide peramplius in penitentiario.

XVI. De Concubinariis.

§ 1. Et quia de concubinariis tactum est prius (3) et tam damnabilis et periculosa et mali exempli conscia est vita concubinariorum sacerdotum et in sacris constitutorum, monemus in generali, una monitione peremptoria pro omnibus, omnes religiosos, sacerdotes, clericos, beneficiatos et alios in sacris ordinibus constitutos, sub pena excommunicationis et sub penis contentis in concordatis domini nostri pape Leonis moderni et christianissimi domini nostri regis Francisci (4), qui vult dicta concordata maxime quantum ad articulum de concubinariis inviolabiliter teneri in suo regno et ubique promulgari, quatenus

---

(1) Voy. ci-dessous, titre xvi.
(2) Cf. ci-dessous, titre xxii, art. 11.
(3) Voy. ci-dessus, titre xv, art. 22.
(4) Concordat de Bologne du 18 août 1516.

omnes munde et caste vivere studeant et ab omni vicio libidinis precaveant (maxime ab illo propter quod venit ira Dei in filios diffidentie) (1), ut in conspectu Dei puro et mundo corde valeant ministrare; ut nullus predictorum teneat in domo sua nec alibi focarias mulieres quas concubinas vocamus, aut mulieres aliquas unde populus et Ecclesia scandalizari possit seu de quibus mala suspicio possit suboriri (2). Mandantes et precipientes ipsis sub eisdem penis ut si quis tales mulieres habeant, indilate a se prorsus et sine regressu et ulla spe redeundi expellant; quod si non fecerint, ne dicant sibi non predictum quoniam in eos redundabit malicia eorum.

§ 2. Item, volumus et ordinamus ut rectores ecclesiarum prohibeant ne laici publice teneant concubinas; et qui post inhibitionem tenuerint, tam ipsi quam ipse ab ingressu ecclesie arceantur; et si perseveraverint, nobis aut officiali nostro per dictos rectores significetur.

XVII. De Blasphemis et Renegantibus Deum.

Detestabilem consuetudinem abhorrentes aliquorum qui sunt assueti ad jurandum, blasphemandum, renegandum et, ut verbis eorum utar, despitandum Deum, puta per carnem, sanguinem, ventrem, caput, plagas, viscera, corpus vel aliud concernens ejus humanitatem jurantes et ipsum pro nobis in cruce mortem passum iterum crucifigunt, carnem suam preciosam iterum dilaniant et plagis novis affligunt; considerantes quod multa inde mala et divine ultiones procedunt et quod talis renegatio vix carere potest scrupulo heretice pravitatis, radicitus pro viribus amputare cupientes, ordinamus eos pro talibus ad nos remitti; et si commiserimus aliquos ad audiendum eorum confessiones vel habeant privilegium de casibus non bis reservatis, volumus ut eisdem imponantur jejunia cum pane et aqua, et alie penitentie dure (3) de quibus possit in futurum reminisci, secundum multitudinem et atrocitatem blasphemiarum. Et quotiens boni christiani eos audierint sic blasphemantes et in horrorem, confusionem et detestationem palam et patenter pectus suum tutuderint faciendo signum crucis, dum tamen fuerint vere penitentes, viginti dies de debitis sibi penitentiis misericorditer relaxamus.

(1) Cf. Col. III. 6.
(2) Cf. ci-dessus *Statuts de Saint-Yrieix*, § 11, et *Statuts de Moutier-d'Ahun*, § 14.
(3) Cf. ap. *Invent. des Arch. dép. de la Hte-Vienne*, D. 676, ad finem.

XVIII. *De Religiosis difformatis.*

Et quia mala innumera et cultus divini diminutio, devotionis tepiditas et totius mali exempli profunditas provenire soleant ex difformata vita religiosorum et sacerdotum multorum preter statum suum viventium, qui mediatores inter Deum et homines esse consueverant, nunc autem irritatores Dei et confusio plebis; qui nisi resurgant non nisi male sperari pejusque suspicari perspicuum est (1); ea propter districte precipimus sub pena excomunicationis omnibus abbatibus, prioribus, conventualibus et religiosorum ministrationem habentibus quatenus religiosos sibi commissos non sinant vagari nec apostatisare, sed omnibus viis inducant ad tenendum regulam quam professi sunt et voverunt, quia melius esset eos non vovisse quam votum non tenere, et nocturnum officium pariter et diurnum devote perficiant, regulariter vivant; et quilibet ipsorum deferat habitum suum regularem in ecclesia, in claustris et quando de permissione tamen superioris incedunt per vicos; nec ullo modo permittantur fabulari cum laicis et mulieribus aut aliquid alius turpe facere quod vergat in dedecus Ecclesie et sui ordinis, sed per superiores suos qui tempore oportuno coram Deo reddituri sunt rationem, reducantur ad regularem et bonum modum vivendi, ne deinceps tanta mala dicantur de religiosis et in tantum horrorem habeantur. Et habeant unum magistrum qui eos edoceat bonos mores, grammaticam, cantum et vota servare (2). Jamjam tempus est tam diuturne difformationi succurrere et consulere ac mederi vulneribus religiosorum. Quod si feceritis, filii dominice pascue, qui tamdiu errastis a via recta, nobis et vobis et populo nobis commisso rem pernecessariam facietis; si aliter, perpetuam confusionem et sempiternum opprobrium nobis et vobis et toti provincie atque vobis ipsis damnationem perpetuam procurabitis.

XIX. *De Usurariis et Aleatoribus.*

§ 1. Usurarii sacerdotes si qui, tales nominati, inventi et reputati fuerint, majori sunt excommunicatione ligati; quos cum eadem pena sub pena grossissime emende et amissionis sortis principalis (3) et ejus quod supra sortem intendebant recipere, monemus abstinere; alias post publicationem presentium statu-

---

(1) La phrase est singulièrement concise, mais le sens n'est point douteux : si ces religieux ne se relèvent, il est manifeste qu'on ne peut attendre d'eux rien de bon; bien au contraire.

(2) Cf. ci-dessous, titre xxii, art. 3, relativement à l'instruction des enfants.

(3) Le capital lui-même.

torum medietatem omnium bonorum suorum privari et in fabricam matricis ecclesie (1) et ad pauperes loci seu parrochie in qua resident volumus impartiri.

§ 2. Et quia de usurariis agitur et a paucis diebus certificati fuimus per viros timoratos usuras in nostra diocesi maxime vigere et contractus fictos, falsos et simulatos communiter fieri, ordinamus ut tales usurarii publici non admittantur ad susceptionem eucharistie nec ad sanctam sepulturam, donec et nisi de usuris satisfecerint aut cautionem sufficientem dederint de restituendo. Et hoc volumus per capellanos et eorum vicarios populo sepe nunciari.

§ 3. Cum ex ludo alearum et magis taxillorum (2) soleant mali exitus provenire, monemus sub penis juris et emende ut religiosi et sacerdotes aut in sacris ordinibus constituti a talibus ludis vetitis et reprobatis abstineant et ludentibus non intersint.

XX. De Predicatoribus et Questoribus.

§ 1. Quia de predicatoribus dicitur quomodo predicabunt nisi mittantur, ordinamus propter maliciam temporis et alias causas nos moventes ne aliqui admittantur ad predicandum nisi habeant litteram obedient.e sue, si sint religiosi, et ex permissione nostra, nisi forte aliqui de quattuor mendicantibus nostre diocesis, de quorum scientia et bona conversatione bene simus informati.

§ 2. Questores sive indulgentiarum portitores et nuncii confratriarum (3) nullo modo admittantur ad predicationem et questam, nisi de permissione nostra, sub signo secretarii nostri et sigillo rotundo, qui tantum ea dicant que in litteris domini nostri pape vel nostris continentur et breviter exponant sua privilegia sine forma predicationis.

§ 3. Et quia multi sunt tales elemosynarum questores proprium commodum curantes qui suis suasionibus abusiones proponunt et errores inducunt, mendacia inferunt ut simplices decipiant et ab ipsis extorqueant pecunias, diligenter inspiciant sacerdotes suas litteras et tenorem earumdem ac diligentius inspiciant

---

(1) Cf. ci-dessous, titre XXI.

(2) Cf. ci-dessus, *Statuts de Saint-Yrieix*, § 10, *Statuts de Guéret*, § 25, et *Statuts de Moutier-d'Ahun*, § 21.

(3) On les appelait courriers en Limousin. Cf. *Invent. des Arch. dép. de la Haute-Vienne*, D., 160 : « Corrier [de la confrairie] du St-Sacrement ; » — Et *Ann. de 1638*, p. 185 : « E lo courial deu dir au secresta cant lo coffrars ei mortz. »

signum et sigillum et si sit rasura in data aut falsitas (1); et si quam falsitatem invenerint, eos et suas litteras ad nos mittant expensis nostris.

§ 4. Item, non intendimus quod tales nuncii ferant aliquas reliquias ; quod si fecerint, retineatis ac nobis afferatis, nec ullo modo permittatis eos per vicos pulsare aut pulsari facere càmpanillas, quia ad cumulum suorum abusuum hoc facere consueverunt.

XXI. De Confratriis et Communitatibus.

§ 1. Quia lapsis temporibus multe fuerunt erecte confratrie, aliquando in prejudicium Ecclesie et curatorum, et plerumque in illis fiunt mille rixe et commessationes unde Deus magis irritatur quam placatur, et que aliquando bonum principium habuerunt plerumque malum finem sortiuntur, — inhibemus ne deinceps erigantur in nostra diocesi sine nostro scitu et permissione, precipimusque rectoribus ecclesiarum ne permittant eas erigi in suis ecclesiis nisi viderint permissionem nostram in scriptis, et hoc sub pena suspensionis et emende (2).

§ 2. Sub eisdem penis inhibemus ne erigantur communitates in ecclesiis nostre diocesis per sacerdotes nisi habuerint suam institutionem a nobis vel vicariis nostris et sine permissione capellani qui accipiet duplicem distributionem. Et qui erunt de communitate non compareant in servicio et obitibus dicte communitatis sine superlicio; alias priventur suis distributionibus pro tali hora.

§ 3. Item, prohibemus ne in talibus erectionibus fiant ordinationes aut constitutiones, nisi fuerint vise per nos et signate signo nostri secretarii.

XXII. De Officio capellanorum et sacerdotum.

§ 1. Capellani et eorum vicarii in suis ecclesiis sancte predicationi insistere debent et tam verbo quam exemplo predicare,

---

(1) On sait combien la fabrication des faux titres était répandue au moyen âge. — Cf. ap. *Chron. de S. Martial*, p. 187, le cas de Humbald, évêque de Limog s, en 1095, et ci-dessous, titre xxviii, art. 5. Au xie siècle, lors des débats du concile de Limoges relativement à l'apostolat de S. Martial, Adhémar de Chabannes et les moines du monastère de Limoges substituèrent le mot *apostolus* au mot *discipulus* dans les titres anciens de leurs archives. La fraude se constate encore aujourd'hui à l'œil nu.

(2) Déjà en 1276, mais dans d'autres circonstances, il y avait eu tentative pour réduire le nombre des confréries en Limousin. Cf. *Chron. de S. Martial*, p. 168.

puta per bonam doctrinam et bonam conversationem, ita quod de grege sibi commisso summo judici die judicii bonam reddant rationem; alioquin divinam ultionem debent non immerito formidare.

§ 2. Moneant sacerdotes suos subditos ne infantulos cum ipsis faciant cubare propter pericula que quandoque contingunt et contingere possunt, cum intimatione quod si contrarium fecerint et casus adversi evenerint, gravi penitentia mulctabuntur.

§ 3. Statuimus insuper ut quilibet rector animarum in sua parrochia habeat clericum mediocriter doctum, cujus tamen non sit pater (1), qui secum cantet lectiones, responsoria, epistolam, psalmos et qui possit tenere scholas et edocere parvulos ; moneatque dictus rector suos parrochianos qui habent liberos ut mittant eos ad scholam. Quibus (*sic*) ipse clericus docebit alphabetum, decem precepta legis, ad juvandum sacerdotem in missa, ad cantandum et cetera omnia que poterit, maxime quantum ad bonos mores (2).

§ 4. Hortentur ex parte nostra rectores ecclesiarum tabernarios ne diebus dominicis et celebrioribus festis tempore misse, sermonis et vesperorum recipiant aliquos in suis domibus ad bibendum, nisi fuerint transeuntes et peregrinantes ; sed talibus horis honeste se contineant in ecclesiis suis in orationibus et devotione. Nam dies tales sunt deputati ad serviendum Deo principaliter.

§ 5. Ex eadem parte nostra prohibeant et caveant dicti rectores ne tempore majoris misse et vesperorum (3) teneantur ludi publici qui retrahant populum a servicio Dei ; sed eo tempore cessant ludi, choree, commessationes, histriones, mimi, joculatores.

§ 6. Item, statuimus ut capellani et vicarii quolibet die dominico cum aliis preceptis in prono ecclesie dicant decem precepta legis (que tenemur omnes scire et servare) et exponant vernacula lingua unum articulum tantummodo qualibet die dominica, reincipiendo quando perfecerint; et injungant patribus et matribus familiarum ut illa discant suis liberis et servitoribus.

§ 7. Item, precipimus dictis capellanis ut sepius moneant dictos patres et matres quod diligentissime erudiant dictos suos liberos ad serviendum Deo, et sciant *Pater noster*, *Ave Maria*, *Credo in Deum* et *Credo in Spiritum sanctum*, *Confiteor*, ad benedicendum que sumpturi sunt in principio mense et in fine *Gratias*

---

(1) Il faut bien prendre ce mot au sens propre pour comprendre l'interdiction qui est ici formulée.

(2) Cf. ci-dessus. litre XVIII, *De religiosis difformatis, ad finem*, et les *Statuts de Moutier-d'Ahun*, § 28.

(3) *Vesperi* et *Vesperæ* étaient également usités. Cf. DUCANGE.

agendum, ad timendum Deum, ad obediendum, non jurandum, libenter salutandum, confitendum, missam audiendum, virginem Mariam libenter salutandum, quia si bonis moribus imbuantur in illis senescent; si malis vel nullis, quomodo sapient? Qui si mali fuerint propter negligentiam parentum, dicti parentes coram Deo districtam reddent rationem.

§ 8. Item, ordinamus ut quolibet die dominico precedente aliquod festum solemne rectores ecclesiarum predicent et enuncient excellentiam et prerogativam festi, ut devotior sit populus ad expectandum et celebrandum tale festum et confitendum, si Deus inspiraverit eos ad hoc faciendum.

§ 9. Item, prohibemus vobis rectoribus ecclesiarum ut neminem alienum parrochianum sive peregrinum recipiatis ad eucharistie sacramentum, nec alia sacramenta ei ministretis nisi de littera dimissoria sui curati vobis constiterit esse catholicum (1) et non excommunicatum, excepto penitentie sacramento duntaxat.

§ 10. Item, provideant predicti rectores ecclesiarum ut omnia vasa ecclesie et cetera quecunque ad divinum cultum pertinentia munda teneantur, et que sunt in sua custodia ornate et composite teneant quantumcunque poterunt, ut a populo in majori reverentia habeantur.

§ 11. Item, ordinamus propter causas nos moventes ut deinceps qui curam animarum habent, faciant registra baptisatorum, conjugatorum, testamentorum et excommunicatorum (2).

§ 12. Item, inhibemus sub pena emende gravissime capellanis et aliis omnibus beneficiatis in nostra diocesi ne habeant alias ecclesias assensare et proprias deserere.

§ 13. Universos et singulos sacerdotes in Domino hortamur quatenus elemosynas pauperum, leprosorum, viduarum, orphanorum ac aliarum miserabilium personarum conentur pietatis intuitu defendere et procurare.

§ 14. Sacerdotes inducant clericos conjugatos (3) ut tonsuram et vestes ferant clericales propter multas causas.

§ 15. Ordinamus de novo ad laudem Dei omnipotentis et totius curie celestis, ad auctionem devotionis fidelium et incrementum

---

(1) Ce sont les Juifs qui nous semblent plus particulièrement visés dans ce paragraphe. La profanation des hosties était en effet un des crimes dont on les chargeait le plus volontiers.

(2) Cf. ci-dessus, titre XI, art. 2, et titre XV, art. 23, et *Statuts de Guéret*, §§ 12 et 17.

(3) *Clericus conjugatus, clericus uxoratus* sont des termes que l'on rencontre fréquemment dans les chartes de nos archives au moyen âge.

omnium bonorum ut deinceps, more omnium fere provinciarum aliarum et ecclesiarum regni Francie et aliorum regnorum, pulsentur et dicantur vespere a capellano vel ejus vicario diebus dominicis et sabbatinis et aliis celebrioribus festivitatibus in ecclesiis mediocriter dotatis aut fundatis. Et si nullus adveniat qui juvet capellanum vel vicarium, dicantur vespere a dicto capellano vel vicario legendo intelligibili voce cum lumine et superlicio.

§ 16. Item, volumus, ordinamus et precipimus ut capellani et vicarii saltem semel in anno audiant et faciant reddere compotum fabricatoribus, sindicis et questoribus ecclesie, vocatis duobus vel pluribus viris honestis, expertis in materia compotorum, per parrochianos electis et nominatis.

XXIII. *De interiore Honestate ecclesie.*

§ 1. Statuimus sub pena emende ut unumquodque altare super quo celebratur, habeat suum operimentum ex tapeto, lana vel tella tincta ad cooperiendum mappas benedictas post celebrationem, propter pulveres et murium seu vespertilionum defecationes; alias non remaneant dicte mappe super altaria.

§ 2. Item, ordinamus ut unumquodque altare ubi celebratur missa, habeat sua tersoria munda, qualibet septimana mundata vel renovata, ad tergendum manus sacerdotum; et deinceps sub pena emende non tergant dicti sacerdotes manus suas ad mappas benedictas aut courtinas (*sic*) que non sunt ad hoc deputate.

§ 3. Item, ordinamus ut ecclesie nostre diocesis et altaria sursum et deorsum saltem semel in mense mundentur, et saltem bis in anno imagines epulverisentur ac telle aranearum a vitrinis, parietibus et supremitate testudinum scobando deponantur (1).

§ 4. Item, sub eadem pena injungimus ut sacerdotes, postquam celebraverint, non dimittant infulas, manipulos, stolas, vestimenta nec superlicia super altaria; sed postquam fecerint honeste, pliceut ac reponant sub clave et tegant sua altaria, ut predictum est.

§ 5. Item, non intendimus ecclesias nostre diocesis occupari multitudine scannorum et sedilium occupantium et dehonestantium navem ecclesie, nisi qui talia habent sint nobiles; sed sufficiat paucissimus numerus expensis ecclesie pro senio, debilitatis et gravidis mulieribus tantum.

§ 6. Idem dicimus de archis et scriniis, granariis, utencilibus

---

(1) Cf. ci-dessus *Statuts de Saint-Yrieix*, § 17.

in ecclesia positis; que omnia si non sint ad usum ornamentorum ecclesie ordinamus educi et auferri et nunquam in ecclesiam intromitti, nisi tempore hostilitatis tantum.

§ 7. Item, ordinamus ut omnia indumenta et ornamenta linea saltem bis in anno congruenti tempore abluantur, scilicet ante Pascha et Nativitatem Domini vel ante festum omnium Sanctorum.

§ 8. Indumenta ecclesie et ornamenta ejusdem cum veterascunt, non nisi ad usum ecclesie applicentur, cum sint jam dicata eidem ecclesie, sed tandem potius comburantur. Hoc idem dicimus de imaginibus ecclesie.

§ 9. Nullus in ecclesia seditionem excitet aut clamorem; cessent in ea fabulationes et consulationes; cessent vana et feda colloquia; sed unusquisque maneat in devotione et contemplatione; gratias agat Deo; fundat preces et cogitet quomodo vixerit in ebdomada, et mentaliter Deo confiteatur, et illis diebus secularia negocia non exerceat nec mercata aut nundinas frequentet, propter quod a servicio divino impediatur.

§ 10. Item, precipimus et ordinamus ut quando visitabimus vel alii pro nobis, capellani vel eorum vicarii nuncient et dicant plane et aperte que sunt necessaria in ecclesia, si sint libri sufficientes, si desint calices, mappe, ornamenta, infule, cape, si tectum sit integrum et alia que concernunt honestatem et integritatem dicte ecclesie.

XXIV. *De Moribus et honesta Conversatione sacerdotum.*

§ 1. Et quia vestes sacerdotum nullo tempore debent immutari et secundum morem antiquum patrie et virorum honestorum debent observari et ab omni evo fuerit mos observatissimus in Francia ferre vestes non difformatas, omni superfluitate carentes, statuimus sub pena emende ut sacerdotes et religiosi nobis subditi, maxime dum contigerit sacra celebrare [et] ecclesiam frequentare vel cum populo versari, cui debent preesse honore, exemplo et honestate, habeant vestes talares, non ecolatas, non expectoratas, non limbatas, non fronsatas, nec fissas aut scissas per manicas, nimia brevitate aut longitudine non notatas, non effluentes, ad nuccam usque et nodum gutturis ascendentes, anterius sursum clausas et posterius deorsum ad tallos usque sutas, cum caputio ex panno nigro, nec detrectent habitus quos sibi dudum Ecclesia vendicavit (1). Quod enim mente gerunt,

---

(1) Cf. *Statuts de Saint-Yrieix,* § 10, et *Statuts de Bellac,* § 3.

habitu profitentur; nam facile judicamus de inte[ri]oribus per exteriora (1).

§ 2. Item, habeant sacerdotes birreta rotunda, non togata more rusticorum, calceos non scissos neque fenestratos, et omnia indumenta tam interiora quam exteriora non rubea, non crocea, non viridia, sine quacunque barratura aut difformatione; nec ferant genuligia maxime diversi coloris aut prohibiti sacerdotibus. Id idem dicimus de clericis (quantum ad honestatem habitu[u]m) qui ferunt superlicia in ecclesiis ca[no]nicorum; qui licet non sint sacerdotes, volumus tamen eos sacerdotalem sequi honestatem.

§ 3. Item, inhibemus sacerdotibus nostris sub eadem pena ne pretextu paupertatis aut alia causa celebrent cum calceis ligneis, et minus cum veternosis calceis in modum pedifluarum (2), quos erubescerent portare coram viris honestis; sed habeant calceos ex corio vel pedifluas bassas, honestas, opificis opere compositas.

§ 4. Item, omnino inhibemus viris ecclesiasticis gestationem pileorum in ecclesia cum superlicio et ministrando sacramenta; nec ponant super altaria, sed potius habeant caputia, ut dictum est; gestatio enim pileorum dedecet sacerdotes nisi propter estum, pluviam, peregrinationem aut infirmitatem.

§ 5. Item, ordinamus ut sacerdotes omnes nostre diocesis habeant superlicia honesta cum caputiis, et cum eodem habitu compareant diebus festis maxime celebribus, unusquisque in suâ parrochia, ad cantandum servicium cum capellano vel vicariis, in obitibus, in processionibus, in visitationibus, in audiendis confessionibus sub pena emende.

§ 6. Item, ordinamus ut sacerdotes nostri non nutriant barbam neque comam, sed bis in mense adminus faciant radere barbam et tonsuram et rescindere capillos ad revelationem aurium (3).

§ 7. Item, inhibemus sub pena grandis emende ne sacerdotes nostri frequentant tabernas maxime cum laicis, nisi gratia peregrinationis vel urgentissime necessitatis (4).

§ 8. Insuper non frequentant ludos publicos, choreas, nec publice chorisent aut frequentent festa parrochiarum, et sine veste

---

(1) Cf. *Statuts de Saint-Yrieix*, § 10, *ad finem*.

(2) Sorte de chaussure. Ducange ne connaît point ce mot. Cf. *Statuts de Saint-Yrieix*, § 10.

(3) Cf. *Statuts de Bellac*, § 2.

(4) Cf. *Statuts de Saint-Yrieix*, § 10, et *Statuts de Moutier-d'Ahun*, § 16.

nullatenus per vicos incedant, et ab omni crapula et ebrietate, a verbis fedis et ociosis et stultiloquio penitus abstineant (1).

§ 9. Item, inhibemus sub pena emende ne sacerdotes teneant tabernam et vinum publice vendant (2), nec per se nec per suos famulos, nisi forte de suis vineis potatim vel pintatim tantummodo, non recipiendo in suis domibus aliquos ad bibendum, nec emant frumentum, vinum, boves, equos, porcos aut occidant animalia sub spe revendendi et lucrandi, et, ut brevius loquar, nullis secularibus negociis se immisceant, quia, ut dicit apostolus, *Nemo militans Deo et Ecclesie debet se implicare secularibus negociis* (3).

§ 10. Item, precipimus omnibus in sacris [ordinibus] constitutis quatenus evitent in quantum poterunt loca publica, fabulationes, risus immodestos, frequentationes mulierum, dissensiones, rixas, murmurationes, viros rixosos; et nunquam mimis, hystrionibus et joculatoribus se immisceant.

§ 11. Item, precipimus sub pena perjurii omnibus capellanis et eorum vicariis ut si quos habuerint sacerdotes diffamatos et difformatos, scandalose viventes in suis parrochiis et non obedientes preceptis nostris et vicariorum pro nobis visitantium, illos sine favore nobis accusent indilate. Quod si aliter quam per ipsos curatos resciverimus, eos puniemus.

§ 12. Item, prohibemus ne aliquis in sacris ordinibus constitutis sententiam sanguinis dicat aut proferat, nec sanguinis vindictam exerceat, nec ubi exercitur intersit, nec dictet, scribat aut consulat aliquid super ipsa materia.

§ 13. Item, ordinamus ut diebus dominicis et festis celebribus nullus sacerdos sine urgente necessitate et permissione capellani vel vicarii missam celebret quando missa major celebratur vel fit sermo ad populum usque post offertorium.

§ 14. Item, prohibemus sacerdotibus nostris ne ferant arma, enses, pugiones (4), nec incedant larvati aut in habitu dissimulato, sub pena carceris et emende.

§ 15. Item, districte et sub pena emende precipimus sacerdotibus nostris, qui debent esse exemplar aliorum, ne quandiu divinum officium celebratur deambulent per cimiterium vel ecclesiam ridendo, fabulando, tumultuando, nec aliqua signa

---

(1) Cf. *Statuts de Moutier-d'Ahun*, § 34.
(2) Cf. ci-dessus, titre XXII, § 4.
(3) Paraphrase de II Tim., II, 4. Le texte grec porte simplement : Οὐδεὶς στρατευόμενος ἐμπλέκεται ταῖς τοῦ βίου πραγματείαις. Il est vrai que la Vulgate traduit : *Nemo militans Deo implicat se negotiis secularibus*.
(4) Cf. *Statuts de Moutier-d'Ahun*, § 19.

levitatis, temeritatis vel immodestie demonstrent, sed cum superlicio in choro devote cantent et orent, ne deinceps, ut consueverunt, sint in malum exemplum, odium et opprobrium laicorum et confusionem Ecclesie Dei.

XXV. *Aliqua Statuta in generali.*

§ 1. Non ingrediantur laici et maxime mulieres [c]ancellum ecclesie sive circuitum proximum altaris majoris quando missa celebratur, nec occupent dicti laici cathedras in quibus consueverunt sedere sacerdotes ad cantandum sive psalmodisandum, nisi advenientibus dictis sacerdotibus velint assurgere et eis locum dare.

§ 2. Item, volumus et ordinamus ut sacerdotes maxime qui curam habent animarum, habeant statuta nostra sinodalia, manuale manipulum curatorum, libros penitentiales vel practicos aut summarios, et in illis studeant ut plebem sibi commissam possint regere et instruere, superaddentes ut dicti sacerdotes simul studeant dicta statuta ne ignorent que in [i]isdem continentur, quia ignorantia non excusabit eos.

§ 3. Item, ordinamus ut quisque christianus saltem semel in hebdomada, precipue diebus dominicis et festis celebrioribus, visitet suam ecclesiam parrochialem vel cathedralem, ibidem devote missam auditurus. Si autem aliquis per tres hebdomadas, cessante legitimo impedimento, non visitaverit dictam suam ecclesiam parrochialem, precipimus hoc per rectores ecclesiarum nobis notificari et hoc volumus in pronis publicari, quia contra tales si fuerint inobedientes, intendimus, ut juris erit, procedere.

§ 4. Quia ex laudabili consuetudine observata in regno Francie solitum sit pulsare campanam vel campanas in ecclesia circa meridiem, ordinamus ut talis pulsatio continuetur, et si non solita sit, de novo inchoetur. Omnibus namque qui eadem hora devote dixerint *Pater noster*, *Ave Maria*, elevato capite vel complicatis manibus pro rege et pace, viginti dies indulgentiarum misericorditer impartimur.

§ 5. Item, volumus et ordinamus pulsationem illam, que vulgo dicitur ignitegium (1), circa primam partem noctis ubilibet in nostra diocesi continuari, circiter quam horam creditur angelus Gabriel mysterium incarnationis virgini Marie nunciasse; concedentes illis qui eadem hora genibus flexis vel manibus complicatis devote salutaverint dictam virginem ea salu-

---

(1) = couvre-feu.

tatione qua fuit ab angelo salutata, et qui in commemorationem tam salutifere nunciationis proximum sibi salutaverint, quadraginta dies indulgentiarum.

XXVI. De Hospitalariis et Elemosynariis.

§ 1. Ordinamus ut omnes hospitalarii, elemosynarii sive infirmarii nostre diocesis moneantur per capellanos vel vicarios locorum ut infra duos menses a publicatione statutorum nostrorum, faciant inventarium in bona forma de bonis mobilibus et immobilibus et redditibus suorum locorum quorum cura noscitur eis esse commissa; quodquidem inventarium infra alios duos menses habeant nobis presentare sub pena suspensionis et emende arbitrarie, ne bona pauperum seu miserabilium personarum per suam incuriam valeant deperire.

§ 2. Item, ordinamus ut predicti hospitalarii, elemosynarii et infirmarii singulis annis faciant compotum de receptis et missis per eos factis, ut nobis vel a nobis commissis bonum et integrum reddant compotum quandocunque requisiti fuerint, nec aliquid alienent aut excambiant (1) de dictis locis sine nostro scitu et decreto; alias contra eos, ut juris erit, perpensate procedemus.

XXVII. De Vicariis.

Ad nostram (quibusdam referentibus) pervenit noticiam quod multi sunt vicarii perpetui qui non faciunt officium ad quod tenentur, et qui domos, redditus, possessiones earundem funditus ruere et ad nihilum dilabi permittunt in earundem jactura et destructione. Eapropter rectoribus ecclesiarum in quibus site sunt dicte vicarie precipimus ut nobis significent indilate sub pena injurii, ut de remedio provideamus oportuno.

XXVIII. De Executione litterarum curie Lemovicensis.

§ 1. Vobis sacerdotibus precipimus ut non habeatis exequi sive executare litteras citatorias vel alias a quavis universitate emanatas nec alia jurisdictione ecclesiastica preterquam a nostra, nisi prius fuerint vise et annexate per officialem nostrum, propter abusus qui fiunt et possunt in dies fieri.

§ 2. Item, vobis ecclesiarum rectoribus inhibemus ne litteras de Cor eximus approbetis et recipiatis nisi nostro signo vel vicarii nostri generalis fuerint signate et sigillo nostro rotundo

---

(1) Ducange enregistre *excambiare* et *excambire*.

sigillate vel sine signo officialis nostri, quando scilicet materia fuerit agitata coram ipso, cum signis thesaurarii et scribe causarum curie nostri officialatus et sigillo ejusdem curie.

§ 3. Item, sub pena suspensionis et emende vobis capellanis et cuilibet vestrum precipimus in virtute sancte obedientie ut litteras ab officiali nostro generali et curia nostra emanatas in parrochianos et subditos vestros denuncietis et publicetis in ecclesiis vestris, prout per dictas litteras fuerit vobis datum in mandatis, ac etiam litteras foraneorum officialium. Et si forte alique suspensionum littere aut alie in contrarium ab alio quocunque judice ecclesiastico seu ab aliquo officialium nostrorum foraneorum in diocesi nostra constitutorum emanate (postquam monitorie littere a dicto nostro officiali generali et curia nostra officialatus Lemovicensis fuerint executioni demandate), vobis presententur, inhibemus sub penis predictis ne dictas litteras sic ab alio judice concessas executioni demandetis.

§ 4. Sub pena canonica inhibemus ne aliquis actor ad diversa loca seu coram diversis judicibus ecclesiasticis unum eumdemque reum super una diversisve actionibus personalibus de cetero trahat vel trahi procuret simul et eodem tempore sive die.

§ 5. Visitentur littere tam absolutorie quam alie circa sigillum tam in caractere quam in cera et cauda litterarum, tam ante quam retro, in litteris et sigillis et in circumferentia, quia falsitas multotiens committitur. Et si aliqua falsitas in dictis litteris, executioni non demandentur sed retineantur et cum portitore ad nos expensis nostris remittantur (1).

§ 6. Item, inhibemus sub excommunicationis et emende arbitrarie pena ne habeatis aliquem excommunicatum ad divina recipere quantumcunque partis consensus intervenerit, nisi vobis prius constiterit de absolutionis litteris debite expeditis et sigillo curie officialatus sigillatis.

§ 7. Sub eisdem nempe penis inhibemus ne recipiatis aliquem pro litteris *de Eviletis* excommunicatum ad divina, nec aliquas litteras absolutionis recipere et exequi habeatis, nisi per dictas litteras vobis constiterit de expresso consensu procuratoris nostri generalis.

XXIX De Residentia curatorum.

§ 1. Intendimus et ordinamus ut capellani nostre diocesis continuam faciant residentiam personalem in suis curis, tenendo focum et larem in sua parrochia, exercendo regimen sibi com-

---

(1) Cf. plus haut, titre XX, art. 3.

missum, nec se absentem per mensem sine nostra permissione et dispensatione sub pena excommunicationis et emende, nisi sint privilegiati sine fraude et nobis (*sic*) docuerint cum requisiti fuerint.

§ 2. Et quia multi sunt qui temeraria auctoritate gregem sibi commissum sine spiri[tu]ali pabulo errantem dimittere presumunt et vicarios tales quales pro administratione sacramentorum instituunt sine permissione nostra, propterea sub eisdem penis hac sinodali constitutione ordinamus et prohibemus ne aliquis vicarius ultra mensem cuicunque ecclesie parrochiali deservire et eccles[ias]tica sacramenta ministrare presumat nisi ipse infra dictum mensem *de Deserviendo* et rector illius ecclesie *de non Residendo* litteras hujusmodi a nobis seu vicario nostro obtinuerint, et dictus vicarius fuerit per nos vel vicarios nostros diligentissime examinatus.

XXX. *De Processionibus.*

§ 1. Quia processiones inducte sunt ab Ecclesia ad paccandam iram Dei, impetrandam (1) ejus gratiam et remedium de ingruentibus malis postulandum (2), que omnia vix possunt impetrari sine humiliatione, cordis contritione et oris testatione, ea propter in Domino hortamur omnes rectores ecclesiarum ut, quando contigerit processiones celebrari, dominica precedente inducant populum sibi commissum ad devote assistendum dictis processionibus exeundo ab ecclesia, progredientes in bono ordine sine strepitu, murmure et confabulatione, sequendo vexillum ecclesie et sacerdotes, et eodem ordine ad ecclesiam usque suam redeundo.

§ 2. Item, ordinamus sub pena emende ut cessante legitimo impedimento in dictis processionibus compareant sacerdotes omnes parrochie cum superficiis et caputio, mature, honeste, devote et per ordinem progredientes, cantando, orando, contemplando et adminus tacendo, ut qui sunt duces aliorum sint causa boni ordinis et sequentes inducant ad devotionem, et tandem eorum que pro necessitate postulant impetrationem (3).

(1 et 2) Le texte porte *impetrande* et *postulande*, ce qui ne s'explique pas grammaticalement.

(3) Ce dernier membre de phrase est passablement obscur. Le sens est, croyons-nous, celui-ci : « . . . . pour q'ils amènent ceux qui les suivent à la piété et finalement à la possession des biens qu'ils demandent selon leurs besoins. »

XXXI. *De Fabrica matricis ecclesie Lemovicensis* (1).

§ 1. Et quia divinus noster Marcialis Aquitanorum apostolus, primas et legatus et ab beato Petro prothopapa directus Lemovicas et specialiter missus (2), compluresque summi pontifices contulerunt innumeras pene indulgentias et aliquas etiam plenarias matrici ecclesie sancti Stephani Lemovicensis, spouse nostre, et omnes fere Lemovicenses episcopi dederunt quadraginta dies indulgentiarum omnibus eidem ecclesie benefacientibus, ea propter vestigiis predecessorum nostrorum inherentes, omnibus ejusdem ecclesie benefactoribus, quotiens id fecerunt in statu gratie, quadraginta dies indulgentiarum misericorditer impartimur.

§ 2. *De Denario christianitatis* (3). Et cum ab omni evo et laudabili observantia (insequendo decreta et constitutiones summorum pontificum qui voluerunt et ordinaverunt quod unusquisque recipiens eucharistiam in episcopatu Lemovicenci daret unum denarium ad opus structure dicte ecclesie Lemovicensis), fuerit semper observatum commutare maximam partem penitentiarum in opus fabrice dicte ecclesie, ea propter statuimus, ordinamus et injungimus omnibus ecclesiarum rectoribus, confessoribus et predicatoribus ut omnibus viis et suasionibus inducant dictos recipientes et communicantes ad solvendum dictum denarium in manus curatorum aut vicariorum qui facient registrum verum de dictis communicantibus et afferent vel secure afferri facient ad receptores dicte ecclesie in sinodo estivali post Pascha, sine aliqua retentione et diminutione, sub pena excommunica-

---

(1) « On appelle église matrice celle qui est la plus ancienne d'un lieu, à l'imitation de laquelle on en bâtit plusieurs autres. » (*Dict. de Trévoux*, cité par les éditeurs des *Reg. cons. de Lim.*, I, 193). — Comme il s'agit ici de la cathédrale gothique de Saint-Etienne et non de la basilique romane de Saint-Martial, le défini ne peut répondre à la définition qu'à la condition d'admettre, chose d'ailleurs prouvée, que la cathédrale occupe l'emplacement d'une autre église plus ancienne que celle de Saint-Martial elle-même, et qui a pu être véritablement une *matrix ecclesia*. Toutefois, en nous fondant sur la définition donnée plus loin par les présents statuts xxxii, 1.), nous croyons qu'il faut entendre par cette expression tout simplement l'église cathédrale, qu'elle qu'elle soit. Quelques exemples cités par Ducange démontrent du reste que *matrix ecclesia* a été employé comme synonyme de *cathedralis* ou *metropolitana ecclesia* ailleurs encore qu'en Limousin.

(2) Sur l'historique de la question que l'on tranche ici par l'affirmative, voy. la dissertation de M. l'abbé Arbellot, *Bull. Soc. arch. du Lim.*, vi.

(3) Ce sous-titre, perdu dans le texte nous avait échappé lorsque nous avons rédigé le *Compendium* des statuts; d'où la note erronée de la page 302.

tionis et sacrilegii; quibus preter indulgentias a summis pontificibus elargitas quadraginta dies indulgentiarum impartimur.

§ 3. Ad cujus collectionem denarii ordinamus sub pena inobedientie ut in qualibet parrochia per curatum vel vicarium deputetur aliquis probissimus vir qui, cum disco assistens juxta mensam communicantium, recipiat et sollicitet alta voce dictos communicantes ad solvendum dictum denarium qui lucrabitur predictas indulgentias. Et hoc aperte publicetur in pronis ecclesiarum ut deinceps nullus tanto munere fraudetur.

§ 4. Item, ut nostris temporibus structura sumptuosi edificii dicte Lemovicensis ecclesie possit accellerari, damus et concedimus, sub benigna supportatione sedis apostolice, permissionem comedendi butyrum et lacticinia in Quadragesima ad tempus omnibus his qui dabunt duodecim denarios ad opus perfectionis dicte ecclesie, comprehendendo virum et mulierem et omnem familiam et omnes cum eisdem commedentes pro uno. Idem dicimus de familia sacerdotum, nisi tales qui sunt de familia sint sufficienter beneficati et possint bene vivere ad partem. Quos duodecim denarios recipiet thesaurarius noster et tenebit compotum. Propterea prohibemus omnibus nobis subditis sub pena peccati mortalis ne comedant butyrum in Quadragesima, nisi solvendo dictam summam vel nisi fuerint per summum pontificem dispensati. Unde in virtute sancte obedientie precipimus omnibus ecclesiarum rectoribus ut hoc publicent et dictam summam recipiant aut per fidelem personam recipi faciant, teneantque verum compotum in ipsum et afferant aut fideliter afferi faciant cum suo scripto vere somme (sic) certificative, nec aliquid retineant sub pena sacrilegii et excommunicationis, et tradatur predicto nostro (ut dictum est) thesaurario vel alteri per nos deputando.

§ 5. Item, injungimus omnibus auditoribus confessionum ut circa Quadragesimam interrogent confitentes si comederint butyrum et lacticinia et si sint privilegiati, vel si solverint dictam sommam (sic) vel si sint de familia alicujus qui solverit vel solvere nitendat, ut nullus presumat comedere butyrum nisi secure et eo modo ut dictum est.

XXXII. De Confratria Sancti Stephani in matrici ecclesia Lemovicensi (1).

§ 1. Quia confratria sancti prothomartyris et levite Stephani fundata in ecclesia nostra cathedrali, que est matrix et precipua

___
(1) Le texte porte *Lemovicensis*.

omnium ecclesiarum diocesis, a qua alie omnes sumpsere originem, fuit propter militantes causas tam juste et pie, insequendo divi Marcialis et summorum pontificum pias voluntates, a predecessoribus nostris ordinata et propter dicte ecclesie reparationem sumptuose et mirifice inceptam, inchoata; ut non nisi largifluis fidelium donis possit opus accelari, insequendo dictorum predecessorum devotionem, — dictam confratriam laudamus, approbamus et continuamus, ordinantes ut quicunque tam laici quam sacerdotes qui erunt de dicta confratria, solvendo in introitu dicte confratrie duos solidos et aliis singulis annis sequentibus decem denarios, possint eligere confessorem idoneum qui eos toties quoties poterit absolvere a certis et specialibus casibus nobis reservatis, qui continentur in cartula quam dicti confratres debent habere signatam a commisso dicte confratrie, comprehendo simul virum et mulierem, in qua cartula continentur privilegia dicte confratrie. Et quam cartulam videant et notent diligenter sacerdotes ut non excedant potestatem sibi commissam. Ultra quas gratias quadraginta dies indulgentiarum dictis confratribus et cuilibet eorum impartimur, monentes ut dicti sacerdotes non absolvant nec absolvi credant a predictis casibus nisi qui petunt absolvi sint de dicta confratria et solverint quolibet anno, ut dictum est. Et nullus sacerdos habebit potestatem active et passive simul [absolvendi] (1), nisi sit curatus vel expresse nominatus a dicto curato qui in periculo anime sue respondebit de idoneitate et sufficientia dicti sacerdotis et faciet registrum de his sacerdotibus qui sunt de confratria predicta.

§ 2. Sed quia prelapsis diebus et annis multi prodierunt abusus ex nimia permissione et tollerantia per aliquos ignaros sacerdotes circa casus reservatos, et cum experientia nos docuerit plerosque sacerdotes querere potestatem active et passive absolvendi a casibus reservatis, ut liberius peccent et a peccatis reservatis facilius absolvantur, et in dies per totam diocesim nostram plus solito succrescunt peccatorum reservatorum infinite species, et quia sunt aliqui pseudo sacerdotes nullam potestatem habentes qui nec sunt de dicta confratria nec sciunt casus reservatos, quique absolvunt indiferenter a quibuscunque casibus etiam summo pontifici reservatis, in maximum detrimentum Ecclesie et animarum, — ordinamus ut qui tales inventi fuerint et interrogati nescierint casus reservatos et peccata mortalia et modum confitendi, suspendantur a divinis et administratione sacramentorum et retineantur in emendam.

(1) Cf. l'art. suivant, ligne 4.

XXXIII. *De Archipresbyteris.*

§ 1. Statuimus et ordinamus ut omnes archipresbyteri nostre diocesis sine grandi et legitima excusatione personaliter compareant in sinodis nostris et tradant nobis aut officiariis nostris, antequam recedant a sinodo, nomina residentium capellanorum et non residentium, et nomina comparentium et non comparentium in sinodo, sine fraude, sub pena perjurii, suspensionis et emende.

§ 2. Dicti archipresbyteri, si propter grandem et irremediabilem excusationem non possint venire ad dictam sinodum, mittant unum sacerdotem doctum et honestum ad exoniandum eos, qui medio juramento jurabit exoniam esse veram; et talis exoniator habebit expressum procuratorium (quod ostendet nobis vel vicariis nostris ante sinodum) ad comparendum et jurandum quod sine fraude, bene et fideliter exequetur pro illa vice officium archipresbyteri per quem missus est.

§ 3. Item, inhibemus eisdem archipresbyteris et eorum vicariis aut eorum transmissis ne aliquos capellanos aut eorum vicarios presentes ponant aut tanquam presentes conscribant nisi personaliter comparuerint et interfuerint in nostra sinodo, a principio usque ac finem; nec vicarium pro capellano admittant nisi habeat litteras *de non Residendo* et *de Deserviendo*. De quibus tenebuntur dicti archipresbyteri vel eorum transmissi facere registrum de data litterarum predictarum et nobis vel officiariis nostris dare antequam recedant a Lemovicis, et hoc sub penis predictis.

ADDITIONS ET CORRECTIONS

Page III de l'Introduction. Aux noms de ceux qui ont publié des chroniques limousines, *ajoutez* celui de M. B. de Montégut, pour son *Journal historique de Pierre et Pardoux de Jarrige*, bourgeois de Saint-Yrieix (1550-1591). — Angoulême, 1858, in-8º.

Page 4, note 5, *au lieu de* Bessines, *corrigez* Folles.
— 7, ligne 16, — Tornuon, — Tornuou.
— 9, — 2, — a Legre, — Alegre.
— 11, — 5, — Guercina, — Qiercina.
— 14, — 12, — Malleuc, — Malleve.
— 22, — 4, — Sanguacor, — Sanguacor.
— 22, — 17, — G. Quoqui... — G., quoqui...
— 27, — 23 }
— 36, — 13 } — Manaco (1), — Manauco.

Foucaud de Lage, qui vient d'être mentionné dans l'obit, était de son vivant prieur *de Manauco*, d'après les *Chron. de S. Martial*, p. 88. Il est possible, comme le suppose M. Duplès-Agier, que Manauc soit Manot, canton de Confolens, Charente. Supprimez donc la note 6 de la page 27.

Page 28, ligne 28, *au lieu de* Ardhalo, *corrigez* Ardalho.
— 35, note 4, *supprimez* peut-être.
— 37, ligne 23, *au lieu de* l'Escarjador, *corrigez* l'Escorjador.
— 40, note 7 *à supprimer*. Il s'agit non d'Aubusson, mais de Buis, arr. de Bellac, Haute-Vienne. C'est cette même localité qui est désignée dans une bulle de 1312 sous cette forme : prioratus S. Leonardi de Buxu. (Cf. *Bull Soc. arch. du Lim.*, XXX, 50.)

Page 41-12, note 8, *au lieu de* Pebrus, *corrigez* Petrus.
— — — anniverario, *corrigez* anniversario.
— — — tortularium, — torcularium.

Page 56, note 2 *à supprimer*. Il s'agit, non de Montaigut en Combraille (Puy-de-Dôme), ni de Montaigut-le-Blanc (arr. de Guéret, Creuse), comme on nous a proposé de corriger, mais de Montégut, commune de Compreignac, arr. de Bellac, Haute-Vienne, où existait un prieuré de femmes dépendant de l'abbaye de Ligneux en Périgord.

Page 58, ligne 16, *au lieu de* Maliartin, *corrigez* Maliartra.
— 66, — 22, — Offalarium, — Ostalarium.
— 67, — 14, — Planazols, — Panazol.
— 69, — 3, — Castlanis, — Castlario. Il doit s'agir du Chalard-Peyroulier, comm. de Ladignac, arr. de Saint-Yrieix, Haute-Vienne.

(1) *(Sic ap. ms.)*

Page 69, ligne 18, *au lieu de* de Bla....., *corrigez* de Blavia. Il s'agit des célèbres abbayes de Saint-Sauveur et Saint-Romain de Blaye, ch.-l. d'arr., Gironde.

Page 74, ligne 15, *au lieu de* Balanghos, *corrigez* Balagnhas. Cf. p. 36, ligne 2 : Arnaudus de Balanias.

Page 77, ligne 33, *au lieu de* Nuillac, *corrigez* Naillac.
— 78, — 33, — Mausac, — Mansac.
— 79, — 27, — de Vao, — d'Evao. Il s'agit d'Evaux, arr. d'Aubusson, Creuse.

Page 80, ligne 12 : *Fresellani regis*. Il s'agit de Froila II, roi de Léon, † 924.

Page 86, ligne 35 : *Sur* pourrait bien être Tyr. Guillaume de Tyr est appelé Guillaume de Sur dans la traduction française de son *Histoire des croisades* par Hugues Plagon.

Page 92, n° 4, ligne 4, *au lieu de* ..... MQ, *corrigez* [HO]MO. Il s'agit dans cette inscription d'Aimeri de La Brosse *(Aimericus de Brucia)* et non d'Aimeri Brun *(Aimericus Brus)* dont parlent les *Chron. de Saint-Martial* et notre obituaire (p. 5, ligne 8). Il faut donc renoncer au rapprochement qui a été fait de ces deux noms, et par conséquent à l'existence de notre *Aimericus de Brucia* en 1226. Comme *Aimericus de Brucia, supprior*, qui figure dans le texte rapporté page 92, il doit être identifié avec A. la Brossa, mentionné dans les *Chron. de Saint-Martial*, p. 256 et 282. Bernard Itier le nomme le premier parmi les moines de St-Martial, qu'il avait vus se succéder dans l'office de sous-prieur de 1177 à 1212. Le second était Jaufré de Nieul, † 1208. Notre Aimeri de La Brosse est donc mort avant cette dernière date, et l'inscription n° 4 doit prendre dans l'ordre chronologique le n° 1.

Page 93, n° 5, ligne 10, *au lieu de* HAC, *corrigez* AC.
— 93, n° 6. Cette inscription, relative à Gui de Mevios, a été publiée déjà dans le *Bulletin du Comité des travaux historiques, Archéologie*, n° 1, 1883, p. 11.

Page 105, n° 28, ligne 5, *au lieu de* SIZ, *corrigez* S. tz (sols tournois).
— 110, n° 36, — 10, — AEDERIS, *corrigez* AVDERIS.
— 111, n° 37, — 9, — HÆC, — HOC.
— 112, n° 38, — 2, — TOLVNDAC, — VOLVNDAC.
— 113, n° 39, — 8, *supprimez le* (?) *après* THOETA.
— 114, n° 40, — 9, *au lieu de* VIVIT, *corrigez* IVVIT.
— 119, n° 47, — 3, — CAMPNIAL, *corrigez* CAMPNIAC.
— 128, n° VIII, *au lieu de* 1100, *corrigez* 1200. Gui, prieur d'Aureil, mentionné dans l'acte, est ou Gui de Jougnac, prieur vers 1193, ou Gui Foucauld, prieur vers 1201. Cf. *Invent. des Arch. dép. de la Haute-Vienne*, série D., p. XLVIII.

Page 149, n° XXXI. La date approximative de 1200 est douteuse, si l'archidiacre Ramnulphe de Guéret, nommé dans l'acte (p. 150, ligne 7), est le même que celui qui figure dans la charte XIV, de 1141.

Page 164, n° XLVI, *au lieu de* Barres de B..., *corrigez* Barris de B...
— 180, ligne 34, *après* Série B., *complétez* Rentes sur les maisons de la rue de las Tozas.

Page 182, n° LXVII, *au lieu de* 125, *corrigez* 1250.
— 213, note 1, *à supprimer*.
— 230. La charte n° C n'est pas à son rang chronologique. Elle devrait suivre la charte n° CII.

Page 276. Dans l'énumération des statuts de chapitres, il faut ajouter ceux du chapitre de Limoges de 1480, dont les Arch. dép. de la Hte-Vienne conservent l'original (série G) en un cahier in-16 d· 26 feuillets parchemin, fort détériorés. Ces statuts se terminent ainsi : *Statuta precedentia fuerunt lecta, approbata et confirmata in capitulo generali quod incepit die V^a mensis maii anno M° CCCC° LXXX°.* Suivent quelques additions dont la dernière est de 1508 — Sous l'évêque Regnauld de La Porte (1294-1316), il y eut aussi une promulgation de statuts, mais dont nous ignorons la date exacte. (Cf. LELONG *Bibl. hist.*, I, n° 6549.) — Enfin, en 1623, Jean de Genouillac, évêque de Tulle, publia un *Règlement pour les ecclésiastiques* de son diocèse, et, en 1692, Humbert Ancelin réédita, en les augmentant, les *Statuts et règlements* du même diocèse.

Page 321, ligne 13, *au lieu de* Excommucationis, *corrigez* Excommunicationis.

TABLE DES MATIÈRES

DU TOME PREMIER

	Pages.
Avertissement.	
Introduction..	i
Obituaire de S. Martial (commencé vers 1300)....................	1
Additions a l'obituaire de S. Martial...........................	63
Brève chronique du prieuré d'Altavaux (xie et xve siècles).........	81
Inventaire des reliques du prieuré d'Altavaux (xiie et xiiie siècles)..	83
Fragment des regles du prieuré d'Altavaux (fin du xiie siècle)......	87
Supplément au recueil des inscriptions du Limousin (de 1221 à 1721)	90
Chartes...	121

    I. Donation faite aux chanoines de St-Etienne de Limoges et à l'évêque Anselme par Fulbert, abbé de la communauté de St-Pierre de Limoges, de ses vignes situées au village de Vignols, dans le pays d'Yssandon. — Dernier tiers du ixe siècle......... 121

    II. Donation de la moitié de l'église St-Sauveur, près Bellac, et de ses dépendances, faite au monastère de St-Martial de Limoges par Geoffroy du Breuil et ses fils. — Entre 1063 et 1036............ 122

    III. Sauvegarde accordée par Eudes de Déols aux habitants de St-Maïeu et d'Aureil, en considération des églises des dits lieux. — Vers 1091... 123

    IV. Reddition de l'église de La Croix, près Bellac, au monastère de St-Martial, par les chevaliers qui l'avaient usurpée. — 1098..... 123

    V. Donation faite à l'abbaye de St-Martial par Aimeric, vicomte de Narbonne, partant pour la Terre-Sainte, de l'étang de Contesse sis *in villa Judaica*. — 1100 (n. st. 1101).................... 124

    VI. Donation faite par saint Gaucher au prieur de St-Léonard, de l'église et de la terre du Cheyssou. — Vers 1100................ 127

    VII. Arrentement sur le mas Chabot en faveur de l'église d'Aureil. — Vers 1100.. 128

    VIII. Don du Puy-Manteau à l'église de Chambon-Sainte-Croix. — Vers 1100 (Corr. 1200)... 128

    IX. Donation faite par Gui de Périgord, fils de Hugues de Lastours, au monastère de St-Martial de divers biens sis dans la paroisse de Rilhac, sous certaines réserves. — 1103............ 129

    X. Donation de l'église d'Eyjeaux à l'église d'Aureil par Bernard de Mairans. — Entre 1106 et 1137.................................. 130

XI. Confirmation du don de l'église de Corrèze au prieuré d'Aureil. — Vers 1130 131

XII. Concordat passé entre le prieur d'Aureil et l'abbé de Tourtoirac, touchant le prieuré de St-Agnan et son annexe d'Hautefort, par la médiation des évêques de Bordeaux, Saintes, Angoulême et Périgueux réunis au synode provincial de Bordeaux. — 1138 131

XIII. Promulgation faite par l'évêque de Limoges de l'accord intervenu entre le prieuré d'Aureil et l'abbaye des Allois, au sujet de la propriété du lieu dit des Allois. — Entre 1140 et 1158....... 133

XIV. Confirmation faite par l'évêque de Limoges du don de l'église d'Eyjaux à l'église d'Aureil. — 1141............................ 134

XV. Promulgation faite par l'évêque de Limoges de l'hommage rendu par Aimeric d'Aixe à l'abbé de Solignac, à cause du château d'Aixe, avec reconnaissance d'un certain cens. — 1149 134

XVI. Autorisation donnée par l'évêque de Limoges d'édifier une chapelle au Breuil. — Vers 1149............................... 135

XVII. Donation faite par l'évêque de Limoges de l'église de La Geneytouse à l'église d'Aureil, à la prière d'Aimeric, patriarche d'Antioche. — Vers 1150.. 135

XVIII. Donation faite par l'évêque de Limoges de l'église de Bersac à l'église d'Aureil. — 1156...................................... 136

XIX. Donation faite par l'évêque de Limoges de l'église de Balledent à l'église d'Aureil. — 1169...................................... 137

XX. Confirmation faite par l'évêque de Limoges du don de l'église de Corrèze et établissement de 20 sols de rente en faveur d'Aureil. — Vers 1170.. 137

XXI. Transaction entre le prieur d'Aureil et l'abbé d'Aubepierre touchant la terre de Forges. 1184. Rémission pour le meurtre de frères convers. 1194. — Cession de droits sur les bois possédés par Aureil. 138

XXII. Confirmation faite par l'évêque de Limoges du don de l'église de Bersac au prieuré d'Aureil. — 1185........................ 140

XXIII. Donation de l'église de Rilhac et de ses appartenances, faite par Saibrand, évêque de Limoges, à l'église d'Aureil. — 1190 .. 141

XXIV. Promulgation faite par l'évêque de Limoges de la donation du mas de la Clautre au prieuré de l'Artige. — 1193.............. 142

XXV. Promulgation faite par l'évêque de Limoges d'un accord portant diverses donations en faveur de l'église de Chambon-Sainte-Croix. — 1194.. 143

XXVI. Nomination de Pierre La Valade à la cure de Corrèze par le prieur d'Aureil, lequel se réserve 20 sols de cens sur la dite cure. — Vers 1195.. 145

XXVII. Autorisation accordée par l'évêque de Limoges d'édifier une chapelle au lieu de Beauvoir. — 1195........................ 145

XXVIII. Donation faite par l'évêque de Limoges au prieuré d'Aureil, de l'église de Saint-Amand et de la chapelle de Beauvoir.— 1196. 146

XXIX. Vente faite par Guy de Visto, chevalier, à Gaucelme Gacha,

chanoine d'Aureil, du droit de dîme qu'avait le premier sur Eyjeaux : acte passé devant l'abbesse des Allois. — Vers 1198..... 148
XXX. Diverses donations faites par les coseigneurs de Peyrat-le-Château à l'église d'Aureil, entre autres d'un chevreau de rente sur le mas de Fontloup. — Vers 1200.......................... 148
XXXI. Donations de diverses parties du mas de Fontloup au prieuré d'Aureil. — Vers 1200 (?).. 149
XXXII. Donations de diverses parties du mas de Fontloup au prieuré d'Aureil. — Vers 1200... 151
XXXIII. Donation de la terre de Bousogle au prieuré d'Aureil. — Vers 1200... 152
XXXIV. Donation d'une partie du mas de Fontloup au prieuré d'Aureil. — Vers 1200.. 153
XXXV. Donation d'une relique de Saint-Priest au prieuré d'Aureil.— XIIIe siècle.. 153
XXXVI. Confirmation par G. Robert, archidiacre de Limoges, du don de l'église de Saint-Amand et chapelle de Beauvoir, fait par l'évêque de Limoges au prieuré d'Aureil. — XIIIe siècle............... 154
XXXVII. Transaction par laquelle Adémar, Mathieu et G. de Las Moleiras, renonçant à toute prétention sur l'église de Saint-Amand et chapelle de Beauvoir en faveur du prieuré d'Aureil, reçoivent de ce dernier, en compensation, le mas de Fontloup et la moitié des revenus de La Villette et du bois de Peyrusse.— XIIIe (?) siècle. 155
XXXVIII. Transaction entre les chanoines d'Aureil et les Templiers de Mortesaigne touchant l'étang d'Alesme, pardevant le prieur de Noblat. — 1201... 156
XXXIX Donation faite aux malades de la Maison-Dieu par noble Foucher de Meiras, chevalier, de la dîme assise sur certaine maison du Breuil-Maur et de la borderie appelée Combelandon. — 1207. 157
XL. Acte par lequel Jean, évêque de Limoges, fixe à 50 sols la rente due au prieuré d'Aureil par l'abbaye d'Aubepierre pour les ténements à elle accensés. — 1210.................................... 158
XLI. Accord passé entre le chapitre de Solignac et les habitants de la ville pardevant le vicomte de Limoges, l'abbé de Tulle et un chanoine de Saint-Étienne de Limoges, touchant le droit de dîme. — 1213... 158
XLII. Donation de terres faite au prieuré d'Aureil comme possesseur du prieuré de Saint-Jean l'Hermite, par Guillaume de Gouzon, Archambaud, clerc, et Hugues, chevalier, ses frères, et Gui, chevalier, son fils. — 1218.. 159
XLIII. Fondation d'anniversaire faite au prieuré d'Aureil en faveur du prieur de Magny en Vexin. — 1218................................ 160
XLIV. Accord passé entre le prieur de Saint-Jean de Cole et celui de Saint-Gérald, fixant la limite des paroisses de Saint-Cessateur et Saint-Gérald. — Vers 1226.. 161
XLV. Dispense accordée par le prieur d'Aureil au prieur d'Andely de se rendre à Jérusalem, à charge de fondation d'un service divin en la chapelle de Saint-Léonard d'Aureil. — 1226................. 162

XLVI. Echange entre l'abbesse de la Règle et le prieur d'Aureil des rentes qu'ils perçoivent, l'une sur la maison de Jeanne Ensalvine, à Limoges, l'autre sur celles qu'il possède à las Reinas. — 1228. 163

XLVII. Vente faite par W. Regla à la confrérie des Pauvres à vêtir de 14 sols de rente sur une maison des barris de Banxotgier à Limoges. — 1229.. 164

XLVIII. Cession faite par l'évêque de Limoges au prieur de l'hôpital Saint Gérald du gouvernement et de la propriété d'une aumônerie construite au faubourg du Pont-Saint-Martial, près le couvent des Frères prêcheurs, par Aymeric Lagorse, qui en avait prétendu la direction de ce chef et avait été pour ce excommunié. — 1229 (?).. 165

XLIX. Vente faite à l'abbaye du Moutier-d'Ahun par R. de Bruideu du mas de Confolent, paroisse de Banise. — 1229 166

L. Donation faite par Gérald II, évêque de Limoges, aux pauvres de Saint Gérald d'un muid seigle de rente sur le lieu de La Jonchère. XIIe siècle. Confirmation de cette donation par Saibrand, évêque de Limoges. 1196. — Vidimus de 1241 167

LI. — Hommage lige et reconnaissance de rente faits au prieur de la Maison-Dieu des lépreux de Limoges par Aymeric et Etienne Bocaus. — 1241 168

LII. Requête de l'official de Limoges au roi Louis IX pour lui demander de prendre sous sa protection l'abbé et les religieux de Solignac, conformément aux privilèges que leurs prédécesseurs ont obtenus de Pépin, de Charlemagne, de Louis le Débonnaire et d'Eudes, et en conséquence d'un mandement de Louis VII y rapporté. — 1242..................................... 169

LIII. Accord passé entre W. de Villaivenc et J. Arnaud, touchant la redevance à lever sur un banc charnier. — 1245........... 170

LIV. Confirmation par Hugues XI de Lusignan, comte d'Angoulême, de certaine donation faite par ses prédécesseurs à l'abbaye d'Aubignac, et concession par le même au même du libre passage sur ses terres. — Entre 1246 et 1249........................ 171

LV. Cession faite par Gui, vicomte de Limoges, aux prieurs de l'Artige et de Clairefaye de ses droits sur la châtellenie d'Aixe.—1247. 171

LVI. Transaction par laquelle Hugues X de Lusignan, comte de la Marche, reconnaît à la Maison-Dieu des lépreux de Limoges le droit d'obole qu'elle prétend avoir sur chaque livre de monnaie fabriquée sur les terres du dit comte. — 1247. Vidimus de 1248. 172

LVII. Vente faite par Pierre Averos aux bailes de la confrérie des Pauvres à vêtir de 14 sols de rente sur deux maisons sises au-dessous de celle de Pierre Baile. — 1250................. 173

LVIII. Promesse de fidélité faite au roi de France par le vicomte de Turenne en son nom propre et au nom de ses vassaux. — 1251.. 174

LIX. Vente faite par Pierre d'Aixe, bourgeois, aux bailes de la confrérie de N.-D. du Puy, d'une rente foncière de 4 sols sur une maison des Chauchières, pour le prix de 4 ll. 5 sols. — 1251 (n. st. 1252).. 174

LX. Vente faite par Jean Rezis et Guilhelma, sa femme, aux bailes de la confrérie des Pauvres à vêtir, d'une rente de 5 sols et 2 deniers sur la maison d'un nommé Arigot, pour le prix de 110 sols. — 1254.. 175

LXI. Vente de 2 sols de rente, faite à la Maison-Dieu des lépeux de Limoges, à charge de célébrer un anniversaire en faveur de Pierre Boutin. — 1254 (n. st. 1255). 176

LXII. Accord par lequel Pierre de Bancléger cède à Laurent Aymeric, bourgeois de La Rochelle, 30 setiers froment de rente sur le clos Canadier. — 1256. 177

LXIII. Vente faite par A. de Genaillac à J. de Genaillac, son frère, d'une vigne sise à Piégut, sous réserve d'un cens en faveur de la Maison-Dieu de Limoges. — 1257 179

LXIV. Vente faite par Laurent Maumet, curé de Verneuil, à la confrérie de N.-D. du Puy, de certaines rentes assignées sur diverses maisons de Limoges. — 1258. 179

LXV. Traduction provençale abrégée de l'acte précédent. — 1258... 181

LXVI. Vente faite par Mathieu Mercier à S. de Solignac d'une rente de 2 setiers froment sur une vigne sise au delà du pont Saint-Martial — 1259 181

LXVII. Confirmation par Gui, vicomte d'Aubusson, de la cession de droits faite par feu son père au prieuré de N.-D. de Clairavaux.— 1250. 182

LXVIII. Enquête relative au patronage de la Maison-Dieu, instituée par Durand, évêque de Limoges, † 1245. — 1262 (n. st. 1263)... 183

LXIX. Vente de terre faite aux Cordeliers de Limoges par un certain Jacques G. — 1264. 186

LXX. Fondation d'anniversaire faite par Jean de Villevaleys, prêtre, dans le prieuré de l'Artige. — 1268 (n. st. 1269) 187

LXXI. Donation faite par Marguerite de Bourgogne, vicomtesse de Limoges, au prieuré d'Aureil, de la personne de Pierre Chastaing et de ses héritiers, à charge par le prieuré de célébrer un anniversaire en faveur de Gui, son mari. — 1269 187

LXXII. Vente faite par A. du Peyrat à la confrérie de N.-D. du Puy de 16 sols de cens et 3 ll. d'accapt. — 1274 188

LXXIII. Confirmation par Louis le Débonnaire et par Charles le Chauve des lettres de sauvegarde que Pepin le Bref et Charlemagne accordèrent au monastère de Solignac. — 817 et 852. Vidimus de 1274 (n. st. 1275) 189

LXXIV. Affranchissement fait par Hugues de Lusignan, comte de la Marche, de Pierre Viraud et de ses neveux. — 1277 (n. st. 1278). 192

LXXV. Accord entre l'aumônier de Saint-Martial et le curé des églises de Lastours et Rilhac, réglant les droits respectifs de chacun sur les revenus des dites paroisses. — 1228 (n. st. 1229). Vidimus de 1278. 193

LXXVI. Autorisation de vendre et de permuter accordée par Séguin de Lastours, damoiseau, à Séguin de Meillac, son homme lige. — 1279. 195

LXXXVII. Mandement de Gilbert, évêque de Limoges, adressé à Étienne de Salagnac, de l'ordre des Frères prêcheurs, et à Étienne, archiprêtre de Combraille, pour leur enjoindre de déterminer les limites des chapelles et paroisses de La Brugère, Alesme, Saint-Nicolas des Froides-Orties et Venouhan, relevant d'Aureil. — 1282 ?.. 196

LXXXVIII. Amortissement accordé par Arthur de Bretagne, vicomte de Limoges, aux religieux de l'Artige pour toutes les acquisitions par eux faites dans son fief. — 1286 (n st. 1287)............... 197

LXXXIX. Vente faite par Barthélemy de Prouille, Audier Ytier et Jean du Peyrat à Hélie Aymeric, prieur de la Maison-Dieu de Limoges, de 20 sols de rente sur une maison du barri de Saint-Géraud. — 1251. Vidimus de 1288.. 197

LXXX. Donation du mas de Sautour-Laleu, paroisse de Linards, faite au prieur d'Aureil par noble Gaucelme, chevalier, seigneur de Châteauneuf, au moment de partir pour la croisade. — 1239. Vidimus de 1289.. 198

LXXXI. Concession d'une indulgence de quarante jours par l'évêque du Puy, du consentement de l'évêque de Limoges, aux fidèles de ce dernier diocèse qui contribueront par leurs donations au bien de la confrérie de N.-D. du Puy. — 1291 (n. st. 1292). Vidimus de 1292... 199

LXXXII. Appointement entre Arthur de Bretagne, fils du vicomte de Limoges, et le prieur d'Aureil, pour clore un chemin et en ouvrir un autre dans la paroisse de Juillac. — 1298................... 200

LXXXIII. — Constitution de 4 ll. de rente faite par Gui, abbé de Saint-Martial, en faveur de l'aumônier du dit monastère, à percevoir sur la cure de Saint-Denis-des-Murs, pour acheter des chemises aux cent pauvres qui entrent au monastère le Jeudi-Saint. — Vers 1299... 201

LXXXIV. Extraits du testament de Gui de Lusignan, seigneur de Fontenay, de Couhé et de Peyrat-le-Château. — 1309........... 203

LXXXV. Donation des domaines de Saint-Hilaire et Pontarion faite à Jeanne de la Marche, sœur du comte Gui, par le roi de France. — 1310.. 205

LXXXVI. Transaction entre le roi de France et le prieuré de Grandmont au sujet de la juridiction du dit prieuré. — 1310........ 206

LXXXVII. Don à Hugues de La Celle de la châtellenie de Laurière, advenue au roi de France par la mort du comte de la Marche et tenue en hommage de l'évêque de Limoges. — 1311............ 209

LXXXVIII. Amortissement de 400 ll. de rente en faveur du cardinal de la Chapelle-Taillefer, pour la fondation d'une collégiale au lieu de sa naissance. — 1311...................................... 210

LXXXIX Bail emphytéotique des moulins du roi à Felletin, passé par le sénéchal et les officiers de la Marche à Jaufré de Crose, bourgeois de Felletin. — 1323. Vidimus de 1324................... 211

XC. Établissement d'un receveur royal des finances des francs-fiefs et nouveaux acquêts dans la sénéchaussée de la Marche.—1325. 213

TABLE DES MATIÈRES.

XCI. Pose de bornes par commissaires du roi entre les bois de Montboucher et de Murat, appartenant au roi-comte de la Marche et à l'hôpital de Bourganeuf, en exécution de plusieurs lettres y rapportées. — 1325 (n. st. 1326).................................... 214

XCII. Ordonnance fixant à Saint-Germain-sur-Vienne le ressort de la justice de l'abbaye de Charroux, tant que le comté de la Marche se a uni à la couronne. — 1325 (n. st. 1326)..................... 218

XCIII. Don à Jourdain de Lobert, gendre d'Aimé (neveu de Hugues) de La Celle, de la terre de Laurière qui avait été mise en la main du roi à la mort du dit Aimé, et à lui adjugée par sentence. — 1326... 219

XCIV. Procuration de la duchesse de Bretagne, vicomtesse de Limoges, donnée à Pierre Polard pour vendre les terres et seigneuries que possède la dite dame dans la vicomté de Limoges. Suit ratification par le dit procureur de la vente faite par le duc de Bretagne de la châtellenie de La Roche-l'Abeille, au nom de la dite dame. — 1356 et 1357.. 220

XCV. Mandement du sénéchal du Limousin instituant deux collecteurs dans les châtellenies de Treignac, Chambéret et Anis pour lever l'aide de 5 sols par feu imposée pour la délivrance de la forteresse de Bugis (?). — 1378... 224

XCVI. Sentence d'excommunication prononcée par Bernard, abbé de Beaulieu, au nom de l'abbé de Solignac, contre Pierre Lacipieyre, prieur de Saint-Hilaire-Bonneval. — 1388............................ 226

XCVII. Absolution pour le prieur de Gargenville au diocèse de Rouen, coupable d'avoir emporté pour son prieuré une côte de saint Gaucher, conservée à Aureil. — 1411.................................. 227

XCVIII. Saisie du mas de Verthamond par un sergent du duc d'Aquitaine. — 1413... 228

XCIX. Acte d'association de Jean Picaud à la communauté des prêtres de N.-D. de Bellac. — 1418..................................... 229

C. Certificat attestant que les hommes du seigneur d'Albret n'ont pas payé leur part d'une aide votée par les Etats du Limousin. — 1424 (n st. 1425).. 230

CI. Quittance donnée par les consuls de Limoges d'une somme de 1,000 écus d'or à eux accordée par Charles VII, dauphin —1422. 231

CII. Mandement de Charles VII attribuant certaine somme à la réparation des murailles de Saint-Junien. — 1424....................... 231

CIII. Exemption accordée par Geoffroy de Lastours, damoiseau, à Pierre de Boscmaresche, tenancier, du droit de faction et de guet dû au dit seigneur à cause de sa châtellenie de Lastours, moyennant la somme de 20 écus d'or. — 1428.............................. 232

CIV. Charte d'affranchissement de la commune d'Eymoutiers. — 1428. 235

CV. Exemption de taille accordée par Charles VII aux habitants de Saint-Léonard. — 1442... 249

CVI. « Procuration et scindicat faict par venerables et religieuses personnes Mess. les abbé et convent de St-Marial et bailhé a venerable frere Estienne de Lagarde, celerier du dit St-Marcial, de lever et parcepvoir toutes et chascunes aumosnes, oblacions, legastz, confrairies et aultres subsides que pourroient estre faictz et donnés a la reparacion et entretenement de la abbaye, monastere et hospital Mons. St-Marcial ». — 1481 250

BULLES 259
  I. Bulle d'Adrien IV prenant sous sa protection le prieuré de l'Artige et les onze prieurés qui en dépendent. — 1158.. 259
  II. Bulle d'Alexandre III prenant sous sa protection l'église et l'hôpital de St-Gérald, avec les bénéfices et domaines qui en dépendent. — 1164 ou 1165.... 261
  III. Bulle de Lucius III prenant sous sa protection l'hôpital de Saint-Gérald, avec les bénéfices et domaines qui en dépendent.— 1183 (n. st. 1184)......... 262
  IV. Bulle d'Honorius III prenant sous sa protection l'hôpital de Saint-Gérald avec les bénéfices et domaines qui en dépendent.— 1217. 265
  V. Promulgation faite par Bernard de Savenne, évêque de Limoges, d'un bref y relaté d'Honorius III, qui autorise le prieur de l'hôpital de St-Gérald à faire célébrer la messe à l'autel construit dans le nouvel hôpital. Bref de 1223, promulgation de 1294......... .. 269
  VI. Bulle d'Urbain V confirmant les priviléges accordés en 1256 par Alexandre IV au prieuré de l'Artige. — 1362. Vidimus de 1362... 270

STATUTS ECCLÉSIASTIQUES... 276
  I. Statuts du chapitre de St-Yrieix (1445)............................ 276
  II. Statuts de l'église de Guéret (1500).............................. 286
  III. Statuts de l'église de Bellac (1599)........ 293
  IV. Statuts pour la réformation de l'abbaye de Moutier-d'Ahun (1611). 295
  V. Statuts synodaux du diocèse de Limoges (1519) 300

ADDITIONS ET CORRECTIONS 346

IMPRIMERIE — LIBRAIRIE — PAPETERIE
Vᵉ H. DUCOURTIEUX
7, RUE DES ARÈNES, 7

Almanach Limousin (1859-1883), du ressort de la Cour d'appel et du Diocèse de Limoges, contenant, avec l'organisation des Services publics de la Haute-Vienne et l'adresse des Fonctionnaires et des Commerçants de Limoges, UNE SÉRIE D'ARTICLES POUR SERVIR A L'HISTOIRE DU PAYS. Un volume in-18 de 600 pages par année .... 1 fr.

Histoire du Limousin, par A. LEYMARIE, archiviste de la Haute-Vienne. La Bourgeoisie, 2 vol. in-8° .... 25 fr.

Guide du Voyageur en Limousin. Revue archéologique et historique de la Haute-Vienne, par l'abbé ARBELLOT, 2ᵉ édition (en préparation) .... 2 fr.

Limoges et le Limousin, Guide de l'Étranger. Histoire, statistique, archéologie. Un vol. grand in-12 .... 3 fr.

Le Limousin, ce qu'il a été, ce qu'il est, ce qu'il doit être : Aperçu sur l'antique province du Limousin au point de vue de son agriculure et de ses ressources commerciales, par Élie ROUDAUD, auteur d'une Étude sur la régénération du Cheval limousin. Un vol. in-18. 1 fr. 50

Inventaire-Sommaire des Archives départementales, antérieures à 1790, rédigé par Alfred LEROUX, archiviste. Haute-Vienne. Archives civiles. Série D. Fonds de l'ancien Collège de Limoges, 1 vol. in-4° .... 15 fr.

Inventaire-Sommaire des Archives communales de Limoges, antérieures à 1790, rédigé par Antoine THOMAS, archiviste municipal, 1 vol. in-4° .... 7 fr. 50

Chroniques de Saint-Martial, publiées d'après les manuscrits originaux pour la Société de l'Histoire de France, par H. DUPLÈS-AGIER, 1 vol. in-8°. 10 fr.

Chronique de Maleu, chanoine de Saint-Junien, mort en 1322, suivi de documents historiques sur la ville de Saint-Junien, par l'abbé ARBELLOT, 1 v. in-8°. 3 fr.

Chroniques de Geoffroy, prieur de Vigeois depuis le règne de Robert jusqu'à 1184, traduites par François BONNÉLYE, 1 vol. in-8° .... 3 fr.

Chronique sur la Marche, le Limousin et le Berri, par BLANCHET. Un vol. in-18 .... 3 fr.

Étude sur les communes de Limoges antérieure à l'an 1000, par ROBERT DE LASTEYRIE, in-8° .... 5 fr.

La Vicomté de Limoges, géographie et statistique féodales, par G. CLÉMENT SIMON. 1 vol. in-8° avec carte de la Vicomté .... 8 fr.

Histoire des vicomtes et de la vicomté de Limoges, par MARVAUD, 2 vol. in-8° sur papier vergé .... 12 fr.

Registres consulaires de Limoges, publiés par la Société archéologique et historique du Limousin, sous la direction d'Émile RUBEN. L'ouvrage complet formera 4 vol. in-8°. Le premier volume, 1504-1552, et le second, 1552-1581, ont paru. On ne souscrit que pour l'ouvrage entier. Prix par vol. .... 6 fr.

Annales de Limoges manuscrites, dites Manuscrit de 1638, publiées par Émile RUBEN, Félix ACHARD et Paul DUCOURTIEUX. Un fort vol. in-8° .. 8 fr.

La Cathédrale de Limoges, par l'abbé ARBELLOT, 1 vol. in-8° .... 5 fr.

Le Livre de raison d'Étienne Benoist (1426) par Louis GUIBERT, 1 vol. in-8°. 2 fr.

La Famille limousine d'autrefois d'après les testaments et la coutume, par Louis GUIBERT .... 1 fr.

Monographies des cantons de Bessines, Nantiat, Châteauponsac, Châteauneuf-la-Forêt, Saint-Mathieu, par l'abbé A. LECLER, chaque Monographie in-8°. 1 f.

Saint-Junien (Documents historiques sur la ville de), par l'abbé ARBELLOT, 1 v. in-8° .... 1 fr.

Le Dorat, Histoire, avec plan de la ville, par H. Aubugeois de La Ville du Bost, 1 vol. in-8° .... 5 fr.

Le Château du Dorat, par l'abbé ROUGERIE, in-8° .... 50 c.

Le Château de Châlucet, par Louis GUIBERT, 2ᵉ édition .... 50 c.

Vie de Saint-Léonard, solitaire en Limousin, par l'abbé ARBELLOT, 1 vol. 4 fr.

Vies de saint Israël et de saint Théobald, par l'abbé ROUGERIE, 1 vol. in-8°. 2 fr.

Étude sur les Lanternes des Morts, par l'abbé A. LECLER, in-8° orné de 16 planches .... 5 fr.

Biographie des hommes illustres du Limousin, par AUGUSTE DU BOYS et l'abbé ARBELLOT, 1 vol. in-8° .... 5 fr.

Vergniaud, manuscrits, lettres et papiers, pièces pour la plupart inédites, classées et annotées par C. Vatel, 2 vol. in-8°, avec deux portraits originaux, deux gravures et un fac-simile .... 14 fr.

Adémar de Chabannes, Chroniqueur limousin, par l'abbé ARBELLOT, in-8°. 2 fr.

Le P. Bonaventure ; — Félix de Verneilh ; Gabriel Ruben ; — notices biographiques, par l'abbé ARBELLOT, chaque notice .... 50 c.

Le P. Rouard de Card, notice biographique par l'abbé ARBELLOT, 1 vol. .... 1 fr.

La Garde Mobile de la Haute-Vienne. Rapports de MM. PINELLI et PERRIER. Un vol. in-18 .... 1 fr.

Les Étapes du 71ᵉ Mobile, Impressions et Souvenirs, par Charles BLANCHAUD, ex-capitaine au 71ᵉ régiment provisoire de garde mobile. 1 vol. in-18. 3 fr. 50

Foucaud, Poésies en patois limousin, édition philologique, augmentée d'une Étude sur le patois du Haut-Limousin, d'un Essai sur les Fabulistes patois, d'une traduction littérale, de Notes philologiques et d'un Glossaire, par Émile RUBEN. Ouvrage couronné par la Société archéologique et historique du Limousin. Un beau vol. grand in-8°, 2ᵉ édition 7 fr. 50

Richard, Contes et Chansons en patois limousin, 1 vol. in-18 .... 2 fr. 25

Nouvelà Chansou, de Jose Mozobrau, de Soulegna, 1 vol. in-18 .... 1 fr. 25

Lâ Limousinà, deuzième libre de chansou potouiza, de Jose Mozobrau, de Soulegna. 1 vol. in-18 .... 1 fr. 25

Loû Refrain dô peisan, troizième libre de chansou en potouei limousi, de Jose Mozobrau, de Soulegna, 1 vol. in-18. 1 fr. 25

Chansoû potoueizà, pèr M. S. .... 25 c.

Lâ Gnorlà de C. Lingamiau, in-8°.. 30 c.

Prumieiro eillingado, pèr M. G..... 20 c.

Les États provinciaux de la France centrale sous Charles VII, par A. THOMAS, 2 volumes in-8° ....

Les Cahiers de la Marche et l'assemblée du département de Guéret, par L. DUVAL, archiviste de la Creuse, un vol. in-8° 3 f.

Esquisses marchoises, superstitions et légendes, histoire et critique, par Louis DUVAL, vol. in-18. — Prix..... 3 f.

Dictionnaire historique et géographique de la Creuse, publié par J. BRÉGER, 2ᵉ édition revue et augmentée, 1 vol. in-8° .... 8 f.

Le grand Incendie de Limoges en 1864 précédé de l'historique de tous les incendies qui ont ravagé cette ville, par Henri DUCOURTIEUX, in-18 50

Felletin, XVIIᵉ et XVIIIᵉ siècles, par l'abbé L. PATAUX, 1 vol. in-8° .... 6 f.

La Forteresse vitrifiée du Puy-de-Gaud et la ville de Guéret, par THUOT, ancien professeur, 1 vol. in-18 .... 3 f.

Toul et Ahun, par J. COUDERT DE LA VILLATTE, 1 vol. in-8° .... 3 f.

Notice historique sur l'hôpital de Magnac Laval en Basse-Marche (1610-1793), par Alfred LEROUX, in-8° ....

Le Servage dans la Marche, par MAYAUT, br. in-8° .... 1 f.

Scènes et portraits de la Révolution en Bas-Limousin, par le comte V. DE SEILHAC, 1 vol. in-8° .... 7 fr. 50

Les Bataillons de Volontaires de la Corrèze (1791-1795), par le comte V. DE SEILHAC, in-8° ....

Histoire de la ville d'Argentat, par J. Eusèbe BOMBAL, 1 vol. in-8° ...... 3 f.

Excursions limousines (2ᵉ série), De Tulle à Ussel et à Eygurande, chemin de fer, par René FAGE, 1 vol. in-8° 2

Excursions limousines (3ᵉ série), d'Eygurande à Largnac, par René Fage, 1 vol. in-8° .... 1 fr.

La Vicomté de Turenne et ses principales villes, par B.-A. Marche. Carte, armoiries, 7 gravures. 1 vol. in-8° . 7 fr.

L'abbé d'Espagnac, par le comte V. DE SEILHAC, 1 vol. in-8° .... 3 f.

Le Château de Puy-de-Val, description historique, par René FAGE, avec un dessin de M. L. Bourdery, et deux autres lithographies exécutées par M. Ducro sur les cartons de M. C. Calmon, in-8° à 1

Notes pour l'histoire des communes de Corrèze, par A. VAYSSIÈRE, archiviste départemental 60

Des principaux Champignons comestibles et vénéneux de la flore limousine, par A. TARRADE, 2ᵉ édition, avec 6 magnifiques planches chromolithographiques 2

Répertoire de jurisprudence civile de la Cour d'appel de Limoges, analyse sommaire de tous les arrêts rendus par la Cour, de 1820 à 1872, 52 années, 6,000 décisions, par Ernest Pénicaud, Greffier en chef, 2 vol. in-8° 12

Transcription, Distinction des actes translatifs de propriété d'avec ceux qui sont simplement déclaratifs, par E. Berger, juge de paix de Bourganeuf, 1 vol. in-8° 10

Théorie et Pratique des Obligations, par M. LAROMBIÈRE, Premier Président à la Cour de Paris. Cinq vol. in-8° de 800 pages 40

www.ingramcontent.com/pod-product-compliance
Lightning Source LLC
Chambersburg PA
CBHW050256170426
43202CB00011B/1709